巨匠『宮脇檀』に学ぶ家の仕組み

世界で一番美しい住宅デザインの教科書

著＝中山繁信

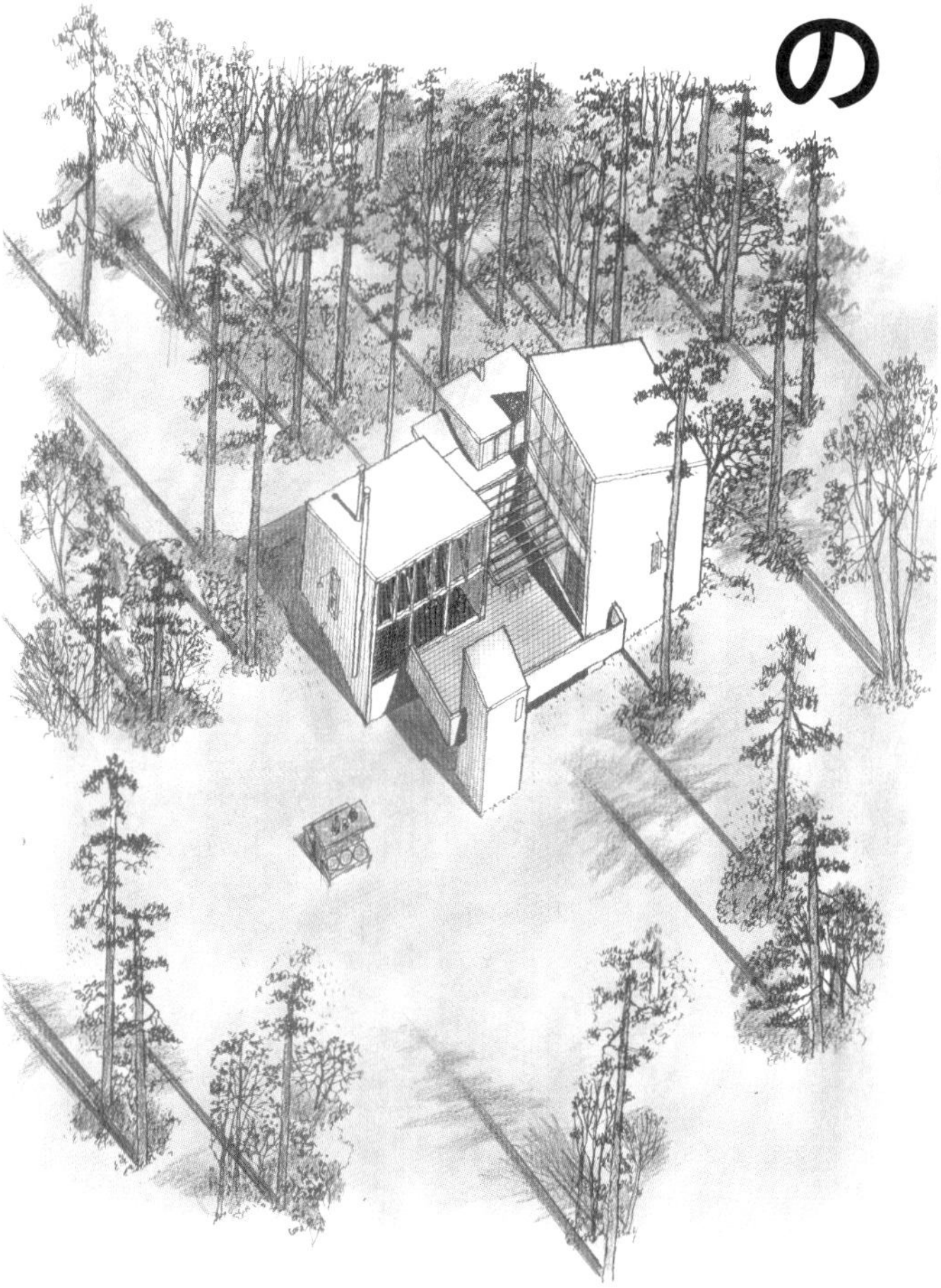

X-Knowledge

世界で一番美しい住宅デザインの教科書

目次

1章 住まいを考える大切なキーワード……7
1 生活を単純な箱に美しく納める……8
2 単純な箱から、多様なかたちをつくる……10
3 抜けのある断面を考える……12
4 2つの構造をミックスする……14
5 部屋のつなぎ方、離し方……16
6 リビングを宙に浮かす……18
7 回遊できることが快適性の証し……20
8 複数のボックスを組み合わせる……24
コラム 宮脇檀の住宅を読み解く3つのキーワード……22

2章 敷地を生かす……25
1 敷地の特徴をつかむ……26
2 伝統と現代をなじませる……28
3 敷地を隅々まで生かしきる……32
4 庭の植栽が住まいの質を決める……34
5 広いデッキテラスはリビングの延長空間……36
6 住まいは変化に対応しなければならない……38
7 周囲の風景を読む……42
コラム デザインサーヴェイという調査からの学び……30

3章 住まいのプランニング……43
1 モデュールを徹底すると無駄がなくなる……44
2 究極のコンパクトハウスの秘密……46
3 コンパクトハウスは収納も細かく設計する……48
4 密集地では生活の中心は2階が良い……50

5 LDKが生活の中心……52
6 人間ばかりでなく、光や風も回るプラン……54
7 あいまいな空間が生活を豊かにする……56
8 不便さを楽しむゆとり……58
9 雨宿りの空間をプレゼント……60
10 広場を中心にした憩いの空間……62
11 色彩に満ちた非日常の空間……64
12 テラスは生活に変化を与える……66
13 閉じたベランダは光と風を通しつつプライバシーは確保……68
14 自然を生かした建物の計画……70
15 クジラのかたちに意味がある……72
16 入れ子構造のワンルーム……75
17 「もうびぃでぃっく」ができるまで……76
18 優れたクライアントが名作をつくる……78
コラム 人生を変える出会い……79
コラム 若き建築家・宮脇を技術で支えた棟梁……80

4章 居心地良い空間のつくり方……81

リビング
1 リビングは家族が憩い、人を招く場所……82
2 リビングのソファは座るだけではない……84
3 南だけでなく北からも光と風は入る……86
4 サンルームはリビングのアシスト空間……88
5 アルコーブのソファはリビングのゆりかご……89
6 扇の要の部分が落ち着く場所……90
7 大切なリビングとダイニングとの関係……92
8 空中ピットのある心地良いリビング……94
9 ピットは人を集める中心となる……96
10 ピットとソファで満たしたリビング……97
11 ソファで埋め尽くしたリビング……98
12 リビングには造付けのソファが不可欠だ……100

キッチンとダイニング

13 キッチン・ダイニング・リビングの心地良い三角関係……102
14 対面式キッチンのさまざまなタイプ……104
15 キッチンの動線と使いやすい高さ寸法……106
16 独立タイプのキッチンは主婦の城……108
17 使いやすく、明るいダイニングキッチン……110
18 変幻自在のダイニングキッチン……112
19 折り戸と引戸で自在に分離・一体化……114
20 コンロ前の小さな壁に意味がある……116
21 コンパクトなダイニングキッチン……118
22 コクピットのような狭小キッチン……120
23 ダイニングキッチンからリビングへの流れが重要……124
24 食卓を中心にしたワンルームLDK……126
25 ダイニングキッチンは寸法が重要……128
26 落ち着けるボックスシートのダイニング……130
27 ダイニングとキッチンの立体的な採光……132
28 キッチンの採光と排気を兼ねる……133
29 キッチンへの2段階採光……134
30 ダイニングテーブルと調理台の段差の処理……135
31 見晴らしも気晴らしにも良いキッチン……136
32 和室とコラボしたダイニング……138

ベッドルーム

33 狭くてもこもれる書斎がほしいもの……140
34 空中ベッドルームの心地良い眠り……142
35 クローゼットと洗面手洗いのあるベッドルーム……143
36 狭小ベッドルームもゆとりを忘れず……144
37 クローゼットと書斎のあるこもれるベッドルーム……145
38 ゆったりベッドルームは書斎+クローゼット+水廻り……146
39 老人室と水廻り空間は近くに配置……147

子供室

40 子供室は広さよりも高さで立体的に活用する……148

41 兄弟愛を育む違い棚式の2段ベッド……150
42 プレイコーナーは兄弟愛が芽生える共有スペース……152
43 並んで勉強ができる2人の子供室……154
書斎、主婦室
44 キッチンと同居した主婦の憩いの空間……156
45 中庭＋吹抜けに面したゆとりの書斎……157
46 ソファがベッドに変身する独立書斎……158
バス、トイレ
47 開放感を味わうリビングバス……160
48 ミニバスコートは光と風の通り道……162
49 露天風呂感覚のバスルーム……164
エントランス
50 エントランスは適度に透かしながら遮る……166
51 ピクチュアウィンドウは招き絵……168
52 訪れる人も迎える人も美しく見えるエントランス……170
コラム たびたびの旅で広げた知見……171
コラム 虫瞰図という宮脇流透視図……172

5章 内部の設え……173

1 たくさんの建具が必要なワケ……174
2 狭小住宅や密集地には出窓が似合う……176
3 建具は木製に限る……178
4 障子は和室だけのものではない……180

6章 街並みを考える……181

1 住宅地にはコモンスペースが不可欠……182
2 カーポートはコミュニケーションの場……184
3 カーポートは車がない時にも価値をもつ……186
4 自動車は美しく駐車できなくてはならない……188
コラム 教育者・宮脇檀の残したもの……190
宮脇住宅作品リスト……192

本書は、2012年11月刊行のエクスナレッジムック『巨匠『宮脇檀』に学ぶ家の仕組み
世界で一番美しい住宅デザインの教科書』を加筆のうえ、再編集したものです。

Mayumi Miyawaki Profile

宮脇 檀（みやわき・まゆみ）

1936年2月16日〜1998年10月21日
東京芸術大学で吉村順三に師事し、東京大学大学院では都市計画の高山英華に師事したことにより、生活感を生かしつつも街全体を考えてつくることができる設計者として知られる。代表的な建築作品に打放しコンクリートの箱型構造と木の架構を組み合わせたボックスシリーズがあり、「松川ボックス」は1979年に第31回日本建築学会賞作品賞を受賞。生涯で200棟以上の住宅を設計している。

写真　©村井 修
装幀・本文デザイン　米倉英弘（細山田デザイン事務所）
平面図色彩加工　なかやま るい
印刷製本　シナノ書籍印刷

1章 住まいを考える大切なキーワード

1
キーワード

1 生活を単純な箱に美しく納める

ボックスシリーズ

単純な箱の形態を基本に、造形的な手を加えてさまざまな形態の家をつくる

崖から突き出た箱／早崎邸(ブルーボックス)

建築家・宮脇檀（以後宮脇さん）は「デザインも建築もシンプルであるべきだ」が口癖だった。その象徴とも言えるのが「ボックスシリーズ」の作品群である。

多様で複雑な人間の営みをただの四角い箱のなかに収めるのはたやすいことではない。せっかく苦労して箱のなかに生活空間を収めても、「どこをデザインしたの？」と言われることもたびたびあった。敷地条件・法規制や、建て主のライフスタイル・要望を叶えるためには、ただの箱では機能しきれない。箱をカットしたり、削ぎ落としたりしながら、住宅の機能を与えていくことが、設計の際の重要なポイントである。つまりデザインとはデコレイトすることではなく、余分なものを削ぎ落とす行為なのである。

ボックスシリーズは箱を基本にしながら、形はさまざまである。カットした部分を開口にするのは通常だが、打ち放しコンクリートと木造板張りを派手な色で塗りくるんだ外装仕上げの材質と色彩に特徴がある。それらは塗装の色にちなんでブルーボックス、グリーンボックスなどと名付けられている。

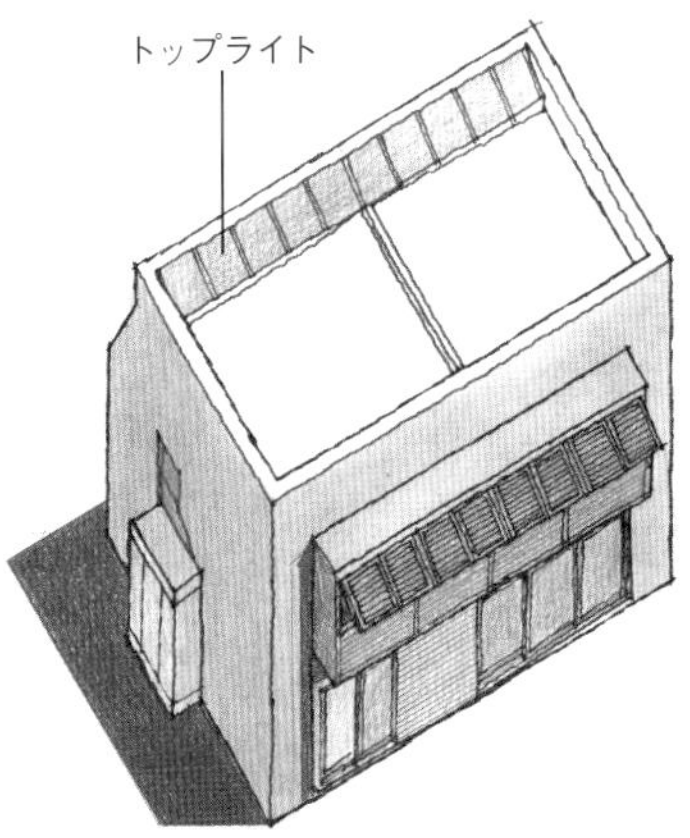

菅野邸(菅野ボックス)

北側屋根に一列に細長く設けられたトップライトで、北側の室内に光を導く

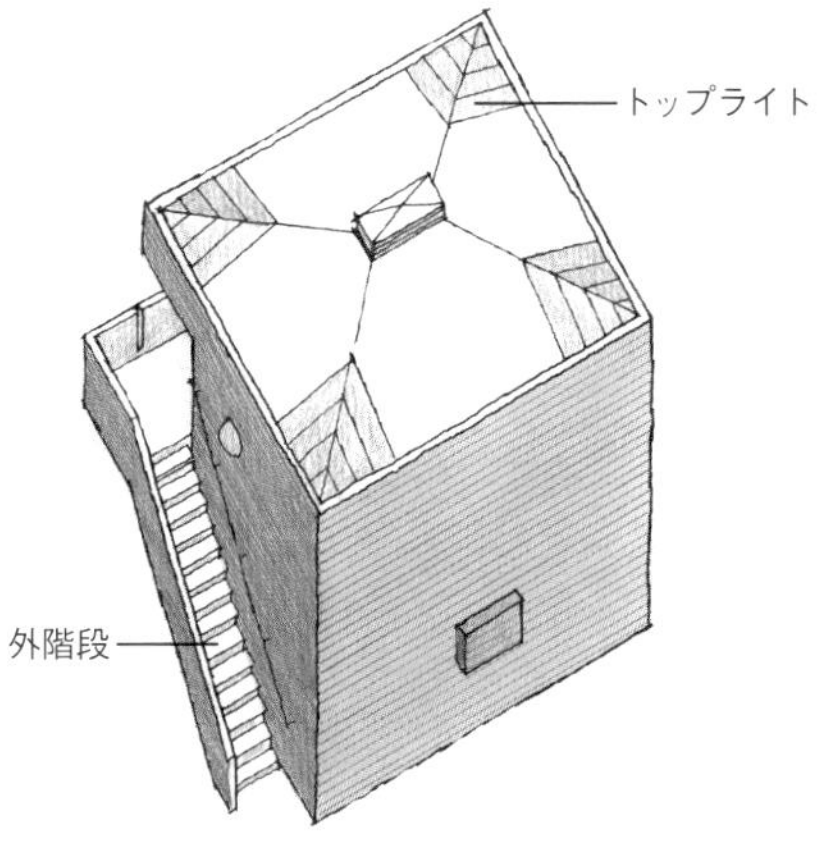

奈良邸(グリーンボックス#1)

2階の玄関へ上がる外階段と、四隅にあけられたトップライトが特徴的

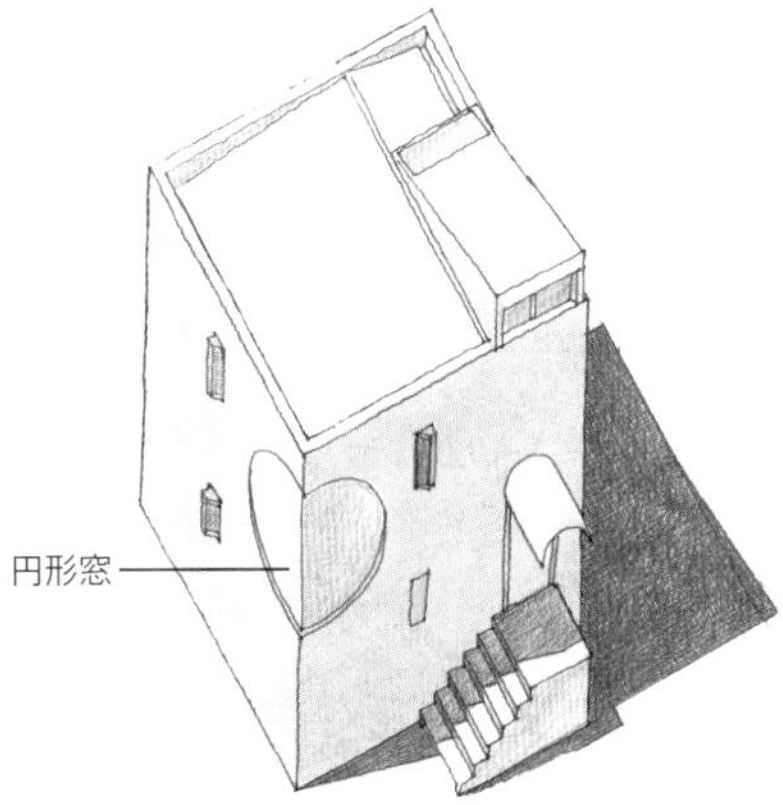

安岡邸(グリーンボックス#2)

ボックスの形状を残しつつも、角にあけられた円形の窓が印象的

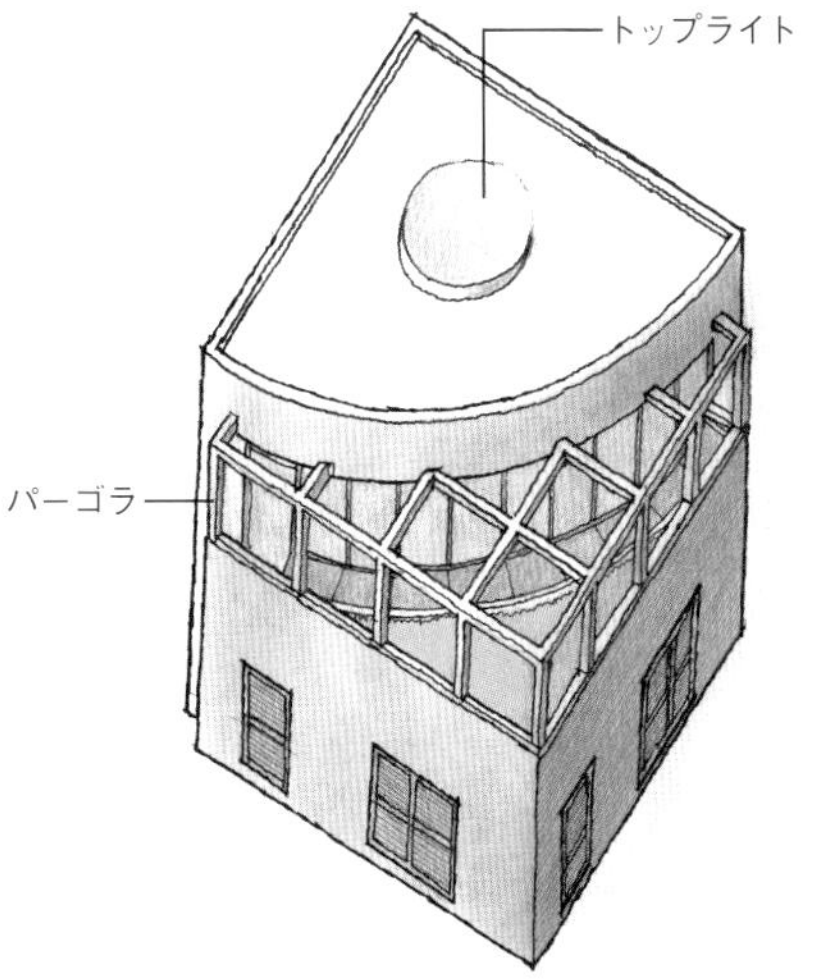

佐川邸(BOX-A QUARTER CIRCLE)

2階部分を4分の1円残して切り取ったかたちと、パーゴラがユニーク

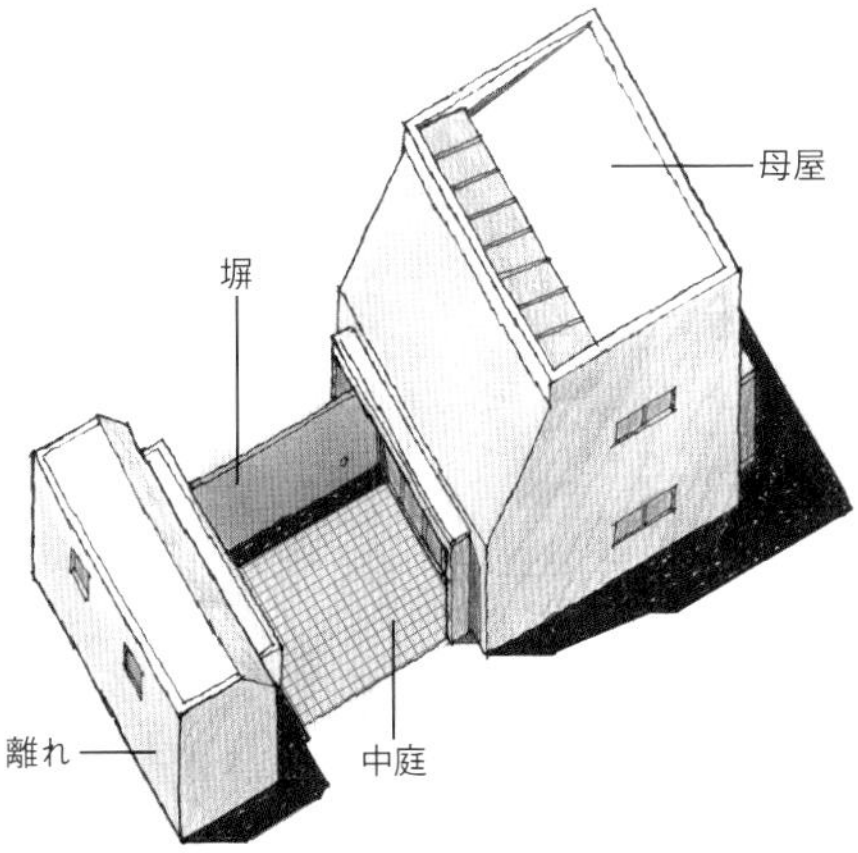

松川邸(松川ボックス)

対峙する、斜めに切り落とされた2つのボックスがつくり出すV字の空間が、中庭からの天空率をアップさせている

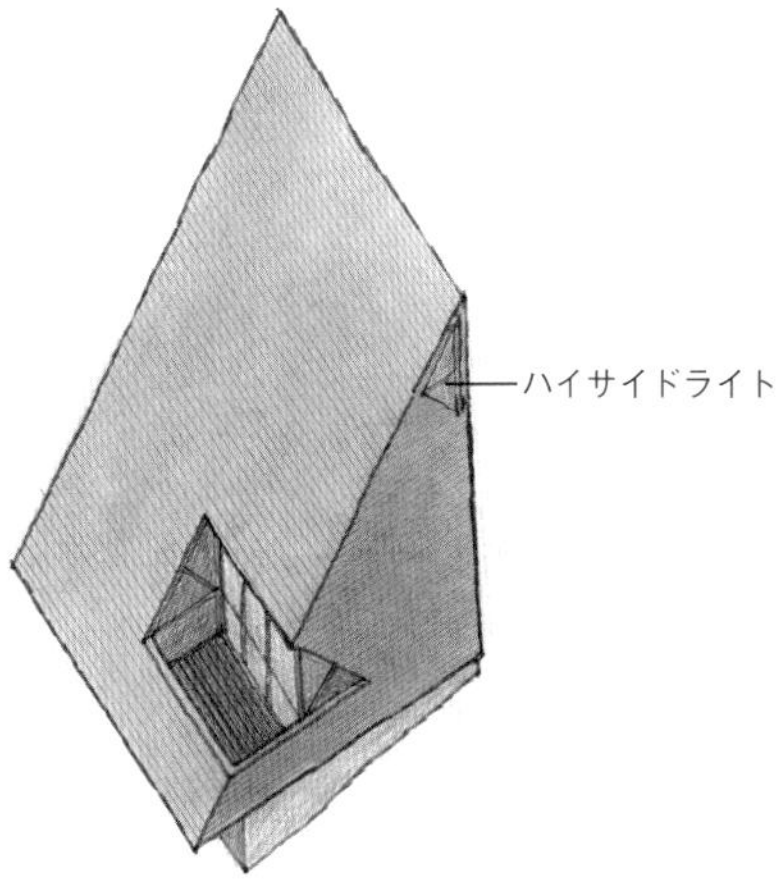

柴永別邸(さんかくばこ)

四角いボックスを斜めに切り落とした形態。この三角形は建築の屋根の基本形の1つである

2

単純な箱から、多様なかたちをつくる

中央を欠く

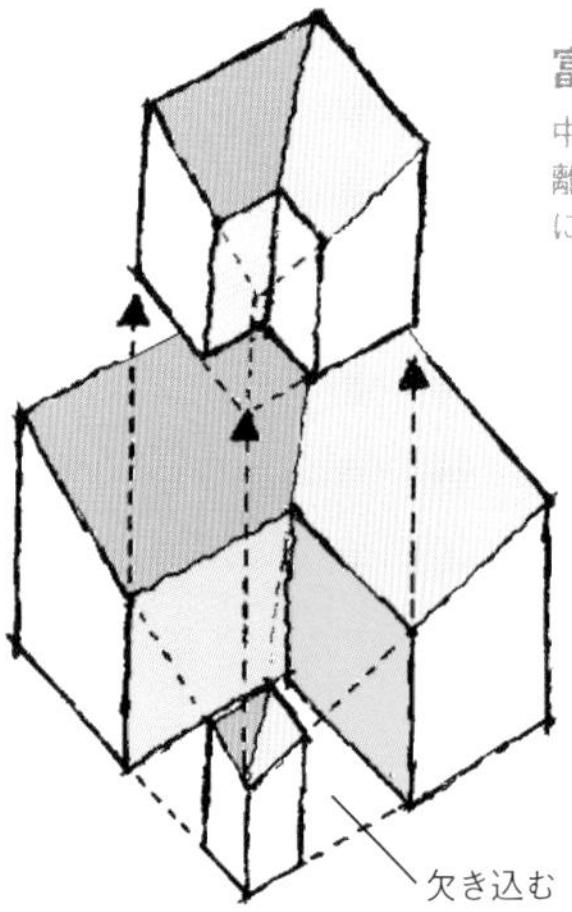

富士道邸

中央をL字形に欠き込み、一部を小さな離れにした住宅。欠き込んだ部分が中庭になっている

角を欠く

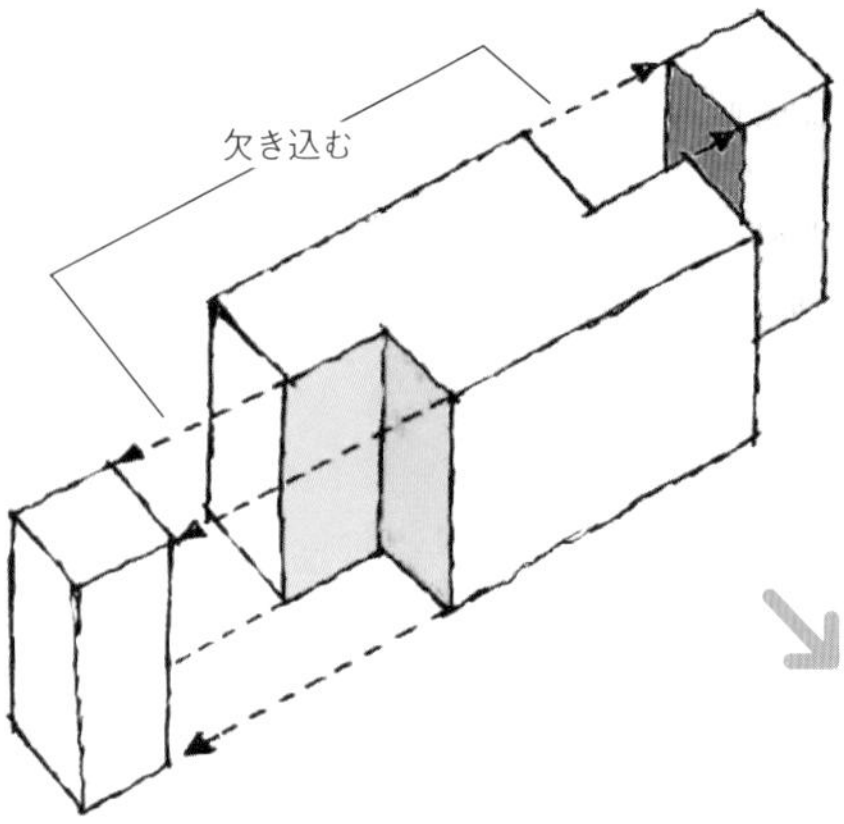

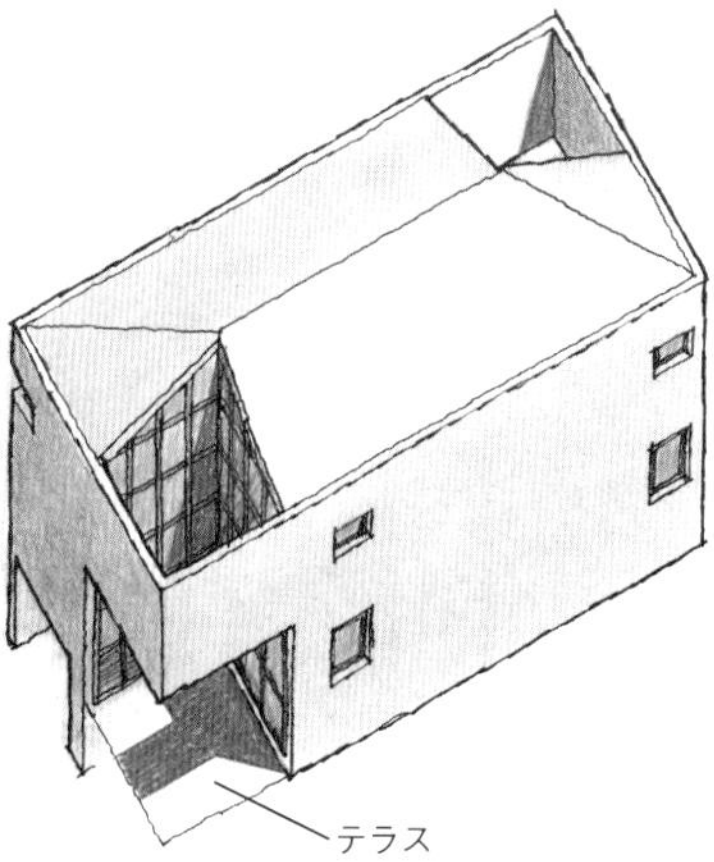

高畠邸

対角線上に2か所を欠き込んだ部分が開口部。欠き込んだ部分の床はテラスやサービスヤードに利用している

単純な箱をそのまま住宅に応用することはできない。窓・入口がなければ生活することはおろか部屋に入ることもできないからだ。

出入りを可能にし、穏やかな光を取り入れ、風を通しつつも、夏の強い日差しを遮り、さらに雨風を凌ぐ工夫をする。もちろん、窓からは美しい景色を眺める工夫も求められる。こうした開口部を開ける方法も、宮脇さんはボックスのかたちを残しながらつくり出していく。ここではその3つの方法を紹介しよう。

中央を欠く

富士道邸では、ボックスからL字形を抜き取ってできた空間が庭になり、残された部分が離れになっている。この方法により、空間的にも、用途的にも生活が多様になる。

角を欠く

高畠邸を見ると、南東と反対側の北西を欠き込んでテラスにすることで、光も風も十分に取り入れられるようになっている。

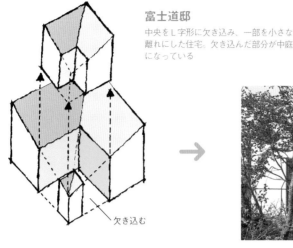

1階と2階を欠く

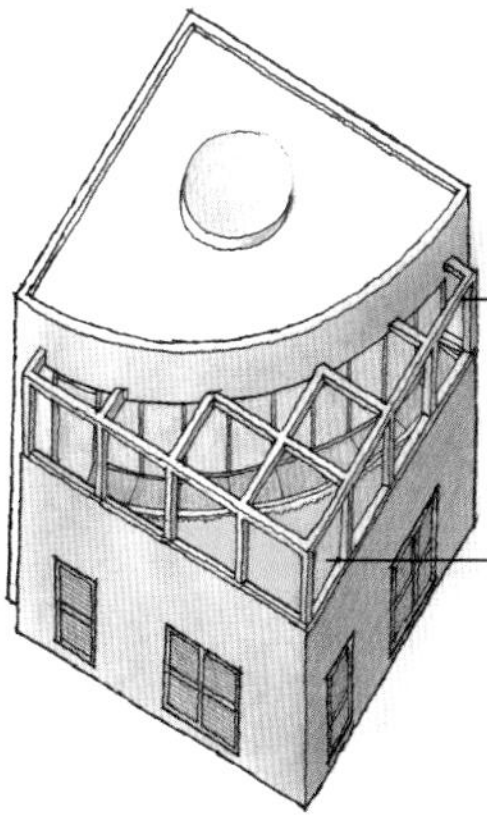

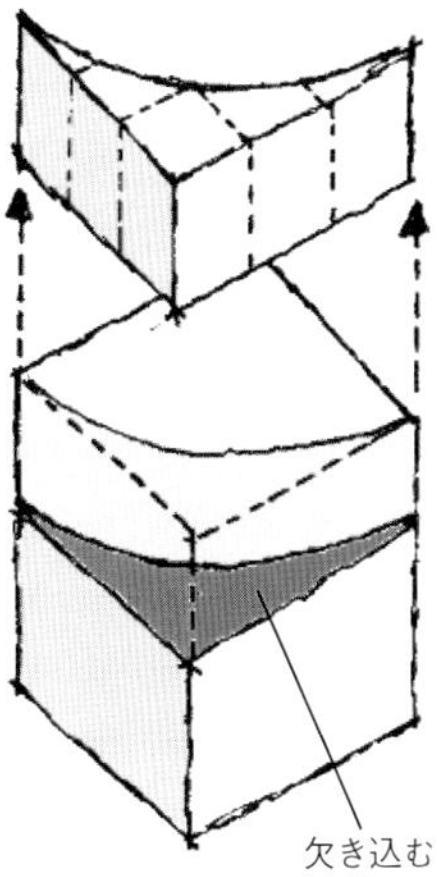

佐川邸

2階の正方形の4分の1円分を残して欠いた部分に格子をつくり、ベランダに植栽をした

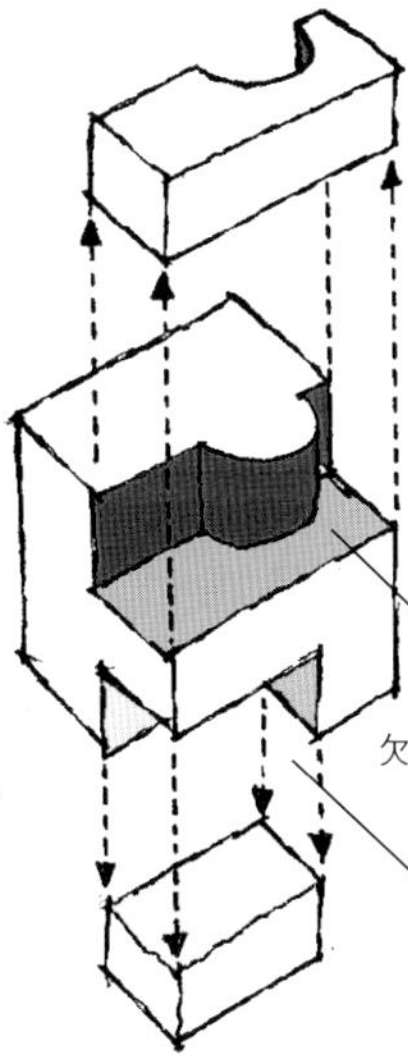

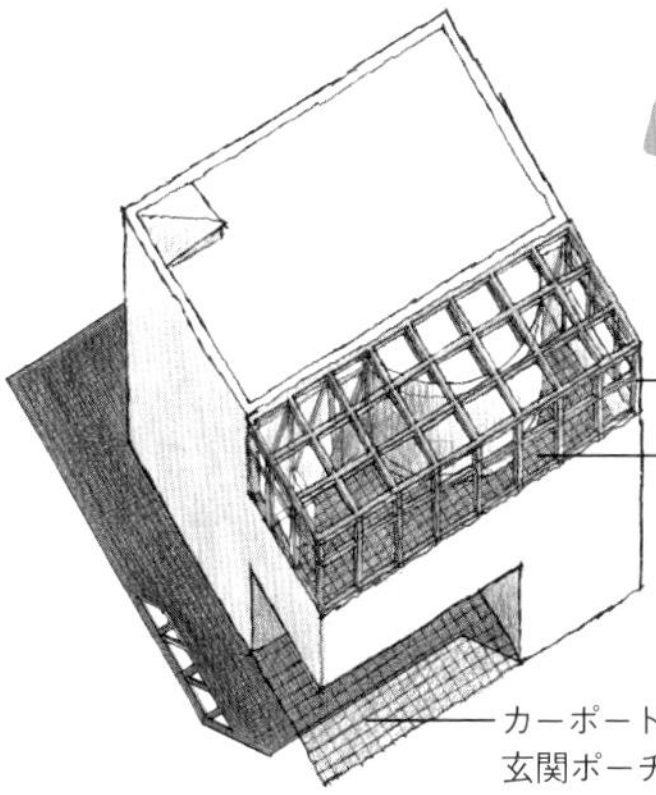

横尾邸

欠いた部分が内部と外部の接点となり、街へのつながりの重要な空間となっている

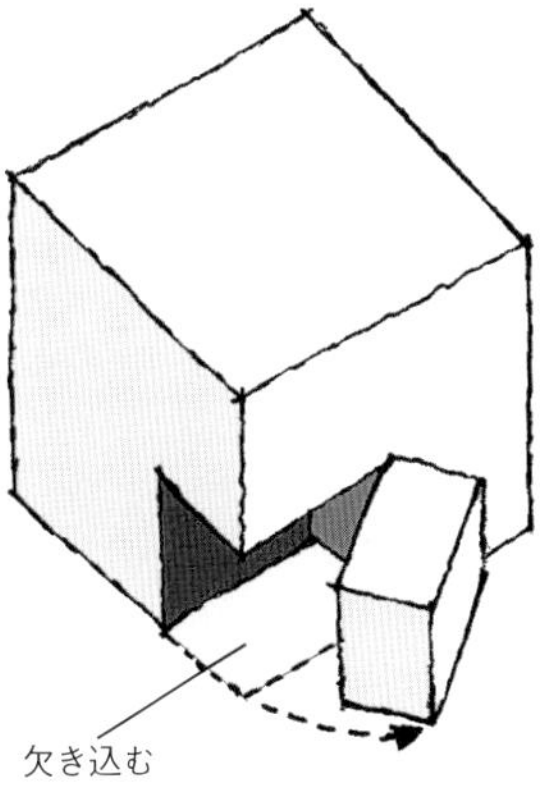

船橋邸

欠き込まれた道路に面する1階部分が、玄関ポーチと道行く人たちのたたずむ空間を兼ねている

1階と2階を欠く

佐川邸、横尾邸の平面は正方形で整ったキューブ形をしている。双方の住宅とも2階部分を欠き込みながら、格子を架けてベランダにしている。格子は木造（横尾邸）とRC造（佐川邸）の違いはあるものの、キューブのイメージを継承している。さらに格子に簾やヨシズを掛けることで、強い日差しをカットし、外からの視線を遮りプライバシーを守ることができる。

船橋邸では、道路側の1階部分を欠いて玄関ポーチとしている。密集地ゆえ開口部を自由に取ることができず、外観は閉鎖的になりがちだが、この1階のポーチ部分が街並みに対してやさしい印象を与える。

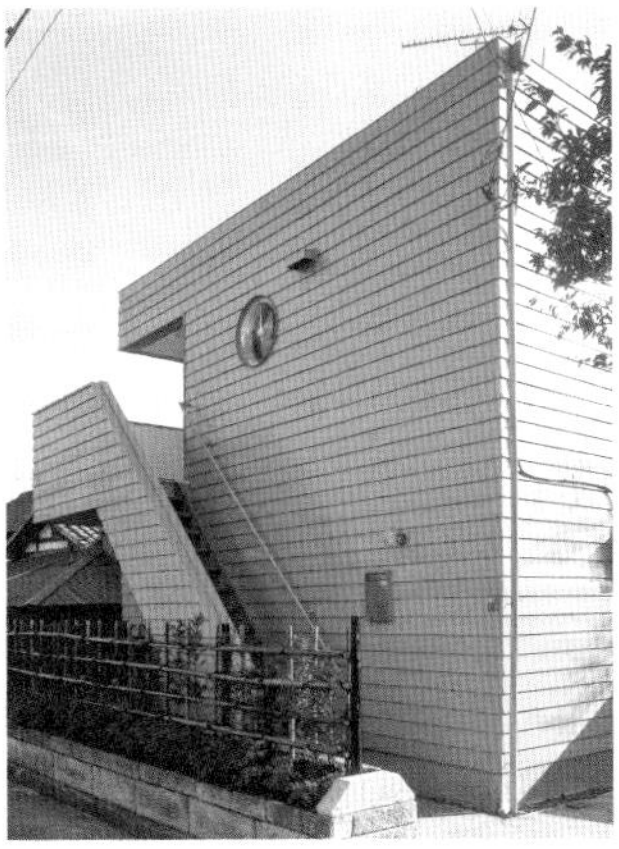

グリーンボックス＃1（奈良邸）外観

3 抜けのある断面を考える

屋根形状とトップライトのバリエーション

トップライトの位置とかたち、また窓の位置を工夫することによって、室内に比較的均一な光を取り込むことができる

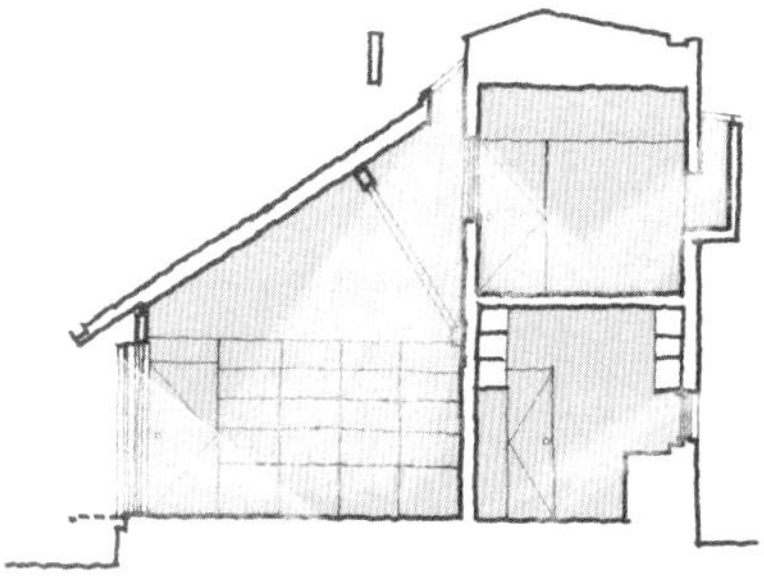

小割の部屋にも光を／河崎邸

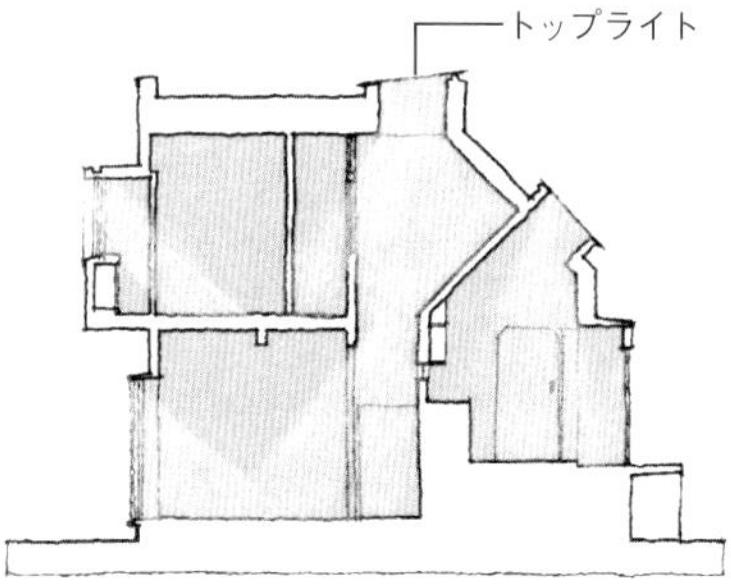

壁に反射させて取り込む／菅野邸

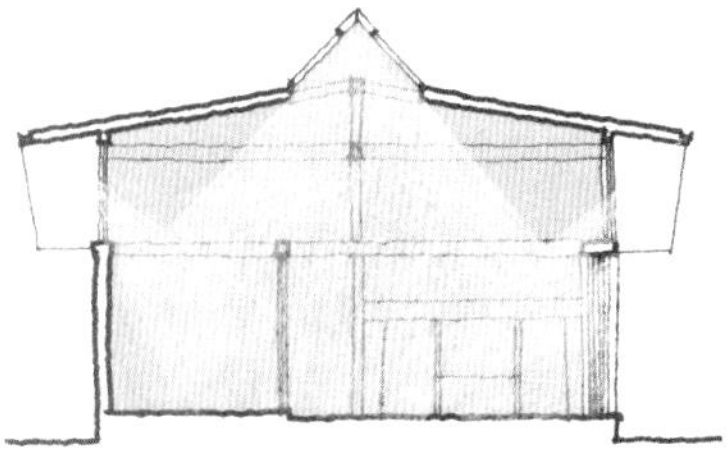

トップライトで奥まで明るく／立松邸

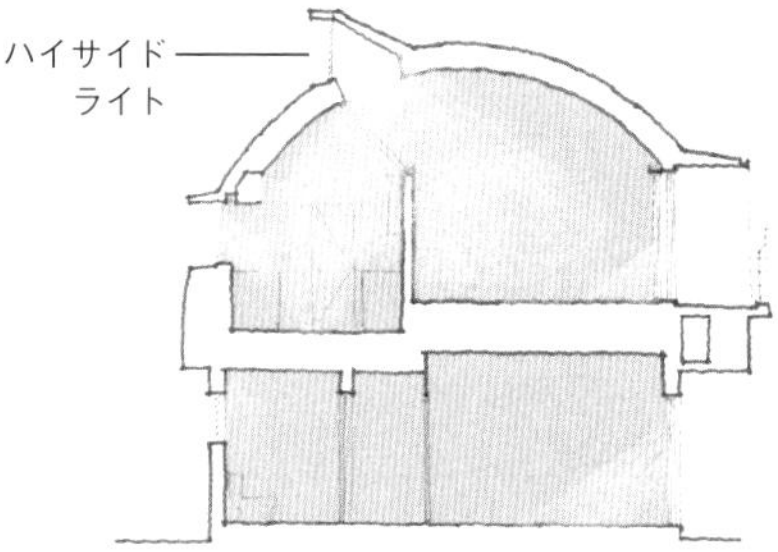

ハイサイドで明るさと換気を／前田邸

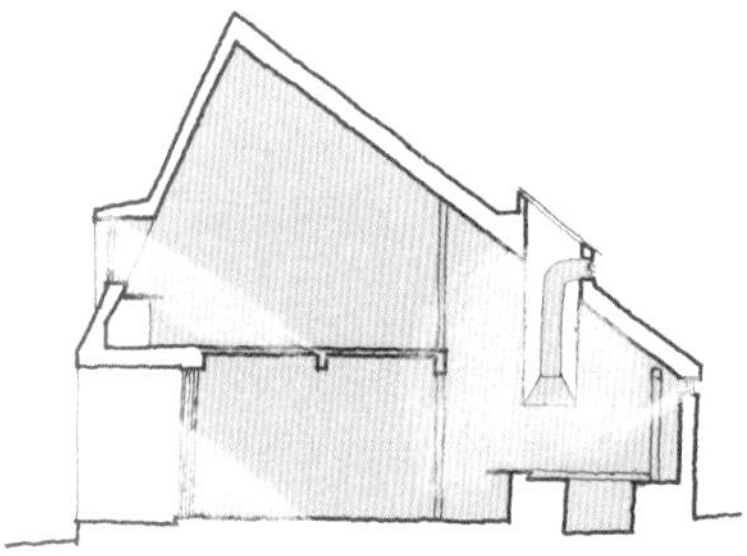

レンジフードを兼ねるトップライト／佐藤別邸

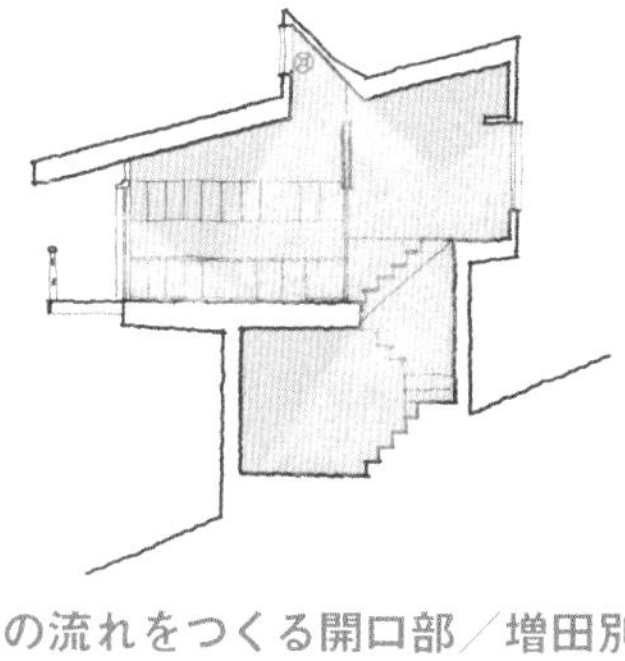

風の流れをつくる開口部／増田別邸

さまざまな断面形状

住宅の機能性・快適性は平面だけでは測ることができない。空間は面的な広さだけでなく、吹抜け空間など立体的な要素が加わることで、豊かさや快適性、機能性が決まる。

断面形状は住宅の耐久性にかかわる屋根の形態を決めるとともに、室内の空気の流れをも左右する重要な要素なのである。

多様なトップライト

特に、光を上部から取り入れるトップライトの位置・形状・大きさを決めていく際には断面の形を十分に検討しなければならない。光は南から取り入れるだけでなく、北からもソフトで安定した光を取り入れることができるからだ。密集地や狭小敷地では、保障されている空間は上部だけであるから、トップライトの取り方が居住性を決定する。

トップライトの位置と形態にはさまざまな種類がある。宮脇さんの作品のなかでは豪邸の部類に入ると言って良い有賀邸（左上図）では、トップライ

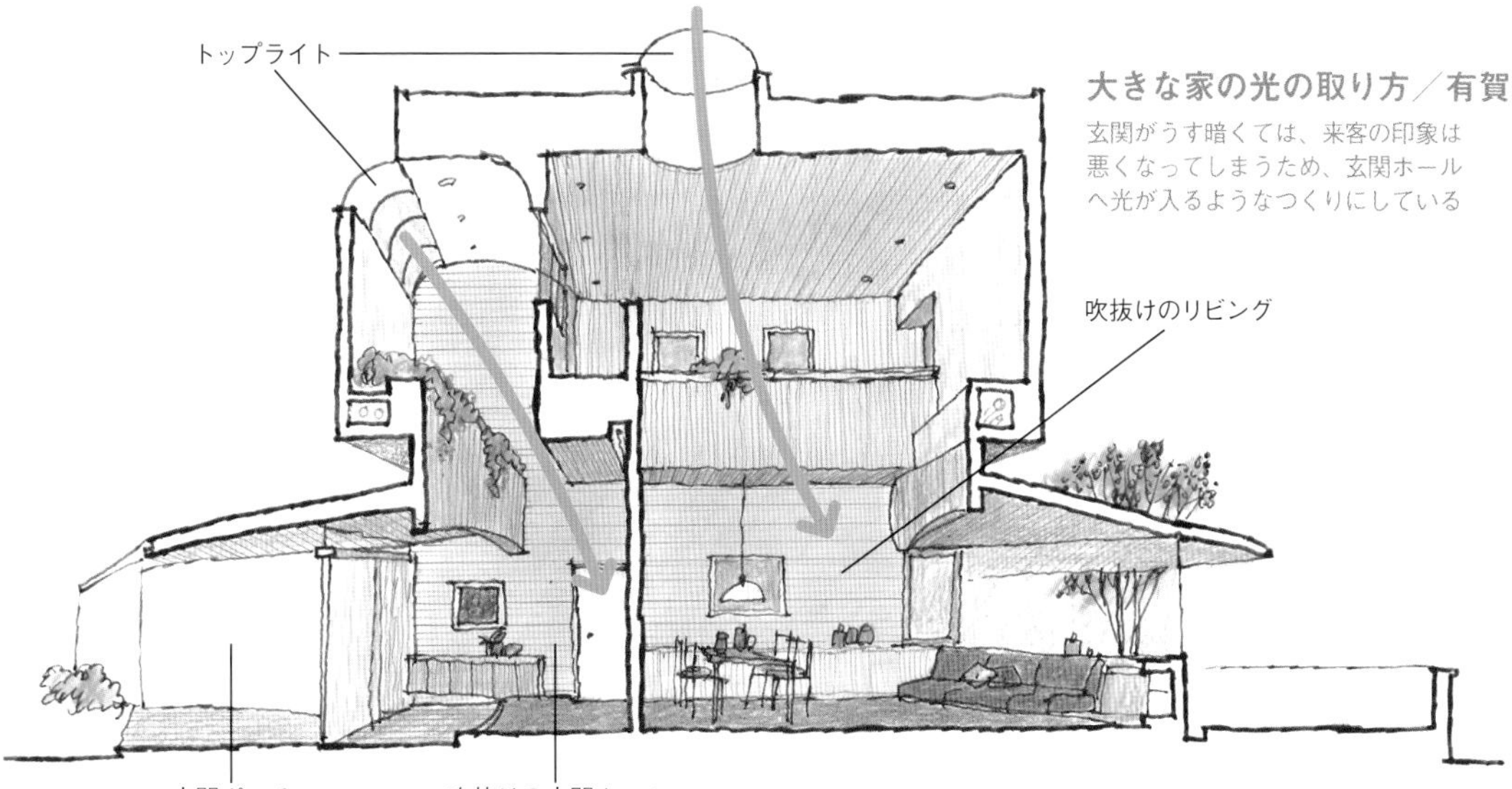

大きな家の光の取り方／有賀邸

玄関がうす暗くては、来客の印象は悪くなってしまうため、玄関ホールへ光が入るようなつくりにしている

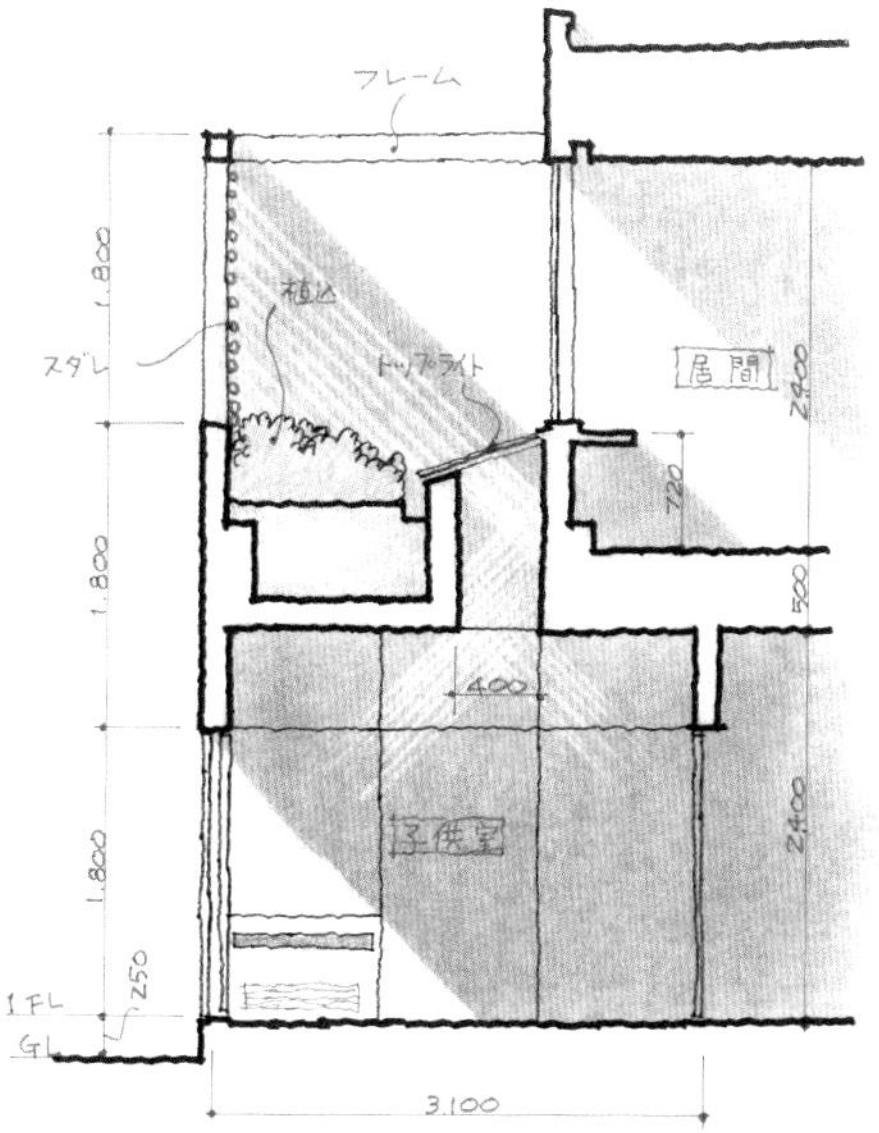

1階も明るく／佐川邸

2階の窓の下に張り出したトップライトは、1階の寝室や子供室まで光を導く

松川邸　内観

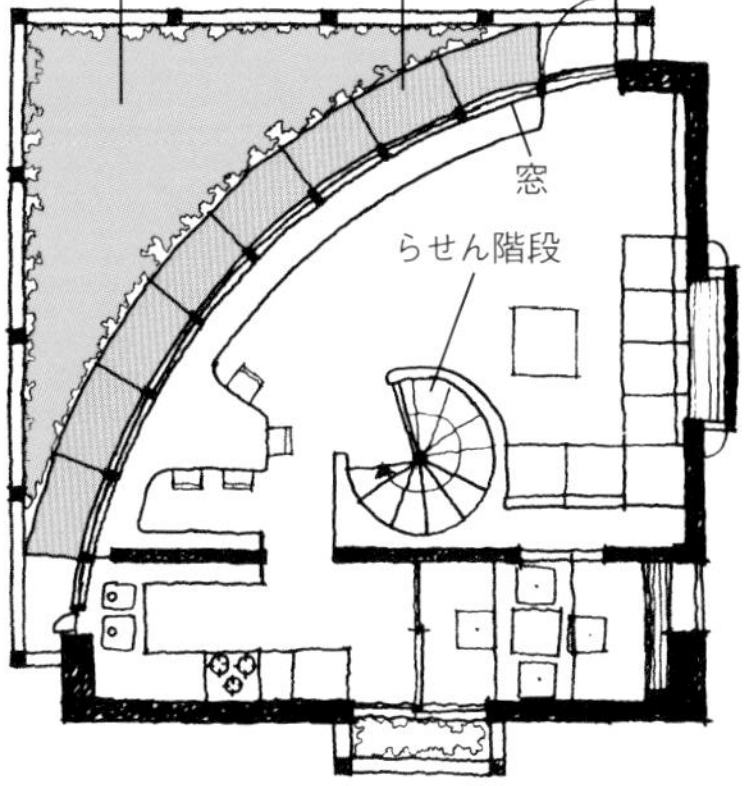

佐川邸　2階平面図

植込と円形の連続窓の間にトップライトがある

トも複雑な断面形状になっている。吹抜け空間を通して玄関ホールに光を入れ、1階奥の吹抜けを利用してリビングにも光を入れている。こうした2段、3段階を経て奥の空間に光を導き入れる工夫によって、光が乱反射し、結果ソフトな光になるのである。

左図の佐川邸には、中央のらせん階段上に設けられた円形のトップライトがあり、さらに円弧状の窓からの採光がある。2階部分はこれで十分だが、下の階も明るく照らすため2階ベランダの植栽部分に円形状のスリットをトップライトとして設け、そこから光を取り入れている。

4 2つの構造をミックスする

混構造の概念

耐久性に優れたコンクリートの箱と、人にやさしい木造を組み合わせる

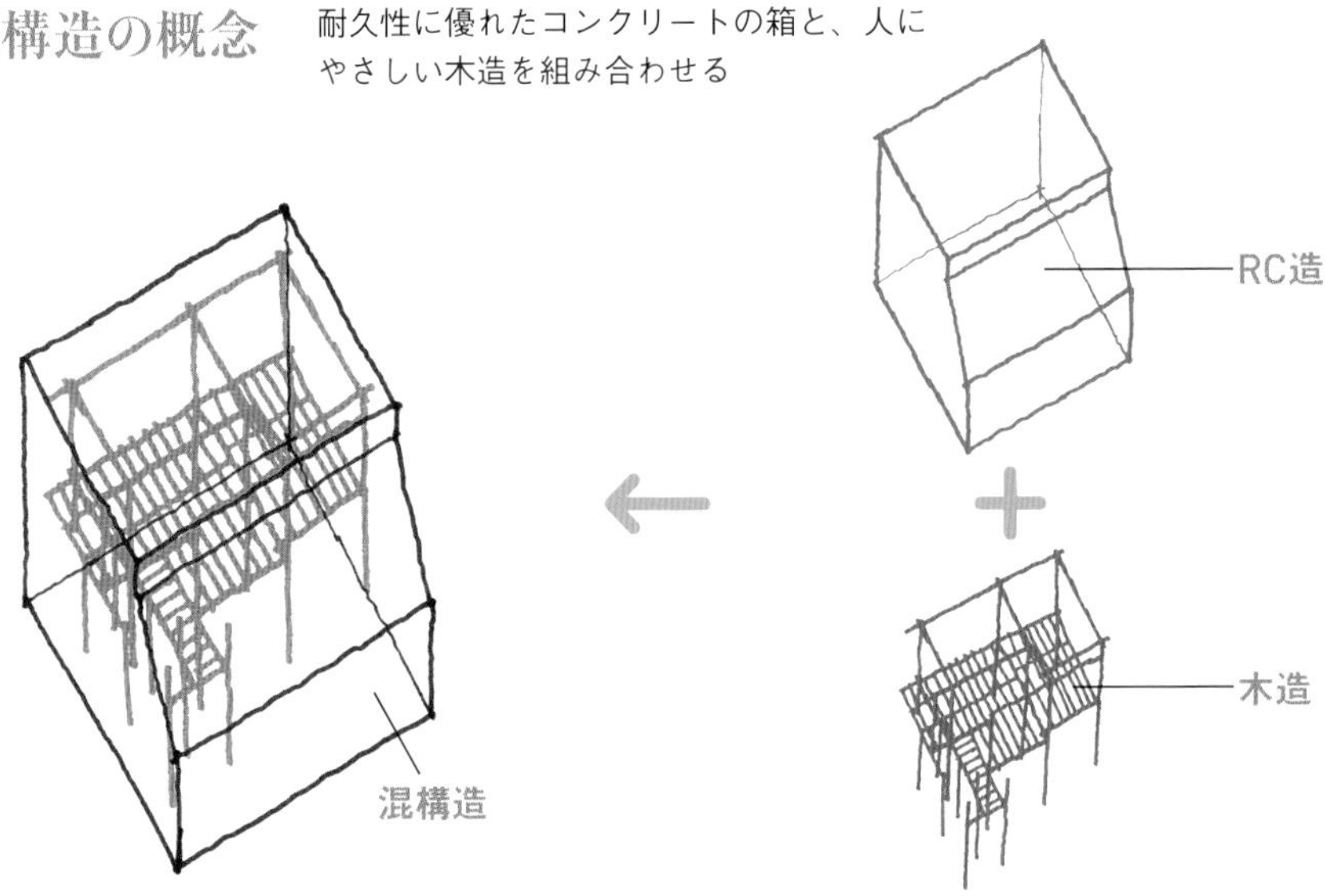

混構造の類型

混構造には、コンクリートの箱に木造を入れる、木造の屋根を載せるなどの方法と、各手法を組み合わせた複合形態などがある

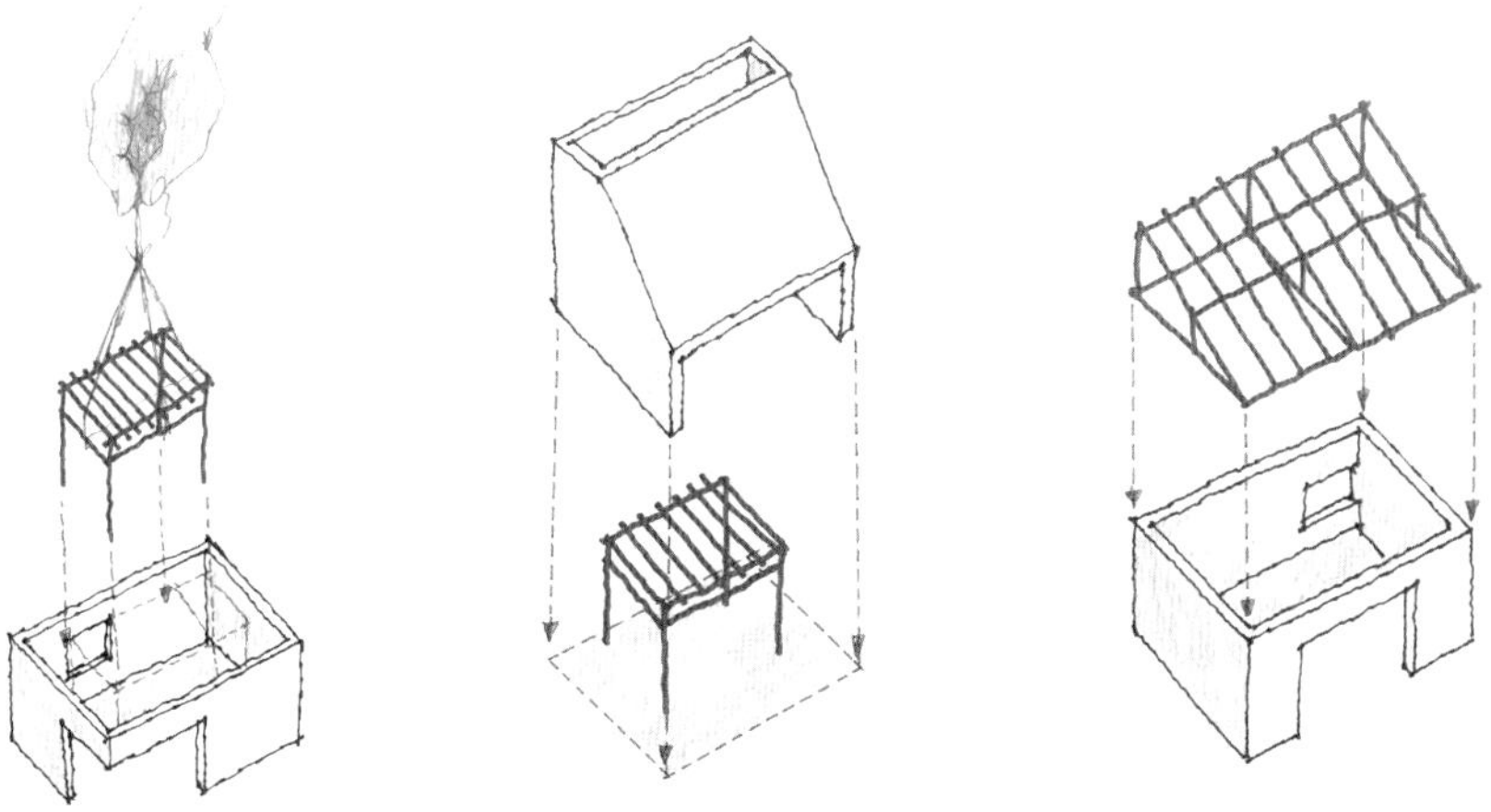

混構造でミックスする2つの構造とは、鉄筋コンクリート構造（RC造）と木構造（木造）である。

RC造は構造上強く耐久性に勝る。しかし、その反面無機的で冷たくやさしさに欠ける。木造はRC造と比べると耐久性は劣るものの、人にやさしく肌触りも心地良い。また木材特有の香りの良さに加え、年月とともに色合いや風合いが変化する楽しみがある。ミックスすることによって相互の構造の長所を生かし、欠点を補い合うことができるのだ。

構造をミックスする方法は、次の3つに分類できる。

①RCのボックスのなかに木造を入れる

②木造にRCのボックスをかぶせる

③RCのボックスの上に木造を載せる

この基本の3つの手法以外にも、①～③を複合させたタイプや、RCのボックスに斜めの木造屋根を立て掛ける例もある。

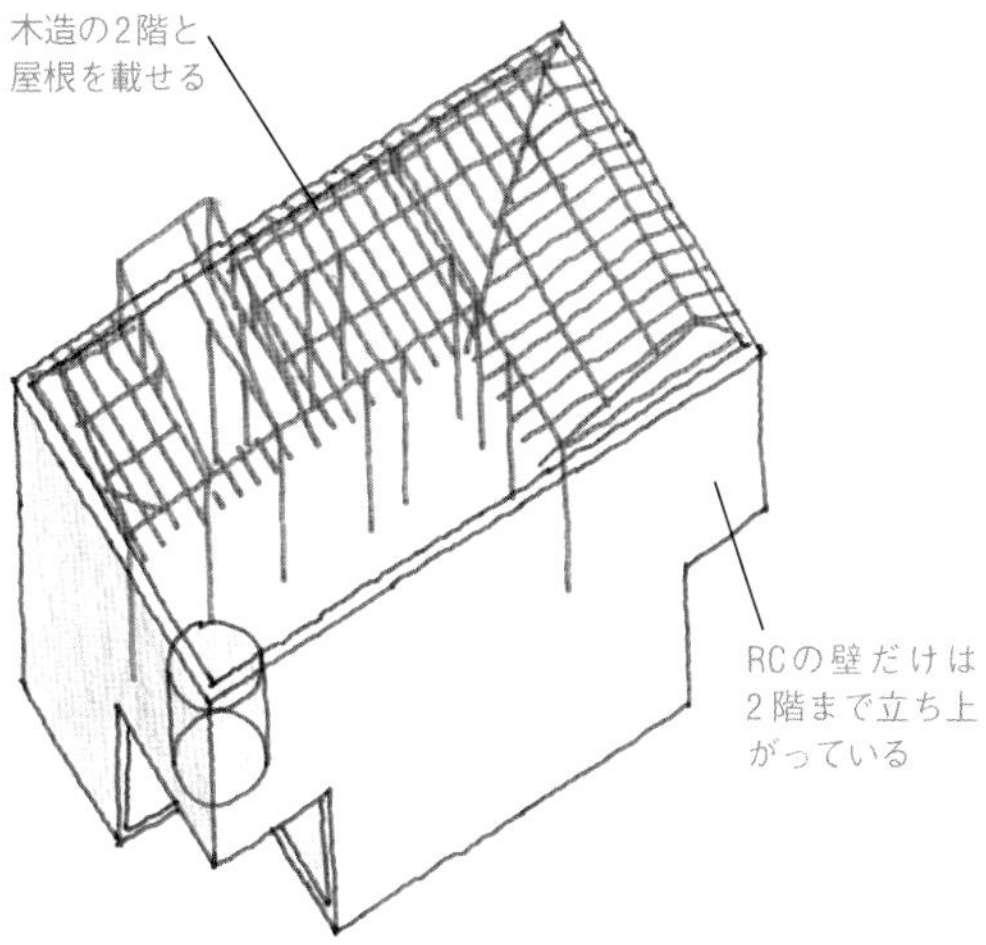

早崎邸

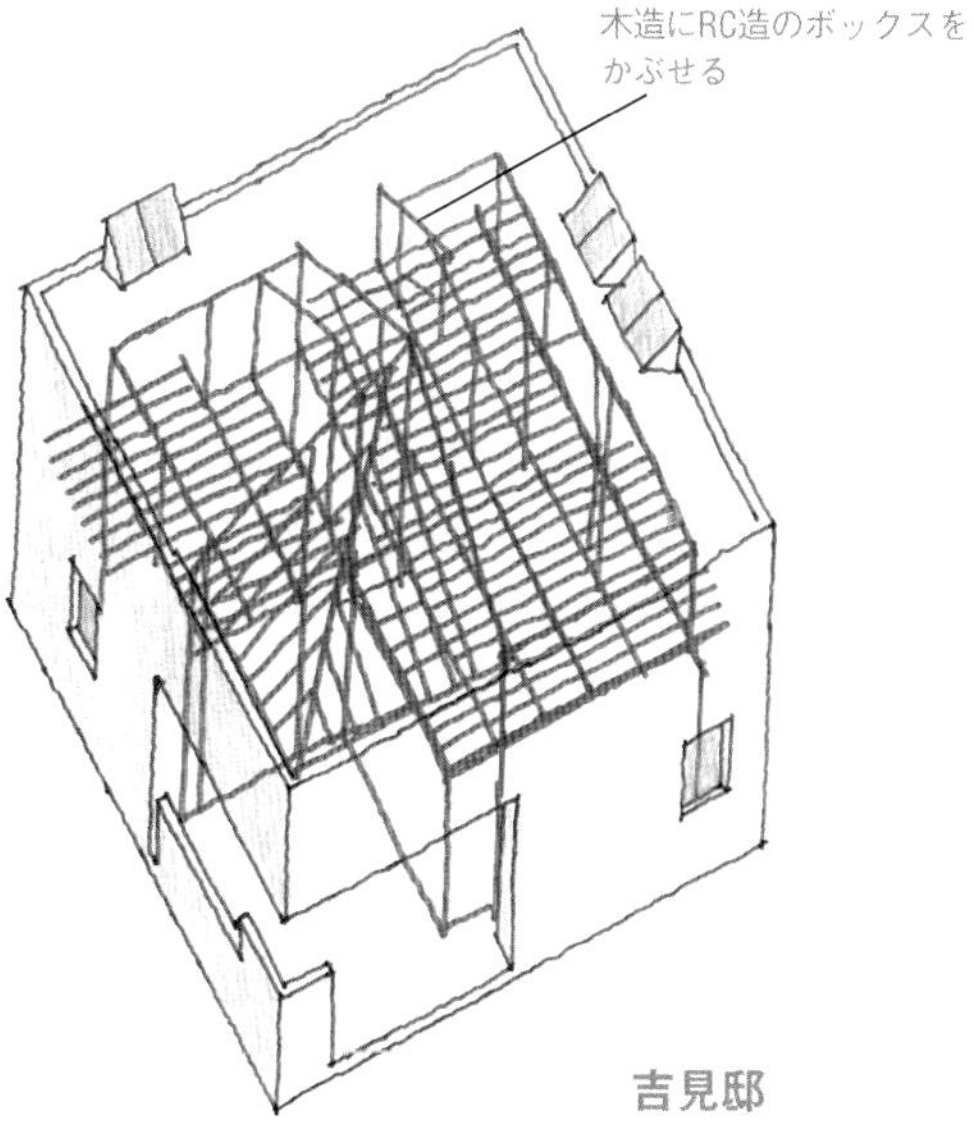

吉見邸

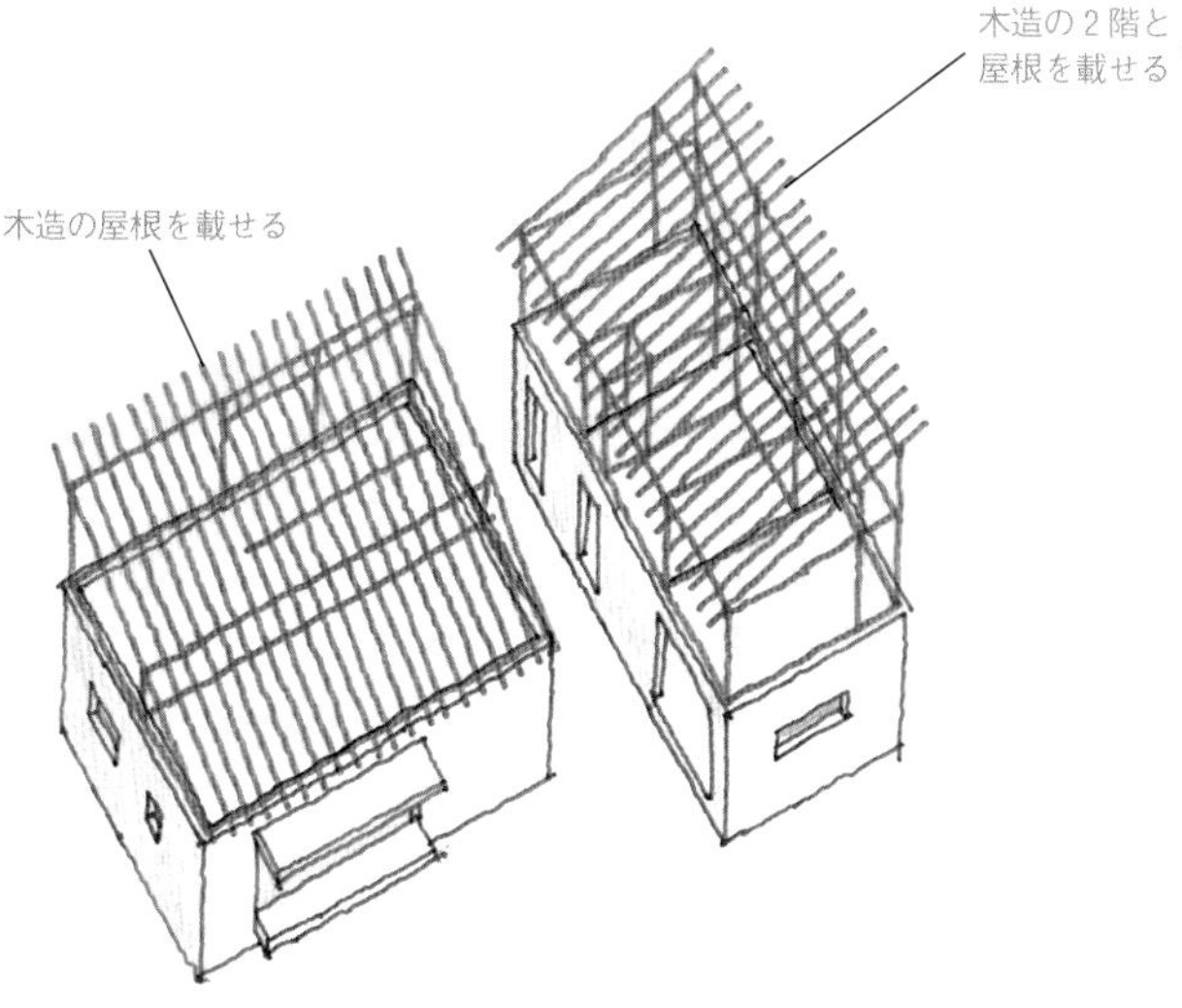

稲垣邸

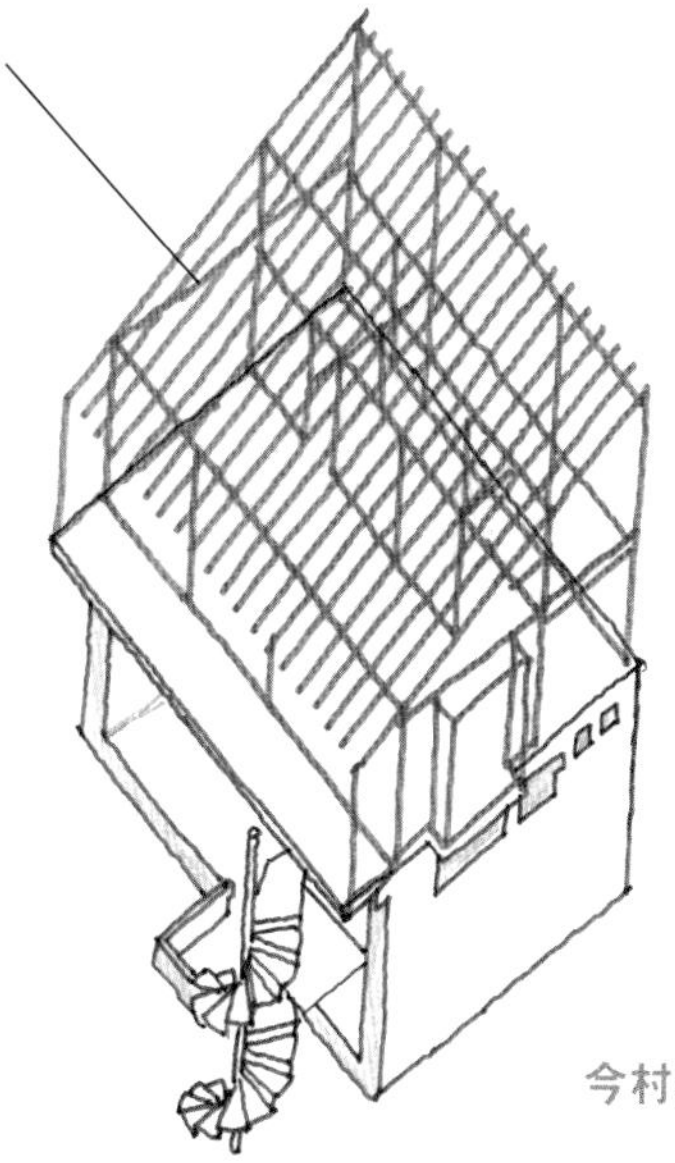

今村邸

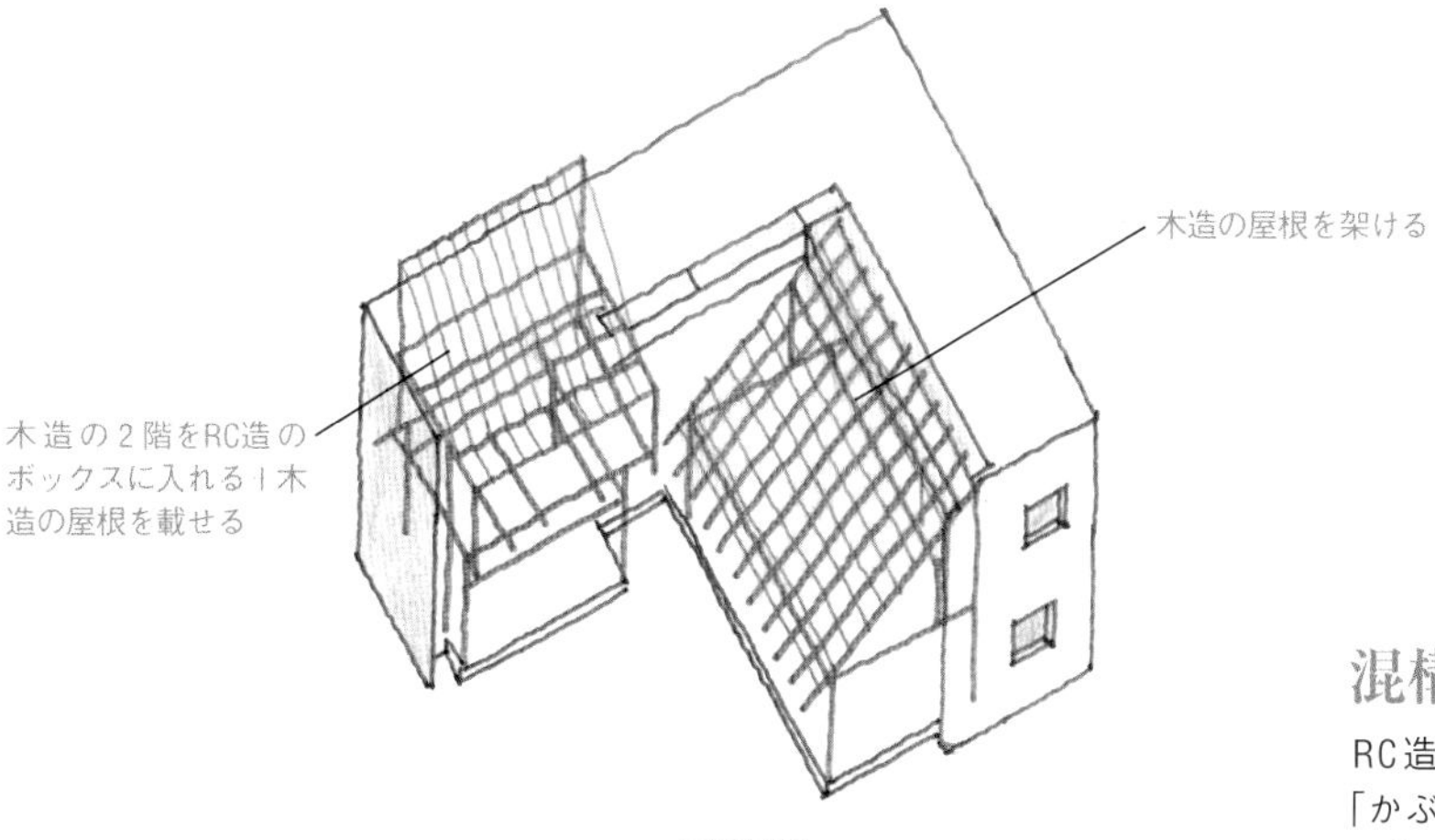

河崎邸

混構造の事例

RC造と木造の混構造の手法「入れる」「かぶせる」「載せる」によりつくられた作品群

5 部屋のつなぎ方、離し方

分棟式プラン

各部屋を別棟に分割配置し、それを組み合わせて1つの住宅を構成したプラン。建物間の中庭などの空間が意味をもつ

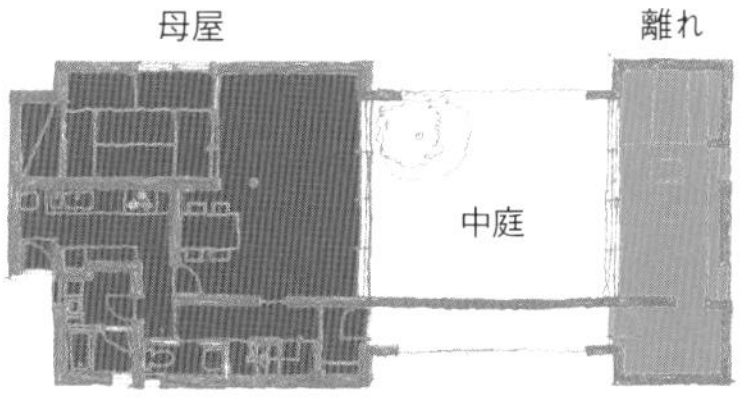

中庭でつなぐ／松川邸

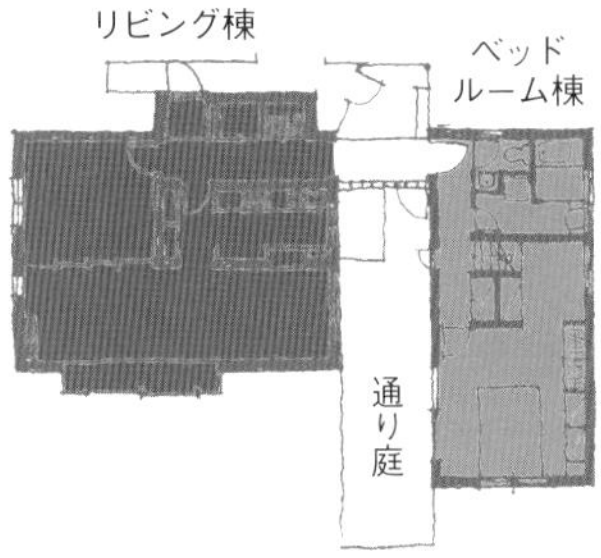

通り庭でつなぐ／稲垣邸

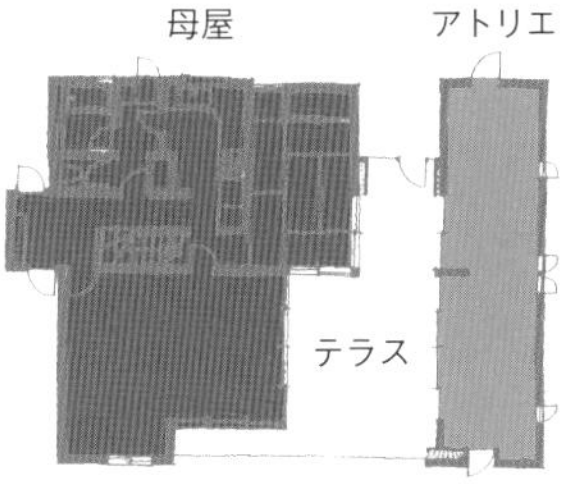

テラスでつなぐ／天野邸

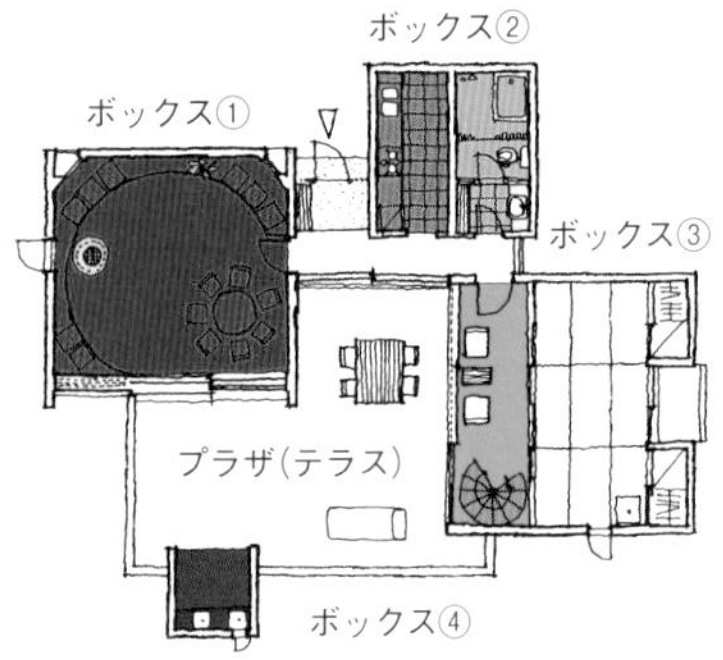

テラスでつなぐ／プラザハウス

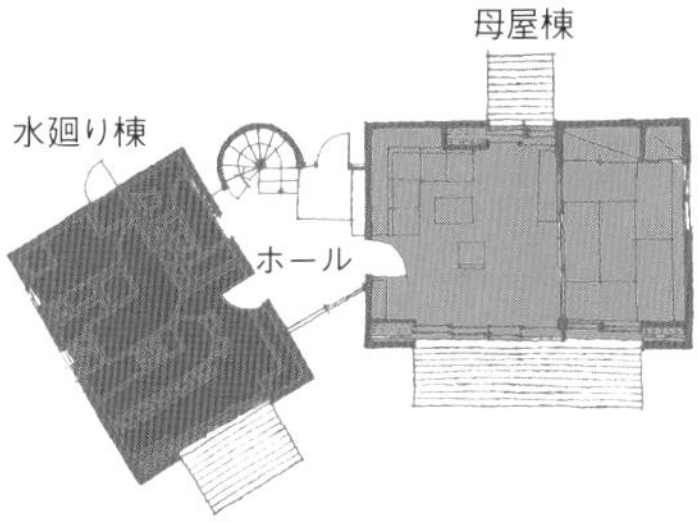

ホールでつなぐ／長島邸

部屋どうしの関係性が重要

プラン（間取り）を考えることが住宅をつくるうえでの基本となる。敷地条件や家族構成、さらにライフスタイルなどの与条件によって、必要な部屋の種類と広さが決まるからだ。

ここで重要なのは、用途別に小割の部屋をつくるのではなく、その部屋を多用途に機能させ、無駄な空間が時間軸（家族の変化）で見た時にもないよう配慮することである。部屋の種類や広さよりも、その部屋どうしのつながり（機能的な関係性をもたせること）が豊かな住環境を生み出し、実際の面積以上に部屋を広く感じさせるのだ。

ここでは、宮脇さんの作品を大きく3つのプランに分類してみた。分棟式プランは複数の棟を敷地内に置くことで、外部からの視線を遮りつつも、中庭などの魅力的な空間をつくることができる。2階リビングプランは都市部の密集住宅地で、主な生活空間となるリビングなどを条件の良い上階に設けることで、環境が保持できる。回遊式プランは住人の動線を明快にすると同時に、採光や通風に有利にできる。

回遊式プラン

キッチンの一部を中心とした回遊路

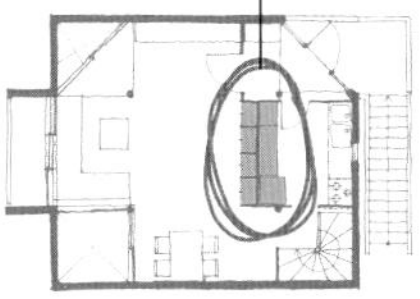

奈良邸／2階

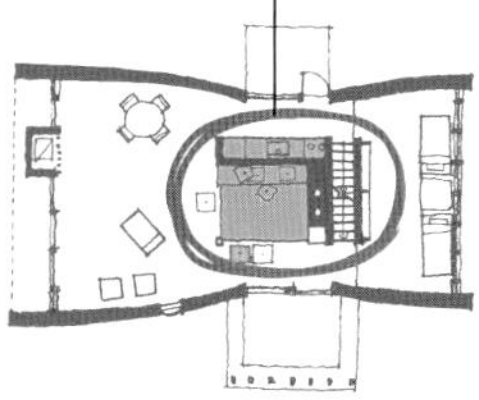

石津別邸／1階
（もうびぃでぃっく）

キッチンの一部を中心とした回遊路

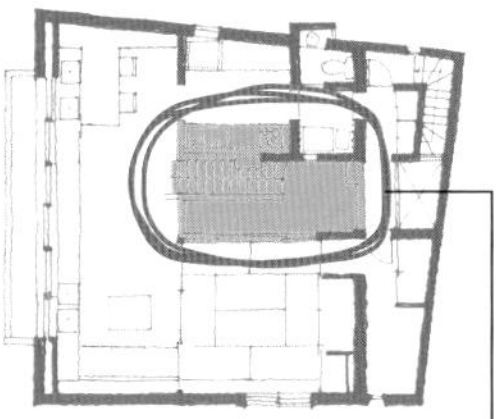

船橋邸／2階

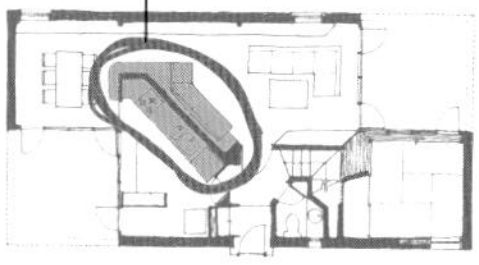

高畠邸／1階

階段室を中心とした回遊路

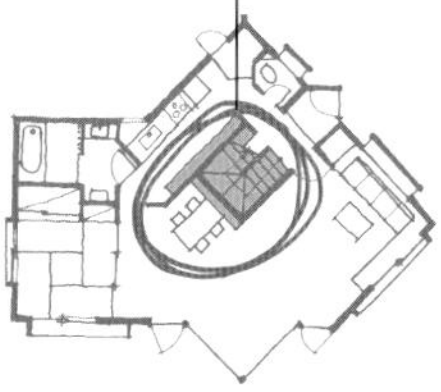

山住邸／1階

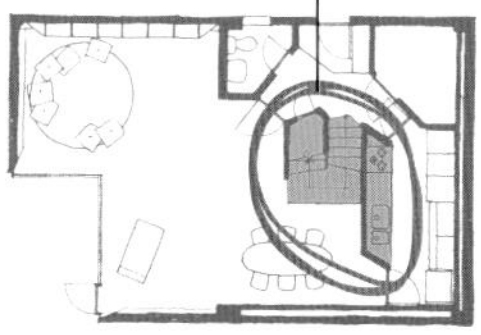

早崎邸／1階

主にキッチンを中心に回遊するプランが多いが、船橋邸のように吹抜けの階段室が回遊の中心の場合もある

キッチンを中心とした回遊路

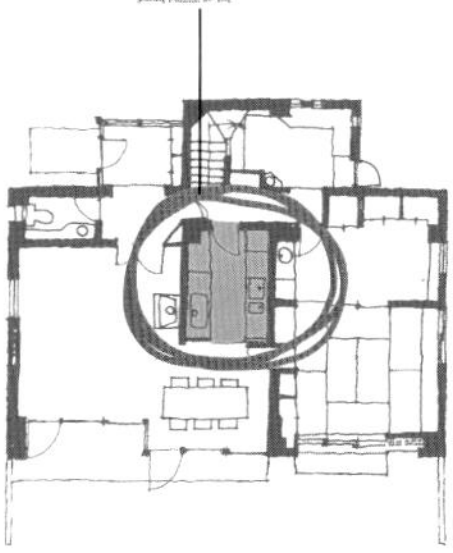

大場邸／1階

2階リビングプラン

リビング（ダイニングキッチン含む）はピンク色の部分。なお、水廻りは水色、寝室は緑色、玄関は黄色の部分

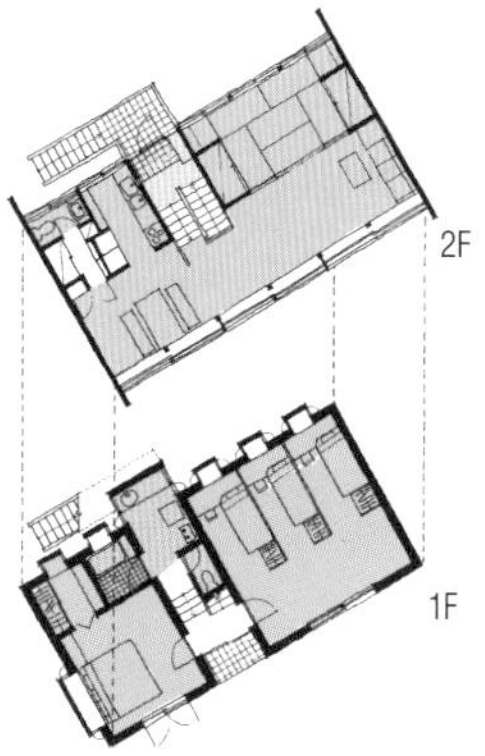

三宅邸

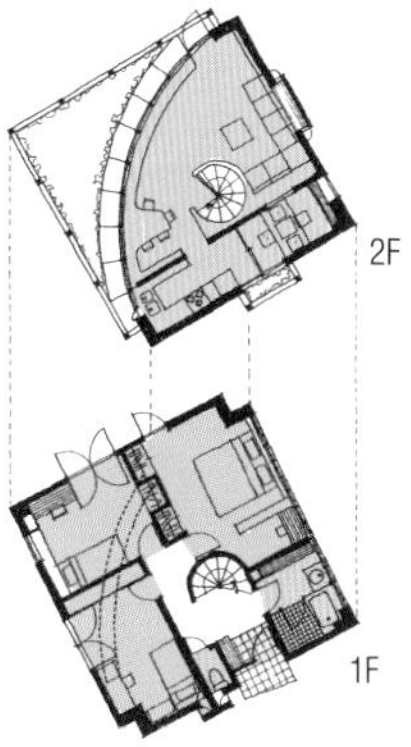

佐川邸

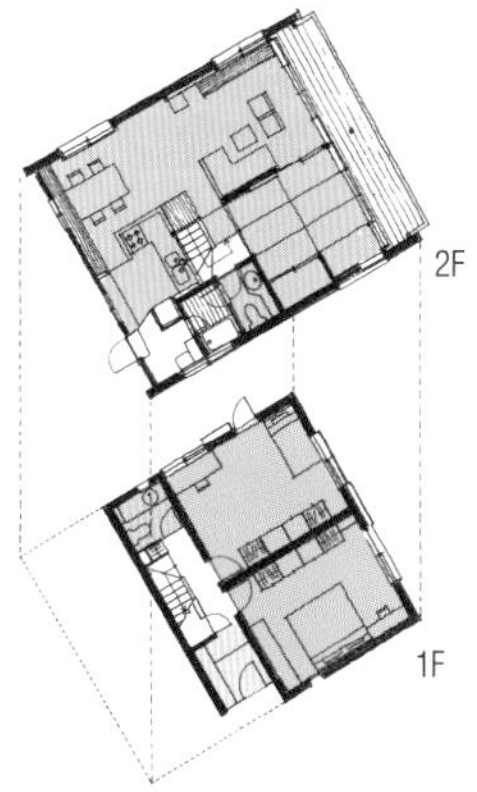

内山邸

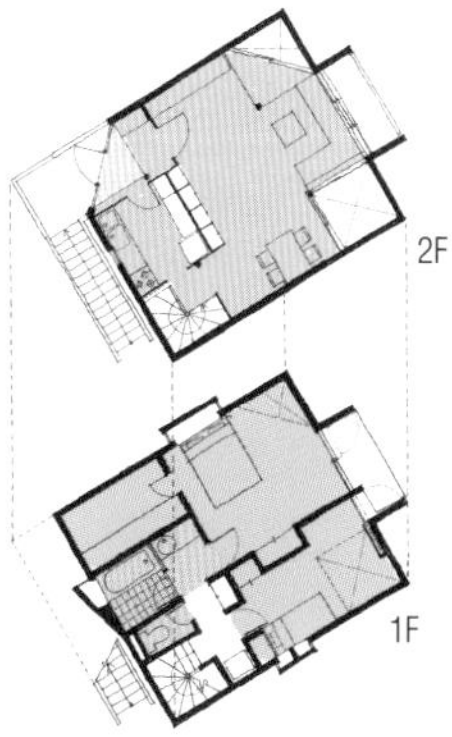

奈良邸

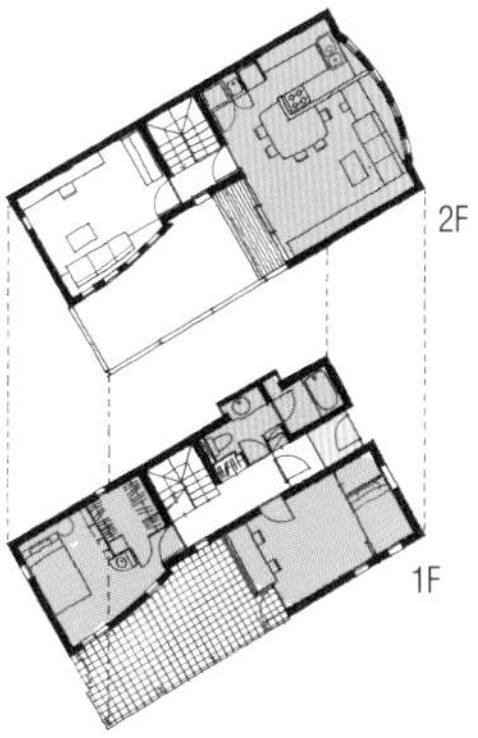

崔邸

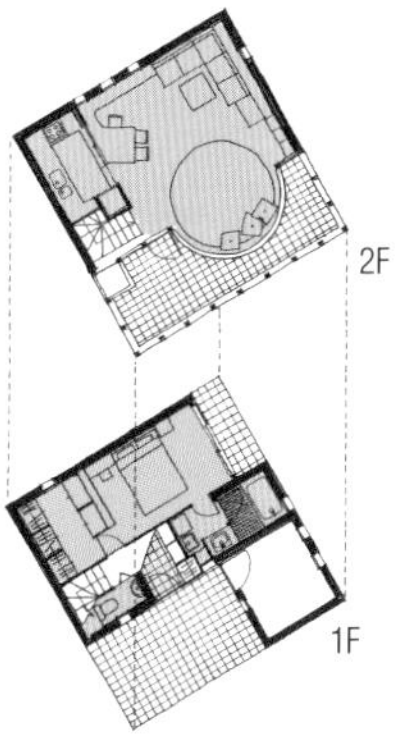

横尾邸

比較的住環境の良い2階を、住宅のなかで重要なリビングにしたプラン

6 リビングを宙に浮かす

明るく風通しも良い 2階リビングプラン

生活するうえで最も重要なリビングやキッチンなどのスペースを、採光や通風の取りやすい上階にもってくる

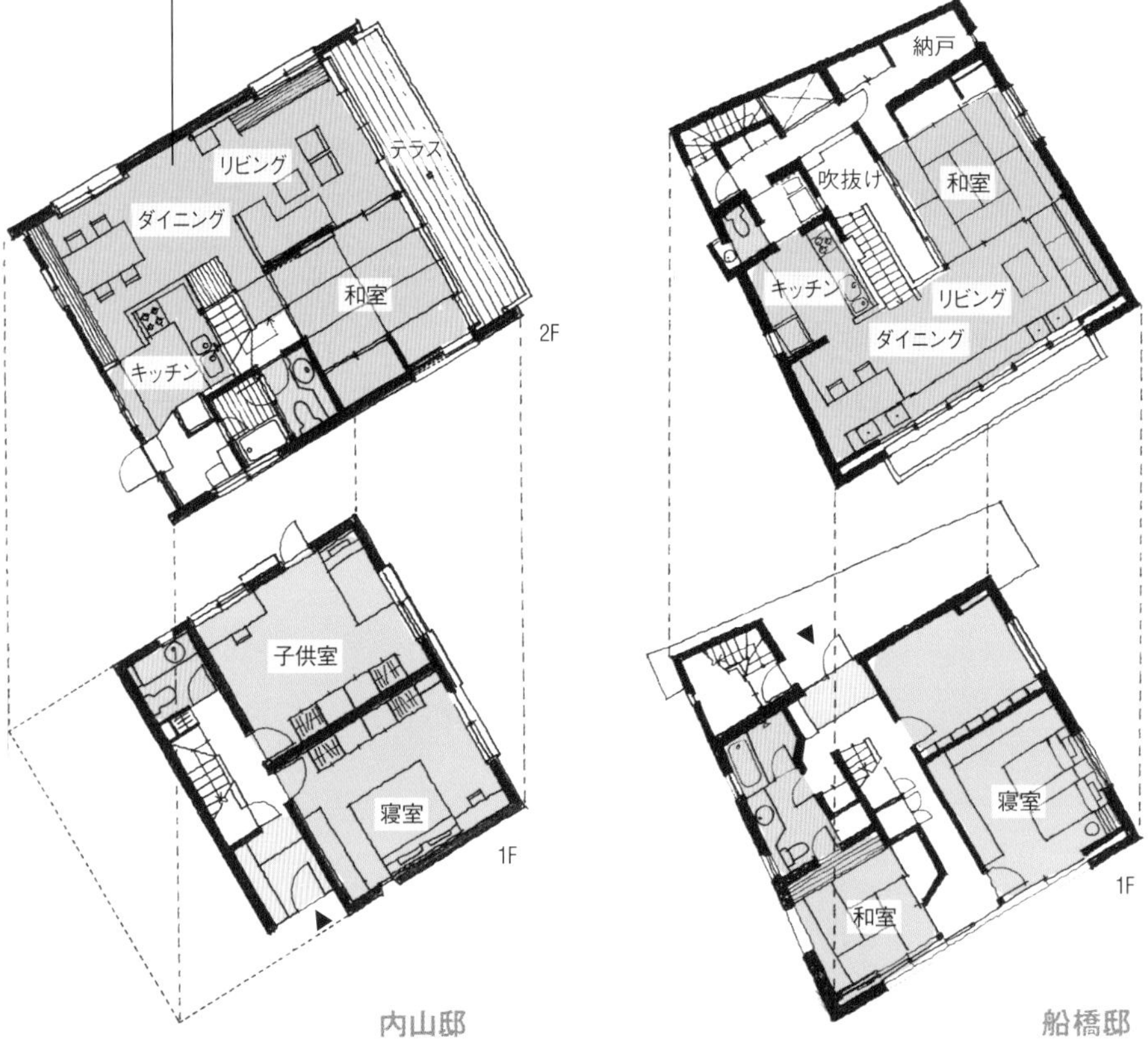

内山邸　　船橋邸

通常の住宅の空間構成では、玄関などパブリックなスペースは前方に、浴室や、寝室などプライバシーの高い部屋は後方に、順次配置する。したがって、公的空間としての性格が強く、庭とのかかわりが強いリビングは必然的に1階に配置されることになる。

しかし、都市部の密集地や狭い敷地では、庭を広く取れず、周囲の建物が迫っている環境のため、生活の主体となるリビングを1階に配置することは、日照や通風、またプライバシー・防犯などの面からも好ましくない。そこで、比較的環境の良い上部（2階）にもってきたのが2階リビングプランである。住宅のなかで最も重要視されるリビングは日照や通風、見晴らしなどが良くなければならないが、この方法により、トップライトやハイサイドライトからの採光や通風が取りやすくなる。

また、プライバシーを必要とする浴室・洗面などは、1階に配置して開口を崔邸（左図）のような出窓などにすることで、光・風を取り入れつつもプライバシーを守ることができ、静かで快適な部屋にすることが可能となる。

密集地は2階LDKが良い
崔邸の1階、2階、屋根の構成図

1階がプライベートスペース、2階がLDKなどのパブリックスペースの典型的な2階リビングプランである

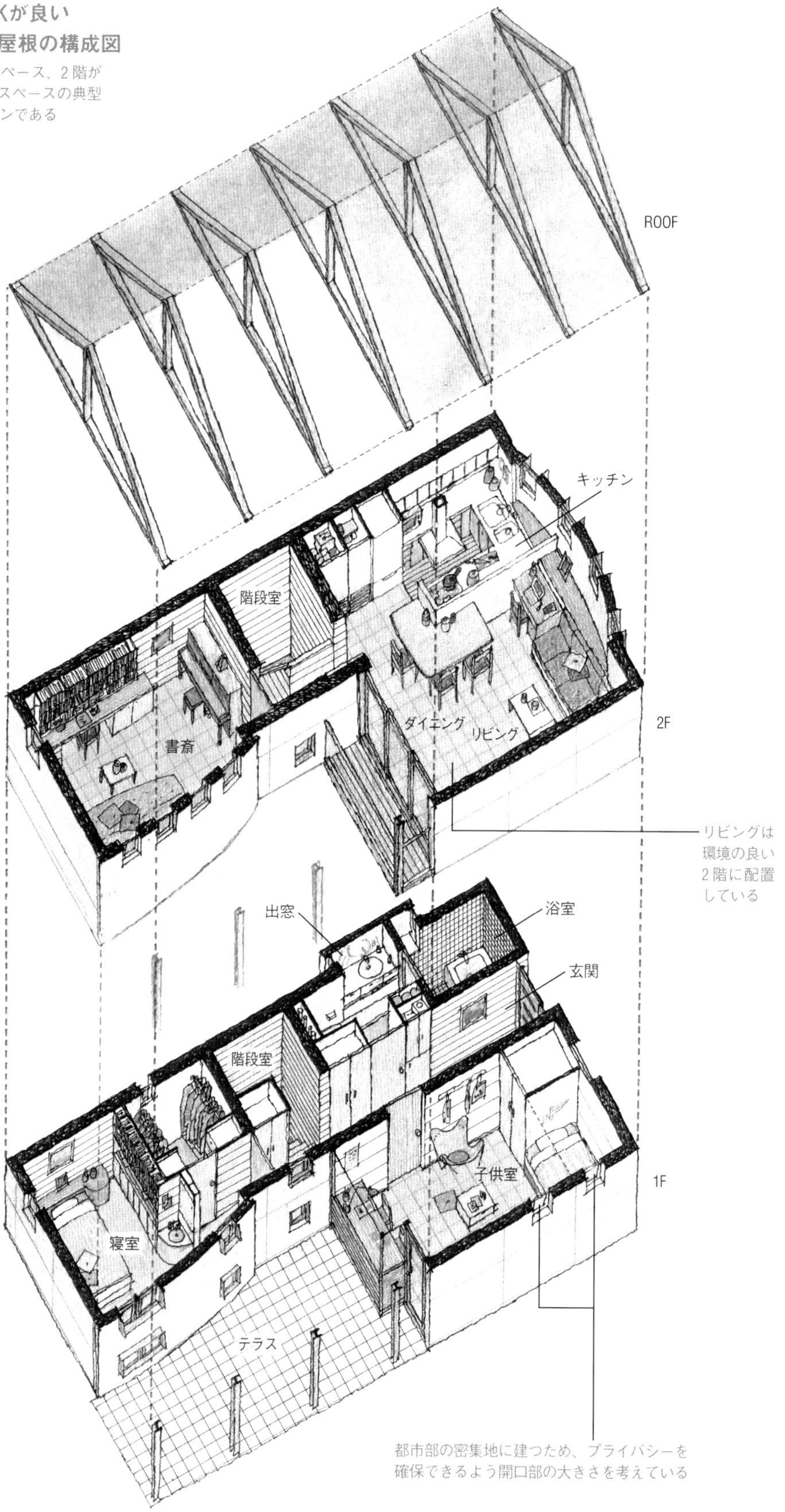

7

回遊できることが快適性の証し

良い家は回遊式プランである

回遊できる動線をもつプランは、人間ばかりでなく、光も風もスムーズに通ることができる

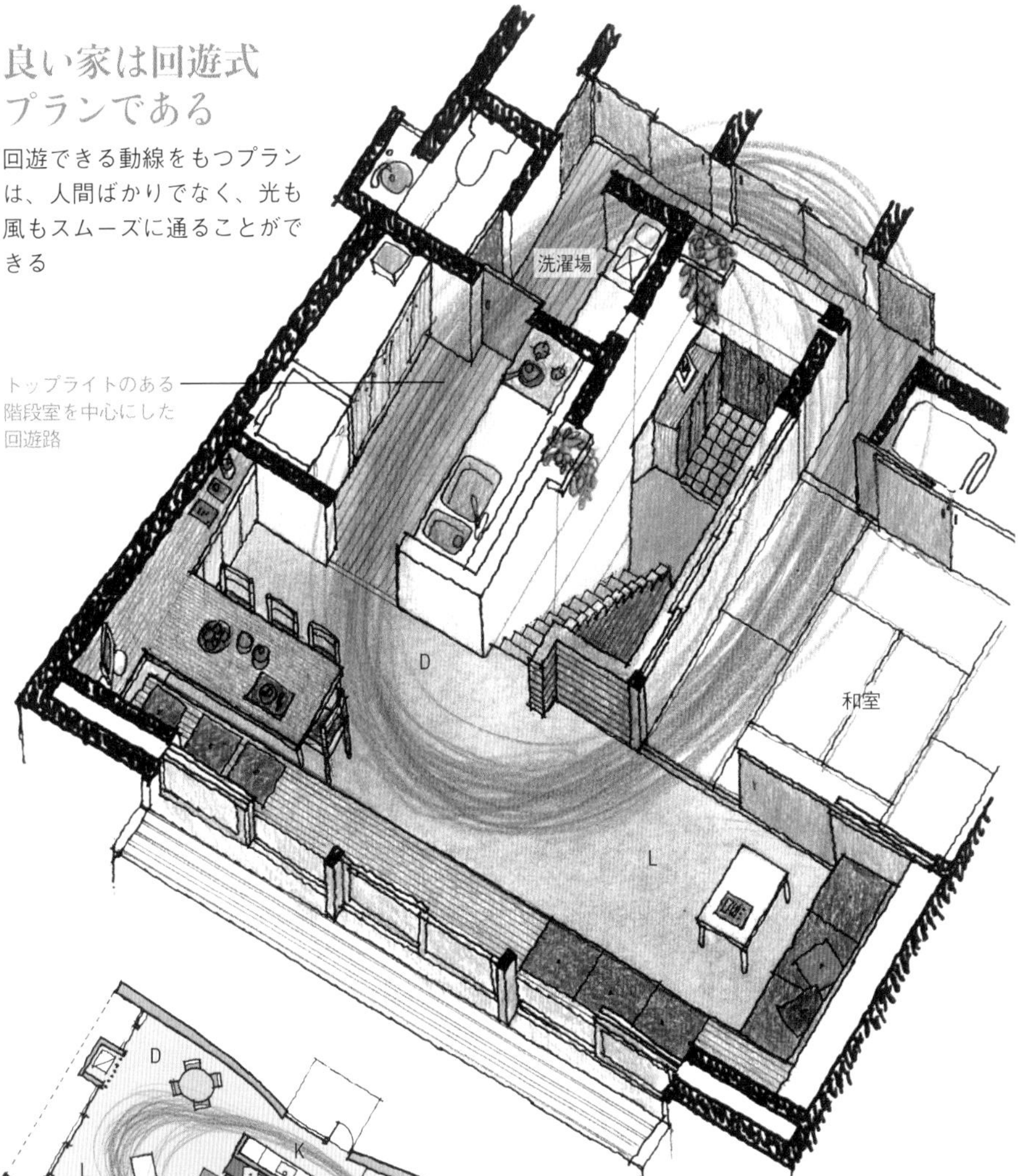

船橋邸　2階平面図

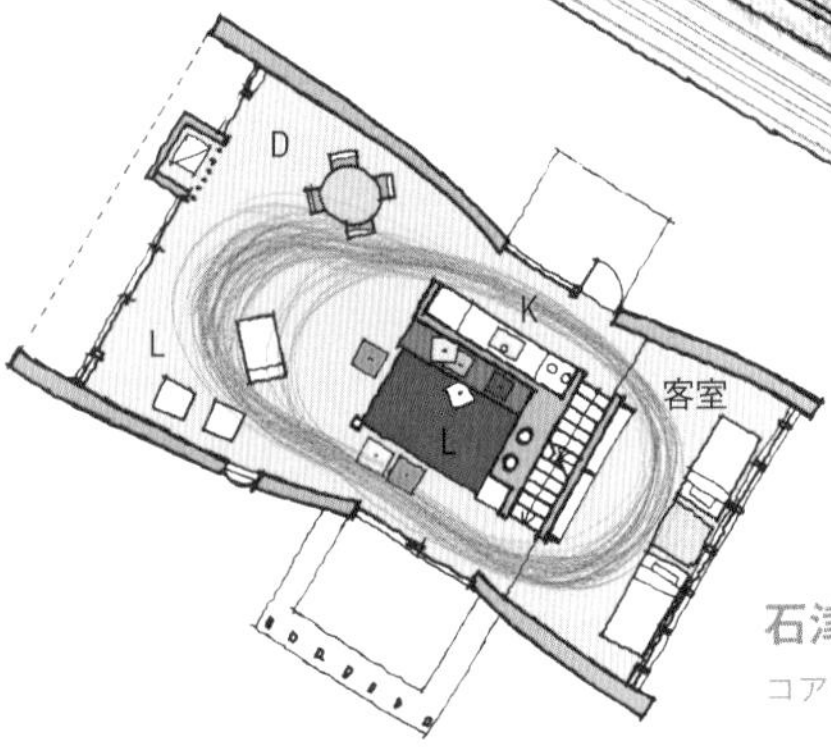

石津別邸　平面図

コアを中心に回遊できる

居住性のよし悪しを判断する材料の1つに、家のなかを回遊できる動線が挙げられる。回遊性があることで、生活にストレスを感じないばかりか、その暮らしやすさが愛着にもつながる。具体的には各部屋へのアプローチに複数の選択肢があること、動線の良さだけでなく、風が通りやすい空間構造であること、さらに、採光においても、風と同じように回遊路によって光を奥の方へ導き入れられることなどが重要になる。

最も明快に回遊性が見えるプランは、上図左下の石津別邸（「もうびぃでぃっく」）であろう。この建物は山荘のため複雑な機能性が求められず、プランは単純明快。キッチン、階段、ピットをまとめたコア部を中心にぐるりと回遊できる空間構成である。

また、上図の船橋邸は、トップライトをもった吹抜けの階段室を中心にリビング、和室、ユーティリティ、キッチンを回遊できる。吹抜け空間を回遊できるため、場所によってそれぞれ違った視界が経験できるのが楽しい。トップライトと回遊性がうまく機能したプランである。

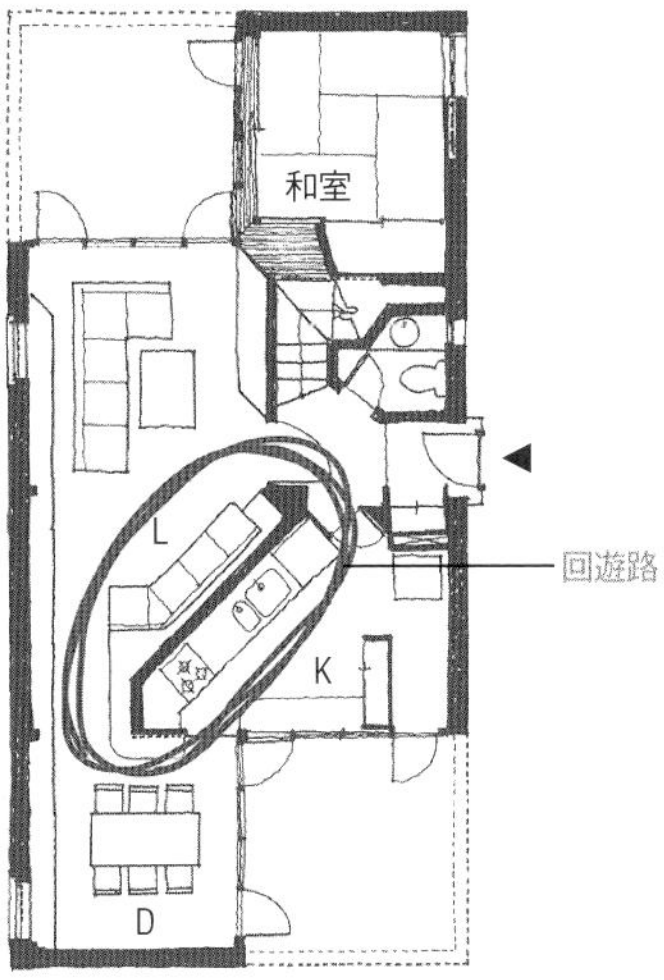

高畠邸／1階

キッチンを中心に回遊させる

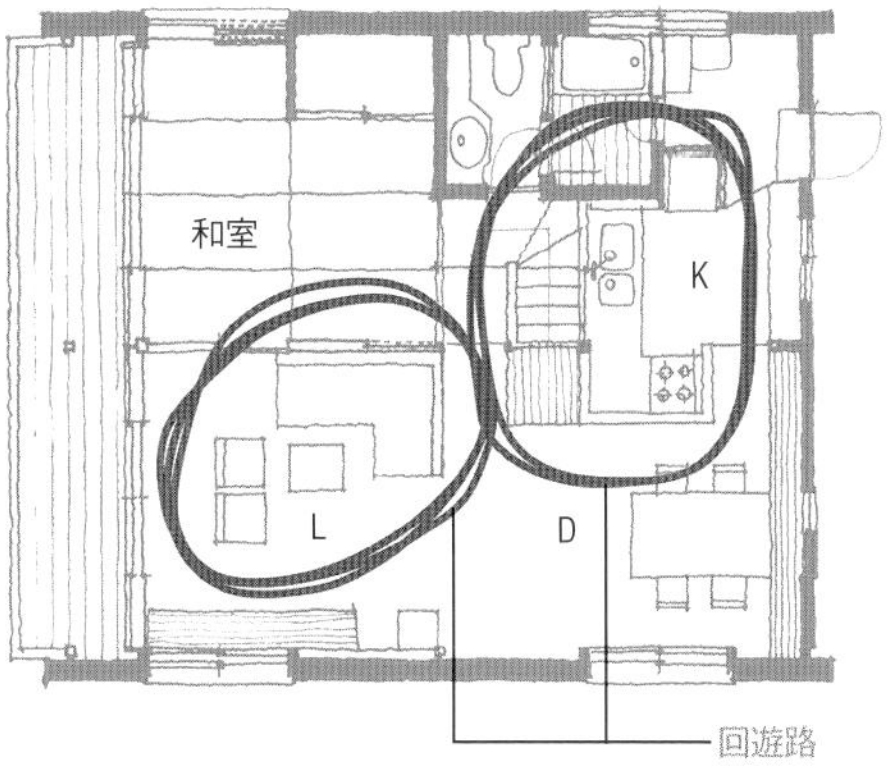

内山邸／2階

回遊路が2か所あるプラン

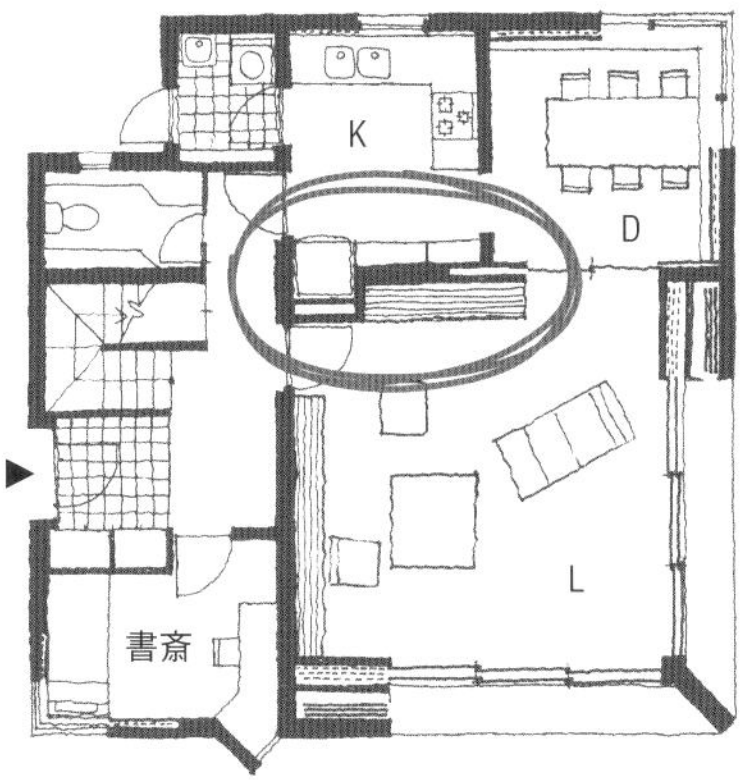

木村邸／1階

各室をつなぐ回遊式プラン

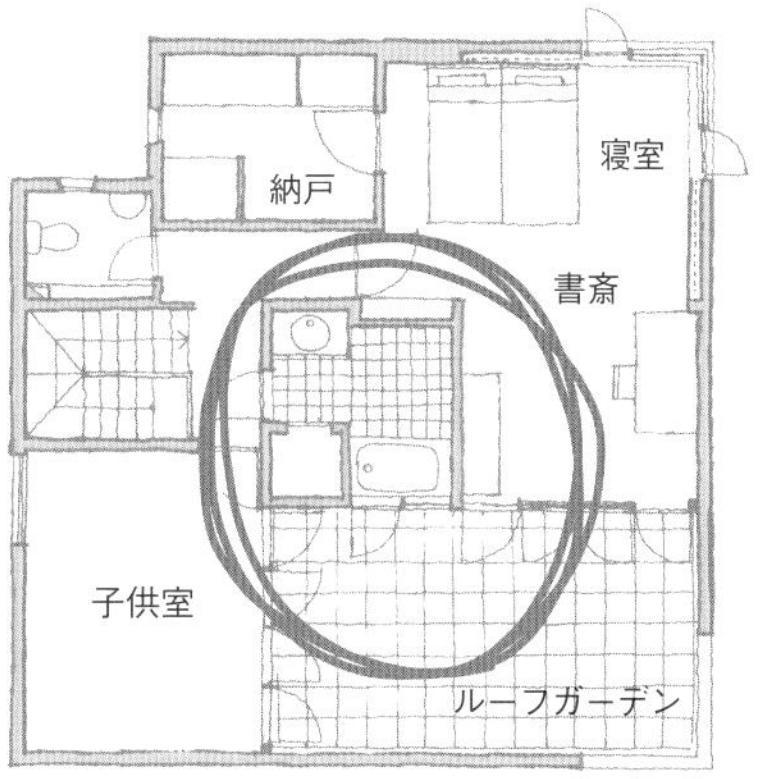

木村邸／2階

外部も回遊路に取り込む

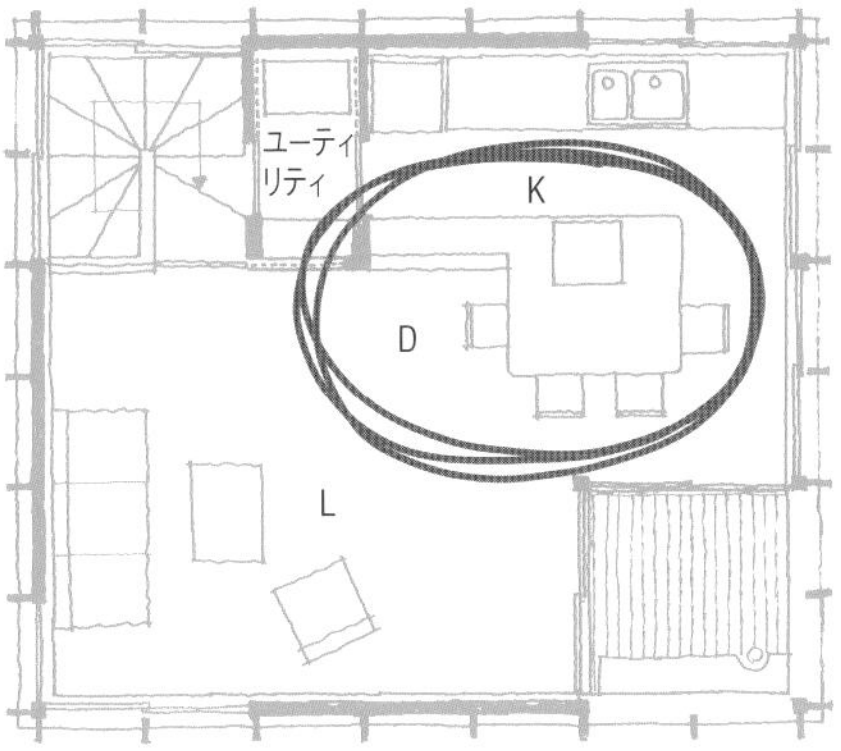

森邸／2階

食卓を中心とした回遊路

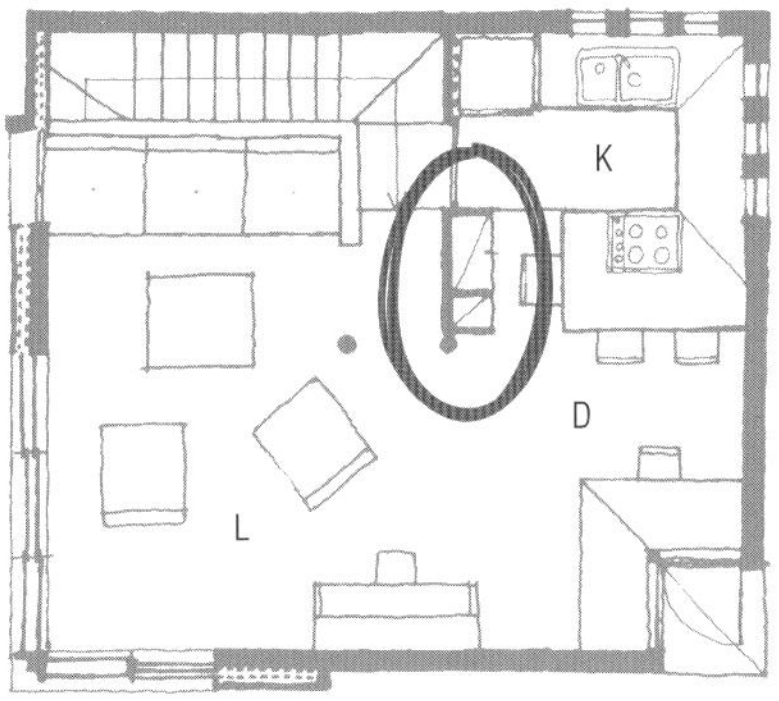

渡辺邸／2階

コンパクトに回遊できる

COLUMN

宮脇檀の住宅を読み解く 3つのキーワード

1 モダンディズム

建築家は生き方も外見も美しくなければならない

宮脇さんが好きだったジャガーマークⅡ

宮脇さんは、たとえ使いやすくてもかたちが悪いものは許せなかった。使いにくくても美しいものを好む人であった。宮脇さんの口癖「格好良ければすべてよし」は、彼の徹底した美意識を象徴している

宮脇さんに対する評価は、良きにつけ悪しきにつけさまざまですが、人間らしくて憎めない。そうした人間性や性格が作品に表れているのも彼の特徴です。大まかですが、次の3つの言葉で言い表せるでしょう。

①作品も人柄も「モダンディズム」

宮脇さんは誰もが認めるダンディな建築家であった。そして、外見ばかりでなくセンスも良い。「モダンな住宅を設計するダンディな建築家」を略して、私はこう呼んでいます。

②元祖「箱の家」＝「プライマリー」

プライマリーとは原初的な形態のことで、宮脇流に言えば単純なボックスを指す。住宅の複雑な機能を箱のなかに上手に詰め込むのは容易ではありませんが、それを見事にこなしてしまうのがボックスシリーズの住宅群です。

③シェルター＋やさしさ＝「混構造」

住宅は、耐久性と、快適性を兼ね備えていなければならない。それを強固なコンクリートの箱と、やさしい質感の木造を意識的に組み合わせることで実現するのが混構造です。

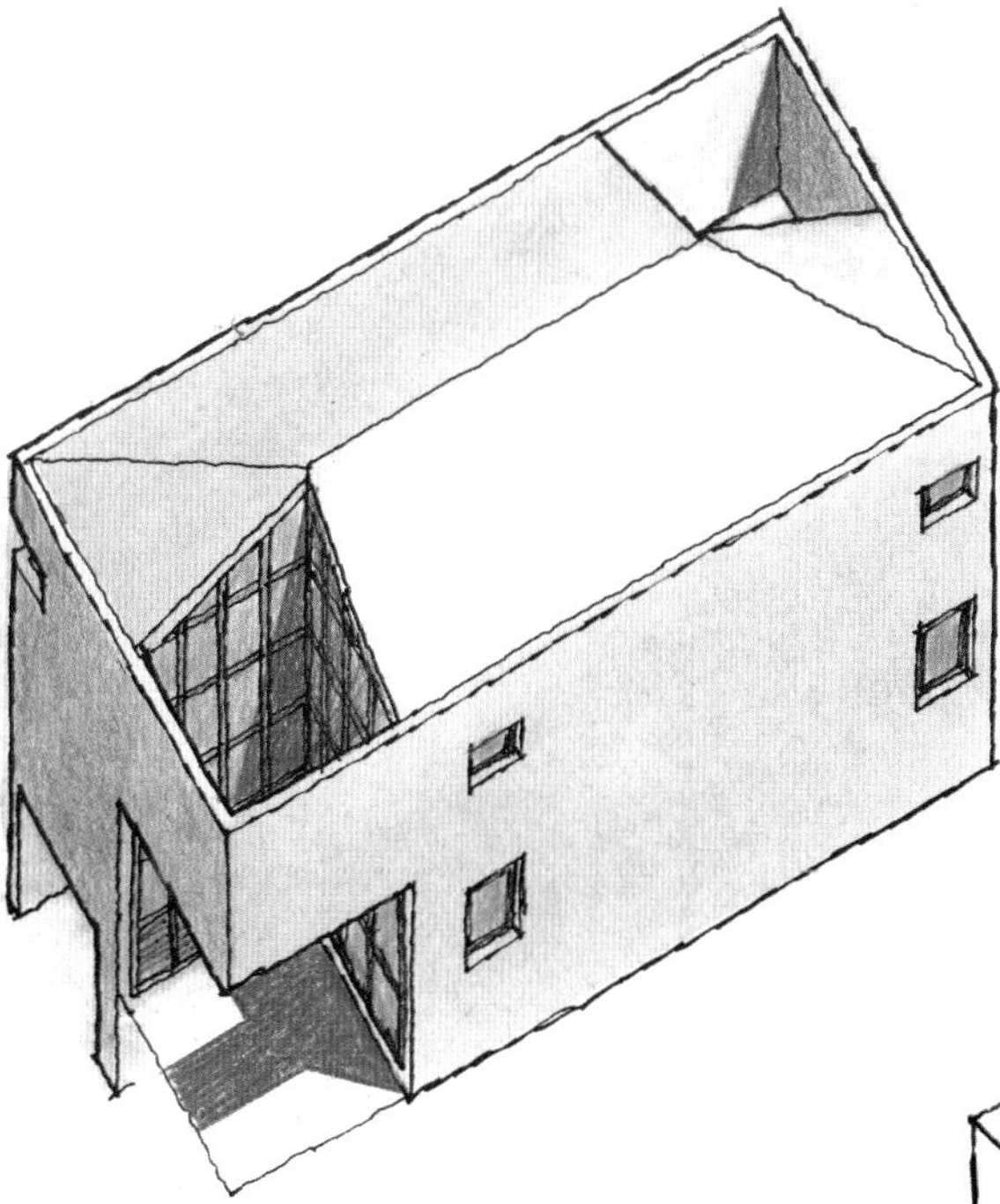

2 プライマリー

単純なボックスから多様な空間が生み出される

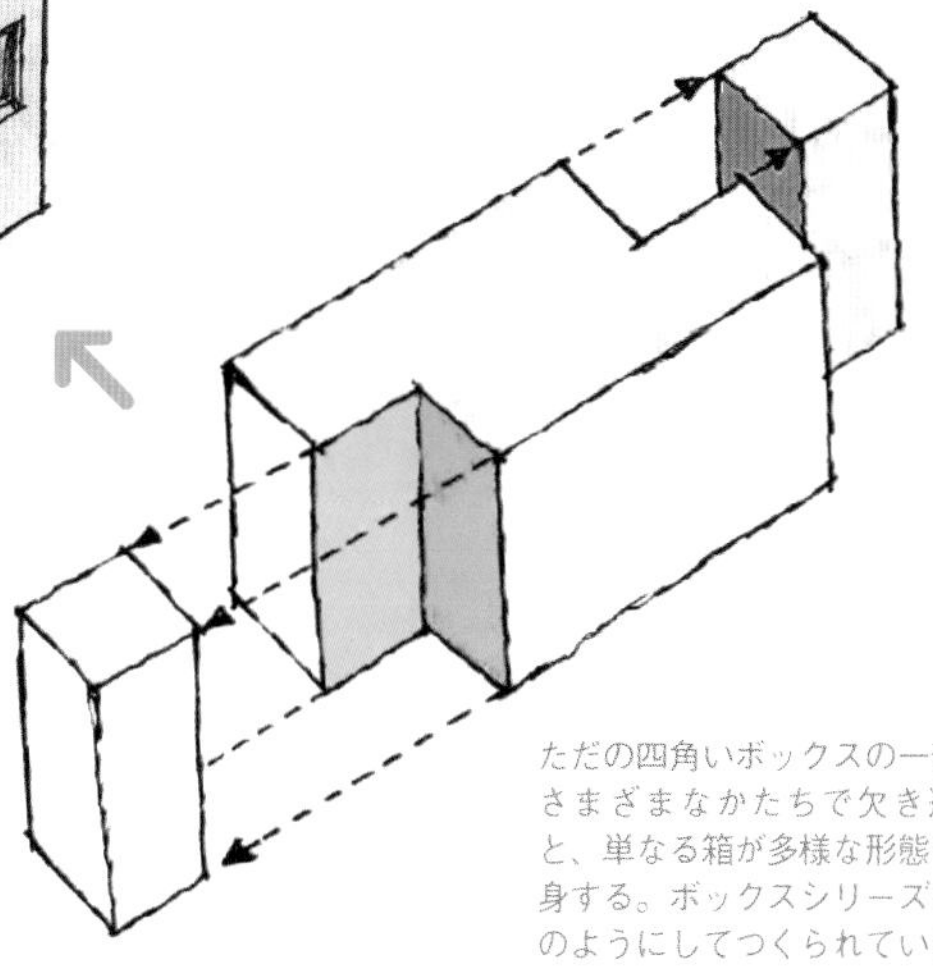

ただの四角いボックスの一部をさまざまなかたちで欠き込むと、単なる箱が多様な形態に変身する。ボックスシリーズはこのようにしてつくられている

3 混構造

2つのものを混合することによって、強さとやさしさを兼ね備えた建築ができる

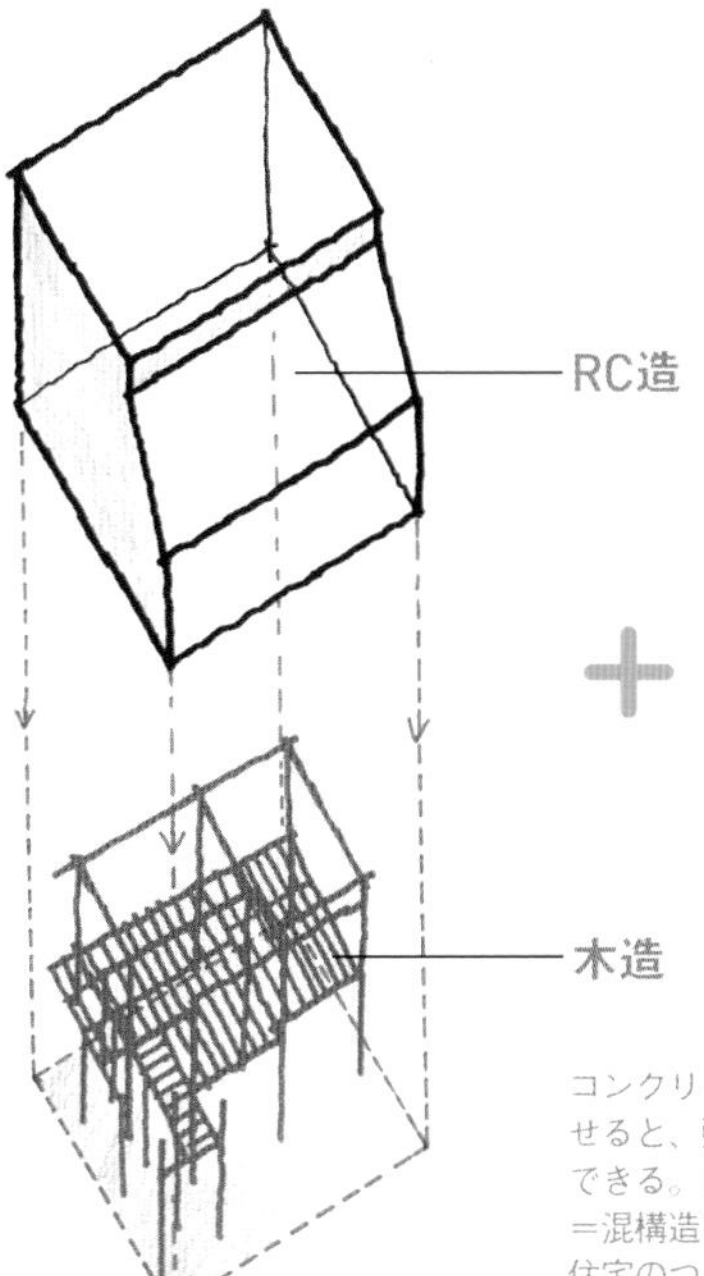

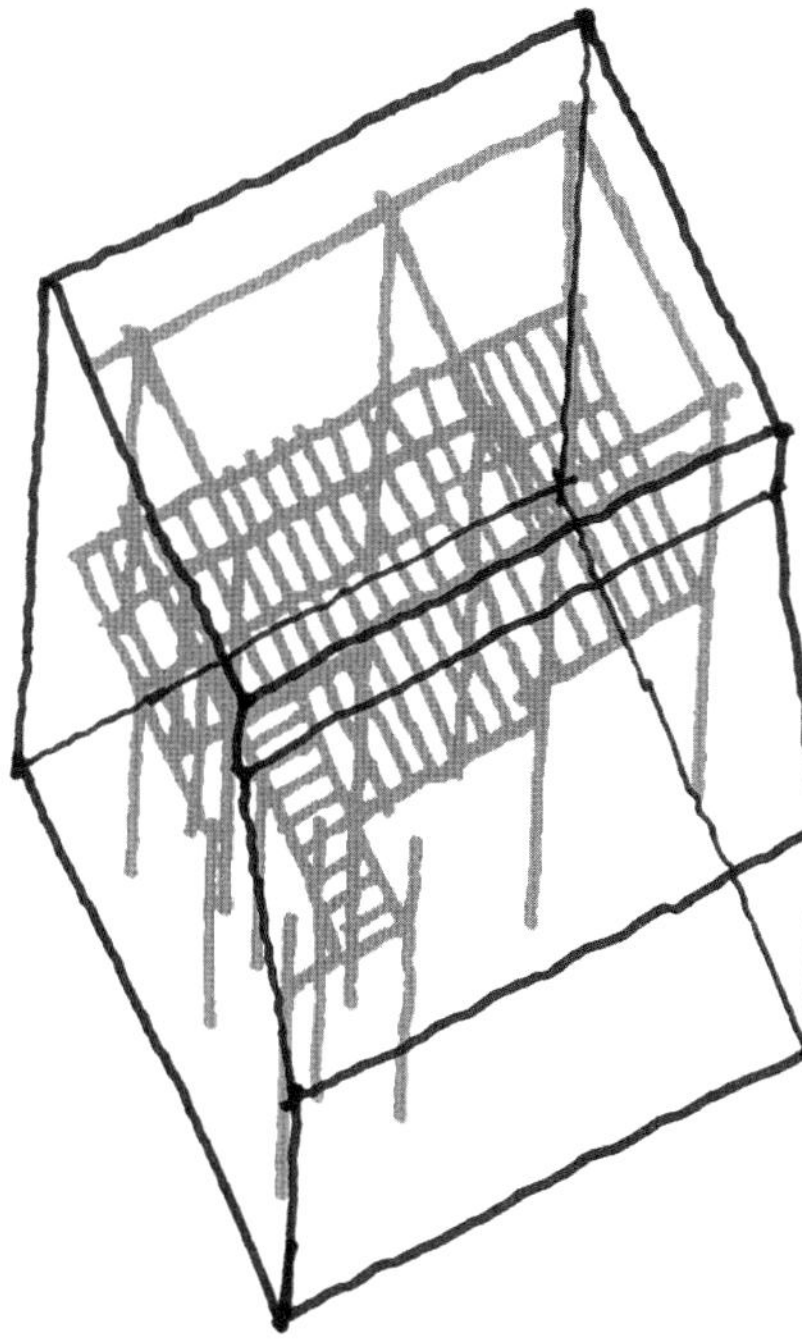

コンクリートと木造を組み合わせると、強くてやさしい建築ができる。コンクリート造+木造=混構造は、宮脇流の典型的な住宅のつくり方である

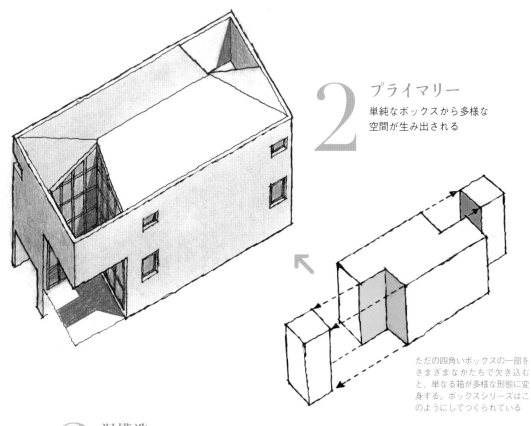

8 複数のボックスを組み合わせる

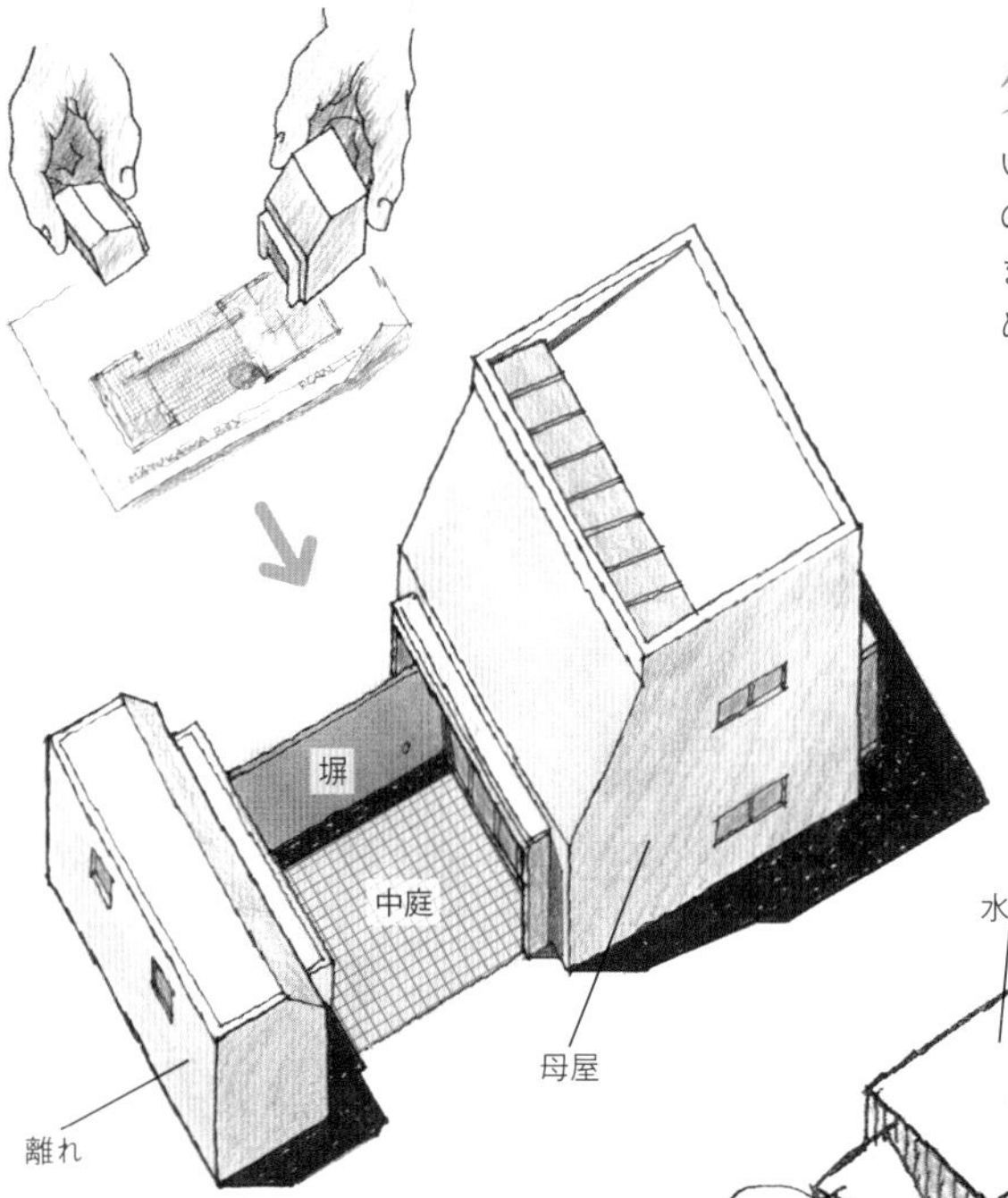

分棟式プラン

いくつかの建物を組み合わせて1つの住宅をつくる手法。建物の間に生まれる空間が半屋外空間となるため、住まい方が多様化する

適度な距離感／松川邸

2つのボックスを対峙させることによって、もう1つの外部空間が生まれるが、その2つのボックスの距離も大切である

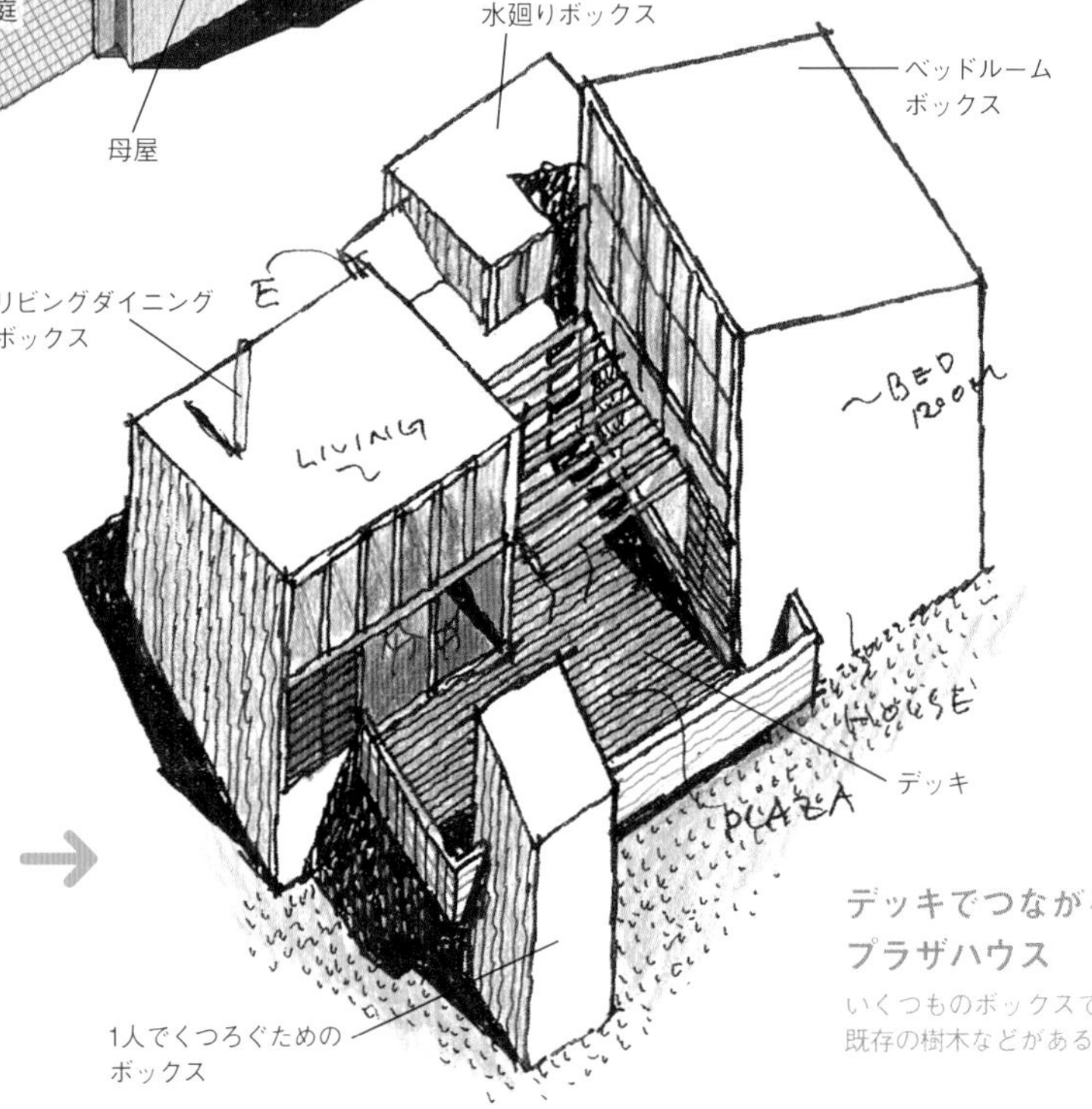

デッキでつながるプラザハウス

いくつものボックスで構成する建物は、既存の樹木などがある敷地に有効である

複数のボックスを組み合わせることで、空間も、ライフスタイルも豊かになる。

松川邸は、「母屋」と「離れ」の大小2つのボックスを正対して配置し、中央に中庭空間をつくり出している。中庭は室内の延長空間として意識されるため、室内空間に広さを感じさせることができる。

山荘であるプラザハウスは、4個のボックスを複合させた1つの建築である。山荘に期待される非日常的な生活の実現のため、人が集まり団欒《だんらん》をするボックス、安らかに眠るベッドルームボックス、調理浴室などの水廻りボックス、さらに、1人でゆっくりくつろぐための小さなボックスを、イタリアの広場を構成する原理にもとづいて配置したのがこのプラザハウスである。4個のボックスの向きや配置をそれぞれずらすことで、デッキを敷き詰めた広場は見通しの利かない複雑な空間となる。

この場合重要なのは複数のボックスを一体化するための接続詞である。松川邸は赤く塗られた一枚の塀、プラザハウスは広場に見立てられたデッキがその機能を果たしている。

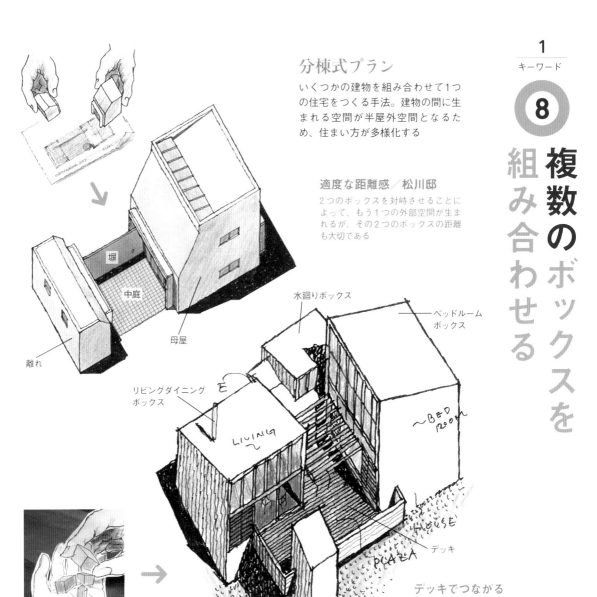

2章 敷地を生かす

1 敷地の特徴をつかむ

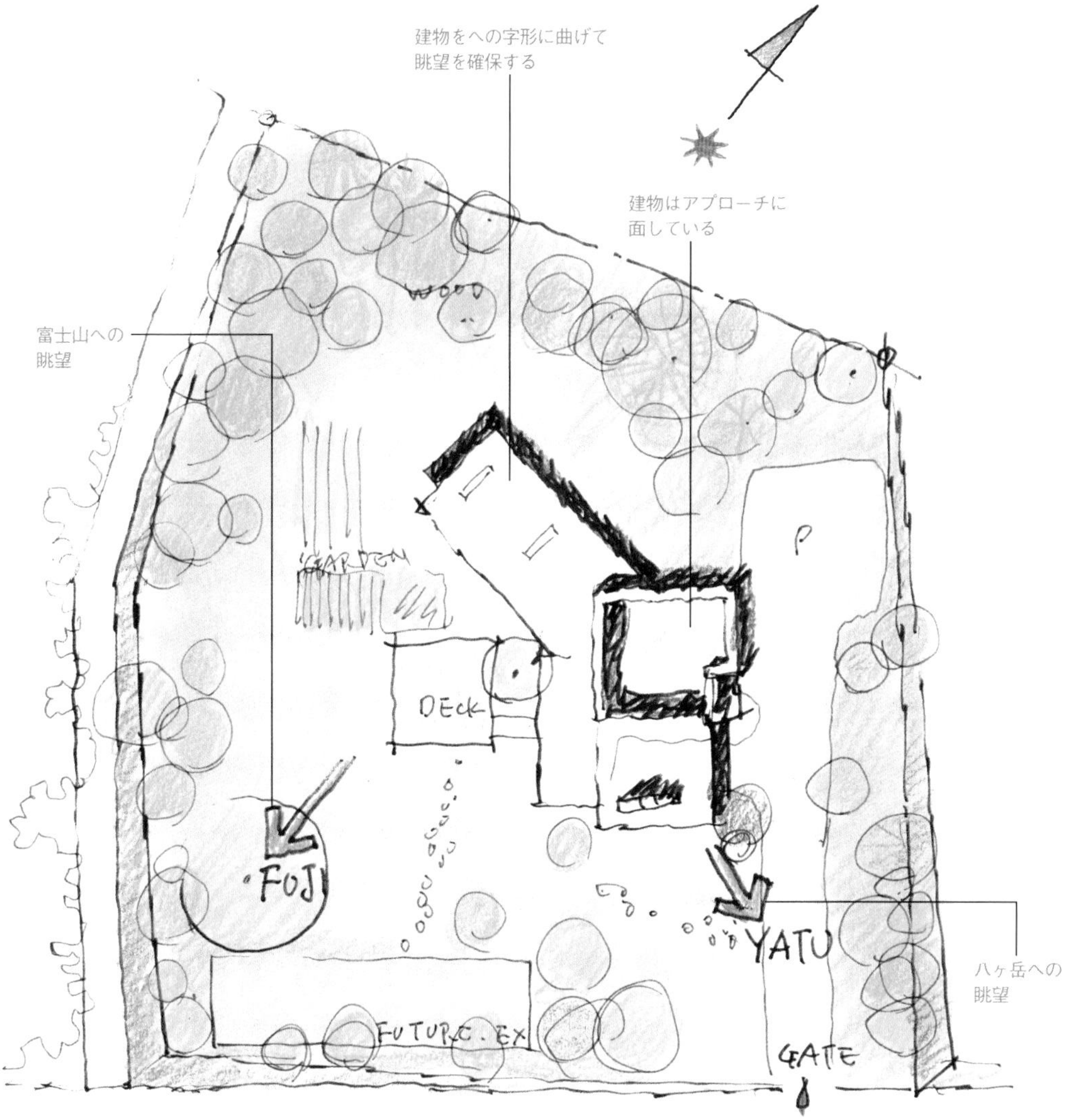

眺望を生かした大町別邸
配置図　S＝1:400

アプローチに沿って配置された部分と、富士山への眺望を意識して配置された部分により、への字形の構成になっている

住まいは敷地あってこそのものである。どんなに機能的な住まいでも、取り巻く敷地がそれにふさわしくなければ良い住環境とは言えない。都市部の狭小敷地に建てるなら、できるだけ緑化する工夫が必要だし、緑豊かな敷地なら、その地形を含め植生などの自然環境と共存できる計画が望ましい。もちろん、その建物が建つことで、周囲の景観を損なうような設計は避けるべきである。

上図は、白萩荘と呼ばれた大町別邸。長野県のある村はずれに建てられた山荘である。建築を「へ」の字に曲げ、眺望を意識した配置にすることで、南アルプスと富士山、八ヶ岳を望む敷地の特徴が最大限に活用されている。

左図の有賀邸は由緒ある屋敷の改築として計画された。もとの樹木や植生をできるだけ生かす配慮がなされているのは、時の流れのなかでつくり上げられてきた環境を意識することで、自然に優しく、住み心地の良い住宅になるからである。家や土地の培ってきた歴史という文脈を細かく読み取り、設計に反映させた住宅である。

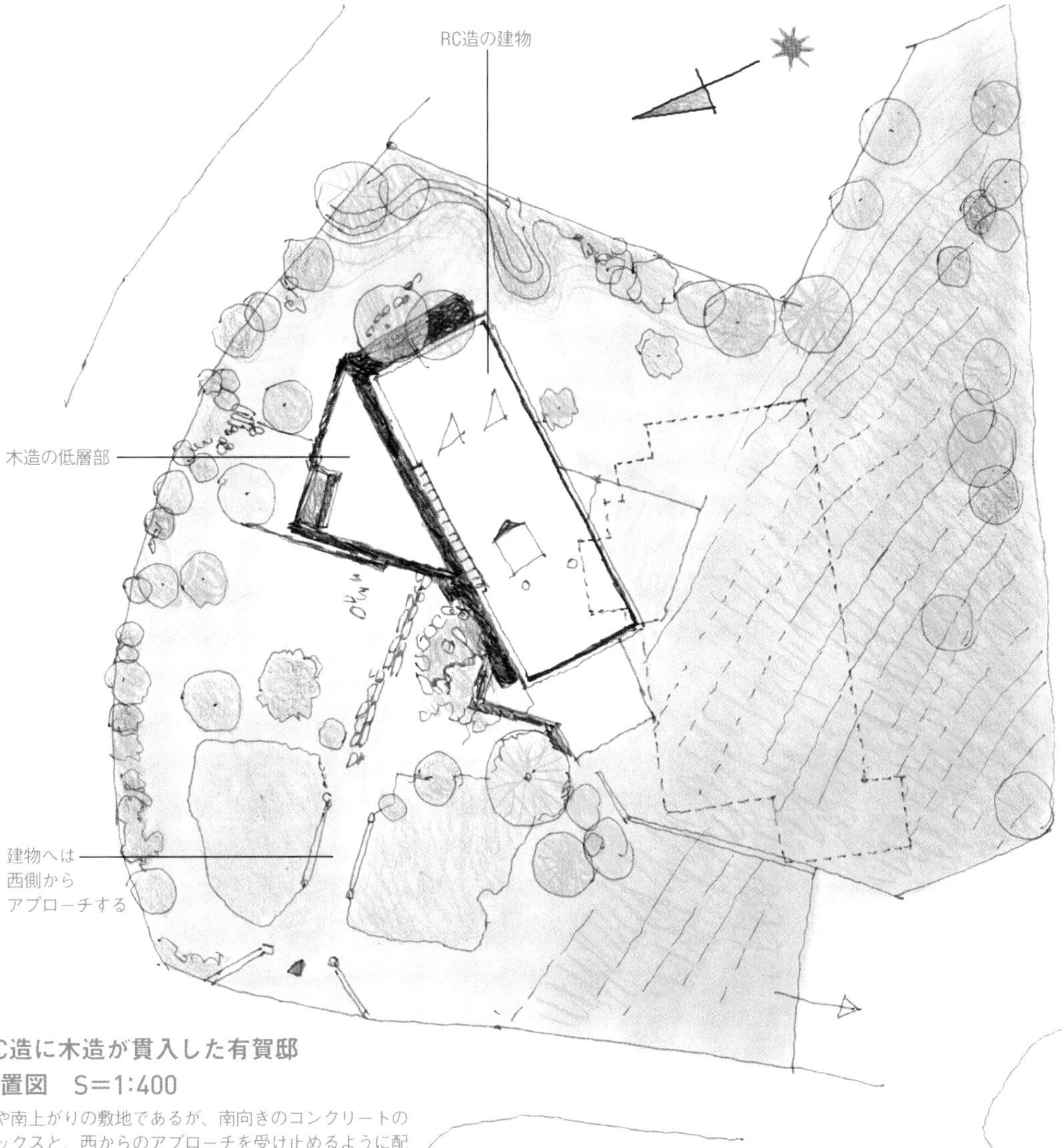

RC造に木造が貫入した有賀邸
配置図　S＝1:400

やや南上がりの敷地であるが、南向きのコンクリートのボックスと、西からのアプローチを受け止めるように配置された木造の低層部が、うまく調和している

背後に見えるのは従来からあった屋敷林。それらをできる限り残した

新築された建物の周辺は、将来、既存の林となじむように植栽されている

2 伝統と現代をなじませる

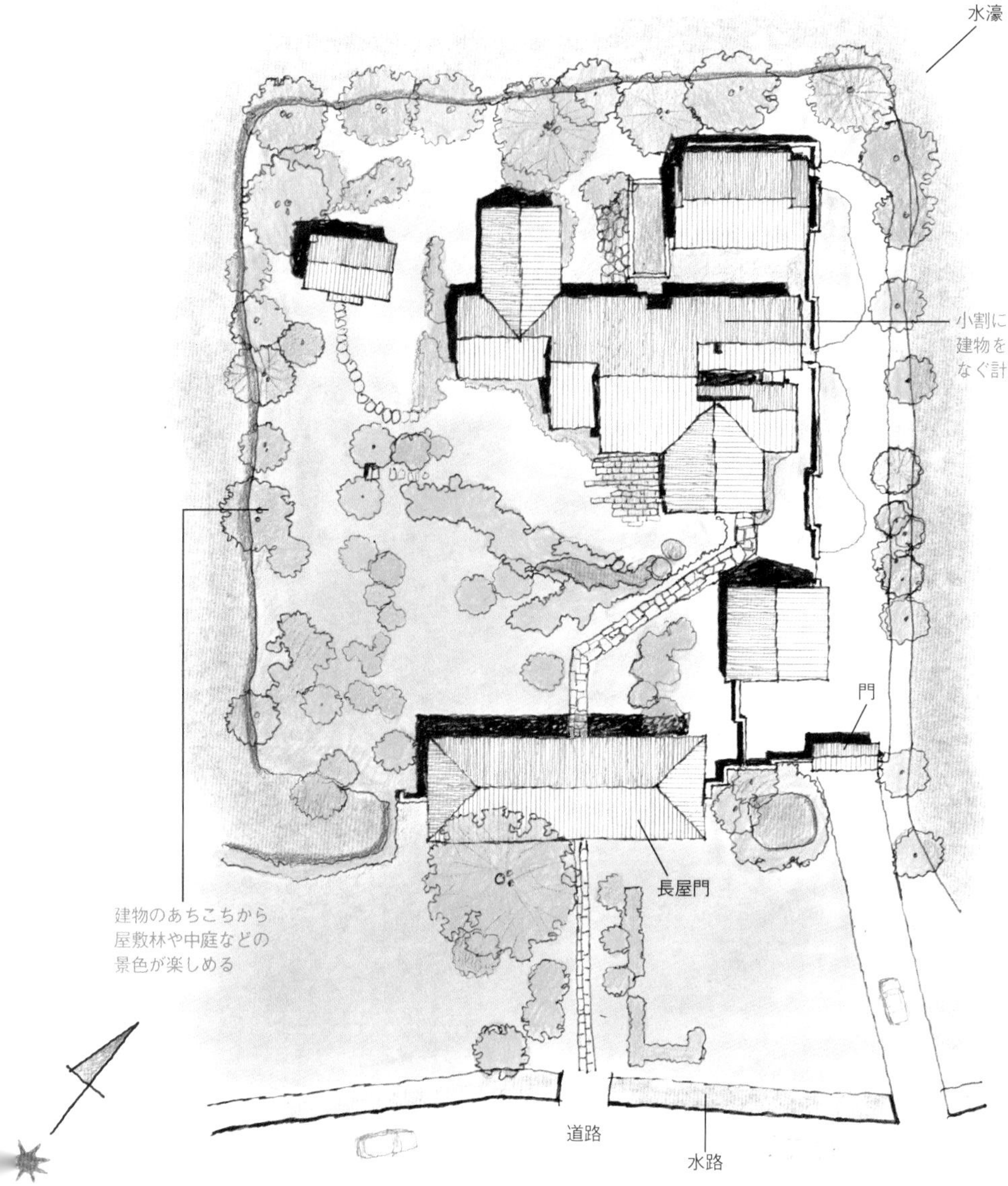
小割にした平屋の建物をいくつもつなぐ計画

配置図　S=1:500　堀や屋敷林のある名家の敷地では、古い環境をうまく生かすことが求められる

中山邸は都市近郊にある旧家。上図に示す敷地廻りに堀をめぐらした環境と長屋門の構えから、地元の支配階級だった名家ということが良く分かる。しかしこうした古い屋敷構えは、現代の生活と適合しなくなってきている。たとえば堀は単に防備のためだけではなく、時に灌漑用水としても利用されたが、いまはどちらも必要ない。屋敷林は北からの風を防ぎ、落ち葉や小枝は肥料や燃料として役立ってきたが、落葉時期の掃除は大変である。しかしこういった「古さ」を捨てるのではなく、デザインとして有効活用することができれば、建築はよりいっそう輝くはずだ。

この中山邸の敷地計画では、古い環境をできるだけ残し、建物も棟を小割にして、それらをつなぐ手法で設計している。これによって、採光や通風に有利な中庭をいくつもつくった。以前の母屋はひとかたまりで大きく、光や風が届かない部屋が多々あったからだ。

さらに、すべて平屋でプランニングすることにより、日陰の部分が少なくなると同時に、水平方向に空間が展開した広がりのある住宅になった。

古さを残した新しさ
中山邸

堀のなかの屋敷林と古い庭をできるだけ生かして計画。家を雁行させた形態により、各部屋のいろいろな方向から多様な景色を見ることができる（上）
既在の屋敷林を生かしながら、空間が自然となじむように考えられている（下）

COLUMN

デザインサーヴェイという 調査からの学び

馬篭《まごめ》峠宿実測図

集落の変遷の要因を分析する為に1968年と2003年に調査した屋根伏図と立面図

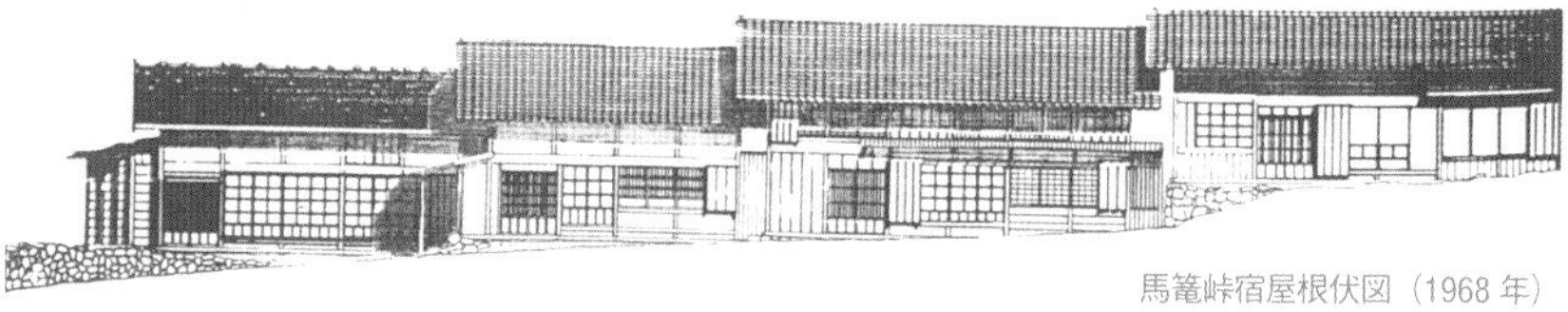

馬篭峠宿屋根伏図（1968年）

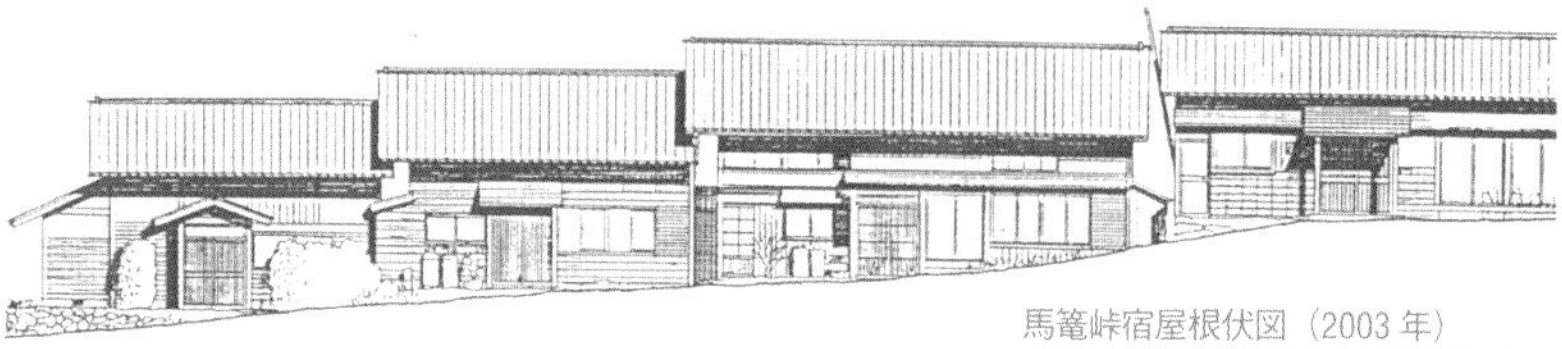

馬篭峠宿屋根伏図（2003年）
宿場の中央を通っていた街道を残してバイパスが造られたため、古い集落の形態が残された

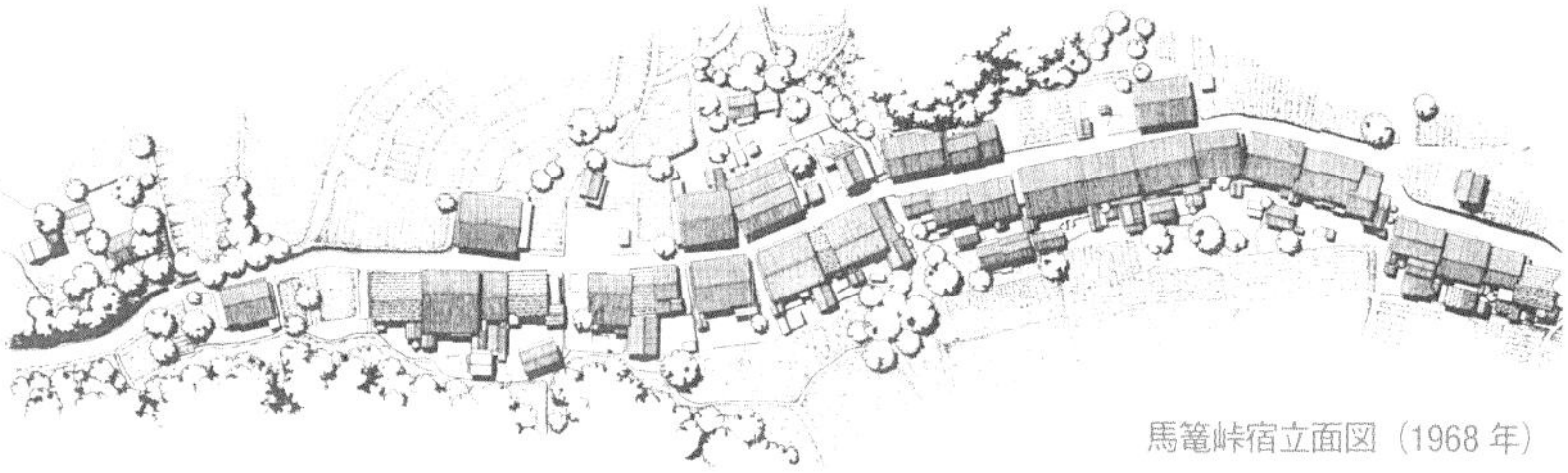

馬篭峠宿立面図（1968年）

馬篭峠宿立面図（2003年）
石置き屋根が瓦に変わり、木製の建具の多くがアルミサッシュに変わった

1960年代、我が国に「デザインサーヴェイ」という調査研究が紹介されました。発端はアメリカのオレゴン大学の社会学と建築学の2人の准教授が日本の金沢で行った調査です。集落全体の道路や建物を実測、図面化してそれらを建築学的、又は社会学的に分析して地域共同体の原理原則を導き出そうとする研究手法です。

多くの家を一軒一軒、中に入れてもらい実測し、図面化するには多くの労力と技術が必要なため、多くの大学の建築学科の学生がその研究に参加しました。宮脇さんも学生の卒業論文のためにこの「デザインサーヴェイ」の調査を真っ先に取り入れ、わが国の伝統的な美しい集落の実測調査を行いました。そこで宮脇さんは、宿場町や漁村、農村などの集落の美しい風景は伝統的な技術と風土に適応した形で統一されていたことを実際に学びました。

当時の宮脇さんは伝統的な街並みなどに見向きもせず、それらの建物とは全く違ったデザインの建築を設計していました。当時は、高度成長期でさま

秋田相互銀行・盛岡支店

周囲の景観にとらわれず独自なデザインの盛岡支店

周囲を意識しない目立つ
シンプルな形態と色彩

秋田相互銀行・角館支店

歴史的景観の残る街並みに合わせた角館支店。デザインサーヴェイの影響がうかがえる

・建物の高さを揃える
・蔵の鉢巻きをモチーフにする
・街並みにある格子のデザインを用いる

ざまな工法や材料などが開発され、伝統的な形態など忘れたかのように好き勝手なデザインの建物で街はあふれかえっていました。それなら新しい中にも規範となるような美しい建築をつくろうと考えるのは自然の流れかもしれません。その典型的な建築が「秋田相互銀行・盛岡支店」です。銀行といえばお堅いイメージがありますが、宮脇さんはそのイメージを覆し、真黄色の建築を設計したのです。考えてみればそのような提案を銀行もよく許したと思います。

その後もいくつかの支店を設計しましたが、緑、オレンジと派手な建築を設計していきました。

ところが「秋田相互銀行・角館支店」では一転して、角館の伝統的な街並みを意識して、建物の高さを街並みに揃え、格子などの伝統的なデザインを彼なりに咀嚼し建物のデザインに反映させたのです。

目立つ建築を設計するのではなく、伝統を尊重してデザインすることを、デザインサーヴェイから学んだと私は思っています。

3 敷地を隅々まで生かしきる

植栽が目隠しに　リビングから庭を見る。植栽されたばかりなので庭は未完成の状態

木村邸は一般的な宅地の広さをもったケースなので、敷地の外構計画の標準解と言えよう。

多くの住宅地を見てみると、建築基準法で許される面積目いっぱいまで建物を建てることが土地の有効利用だと思われているようだ。要するに内部は使える空間で、外部は使えない空間という考えだ。だが設計次第で、外部は内部をより快適にするためのアシスト空間になりうる。外構計画は、敷地の隅々まで有効に利用できるように設計することが重要である。

左の配置図を見ていただきたい。建物と敷地境界との狭い空間をどのように使うかが、具体的に読み取れるようになっている。また、空間の用途に応じて、床の材質や植栽まで場所ごとに的確に決められていることが分かる。

玄関へのアプローチとサービスヤードはタイル敷きである。また、樹木と植栽は、目隠しと景観という2つの観点から位置と樹種が考えられている。前庭には芝生を敷き詰め、リビングからの広がりのある風景をつくるとともに、強い太陽光を和らげている。

配置の妙で敷地を有効利用／木村邸

正面の扉が玄関、右側にカーポートが見える

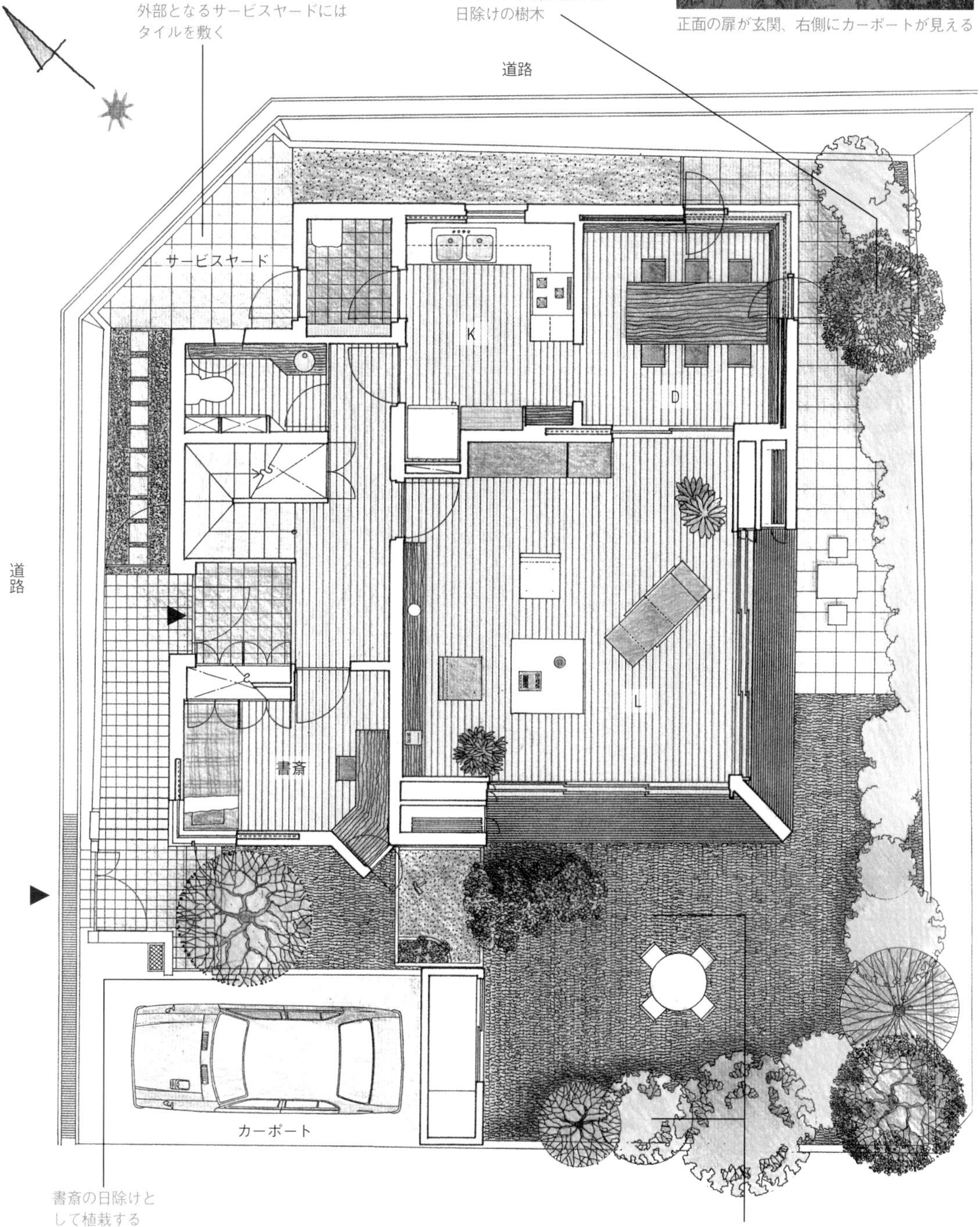

配置図　S＝1:100

外構設計は外だけでなく、内部空間とのかかわりにも配慮して丁寧に行わなければならない。木村邸は、玄関アプローチやサービスヤードなどの床にはタイルなどの適材を使用、書斎やダイニングの前には日除け用の樹木を植樹、リビング前には芝生といったように、各場所に適した植栽がなされている

4 庭の植栽が住まいの質を決める

庭で季節を味わえる
植村邸

	樹種	高低	常緑／落葉	備考
A	クスノキ	高木	常緑	本州西部の人里近くに植生
B	マテバシイ	〃	常緑	日本固有種、本州太平洋側の温暖地
C	コブシ	〃	常緑	春に白い花をつける。全国域に分布
D	イヌシデ	〃	落葉	花期4月～5月。秋に黄色に紅葉する。
E	サンゴジュ	〃	常緑	千葉県以西に分布。防火樹として有効
F	ニシキギ	低木	落葉	紅葉が美しい。日当りを好む
G	アベリア	低木	常緑	花期春～秋。生垣に適する。

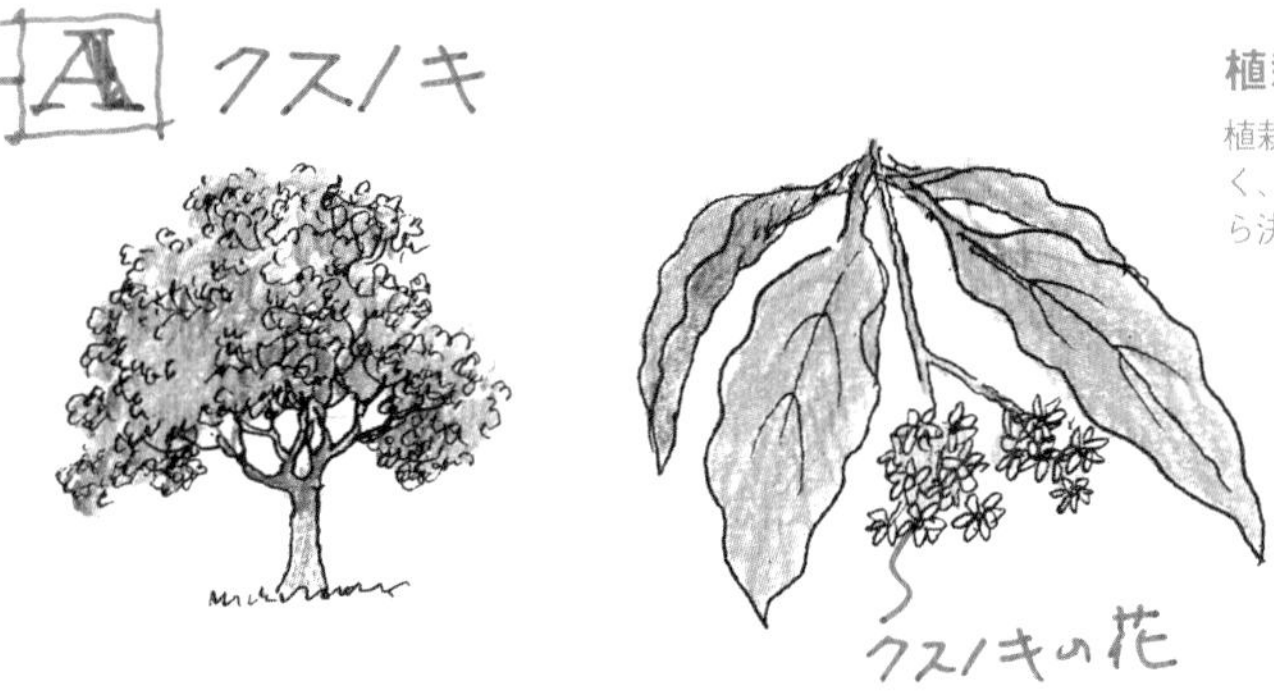

植栽

植栽は好みの樹種で決めるのではなく、その場所の植栽の目的と植生から決めなければならない

庭の植栽計画、すなわち外構計画は、住宅の設計と一緒に考えていかなければならない。それぞれの部屋の用途や機能と外部空間とは、切っても切れない密接なかかわりをもっているからだ。

リビングの庭先には美しい姿を持つ樹種や、花を咲かせる樹木が良いだろうし、プライバシー性が高いベッドルームの前の植栽には常緑樹を採用するべきであろう。また、1年を通して庭が映えるような樹種の選定と、高木低木、落葉常緑といった樹木の形や性質も大切である。さらに言えば、その地域の風土に合った植生でなければ生育しないだろうし、住み手が好む草花や樹木もあるに違いない。その家の個性の象徴として、独自のシンボルツリーを植えるのも良いだろう。

さらに重要なこととして、各戸の外構だけにとどまらず、こうした植栽が近隣の家並みの美観を形成する要素であることと、地球環境に対しても植物の存在は影響を与えることが挙げられる。また、花や実を付ける植物によって、人間には欠かせない情感が養われることを忘れてはならない。

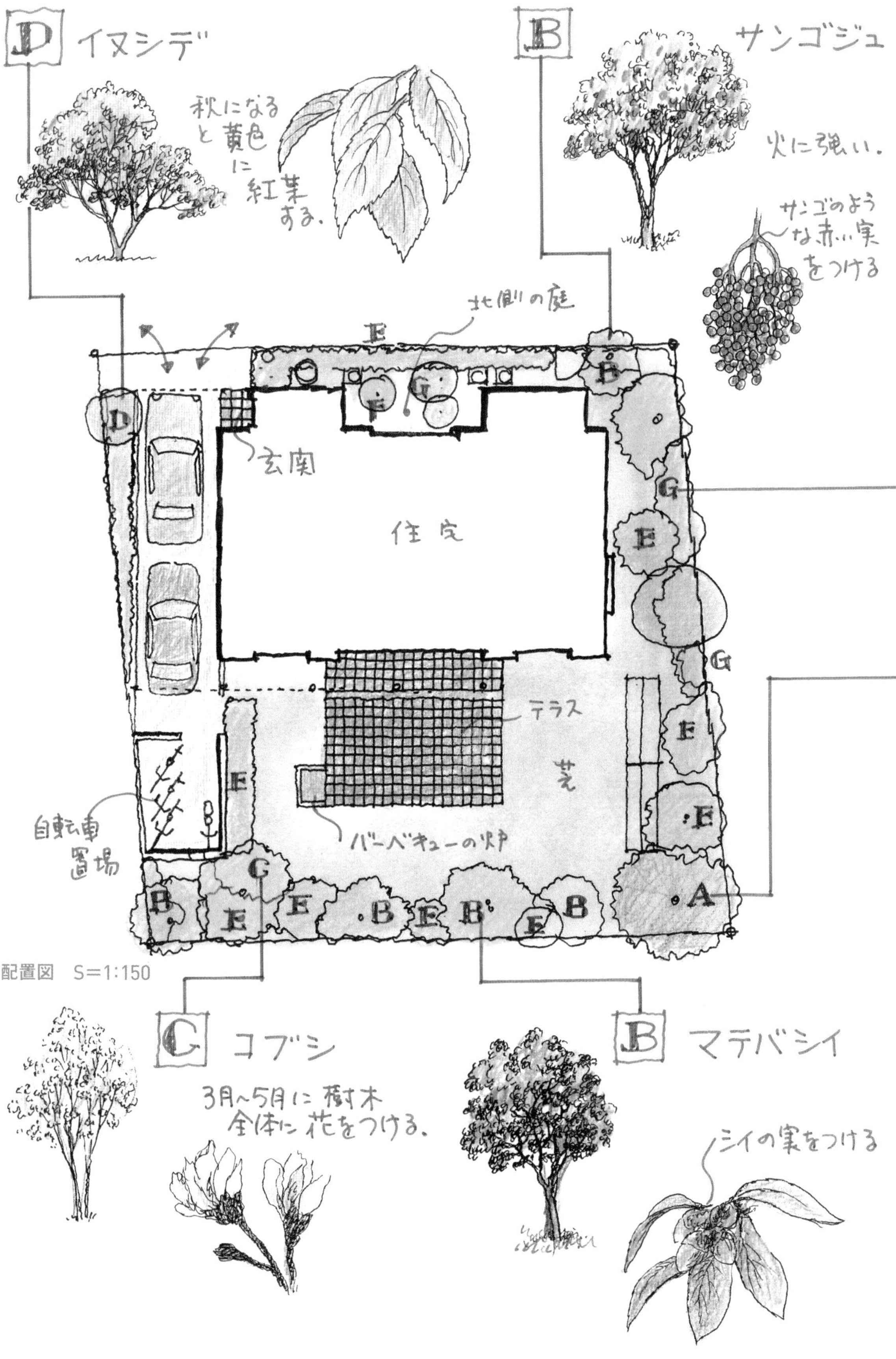
D イヌシデ
秋になると黄色に紅葉する。
B サンゴジュ
火に強い。
サンゴのような赤い実をつける
北側の庭
玄関
住宅
テラス
芝
バーベキューの炉
自転車置場
C コブシ
3月〜5月に樹木全体に花をつける。
B マテバシイ
シイの実をつける

配置図　S=1:150

5

広いデッキテラスは リビングの延長空間

アウトドアリビングをつくる　左側は屋根付きのテラス。右側のリビングからデッキが延びていて、外部の庭も室内のように感じられる

庭と言えば一面の芝生を連想しがちだが、デッキテラスを設けることも日常の利便性を高めるうえで効果がある。視覚的にリビングの延長として意識されるため、空間が広々と感じられるのだ。もちろん、天候が良ければ、そのまま外のリビングとして使うことができる。この時重要なのは、できるだけ室内の床と外のデッキレベルを同一にしておくことである。

図の伊藤明邸では、デッキの先に株立ちの樹木を植え、庭の風景にアクセントを加えている。さらにその先に屋根付きのテラスを設えることで、外部空間を半屋外空間に変え、より多彩に活用することができるようにした。

この屋根付きテラスはスノコ塀で囲われているため、リビングからの視界に隣の家が入ることがなく、中庭的でプライバシー性の高い外部空間がつくり出されている。また、リビングに対面しているため、テラスからわが家を見ることができるという視界の変化ももたらしてくれる。テラスでの生活をも考慮することで、内部・外部の空間を自在に利用できるのだ。

開放的かつ視線もカット／伊藤明邸

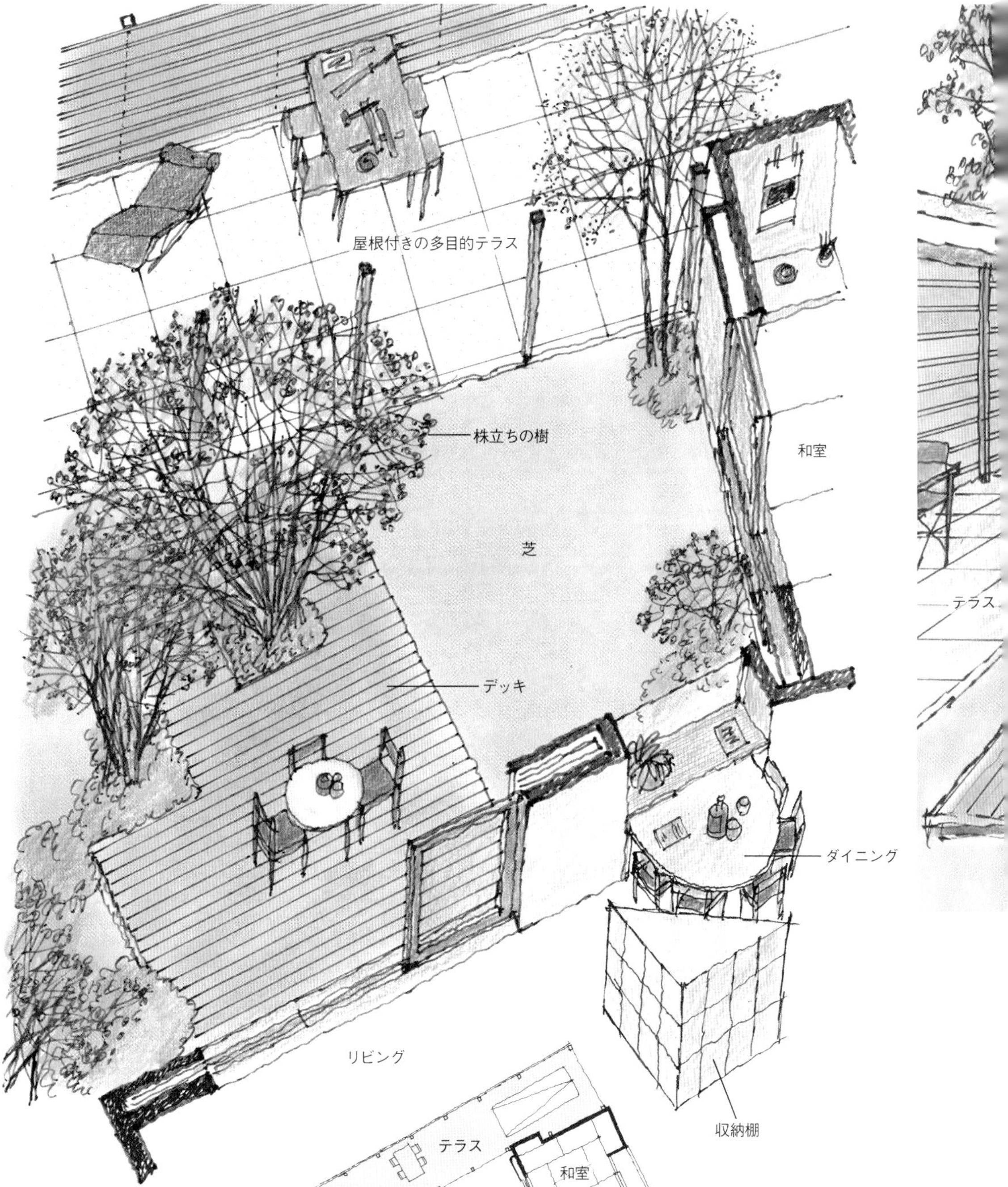

庭

庭は一方向のみの眺めや出入りだけではなく、さまざまな方向から使えるほうが存在価値が増す

平面図　S=1:300

6

住まいは変化に対応しなければならない

成長する住宅／松川邸

1期は母屋と離れの2棟、2期は2戸建て集合住宅（貸家棟）を新築、3期は離れを取り壊し貸家を増築と、家庭事情の変化に応じ形を変えてきた

1期平面図　S=1:200

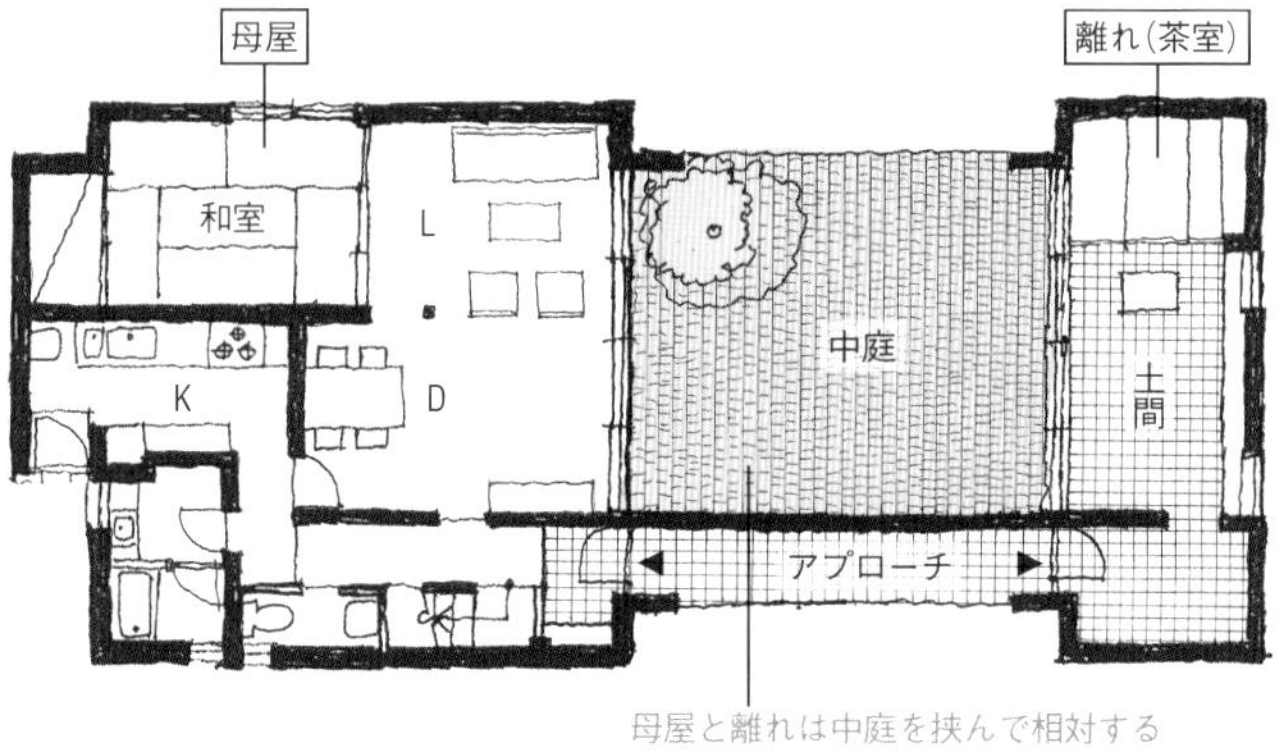

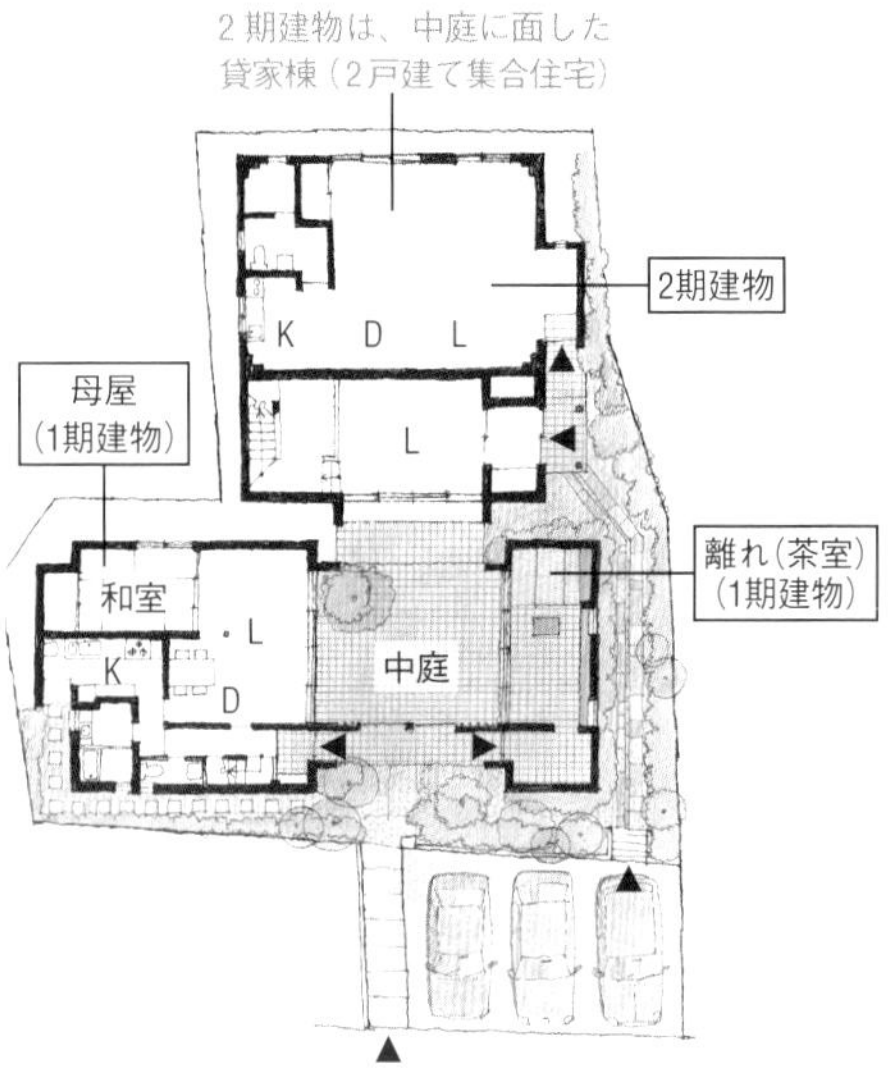

2期平面図　S=1:300

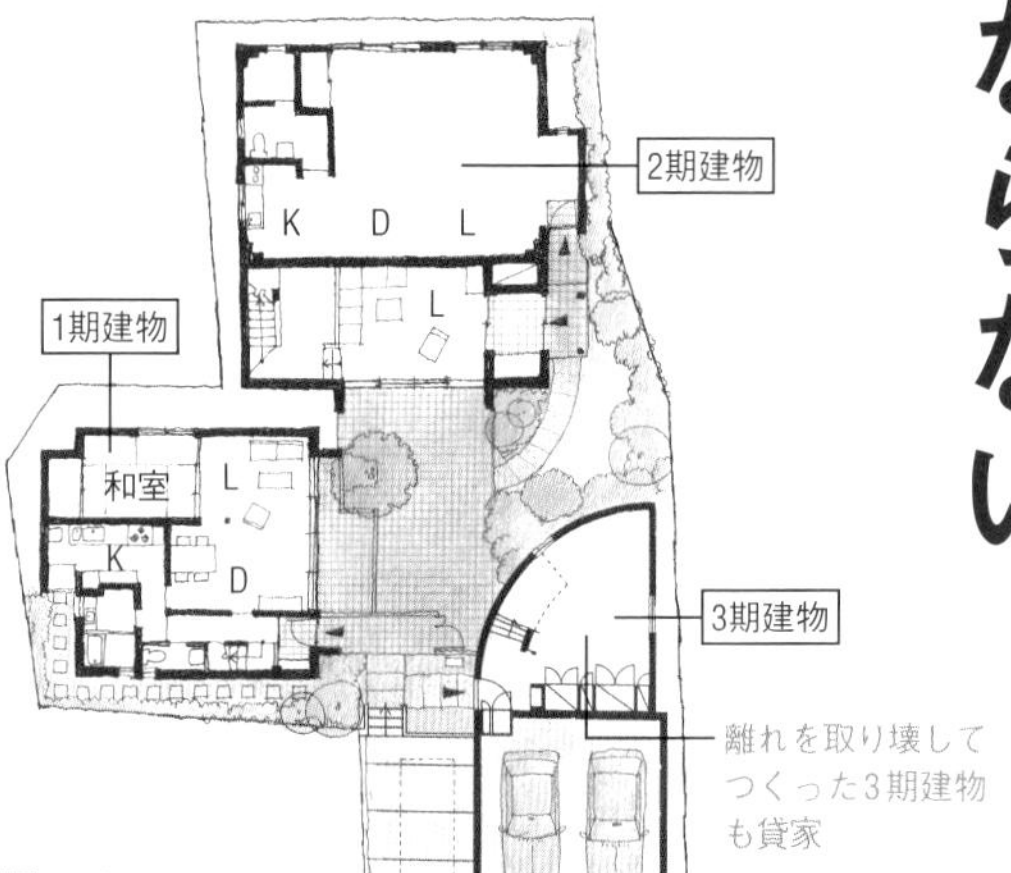

3期平面図　S=1:300

母屋と離れは親子の関係

住まいは家族が生活をする場であるから、家族構成やライフスタイルが変われば、使い方にも変化が現れるし、時には住まいそのものの形を変えざるを得ない場合もあるだろう。

この松川邸は、母屋と離れの2棟の間に中庭のある住宅として竣工した。親と子が向き合うような配置に、この住宅の特性が良く表れている。母屋が一般的な住まいなのに対して、離れは茶室である。ここで応接や茶の接待を受ける客はとても幸せな気持ちになるに違いない。そしてリビング、中庭、茶室という3つの異なる空間でのホームパーティは来客に対しての何よりのもてなしになるだろう。枕木を切ったブロックを小端立てに敷き詰めた中庭を挟み、母屋と寂びたたたずまいの離れが相対する。枕木のブロックは適度に水分を含み、夏季の強い日差しの照り返しを防ぐ効果がある。2棟の間には視線が通され、住まいは1つながら、母屋と離れのそれぞれから異なる眺めを堪能できる住宅である。

離れより中庭を通して母屋を見る

1期／建物は母屋＋離れ

母屋と離れで構成されている。赤い塀が2つの建物をつなぎ、さらに中庭が2つの空間を一体化している

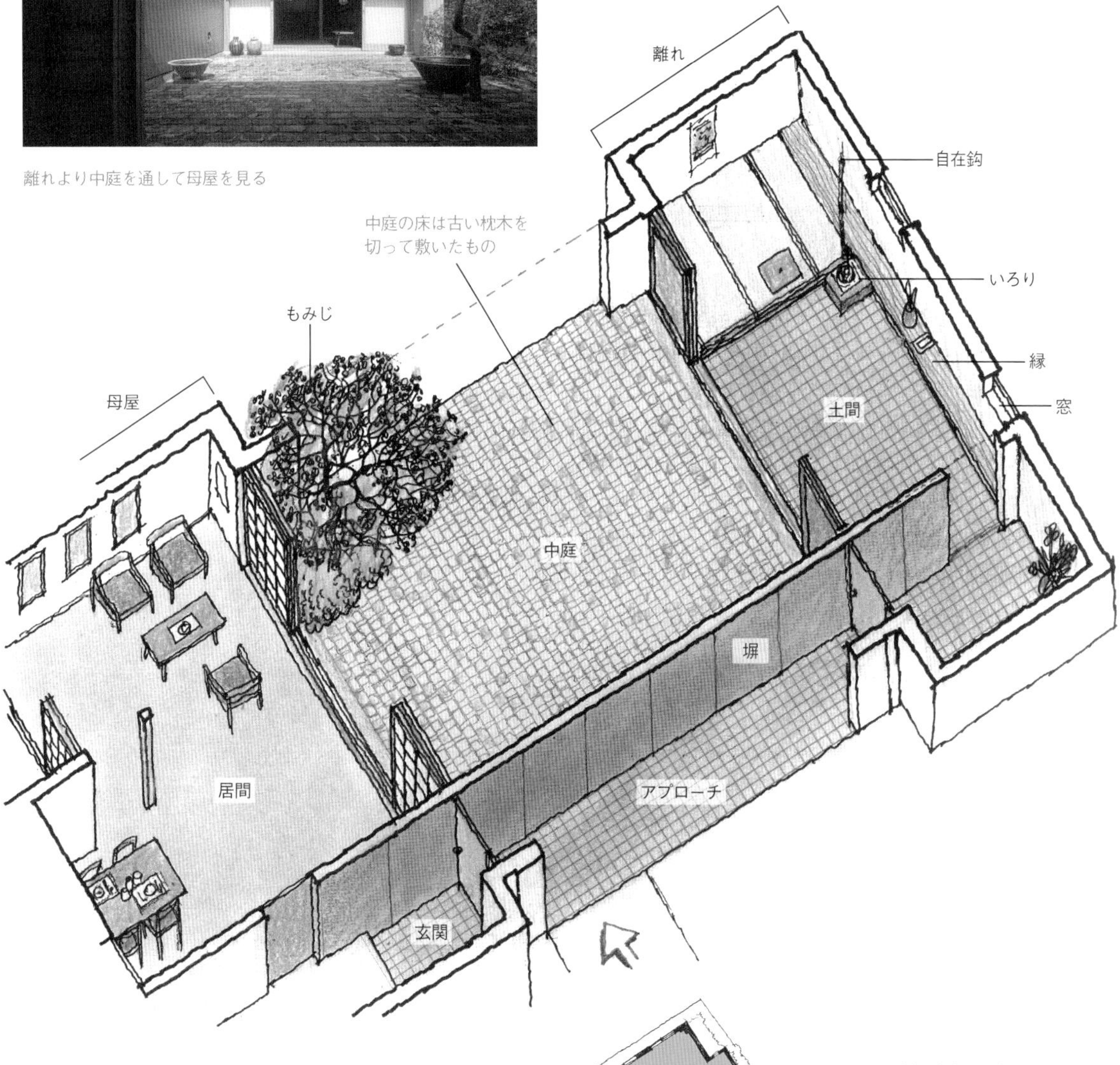

1期建物アクソメ図

印象的な赤い塀が母屋と離れをつなぐ

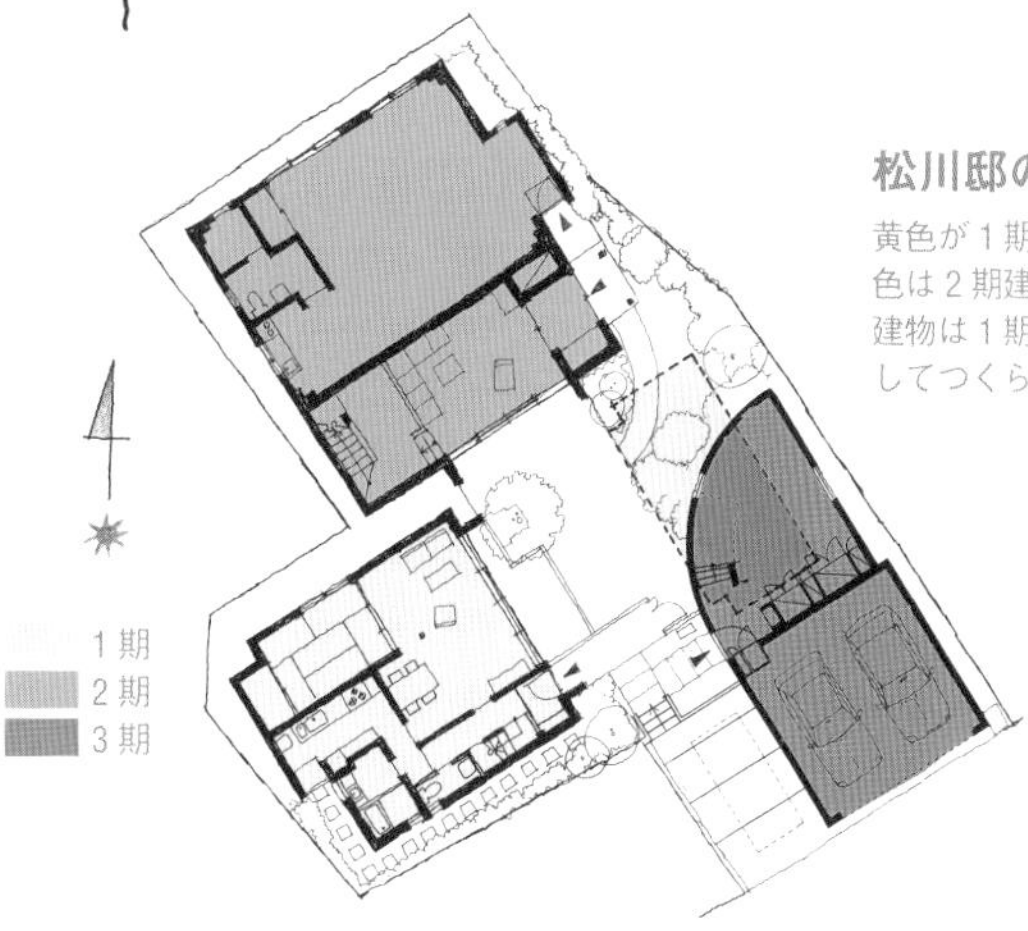

松川邸の変遷

黄色が1期建物、オレンジ色は2期建物。赤色の3期建物は1期の一部を取り壊してつくられた

2期と1期建物は中庭でつながる

中庭に面して貸家棟を増築。母屋と2戸建ての集合住宅を、中庭がほど良い距離感でつなぐ

2期の増築棟から中庭を見る。正面の両引込戸を閉めたところ

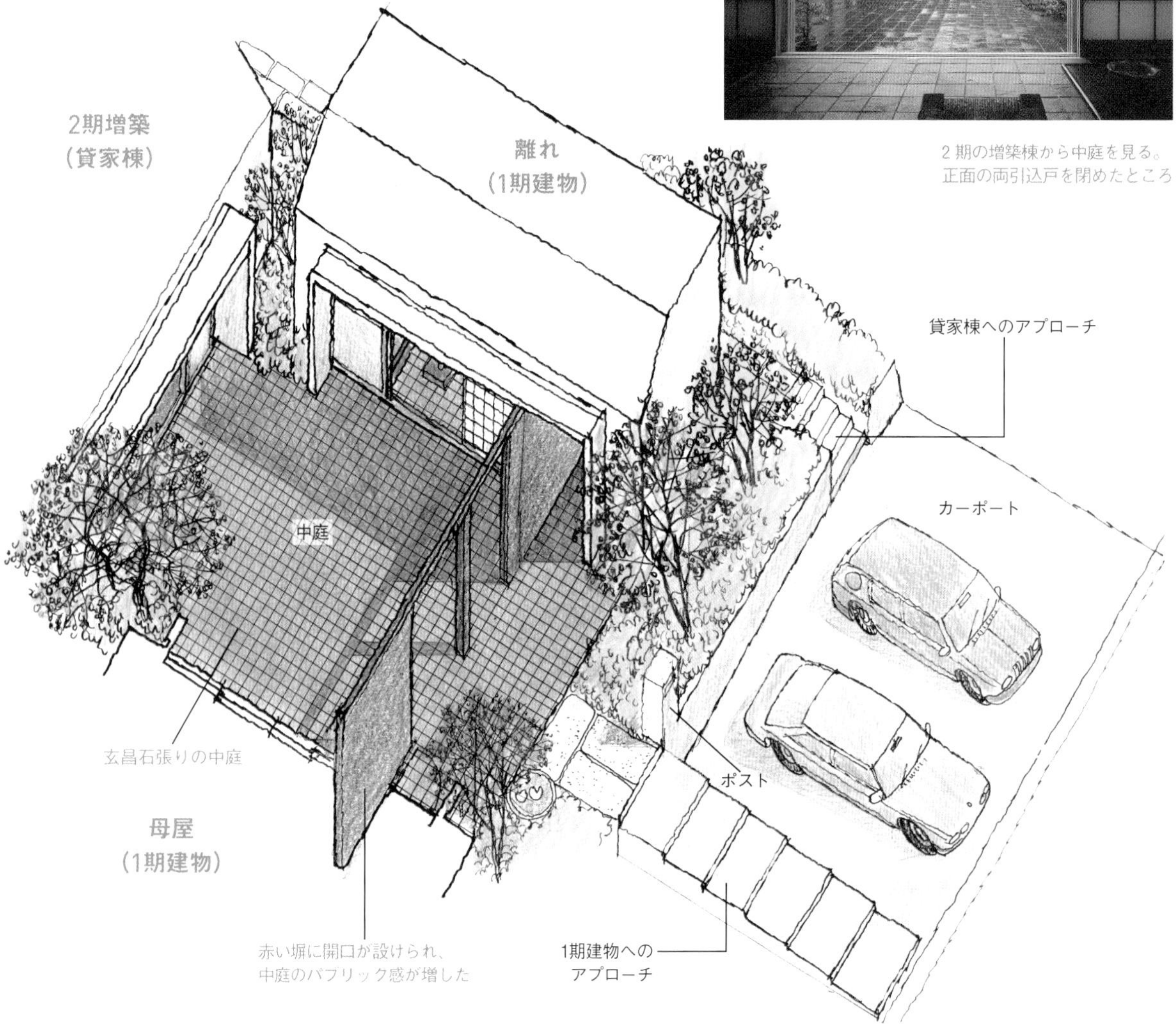

独立住宅に2戸建て集合住宅を増築

その後、2戸建ての貸家棟が松川邸の敷地内につくられることになった（2期増築工事）。1つの敷地に別々の家が建つ場合、それぞれの家が孤立しがちである。しかし宮脇さんは、中庭に各建物の接続空間としての役割を担わせることで、相互にゆるやかな関係性をもたせることに成功した。

増築する貸家棟へは、道路側から離れの裏側を通って玄関へとアプローチするため、直接母屋の住人（大家）とかかわることはない。しかし、貸家のうち1戸のリビングを中庭に面して設計することにより、貸家の住人と大家さんが、中庭を介してほど良いかかわりを保ちながらも、それぞれの家族の生活を侵害しないという、理想的な関係を築くことができたのである。

この増築時、中庭の床が枕木のブロックから玄昌石に代わり、母屋と離れをつないでいた塀に大きな開口が設けられた。プライバシー性の強かった中庭が、公共性の強い空間に変化を遂げたのである。

3期／建物はアプローチに面して

かつての離れとカーポートを取り壊し、貸家を増築。その際中庭をアプローチに変更することで、プライバシーを守りつつも孤立させないゆるやかな空間を確保した

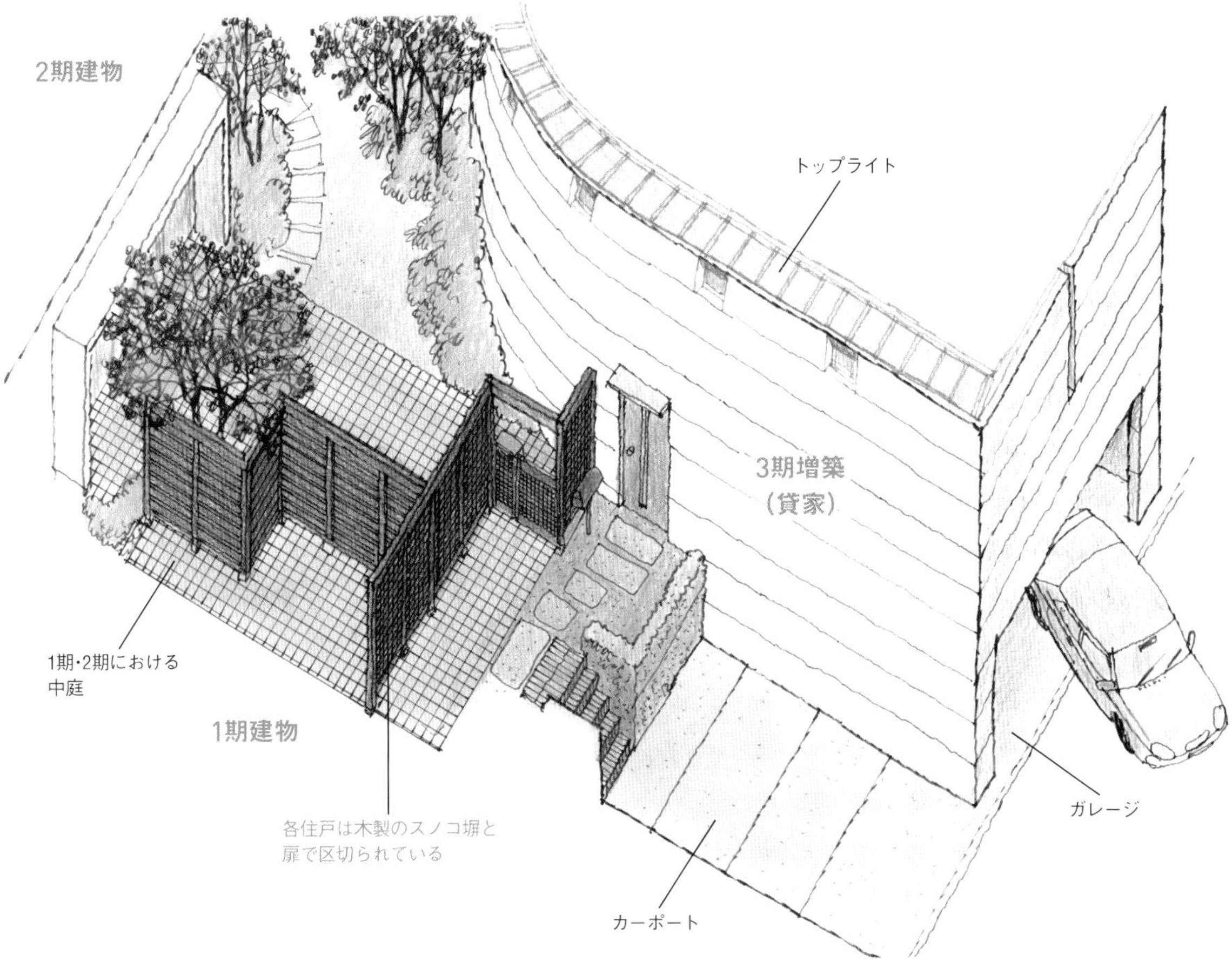

それぞれの住戸の独立

十数年後、相続の問題から、最初に建てられた離れ（1期）とカーポート（2期）とを取り壊し、そこに新しく貸家を建てることになった。また、これを機に1期・2期の2棟の住宅も、将来を考えて独立した個別の住宅とすることになった。いわば新旧3つの建物が、別々の家族が住む独立した住宅へと変身することになったわけである。

かつて家族どうしをつなぐ役割を担っていた中庭を、木製のスノコ塀と門扉で仕切ることで現在ではそれぞれの住宅へのアプローチが確保されている。アプローチの空間は出会いの場となり、スノコの塀は互いへの気遣いを遮らない、それでいてプライバシーを守ってくれる柔らかなバリアとして適度に機能している。独立するということは、必ずしも孤立を意味しない。かつての中庭はそう物語っているかのようだ。

松川邸は当初の理念を保ちながら、時の流れのなかで変化し続けてきた住宅である。この建物の到達したかたちは、所有者の交代などによる難題に対峙した時の1つの解決例となるに違いない。

7 周囲の風景を読む

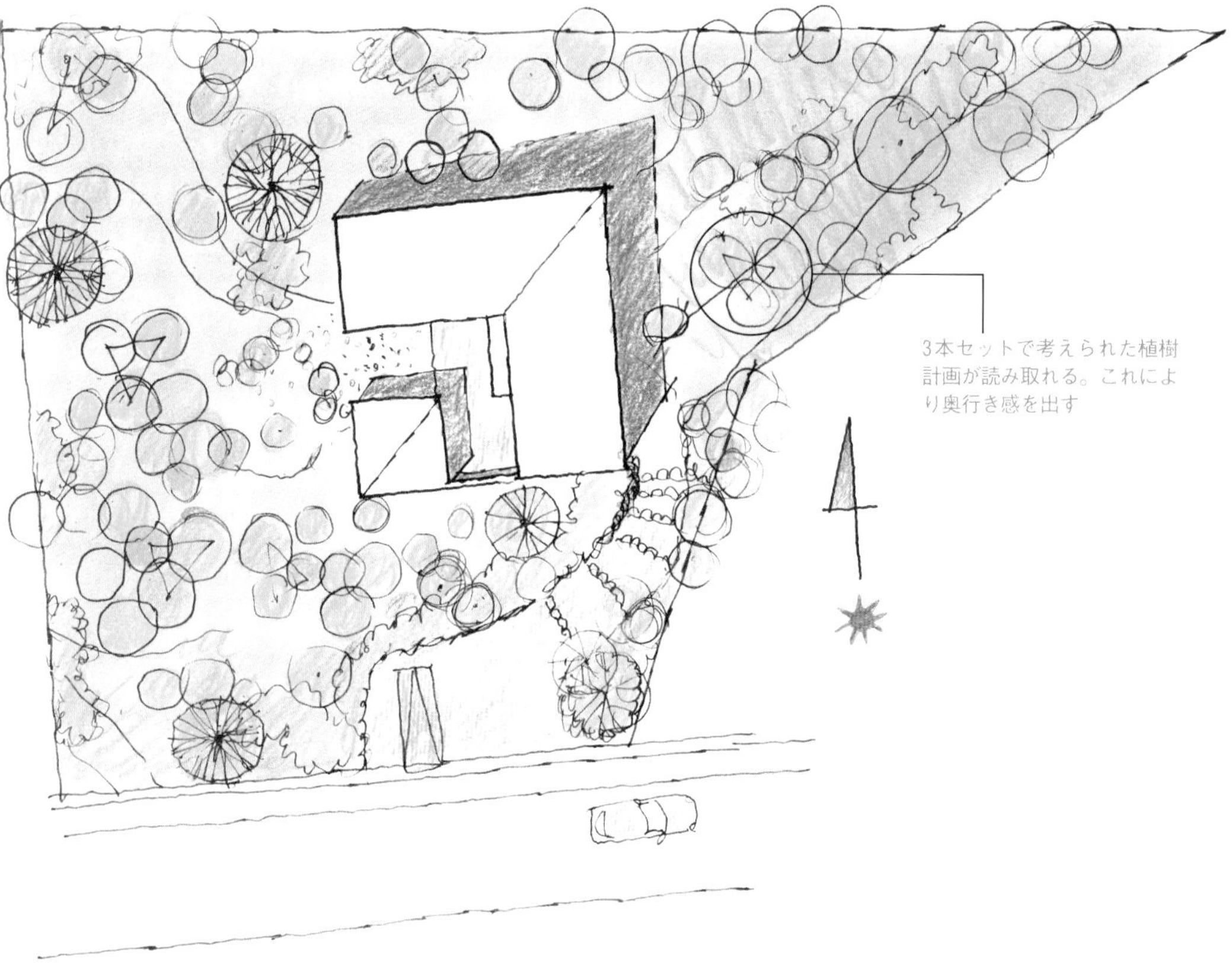

3本セットで考えられた植樹計画が読み取れる。これにより奥行き感を出す

10年後を見越した植栽
富士道邸
配置図　S＝1:300
植樹は3本セットで行うのが1つのセオリーである。エスキースの図面からそれを読みとることができる

パノラマ写真を使ってイメージを膨らませる

建築の計画・設計にあたり、周囲の環境をよく観察し、かつ将来その環境がどう変容していくかを読み解くことは、その建築の賞味期限（寿命）を左右する重要な作業の1つである。

宮脇さんは最初に敷地の周囲をぐるりと写真（パノラマ写真）に撮り、それをつなぎ合わせたものを製図板の前に置いてこれから設計する建物のイメージを培っていた。住宅建築なら半年から1年で完成するが、庭などの樹木やグランドカバーの植物が、景色を形づくるまでには何十年という歳月がかかる。360度のパノラマ写真を見ながら、宮脇さんは何十年か先の未来を思い描いていたのだろう。

すべての建築の外構計画には、年を経るにつれて良い住環境となっていくような先見性が求められる。外構や庭園も、建築同様に、時間軸に沿った変化を織り込んだ計画が必要なのだ。竣工時に植樹されたばかりの庭木は、まだ景色たりえないが、近い将来には建築と調和し美しい環境を形成する。留意すべきは、周囲の植物は変化成長していくものだということだ。

3章 住まいのプランニング

1 モデュールを徹底すると無駄がなくなる

均整のとれた南側外観　1：1、1：2、1：$\sqrt{2}$のプロポーションでできている美しい外観

横尾邸は外寸で7・2m×7・2m、箱型の外観をもつ、典型的なボックスシリーズの住宅である。家族構成は夫婦と猫1匹。建築面積約52㎡、2階建てで延べ床面積は約71㎡（約21坪）程度と、規模的には狭小住宅の部類に入る。

形態の特徴は、これぞ宮脇流とも言える直方体のボックスにあるが、その一部を欠き込む手法で住宅全体の外観がつくられていることもポイントと言える。

ここで重要なのは、立面のプロポーションだ。南面の立面図を見ると、水平に3本のラインが走っているのが分かる。パーキングの天井のライン、2階ベランダの手すりのライン、そして、最上部のパーゴラのラインである。それぞれのラインの間隔は1800㎜、これはコンクリートの型枠の高さだ。つまり型枠を無駄なく使う設計がなされているわけだ。

パーゴラもカーポートも、すべて900×1800㎜モデュール（基準尺）で構成され、このことが外観に規律と秩序を与え、無駄のない美しさにつながっている。

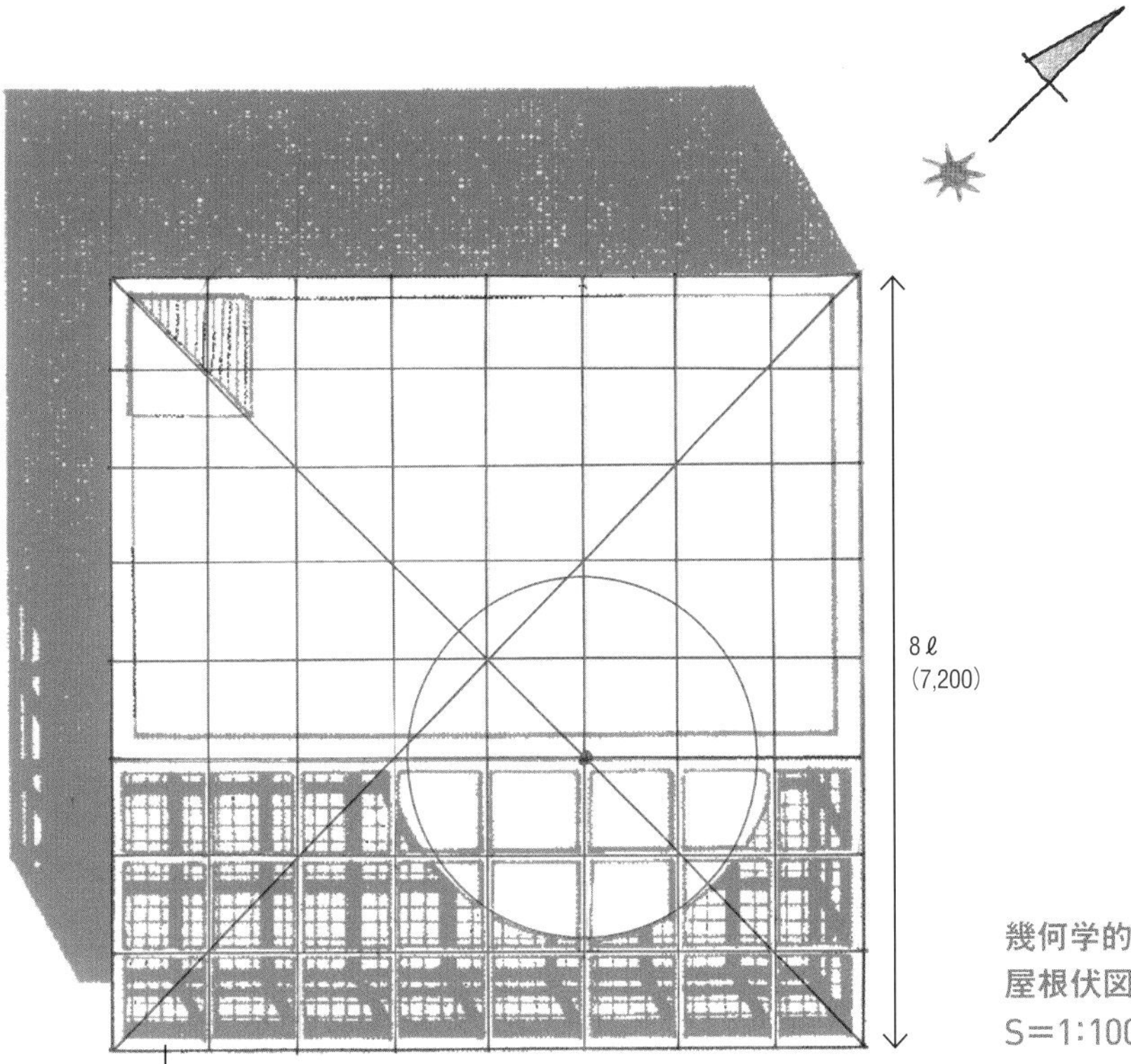

幾何学的な屋根伏図
S=1:100

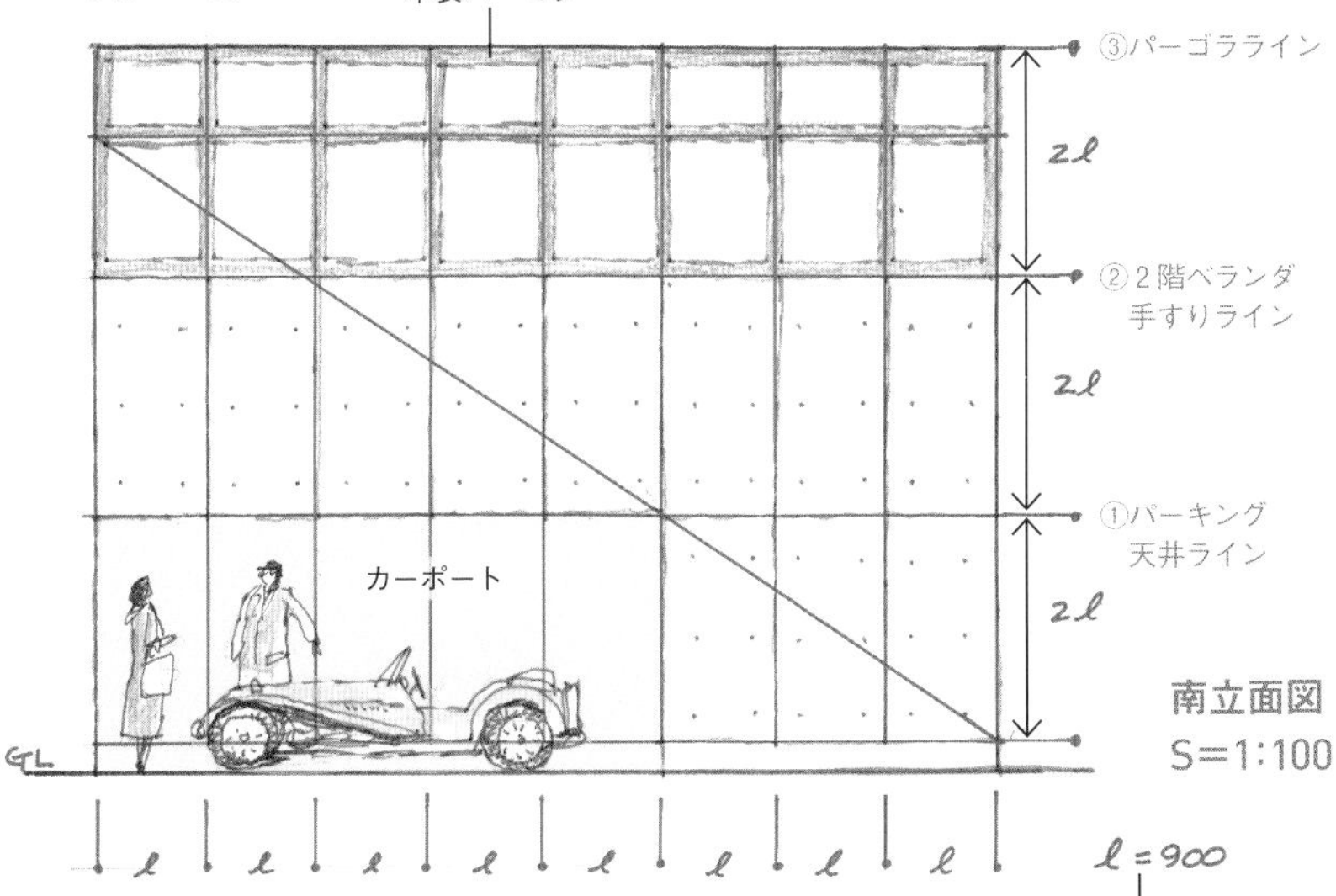

南立面図
S=1:100

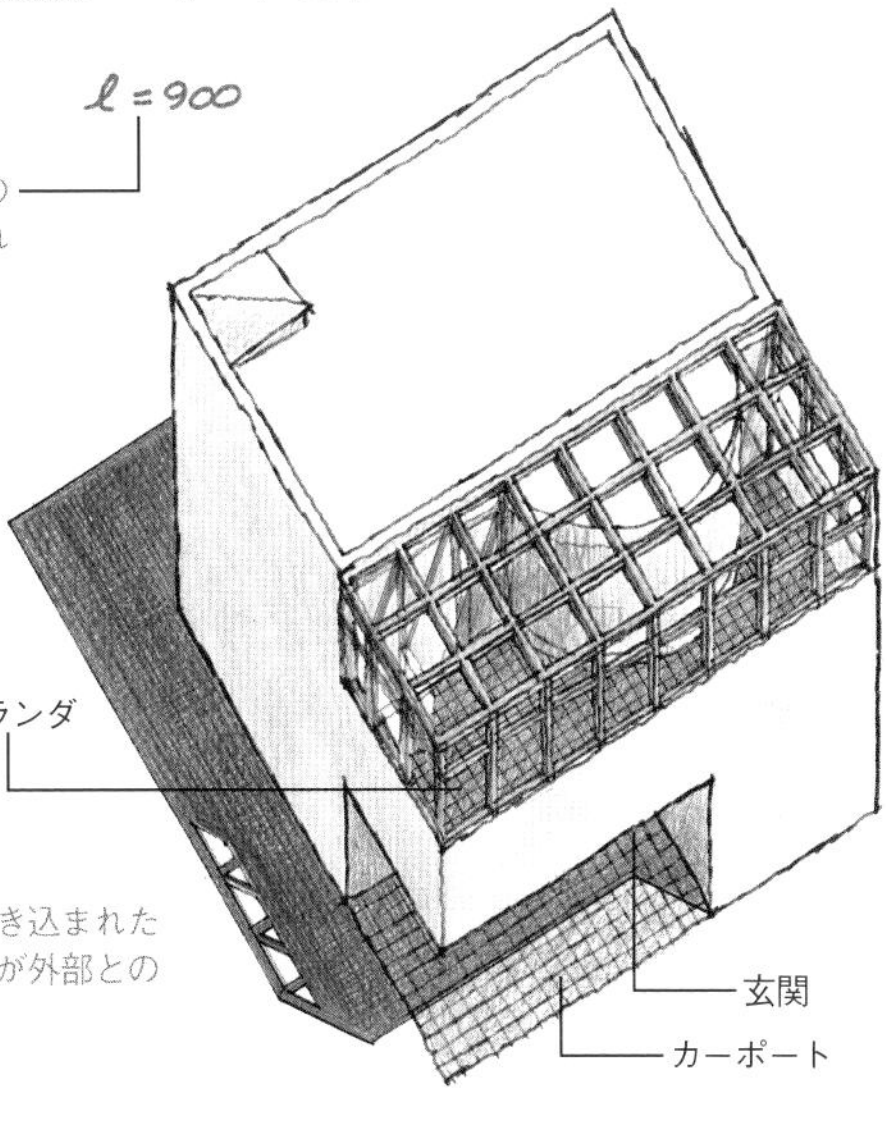

外観

直方体の一部が欠き込まれた形態。欠いた部分が外部との接点

美しいプロポーションのヒミツ／横尾邸

平面、立面ともℓ＝900㎜の基準尺で構成されている。狭小住宅ゆえ、最大限に空間を活用し、かつ手間や材料などの無駄を省くための工夫である

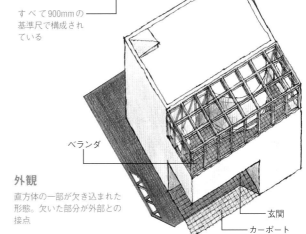

2 究極のコンパクトハウスの秘密

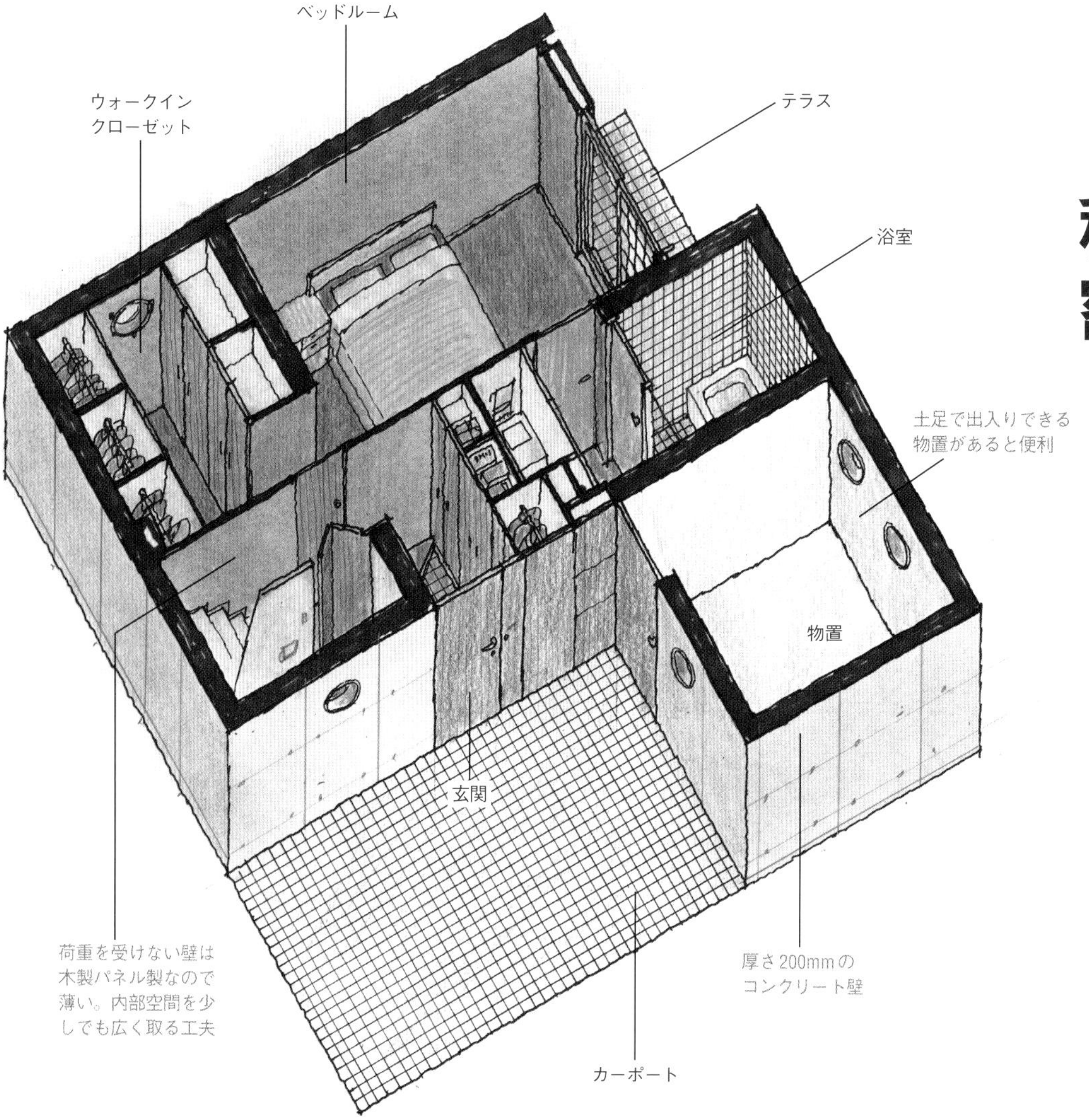

1階平面俯瞰図 1階は寝室浴室などのプライベートスペース。コンクリートの厚い壁構造だが、内壁は薄いパネルにして、空間をできる限り広く取っている

横尾邸内部のプランニングを見てみよう。黒く塗られた壁の厚みが、箇所によって異なっていることに注目してほしい。厚い壁はコンクリートの構造壁である。横尾邸は柱のない壁構造で、200㎜ほどの厚さの壁ですべての荷重、外力に耐えるように計算されている。薄い壁は厚さ30㎜ほどの木製パネルで、荷重を受けない仕切り壁である。薄いパネルにしたのは、できるだけ内部空間を広く取るための策である。

プランの下階はベッドルームや浴室などのプライベートスペース。上階にダイニングキッチンとリビングを配している。いわば密集地の狭小住宅でよく使われる宮脇流「上階リビング」の空間構成である。

2階のキッチンは扉で開閉できる半独立型だが、ダイニングとリビングが一緒になっていて、ダイニングテーブル、造付けのソファとピットがそつなくまとめられている。パーゴラで包まれたベランダも心地良いが、その一角に猫のためのスペースを用意したのも、愛猫家の宮脇さんらしいやさしい心遣いである。

横尾邸のコンパクトプラン

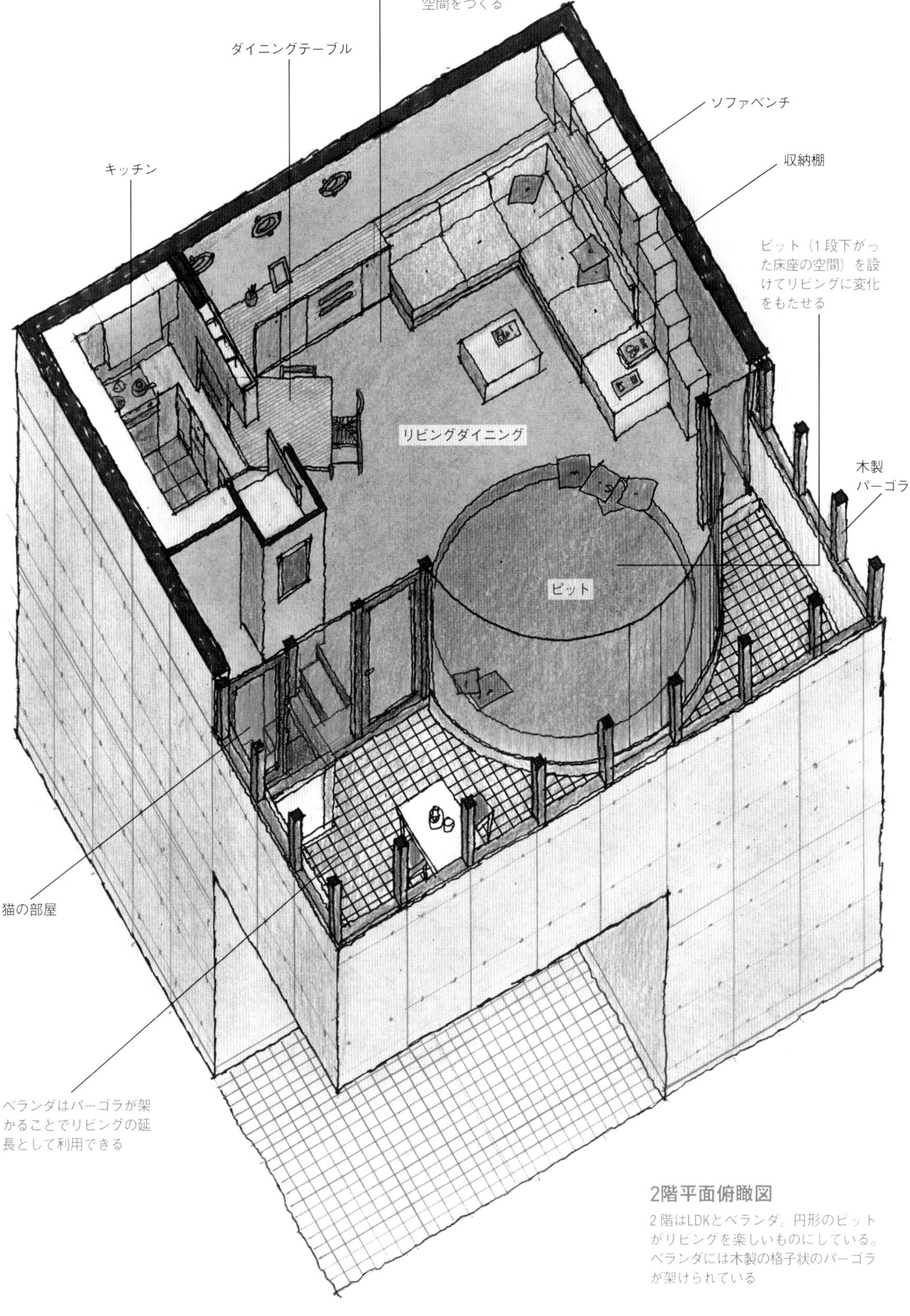
狭小住宅では、2階リビングが効果的。LDKとコンパクトにまとめ、居心地良い空間をつくる
ダイニングテーブル
ソファベンチ
キッチン
収納棚
ピット（1段下がった床座の空間）を設けてリビングに変化をもたせる
リビングダイニング
木製パーゴラ
ピット
猫の部屋
ベランダはパーゴラが架かることでリビングの延長として利用できる

2階平面俯瞰図

2階はLDKとベランダ。円形のピットがリビングを楽しいものにしている。ベランダには木製の格子状のパーゴラが架けられている

③ コンパクトハウスは収納も細かく設計する

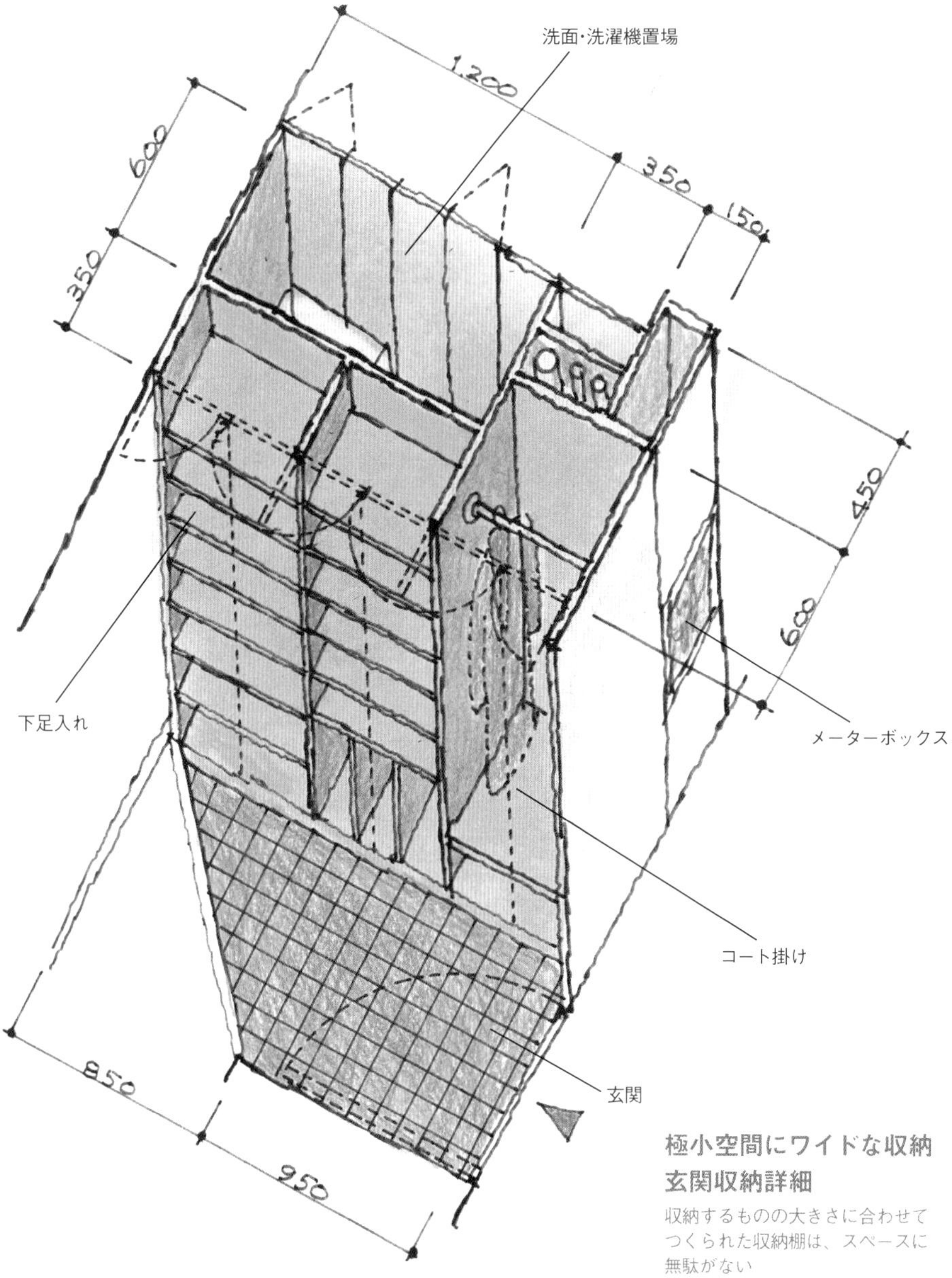

極小空間にワイドな収納
玄関収納詳細
収納するものの大きさに合わせてつくられた収納棚は、スペースに無駄がない

横尾邸では仕切り壁を薄いパネルにしてまでも、内部空間を広く取ろうと考えたのであるから、無駄な空間をつくってしまってはもとも子もない。物を整理し、上手に収納するために、持っているもの、現在必要なもの、将来必要になってくるものをリストアップし、細かく計画を立てておかなければならない。

横尾邸の収納を見てみると、どこに何をしまうかを決めて収納棚の高さや幅を設計している。玄関の下足入れについては、夫婦の靴のサイズは変わらないので、ストックしておく種類と数を決めれば、棚の高さと幅が計算できる。また、寝室隣りのウォークインクローゼットの収納棚も、入れる衣類の種類に応じて寸法を調べ、細かく棚割りがなされている。

狭い空間を有効に使うコツは、こういった綿密な下調べと、それにもとづく細かく丁寧な設計にあるのだ。造付けの家具とは、収納棚のオーダーメイド化である。既製品の収納箪笥のように無駄な空間をつくってしまっては、建て主に満足してもらうことはできないだろう。

使いやすい横尾邸の収納家具

1階平面図　S=1:200

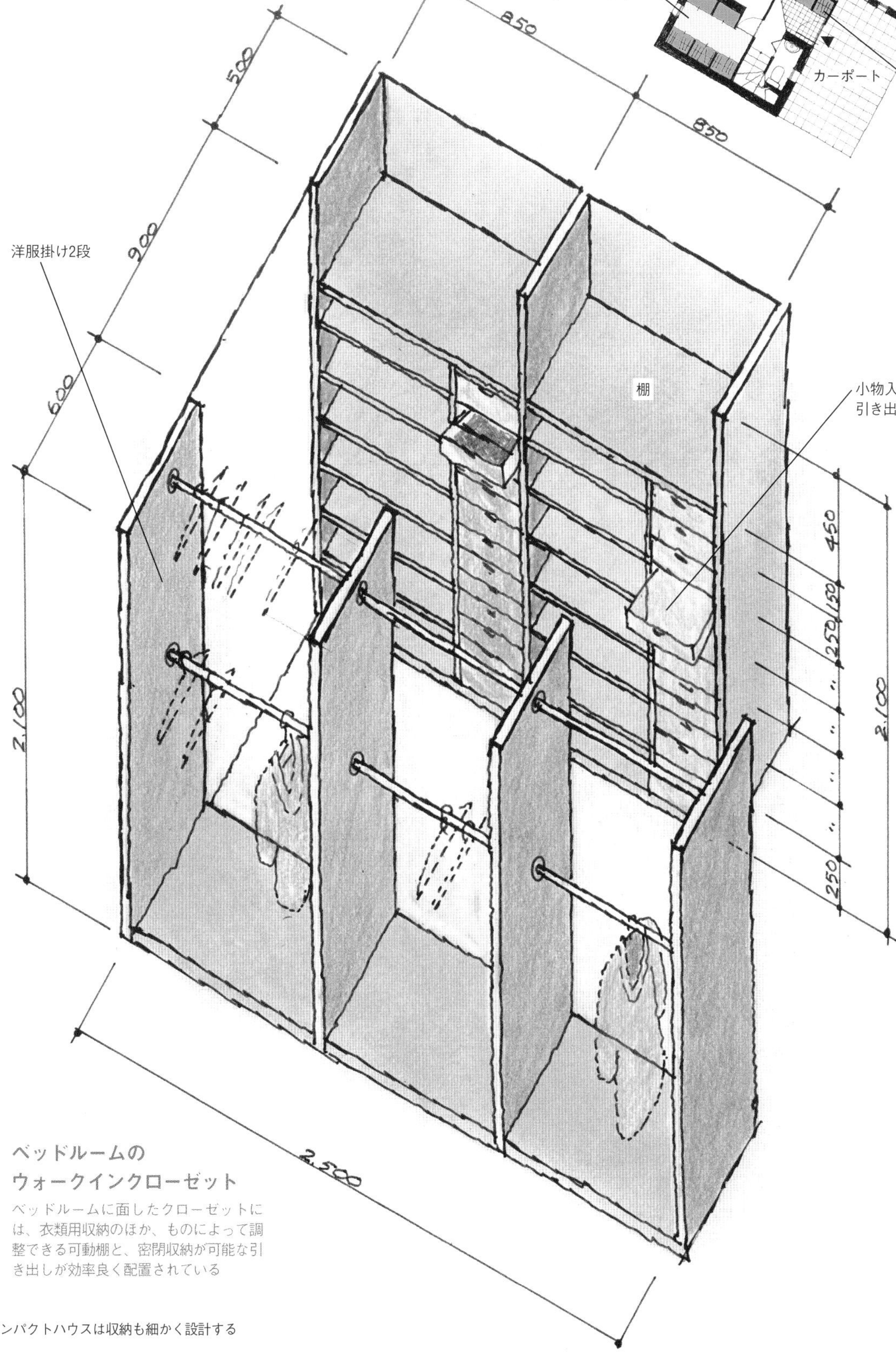

ベッドルームの
ウォークインクローゼット

ベッドルームに面したクローゼットには、衣類用収納のほか、ものによって調整できる可動棚と、密閉収納が可能な引き出しが効率良く配置されている

4 密集地では生活の中心は2階が良い

1階と2階は別の顔

プライバシーを守るため1階には開口部がほとんどない。ちなみに雨樋を隠す納まりにしているので端正な顔立ちになる

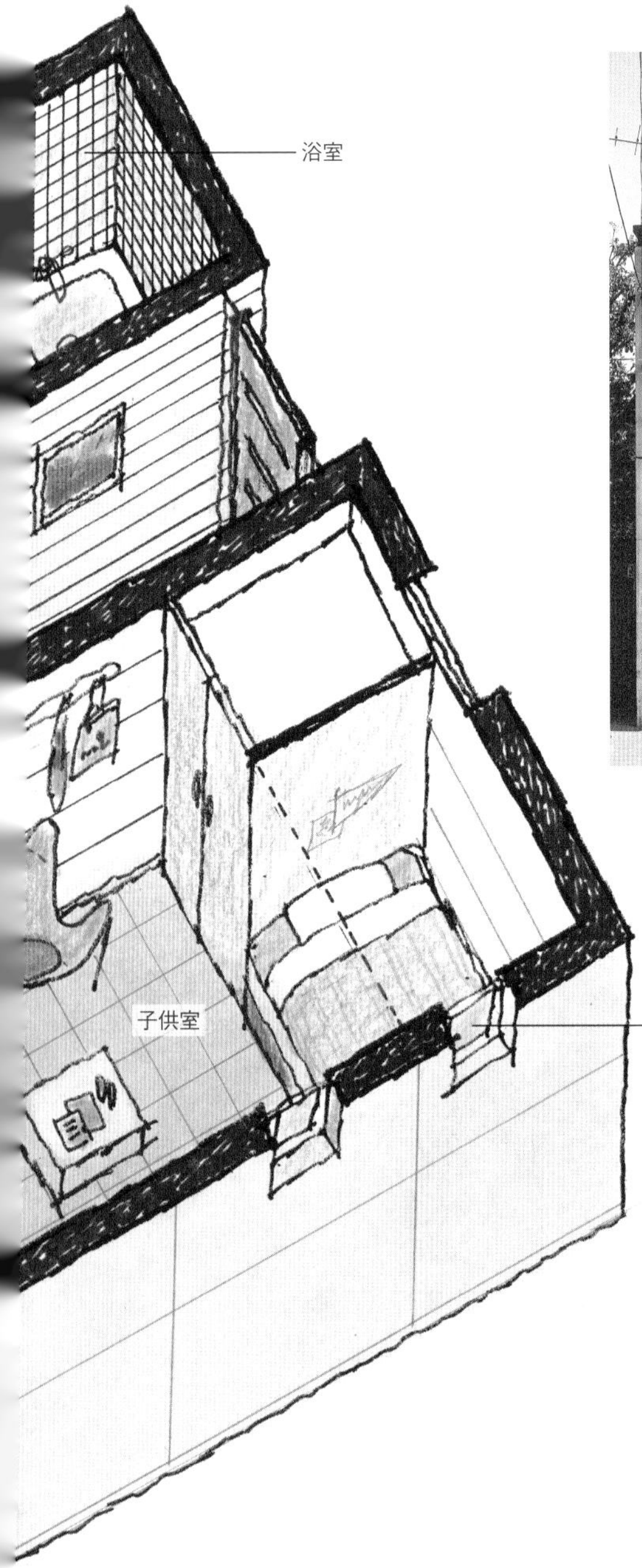
隣地や道路などに面する窓は小さくし、プライバシーを守る

1階は閉じて、2階は開く／崔邸

都市部の密集地に建つため、プライバシーの確保、日照・通風に対する工夫が凝らされている

医者であるお母さんと、子ども2人の3人家族が暮らす崔邸。コンクリートの箱と、その上から屋根とテラスを覆う鉄骨フレームのパーゴラからなる構造をもち、下階に寝室などのプライベートスペース、上階にLDKなどのパブリックスペースを配したプランである。

わが国では、将来は現在よりも住環境が悪くなるであろう敷地がほとんどだ。設計する際にそれを想定しておかなければ、のちに「こんなはずではなかった」とクライアントを後悔させることになってしまう。

この崔邸のような都市部にある住宅は、家が密集してくるにつれて下階の日照と通風は悪くなるおそれがある。それに比べれば上階は条件も良く、さらにトップライトなどを設けることにより、プライバシーを守りながらも、快適な住環境を確保することができるのだ。宮脇さんがリビングやダイニングなどの生活の中心部を上階に配置したのは、ここに理由がある。

将来にわたって良い住環境を確保するためには、上階にパブリックスペースを設けるこの手法は有効だろう。

1階平面図　S＝1:200

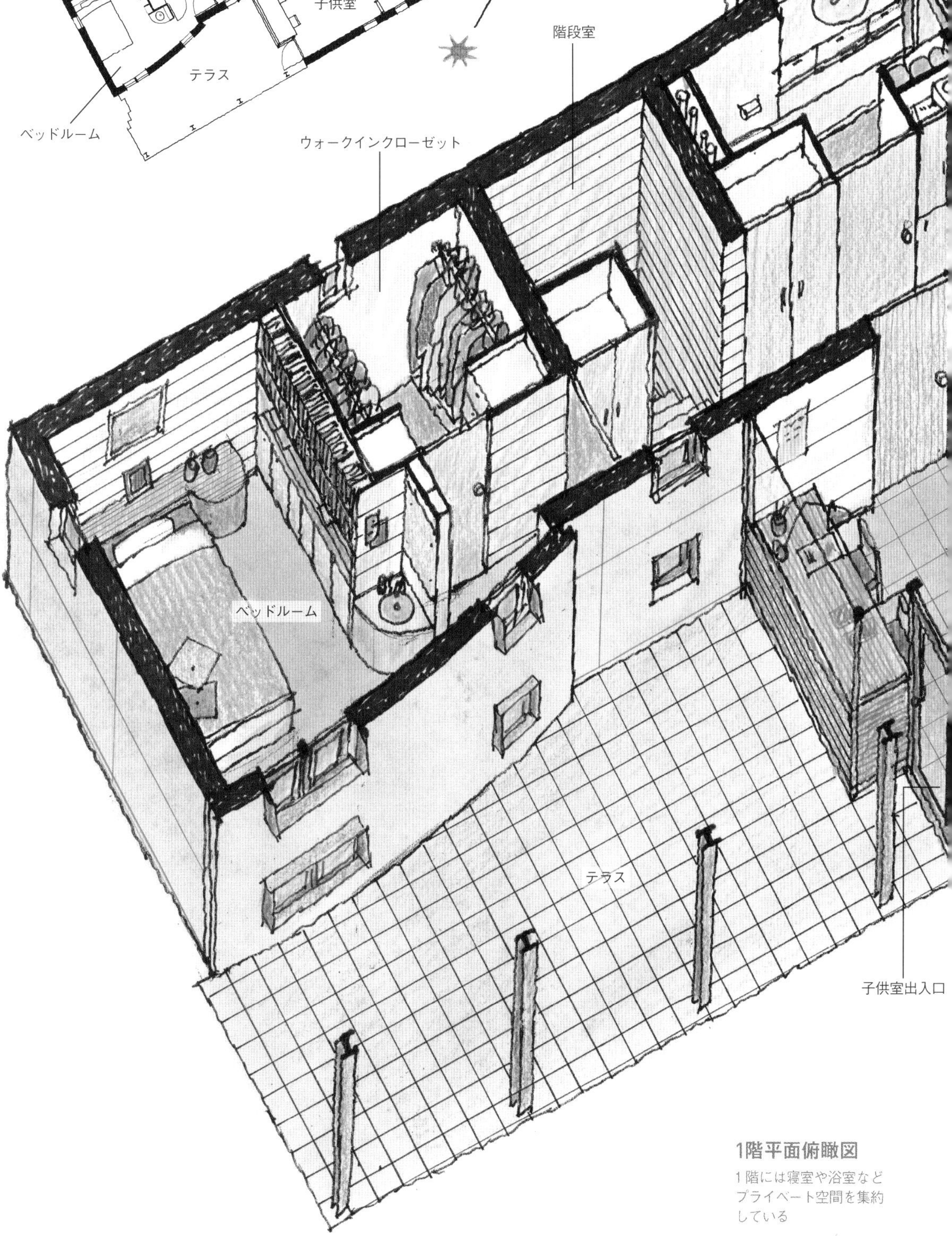

1階平面俯瞰図

1階には寝室や浴室など
プライベート空間を集約
している

5 LDKが生活の中心

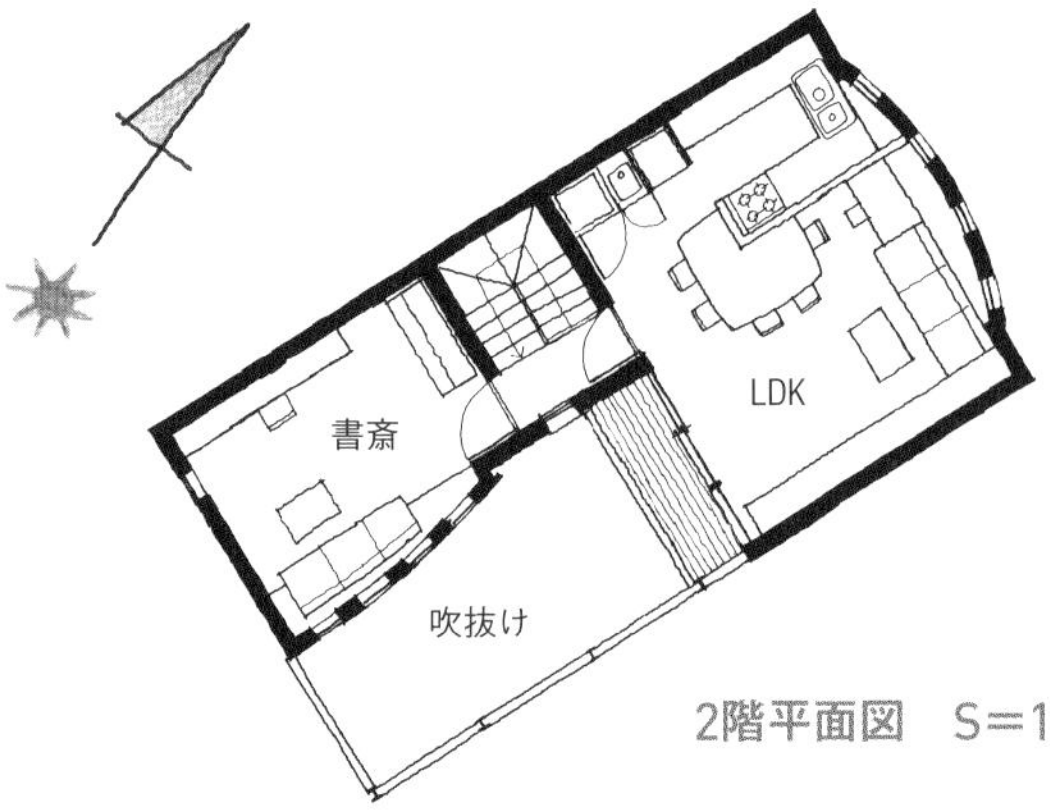

2階平面図　S=1:200

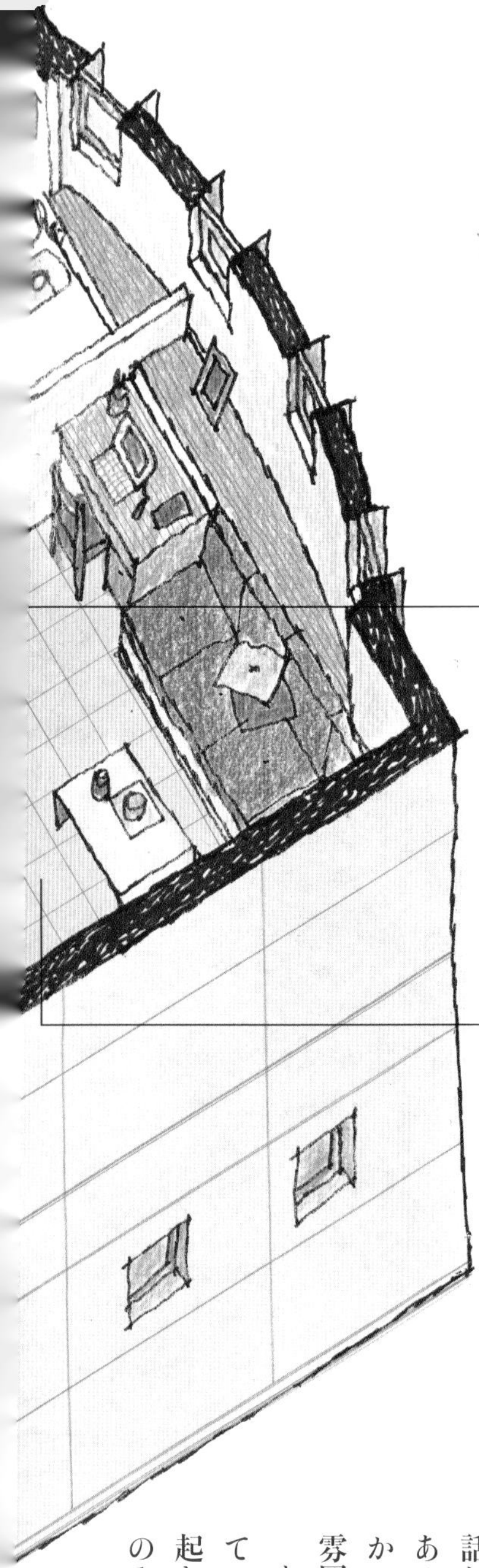

造付けの大きなダイニングテーブルは、家族の集まる場所

コンパクトなLDKのなかには、さまざまな居場所があり、居心地の良い、ほど良い距離間が生まれる

2階平面俯瞰図

2階にはLDKと書斎の2部屋がある。LDKの中心には大きなダイニングテーブルを配置して、家族の団欒を強く意識している

崔邸の2階にはＬＤＫと、お母さんの趣味を兼ねた書斎がある。忙しい仕事を終えて調理をするお母さんと、リビングやダイニングテーブルで宿題をする子どもたちとの会話が聞こえてきそうな雰囲気のプランである。時にはともに料理を楽しむこともできるだろう。

生活する空間は広ければ快適というわけではない。人と人との会話や、一緒にいるという家族意識は、距離が遠すぎては生まれないし、近すぎてもうっとうしい。昔、一家団欒という言葉が居間に息づいていたころを振り返ると、四畳半の茶の間は家族どうしの距離感がよく、会話が弾んでいた。崔邸のＬＤＫにも、食事が終わった後にすぐ子供室にこもってしまうのではなく、近くのソファで寝転がりながら家族と話し合えるような、ほど良い距離感がある。少し大きめの造付けの食卓は、かつて家族が団欒をした炬燵《こたつ》のような雰囲気をもっている。

また、全体的に窓が小さく分けられているが、これは将来、環境の変化が起きても影響が少ないようにとの配慮の1つである。

ほど良い距離感のLDK／崔邸

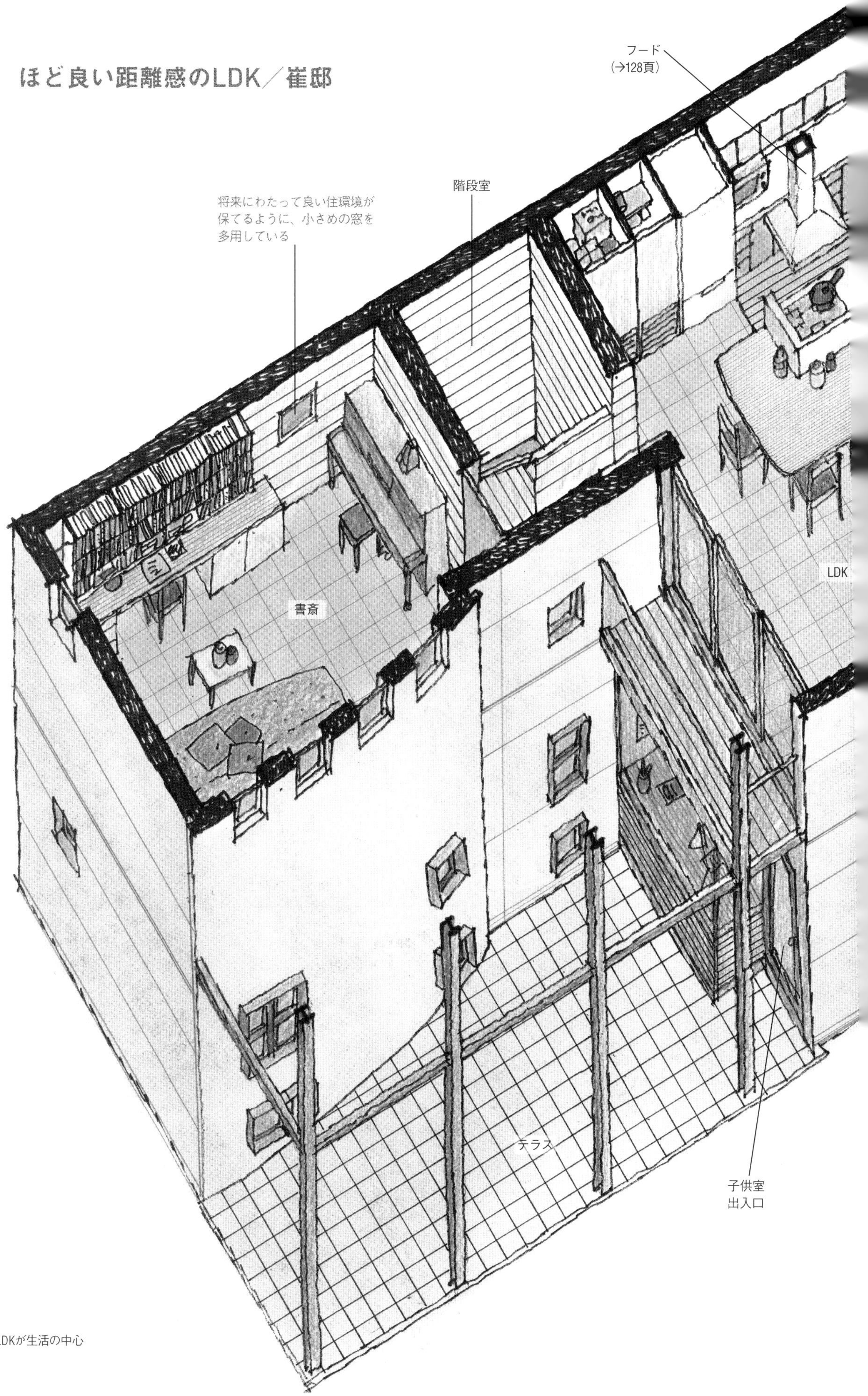

6 人間ばかりでなく、光や風も回るプラン

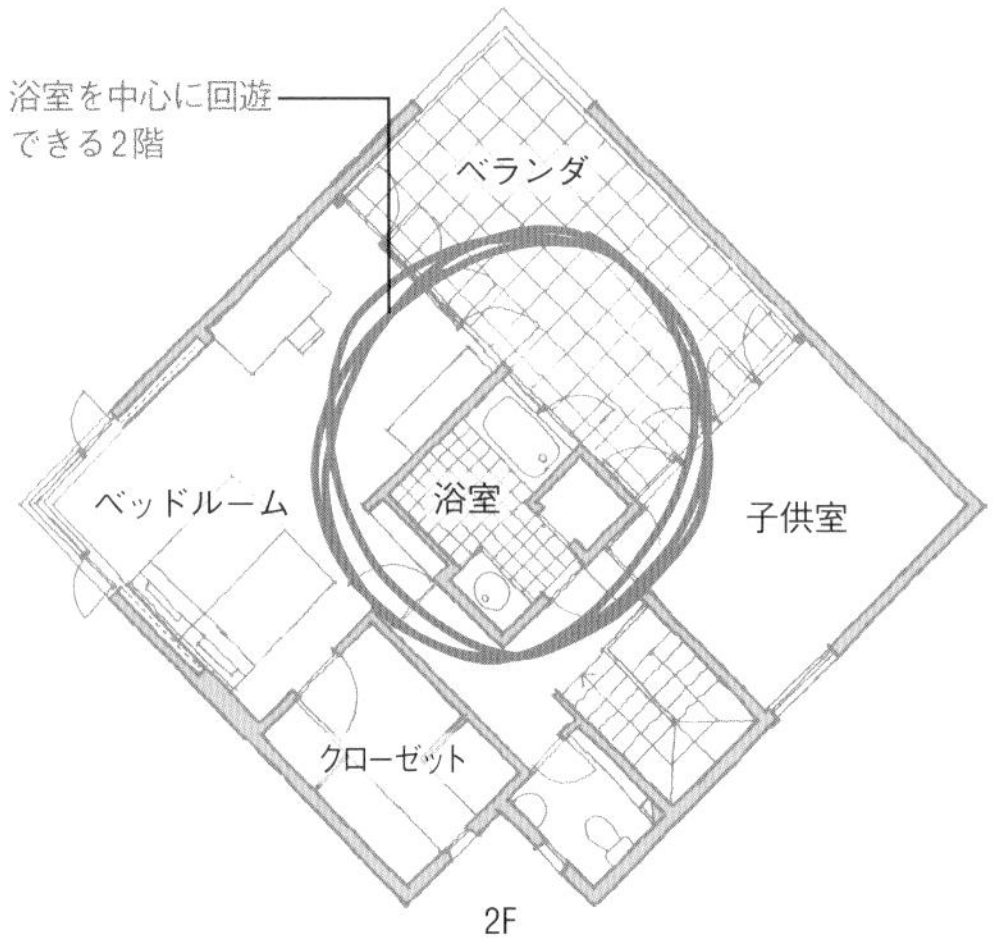

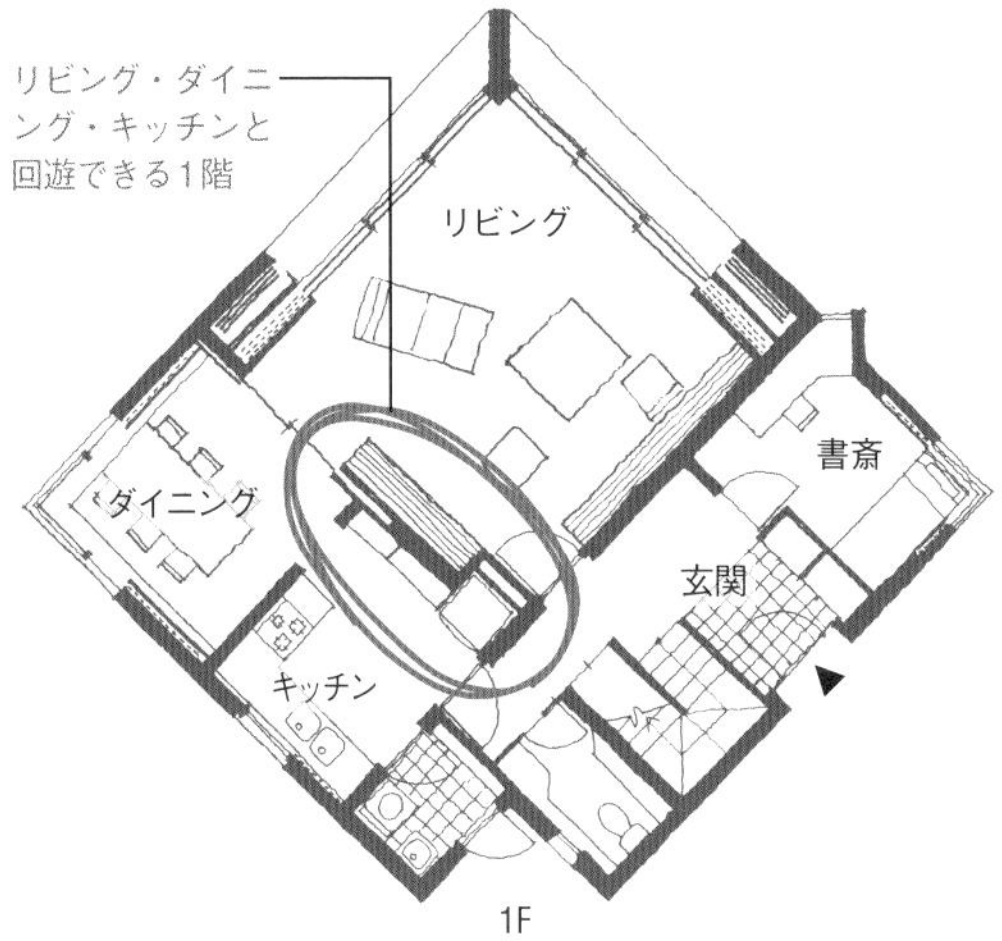

平面図　S＝1:200
1・2階とも回遊路を描ける
プランになっている

平面構成で、家のなかをぐるりと回遊できるプランは住みやすいという。日常生活のなかで使える動線が複数あるので、人どうしが鉢合わせしにくいことに加え、さまざまなアプローチが生活に変化を生むからである。この回遊するサークルが幾重にも描けるプランほど、快適で生活が楽しめる。簡単に言えば、反対側の端に行く時、左右どちら回りでも到達できるなら、2通りの行動体験ができるというわけである。さらに意志をもたない光や風の場合、その季節によって動きが変化するのだが、多彩な動線のおかげで明るさや通風が奥にまで届くのだ。また同時に、生活の気配も回遊するから、常に家族に対する意識を感じることができ、気持ちを共有できるのが良い。

この木村邸は、動線が幾重にも描けるというほどではないが、確実に中心となる部分があって、それを中心に回遊することができる。この平面俯瞰図から、2階は浴室を中心に回遊できることが分かるが、1階でもキッチンの一部分を中心に回れるようになっている。

行き止まりをつくらない／木村邸

2階平面俯瞰図のとおり、中央の浴室を中心に回遊できるプランになっている。ベランダはベッドルーム、浴室、子供室の採光や通風に貢献している

大きなベランダは、プライベートも確保しつつ、各室に光や風を導く
ベランダ
ベッドルーム
浴室
子供室
階段室
回遊の中心となる浴室。ベランダからの採光もあり、気持ちの良いスペースだ
クローゼット

2階平面俯瞰図

7 あいまいな空間が生活を豊かにする

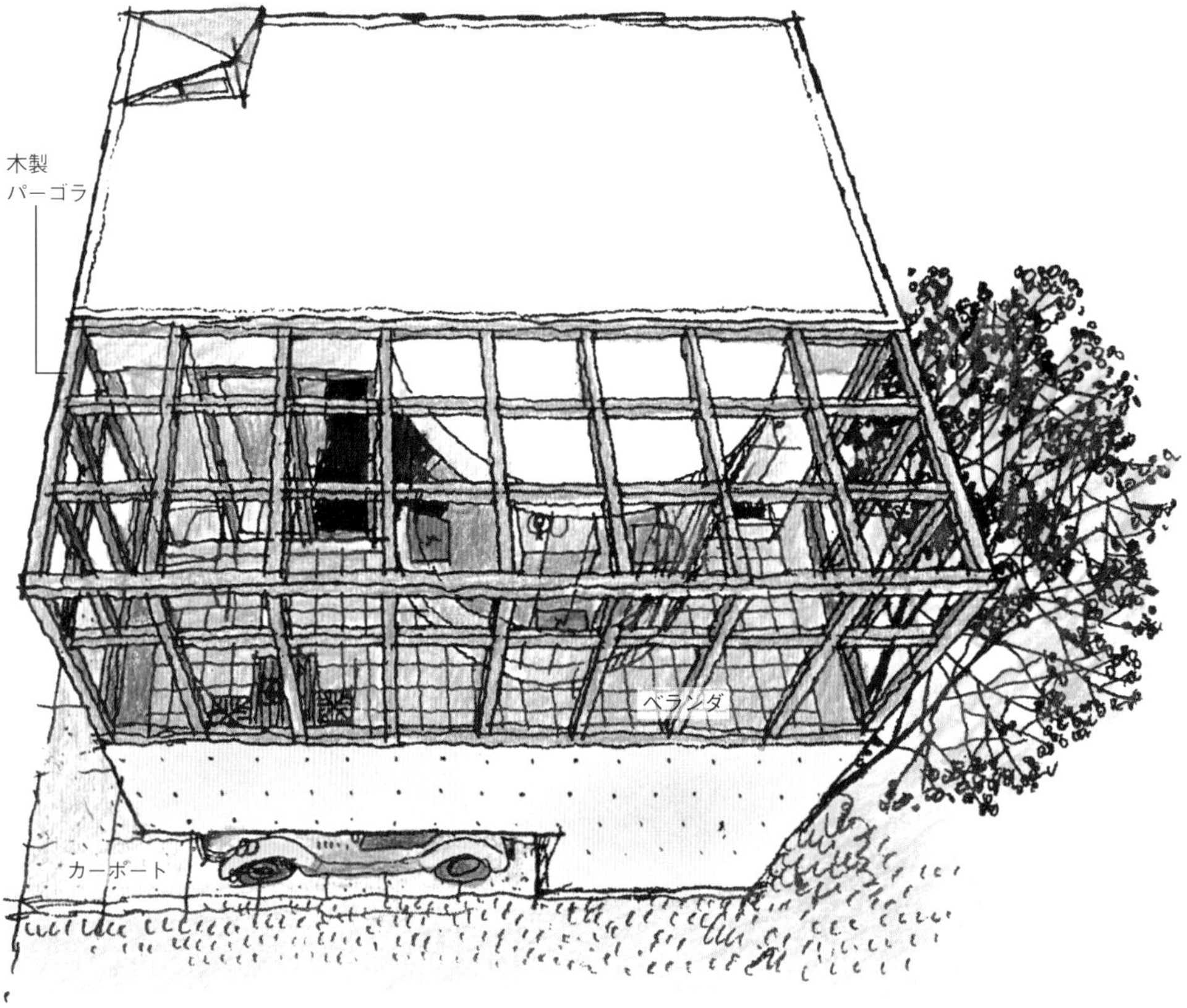

輪郭でボックスをつくる

ベランダ上に架けた木製パーゴラのフレームは、簾を掛けることも、つる性の植物をはわせることもでき、日除けやプライバシーの確保のために役立つ

多くの人たちは、外部空間は使えないと思い込み、内部だけを生活空間としたがる傾向がある。屋外は冬の寒さや夏の暑さ、または雨降りなど、季節や天候に環境を大きく左右される。一方、屋内の環境は安定しており、寝ることも、物を収納することもでき、無難に使えることは確かだ。

しかし、人間は日常の生活ばかりでは変化もなく飽きがくる。時に日常の生活に変化を与え、それを味わいたいと思うものだ。屋外でバーベキューを楽しむのも、浴室を露天風呂感覚にしたいと思うのも、同じ気持ちからである。外部空間をうまく活用することは、この欲求をかなえる近道となる。また、ベランダやテラスは気候の緩衝空間としても役立つ。簾《すだれ》を下げれば、視線を遮り、日射を防ぐことができ、パーゴラに植物をはわせれば、日陰をつくり、季節の美しい花を楽しむこともできる。

横尾邸の1階の庇は日陰をつくり、2階のパーゴラは半屋外空間として意識させる役割を果たし、同時に家の形態がボックスであることをも示唆している。

曲線がつくり出す中間領域／横尾邸

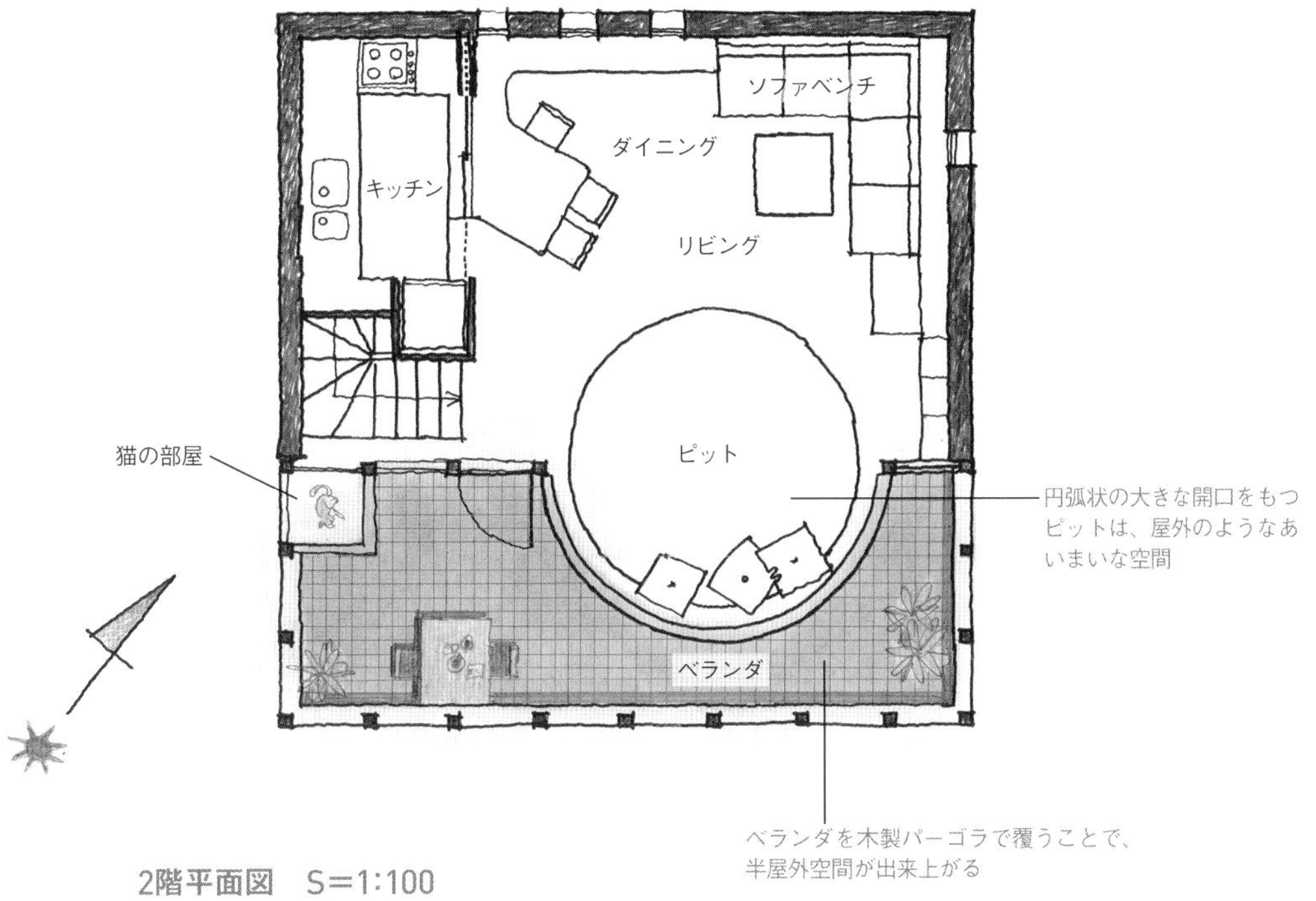
ソファベンチ
ダイニング
キッチン
リビング
ピット
猫の部屋
ベランダ
円弧状の大きな開口をもつピットは、屋外のようなあいまいな空間
ベランダを木製パーゴラで覆うことで、半屋外空間が出来上がる

2階平面図　S＝1:100

ベランダに突き出た円形のピットが、屋外のような雰囲気をつくっている

円形ピットとベランダの納まり

2階ベランダ。左は円形ピット

8 不便さを楽しむゆとり

2階ベランダの植込とパーゴラ。パーゴラにヨシズなどを架けてプライバシーを守る役割と同時に、外部空間を室内化して、狭さを補う機能をもつ

エネルギーをできるだけ節約しようとする考え方が広まっている。良いことである。エアコンの使用が前提となった住宅には高気密高断熱性能が求められ、そのために高価な建材を使わねばならず、結果として建設費用がかさむようになった。また、そうした建材は製造過程で多くのエネルギーを消費する。見方を変えれば、省エネ住宅を建てるためにエネルギーを浪費しているということになるわけだ。

エネルギーに頼りきった生活は確かに快適かもしれないが、快適さだけがすべてなのだろうか。かつての日本の暮らしには、あえて不便さを受け入れてそれを楽しむ、といった気持ちの余裕があったように思う。

佐川邸の設計には、そうした考え方を見ることができる。写真のように2階のパーゴラに簾《すだれ》を掛ければ、窓を開け放していても外部からの視線が遮られる。これなら通風性と採光性を十分に確保できるわけだ。カーテンを締め切り、室内照明がこうこうと輝く部屋に冷房をかけることだけが、夏の過ごし方ではない。

幾何学がつくり出す快適／佐川邸

4分の1円の2階部分と正方形の1階部分で構成されている。2階に設けた円形のトップライトと大きな窓、ベランダに設けたトップライトなど、採光・通風の良さが特徴

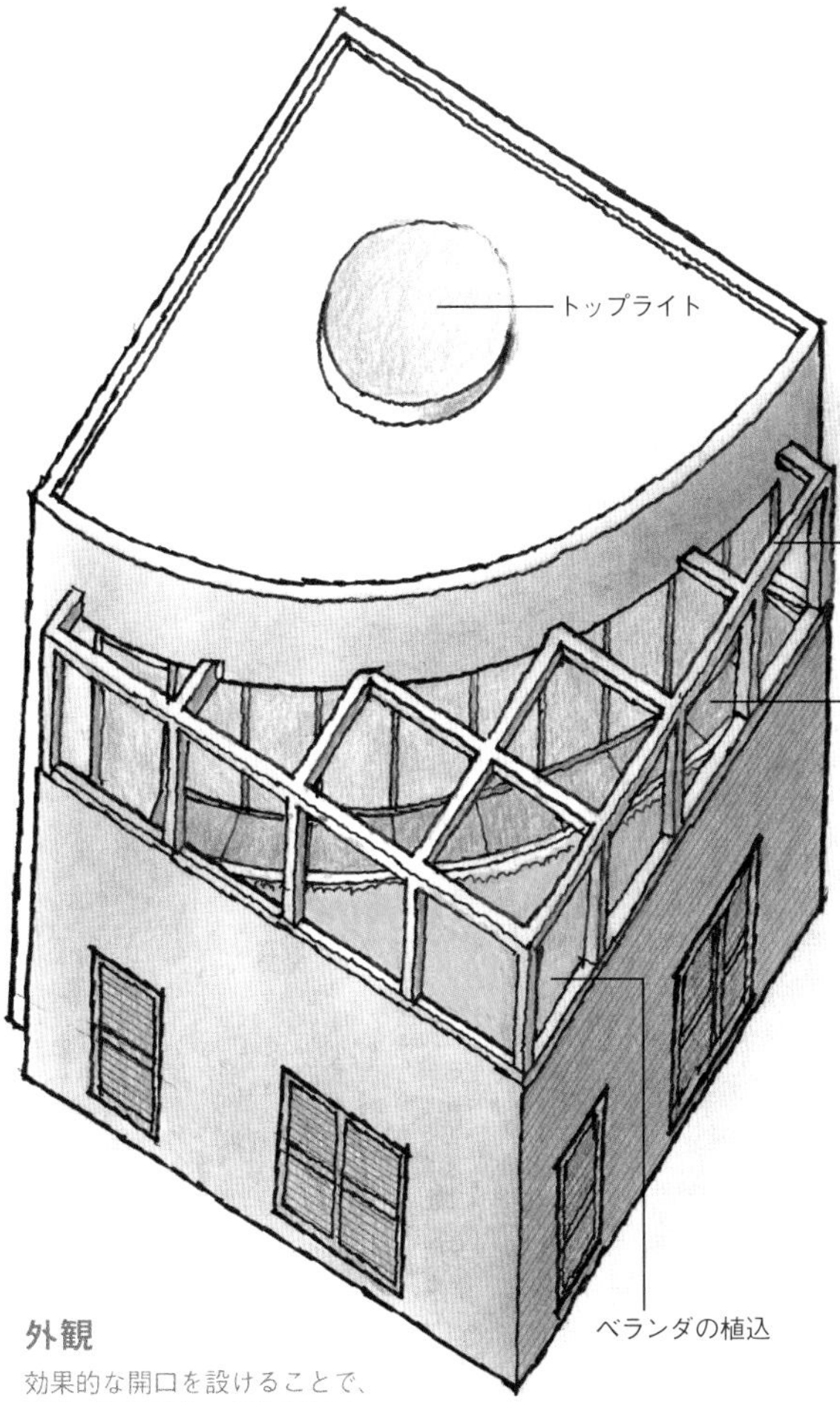

外観

効果的な開口を設けることで、採光・通風の良い住宅が生まれる。これも省エネの1つ

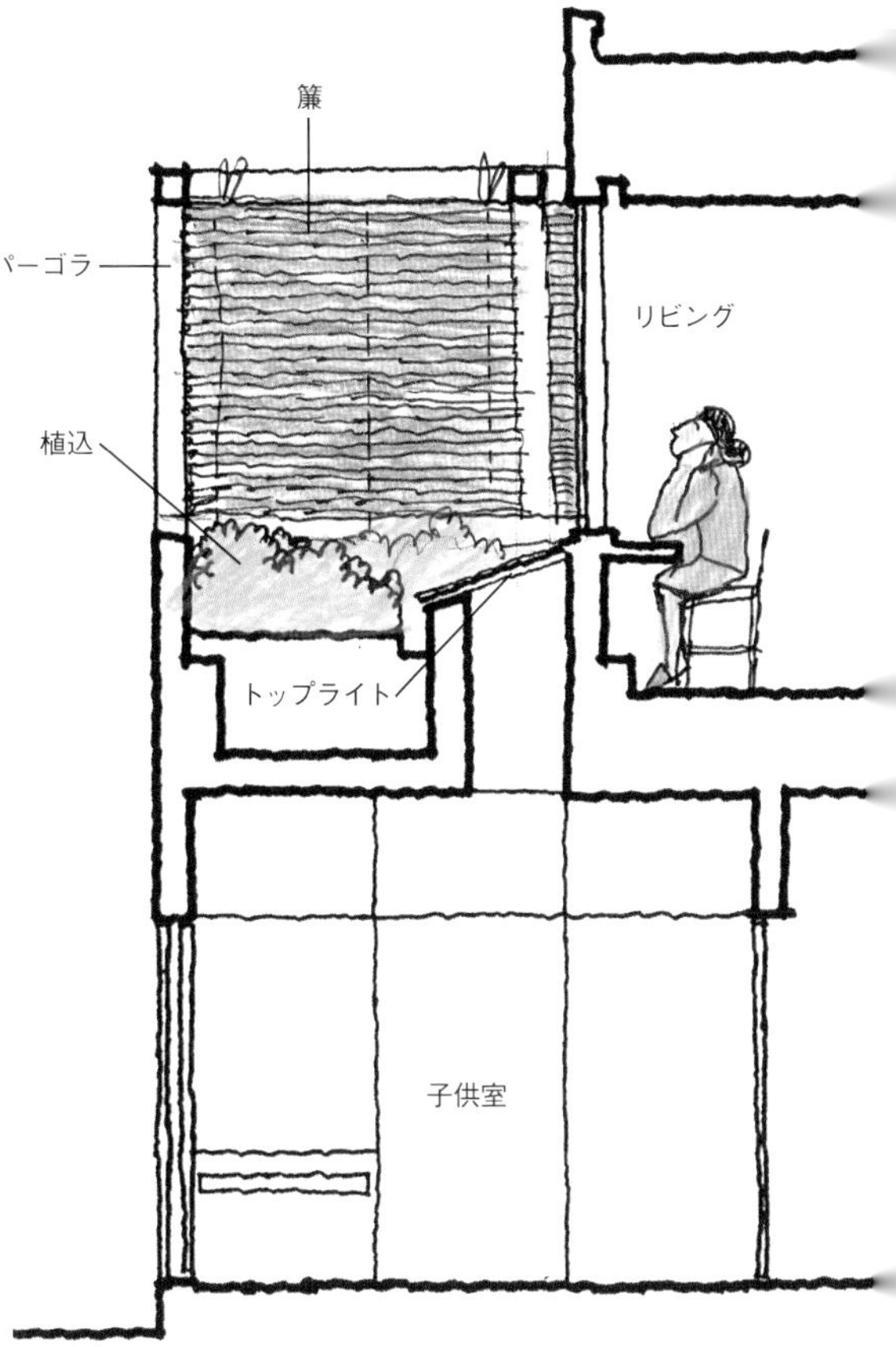

断面図　S＝1:60

ベランダ部分は、1階に光を導くトップライトと植栽された低木で構成されている。パーゴラに簾などを下げることにより、プライバシーが確保でき、さらにベランダ空間を室内のように一体として感じることができる

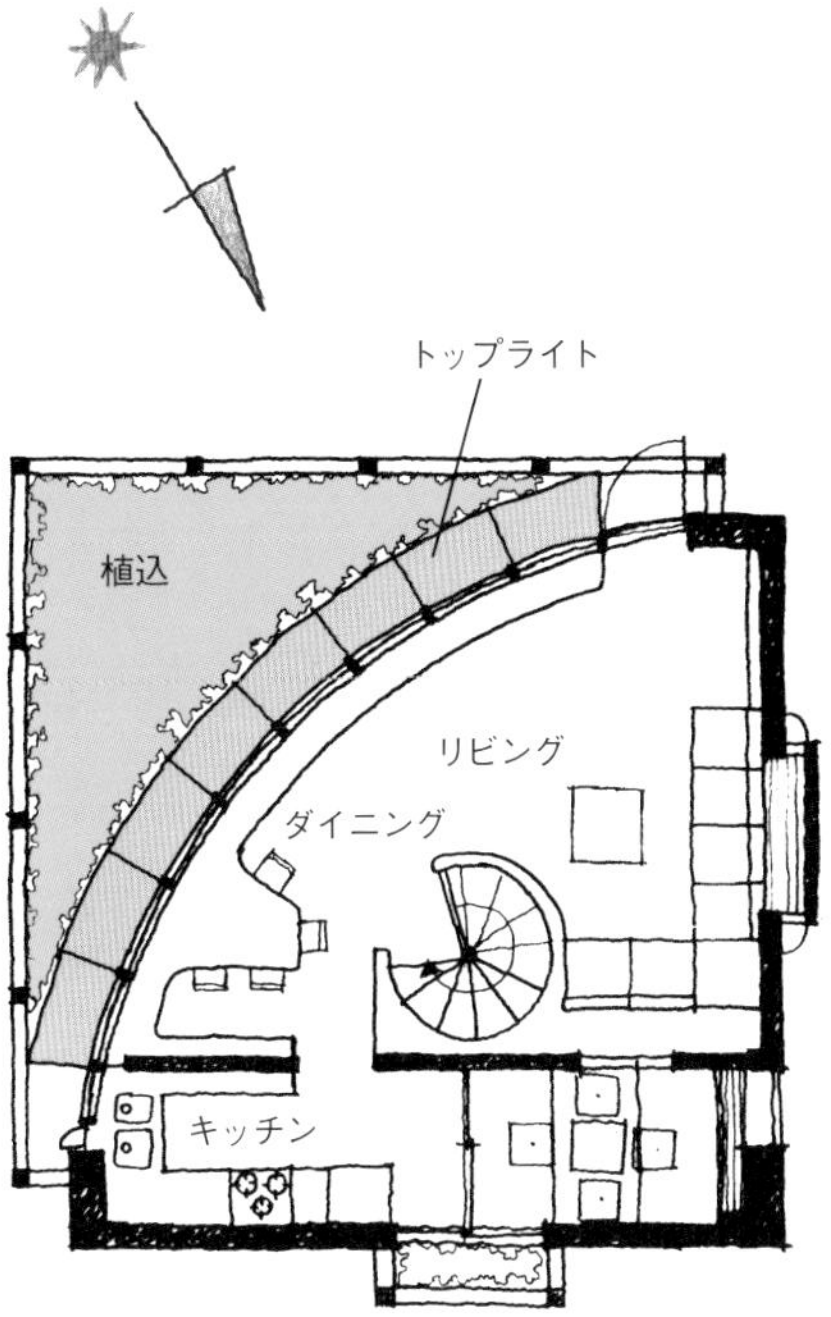

2階平面図　S＝1:150

南面に大開口を設けているため、日除け対策も考えておく必要があった

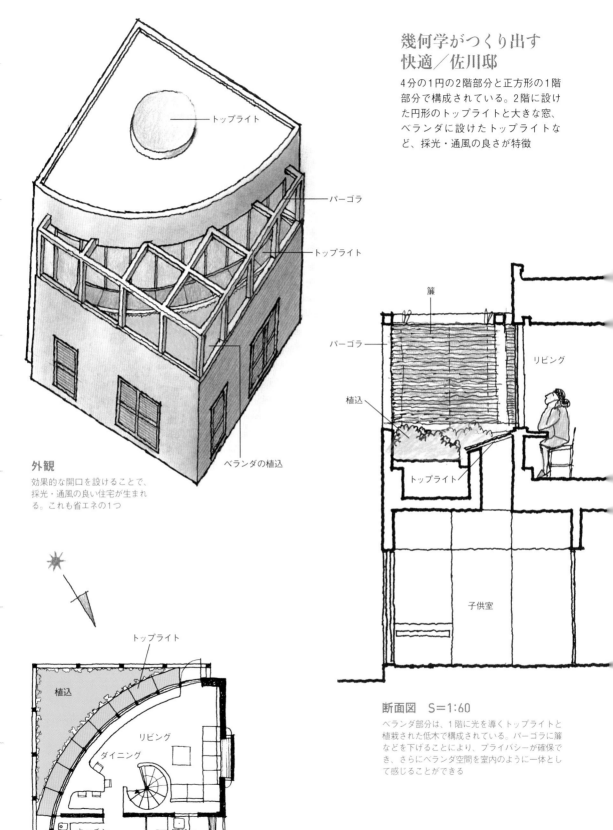

9 雨宿りの空間をプレゼント

街に開く／横尾邸

ボックスの一部を欠き込むことで生まれたスペースは、カーポートと玄関アプローチを兼ねている。また、道を歩く人にとっては、猛暑時には小休憩の、急な降雨時には雨宿りのスペースになる

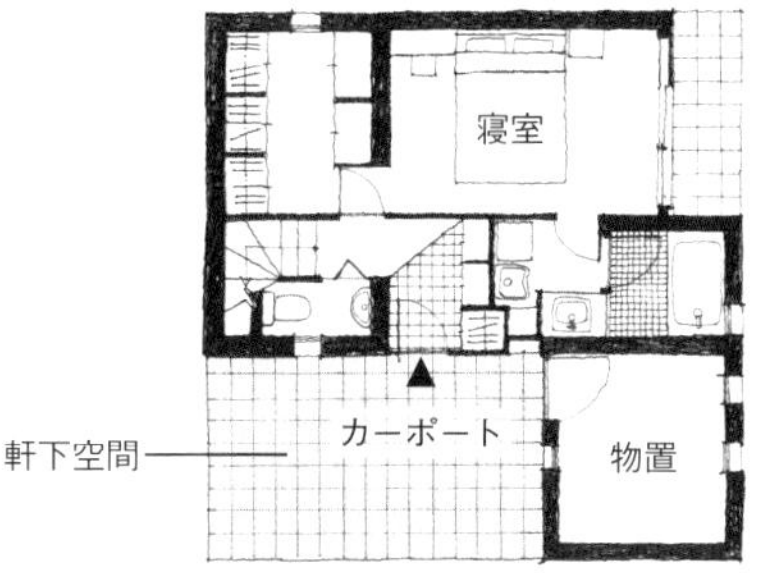

1階平面図　S＝1:200

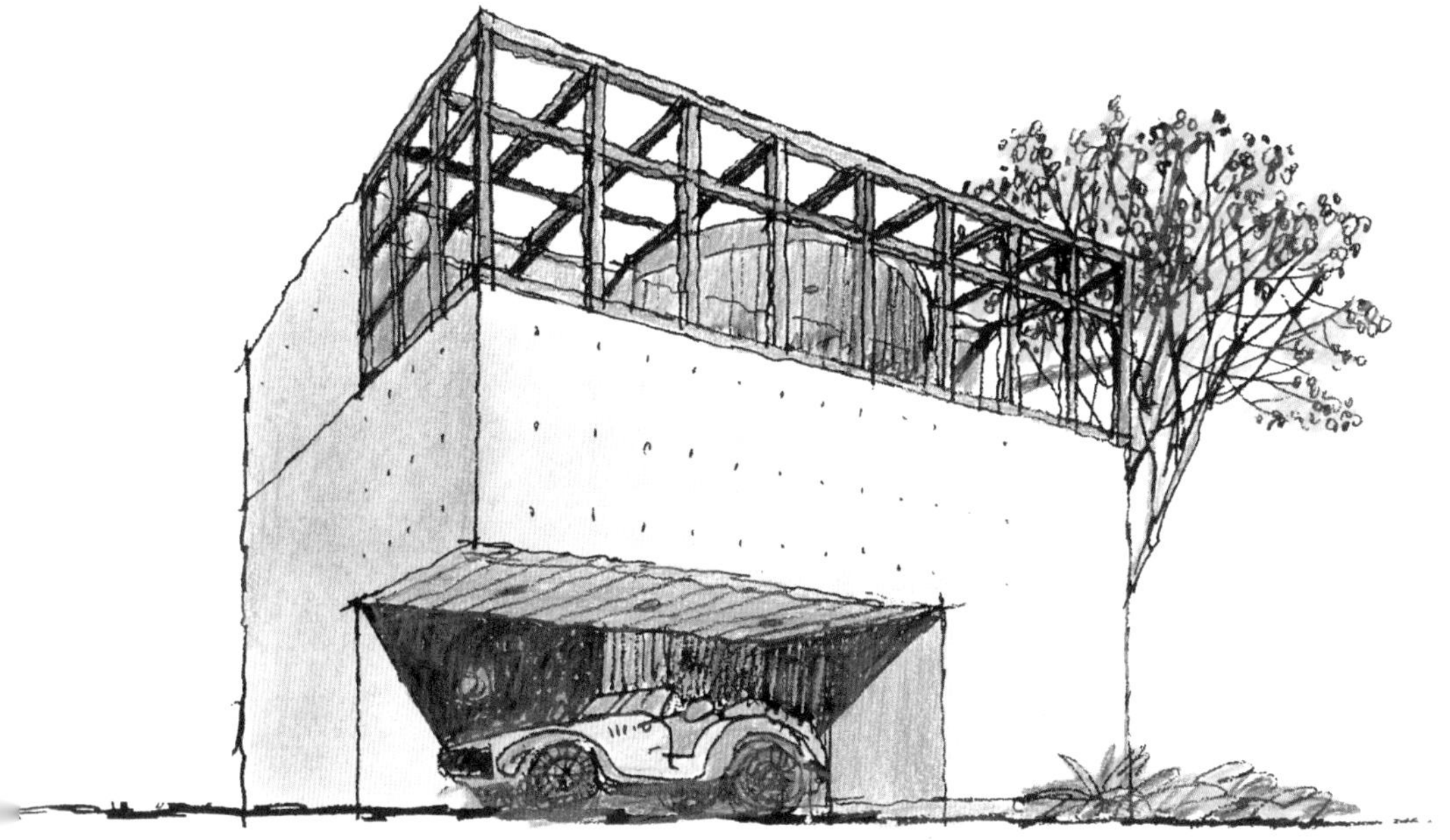

外観

ボックスからカットされた玄関とカーポートのスペースが街並みのために役立つ

現在の街並みからは、昔と比べて歩く人々へのやさしさが失われてしまった、という声を聞く。都市化が進むにつれ人々のコミュニケーションは減少し、地価の上昇に伴って宅地の狭小化などの問題が重なったことで、心理的にも空間的にも他人にやさしく接するゆとりが街並みから消えてしまったのだろう。

狭小住宅では、敷地いっぱいに建物を建てなければ住宅としての要求を満たすことはできないし、防犯やプライバシーを考えれば塀を設けざるを得ない。そうした状況のなかにあって、横尾邸と船橋邸の外観は街並みに対しての1つの提案だと言える。両家とも外観は閉鎖的だが、左図の船橋邸は建物の一部をカットしてアプローチとし、上図の横尾邸ではカーポートを兼ねた軒下空間をつくっている。街並みの圧迫感をやわらげ、道を行き交う人々にやさしさを与える、雨宿りの軒下のような空間がそこにはある。

住宅は個人のものだが、住み良い街にするために、暑い日に歩く人に日陰を与え、突然の雨に雨宿りの場所を提供するようなやさしい配慮がほしい。

軒下をコミュニケーションの場に／船橋邸

歩道のない道路は、歩行者が安心して歩くことができない。そんな時、建物の一部を欠き込んでつくられたスペースが、立ち話や、車を避けるための場所として役に立つ

1階平面図
S＝1:200

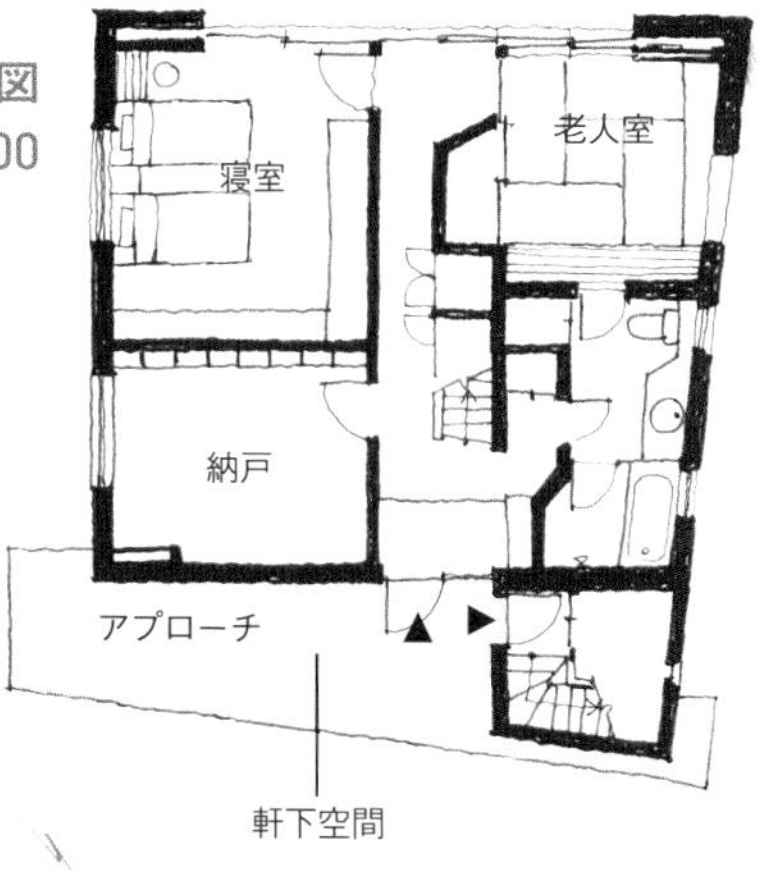

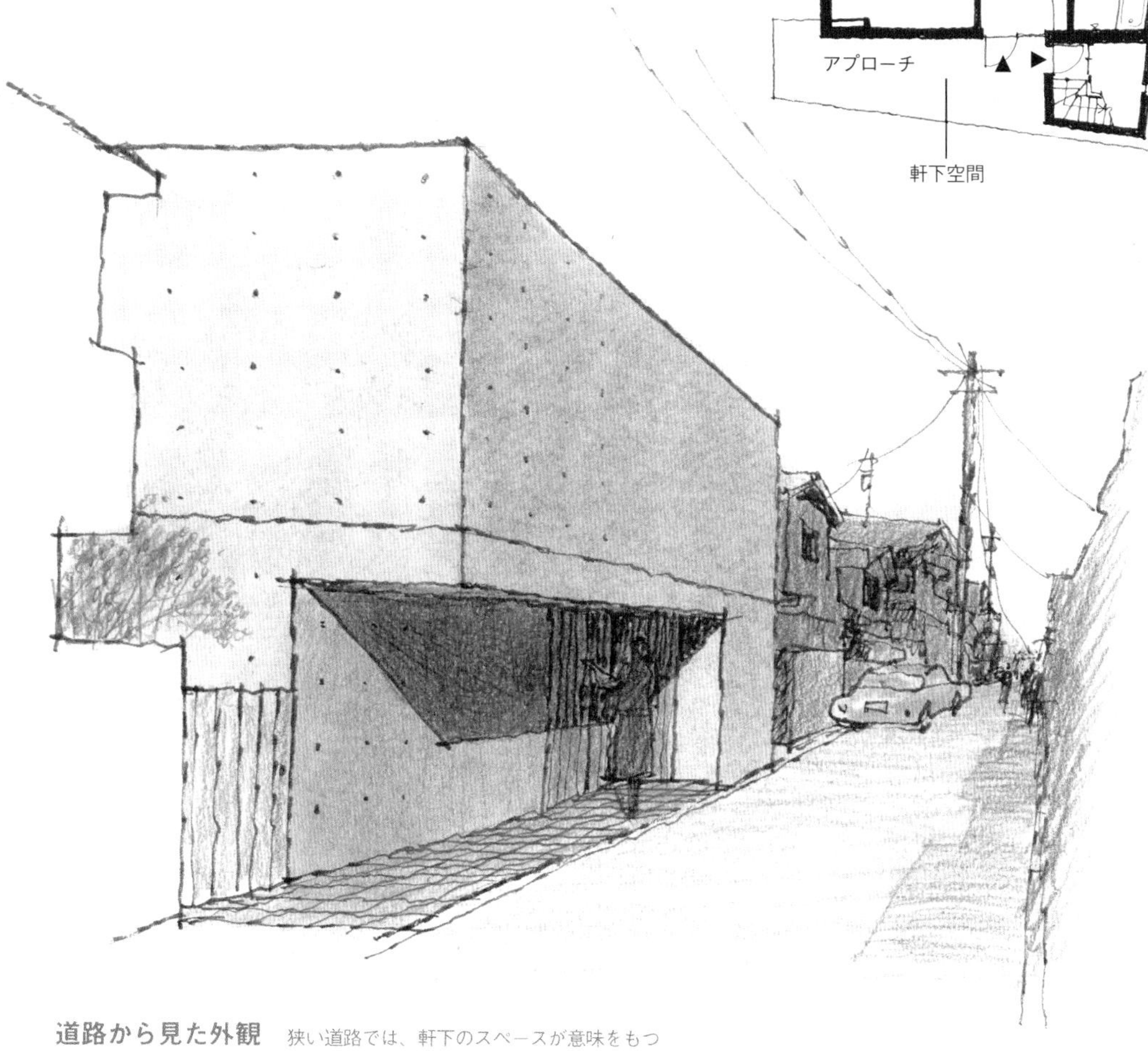

道路から見た外観　狭い道路では、軒下のスペースが意味をもつ

軒下空間の使い方

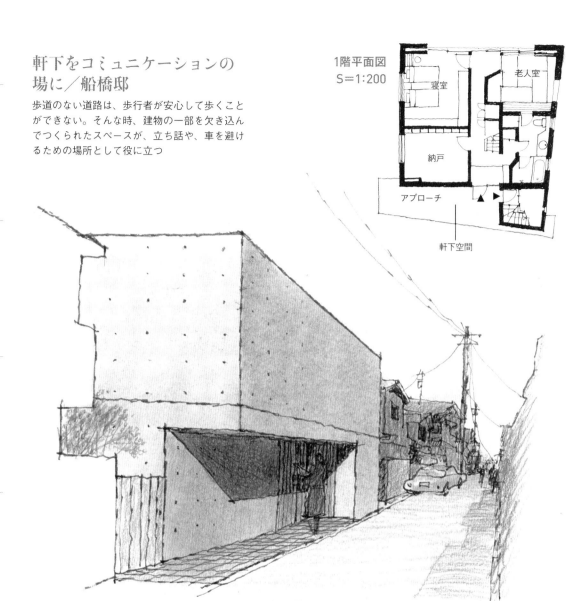

10 広場を中心にした憩いの空間

1軒が街になる／プラザハウス

大小4つのボックスとプラザ（デッキ）からなるのが特徴。保養施設という性格上、非日常的空間を演出する工夫が随所に見られる

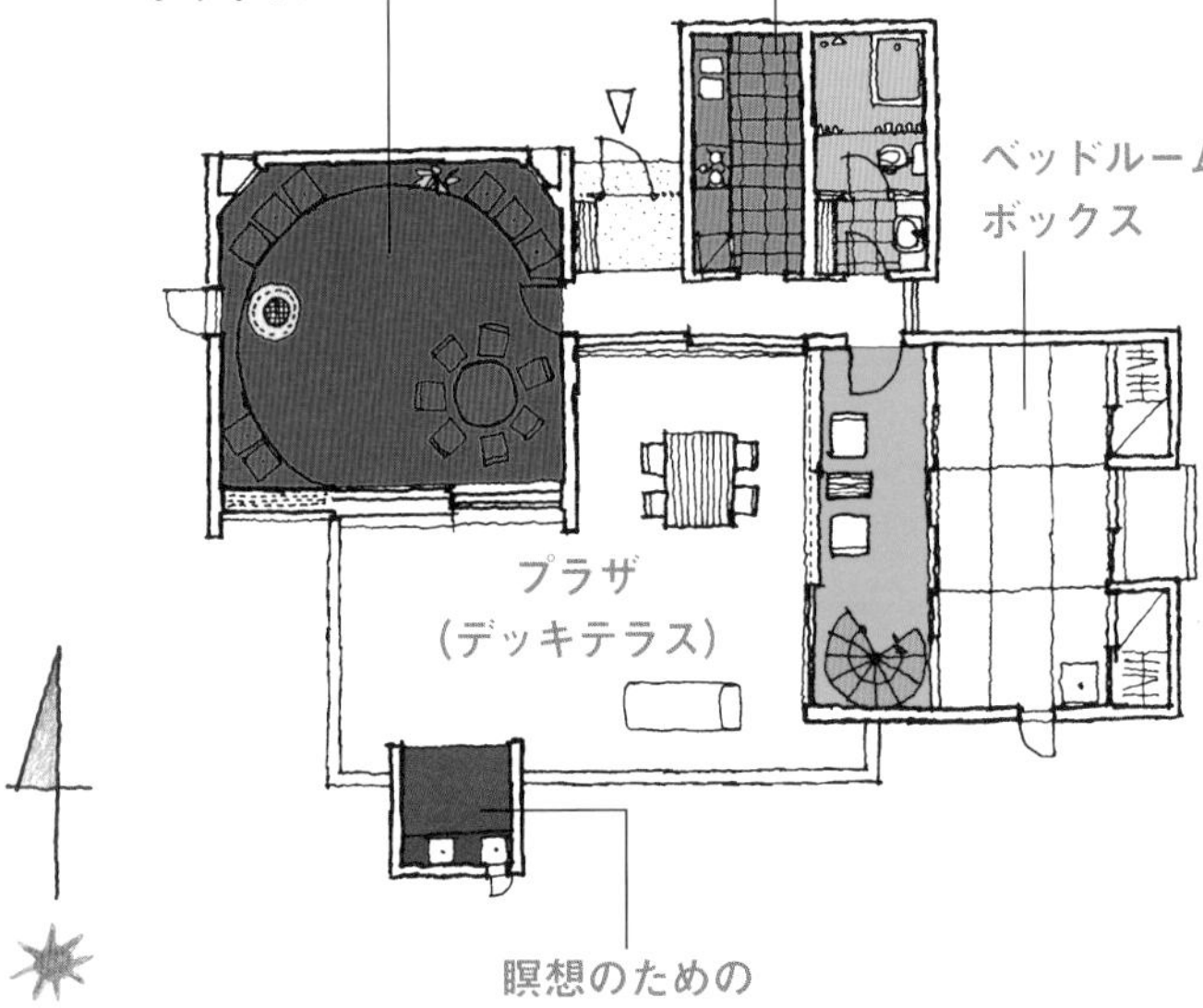

1階平面図　S＝1:200

それぞれ用途が異なる4つのボックスは、プラザを取り囲むよう配される

プラザハウスの環境

プラザハウスは箱根の杉林のなかに建てられた。異なる方向を向いた４つのボックスが、プラザに見立てられたデッキテラスを囲んでいる。手前の小さなボックスは、プラザの空間を引き締める役割を果たしている

ポジとネガの空間

プラザハウスと名付けられたこのセカンドハウスは、大小4つのボックスとプラザ（デッキテラス）で構成された建築である。プランの根底には、中世期に都市国家として形成された、シエナやアッシジといったイタリアの都市のイメージが脈打っている。旅好きな宮脇さんはこういった都市の景観に魅了され、かの地を何度となく訪れた。イタリアの都市は密度の高い建築（ポジ空間）と、それらをつなぐ路地と広場（ネガ空間）によって有機的に構成されており、合理的ではあるが人工的で無機的な近代都市とは対照的な美しさがある。

プラザハウスではボックスがポジ空間、プラザがネガ空間にあたる。そしてこの両者は機能的にも同等の価値をもっている。4つのボックスはリビングダイニング、キッチンなど水廻り、ベッドルーム、そして、最も小さいボックスが1人で思索にふけるための空間である。

11 色彩に満ちた非日常の空間

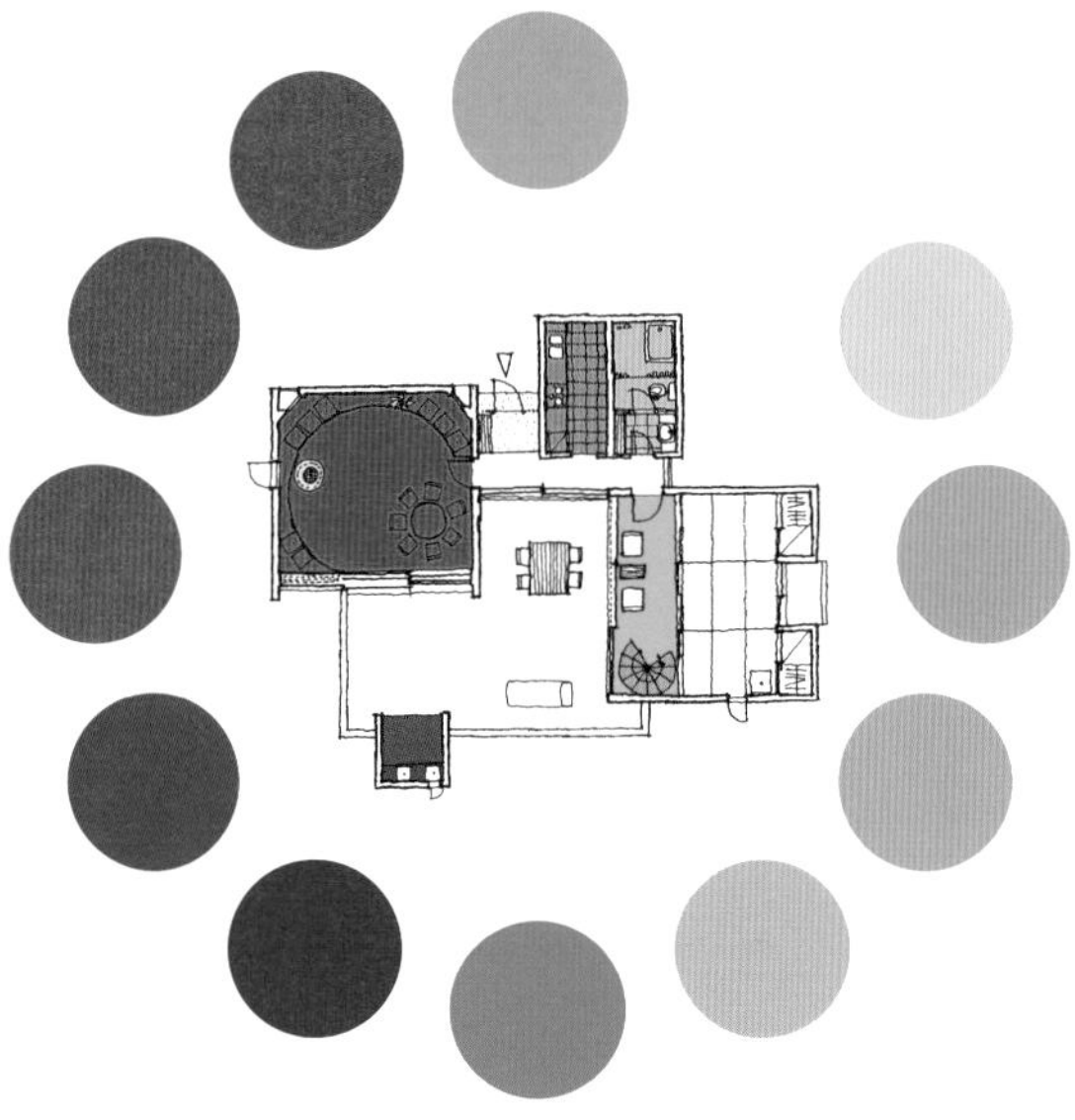

色相環とプラザハウスのインテリアの色彩との関係

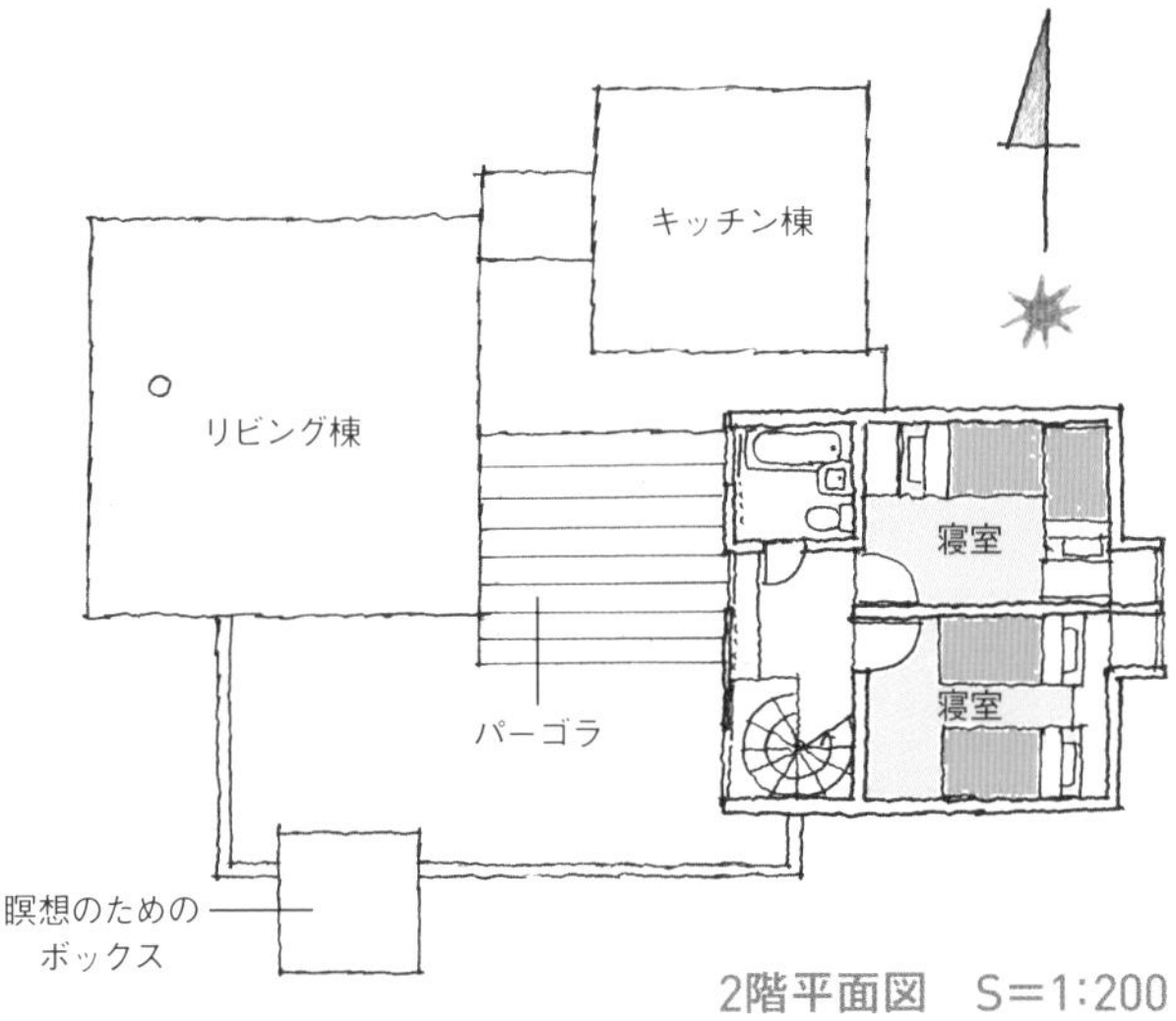

2階平面図　S＝1:200

2階のインテリアの色彩も、1階同様色相環に倣っている

プラザハウスは、ある芸能プロダクションの保養施設を兼ねたセカンドハウスとして建てられた。セカンドハウスの存在意義は、日常生活では経験できない生活が送れることにある。通常の機能的で利便性の高い住宅を、ただ山や海に建てたのでは、日常生活と同じで、場所が違うだけだからすぐに飽きてしまう。自然や不便さを楽しむなど、非日常的な生活を満喫し、身も心もリラックスするための建築がセカンドハウスである。

このプラザハウスにおけるセカンドハウス的非日常性の代表が、インテリアの色彩であろう。ご覧のように4つのボックスのインテリアは、色相環の色の並びに合わせて着彩されている。日常の生活を送るには、派手で落ち着かない印象だが、この居ても立ってもいられなくなるようなインテリアが意外に刺激的で心地良いのだ。宮脇さんは都市部の建築の外壁には派手な色を塗るが、別荘地では内部に強い色を使う。それは、自然と調和させるための配慮が必要な外部とのコントラストでもある。

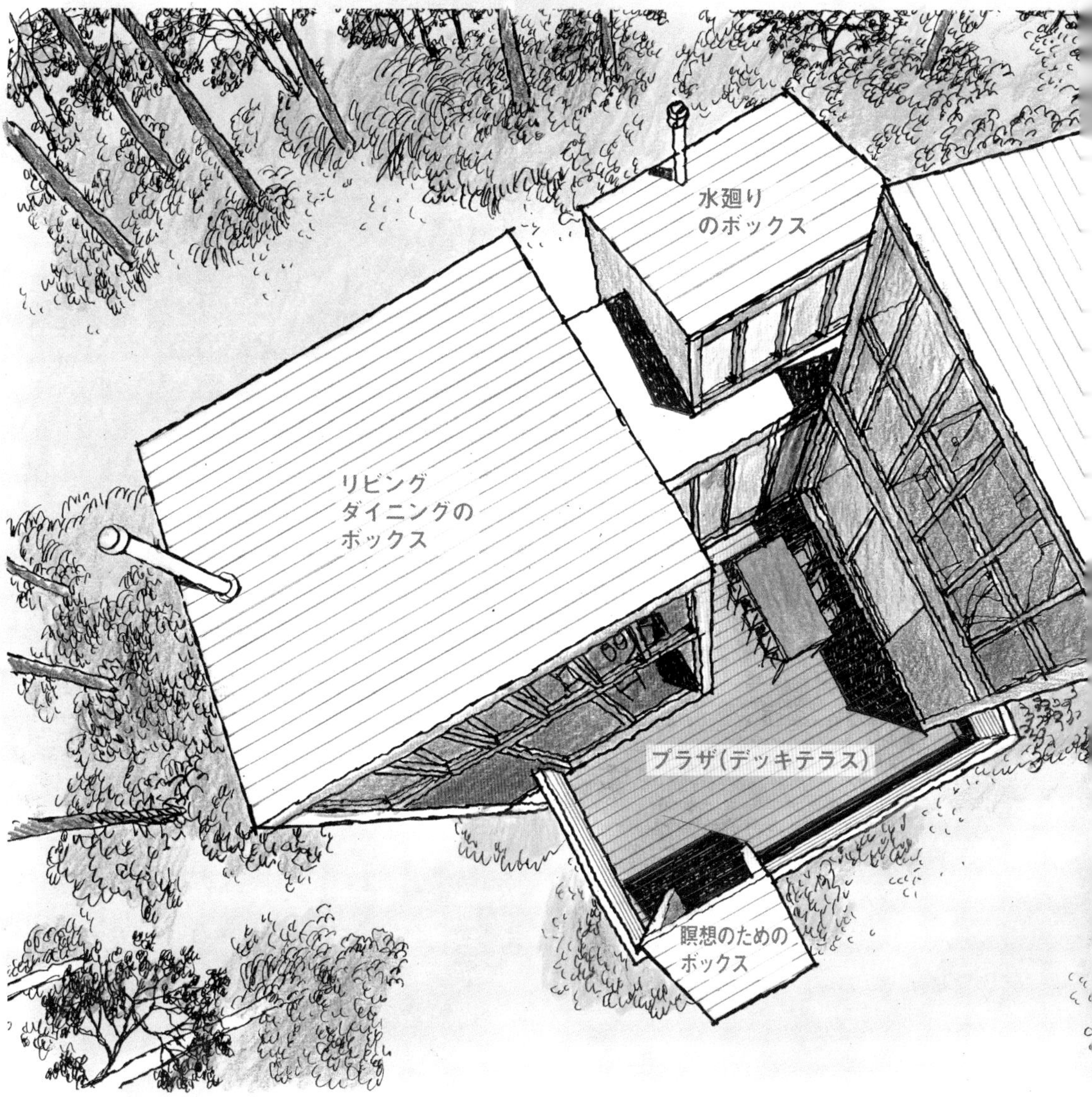

俯瞰図

大小4つのボックスとプラザで構成された建築であることが良く分かる。さまざまな内外部空間が存在する、何日滞在しても飽きないセカンドハウスである

プラザは人と自然の交差点

イタリアの城郭都市を歩くと、魅力的な広場に数多く出会う。路地を歩いた時の閉塞感、広場に出た時の解放感、さらに複雑に入り組んだ路地に入ると、自分がどこにいるのか分からなくなる迷路性。すべてが楽しく面白い。そればかりでなく、広場では市や祭が行われ、また美しいパラソルの並ぶカフェが出る。このように広場は、さまざまな使い方ができるパブリックスペースである。そして、このセカンドハウスのプラザ（デッキテラス）も多様な使い方ができるように設計されている。

　プラザのアルコーブのスペースにはテーブルが置かれ、自然のなかでの食事を楽しむことができる。一方リビングから見るプラザは、リビングの延長空間となる。リビング前には小さなボックスがあり、1人読書や瞑想にふける場である。この小さなボックスからはリビングの様子をうかがうことができるが、これは興味深い経験かもしれない。多くの建物では、個室のなかにいる時には、リビングにいる人たちの姿を見ることはできないからだ。

12

テラスは生活に変化を与える

パーゴラの木製ルーバーも
半屋外空間づくりに役立つ
テラスの床はタイルで美しく
仕上げられている

非日常を楽しむテラス外観

外部は情操教育の場である

住むための空間は大きく3つに分けられる。外部空間と内部空間、そしてそのどちらでもない中間領域といわれる半外部空間である。だが、どの程度「半」であるかというレベルに段階は定められないので、空間の種類は3つではなく無数無限だとも言える。いずれにせよ、私たちの生活のほとんどは室内で営まれ、庭のような外部空間は、それがなければ暮らせないというものでもないが、生活を多様化してくれることは確かである。草花や樹木から自然の摂理を学ぶことも、花を咲かせそれを楽しむ情感を味わうことも、人間が人間らしく成長していくためには必要な経験である。また、動物を飼えば、生命の大切さを知ることができるし、その小さな生命に心和まされることもあるだろう。外部空間はそうした空間でもあるのだ。

非日常性を楽しむ

また、日常生活に変化を与えてくれるのも外部空間や中間領域である。日々同じような生活が続けば、時にマ

外を内に取り込む／吉見邸

半屋外空間のテラスが魅力的な住宅。L字形に回る垂れ壁があることによって、そこに折り戸を付け、より室内的な空間にすることも可能

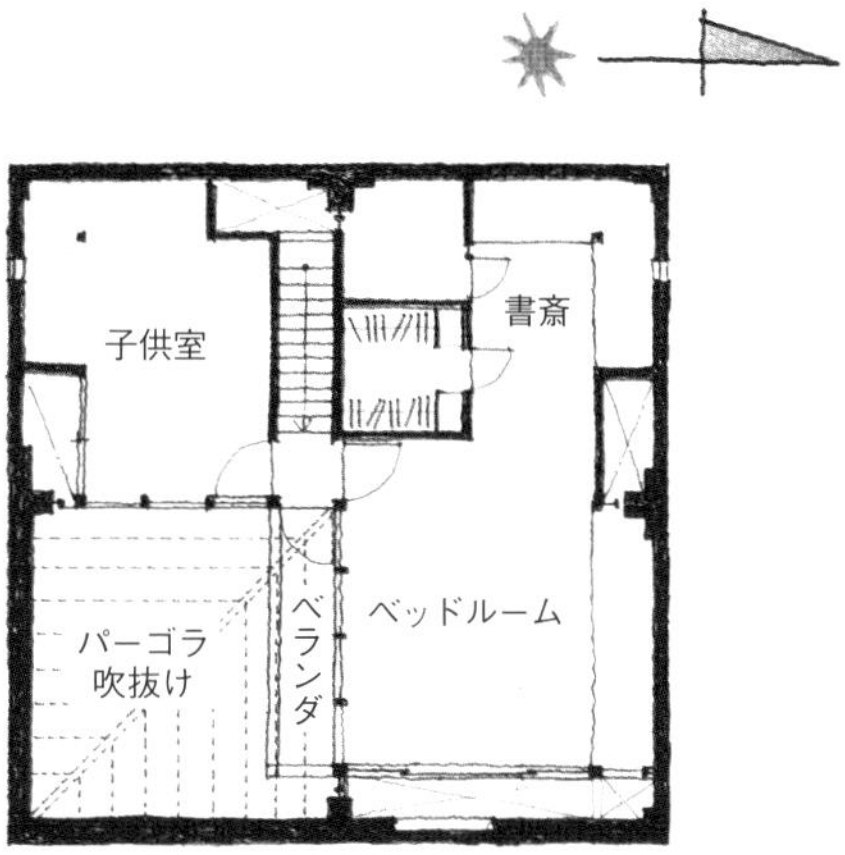

2階平面図　S＝1:200

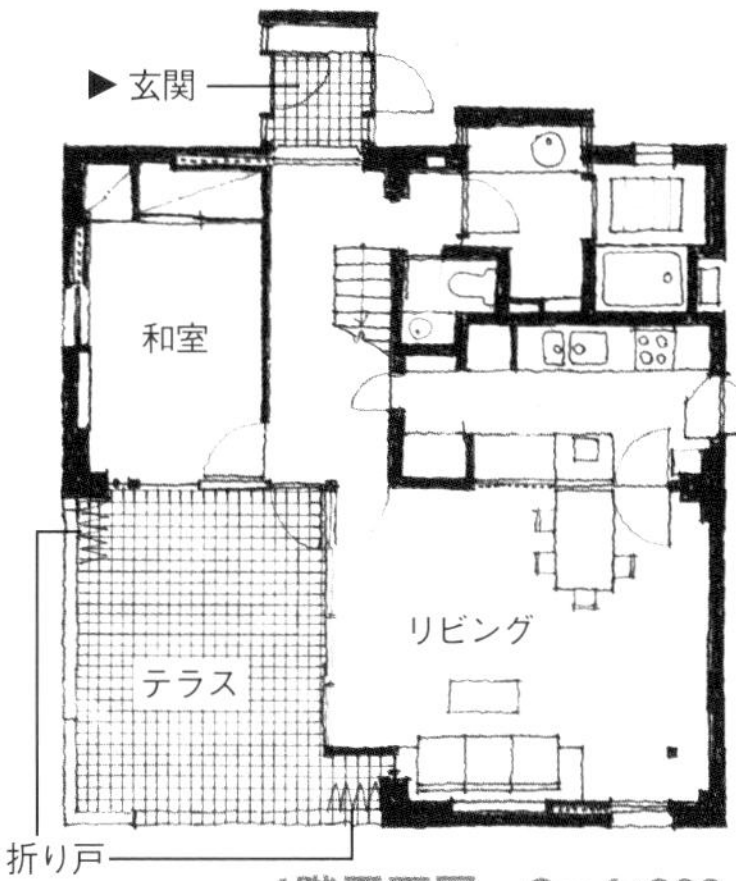

1階平面図　S＝1:200

テラスは吊り下げ折り戸によって、より室内化できるように計画されている

垂れ壁に設けた吊り下げ折り戸を閉めれば、テラスはより屋内化する

ンネリや退屈さにつながる。私たちの住生活は西洋化によって、食事、就寝、応接、団欒《だんらん》というように、部屋の用途を限定的に決めるようになった。それがマンネリを招く原因にもなっている。そうした日常に変化を与えるのが、図の吉見邸のテラスやベランダのような半屋外空間である。いつものダイニングや書斎がテラスに移動することは、人を新鮮な気持ちにさせる。そして、共同してテーブルのセッティングや食事の支度をすることで、家族の関係もより深まるのだ。

吉見邸のテラスは外部空間と内部空間がほど良く入り混じった中間領域である。テラスの床から立ち上がる腰壁、吹抜け上方に巡るコンクリートの垂れ壁、屋根代わりに架かるパーゴラ。この壁とパーゴラが、上部への空間の抜けすぎを抑え、落着いた空間をつくるための要である。また、寒さをしのぐため、この壁をガイドにして折り戸を取り付けることもできるようになっている。

吉見邸のテラスからは日常生活のなかで半屋外生活を積極的に楽しもうとするクライアントの姿勢が見えてくる。

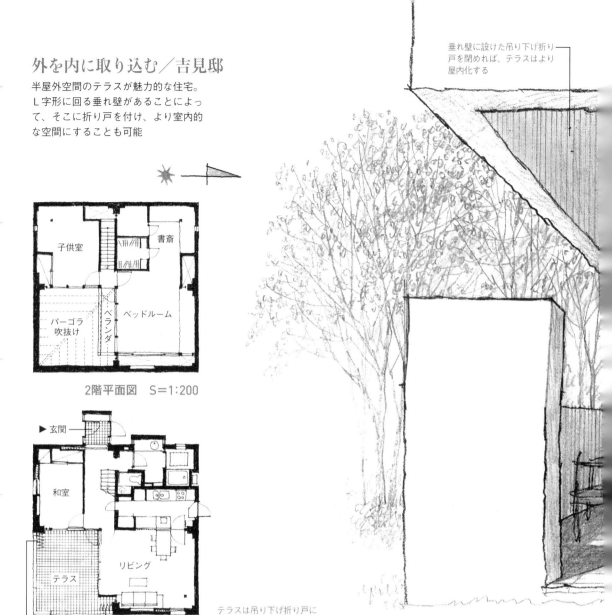

13 閉じたベランダは光と風を通しつつプライバシーは確保

2階ベランダ　屋根の形をしたパーゴラで覆われたベランダは、壁にも囲まれ、比較的閉じた空間

半外部空間にも、ほぼ外部と言える空間から内部的性格の強い空間まで、そのスペクトルは無限に存在するが、写真の木村邸2階ベランダは限りなく室内に近い、プライバシー性の高い半外部空間といえる。高い壁に囲われたベランダを覆うパーゴラは、建築の屋根の形態そのままであり、仮に屋根を掛ければすぐにでも室内に変身しそうだ。

2階にベランダを設計する意味は、主に光や風を導き入れることにある。光と風に満ちたベランダは、洗濯物を干すことにも、好きな趣味を行うことにも、健康のための運動にも使うことができる。鉢植えを置き小テーブルを据えれば、ティータイムを楽しむ空間としても機能してくれるだろう。

左の平面図を見ると、このベランダはベッドルーム、子供室、そしてバスルームの3つに面している。この3つの部屋はベランダでつながってはいるものの、互いのプライバシーを侵さないように配置されている。そのため、それぞれの部屋からベランダを見た時に、各部屋専用のベランダのように見えるのが良い。

お茶を楽しむ半屋外空間
木村邸

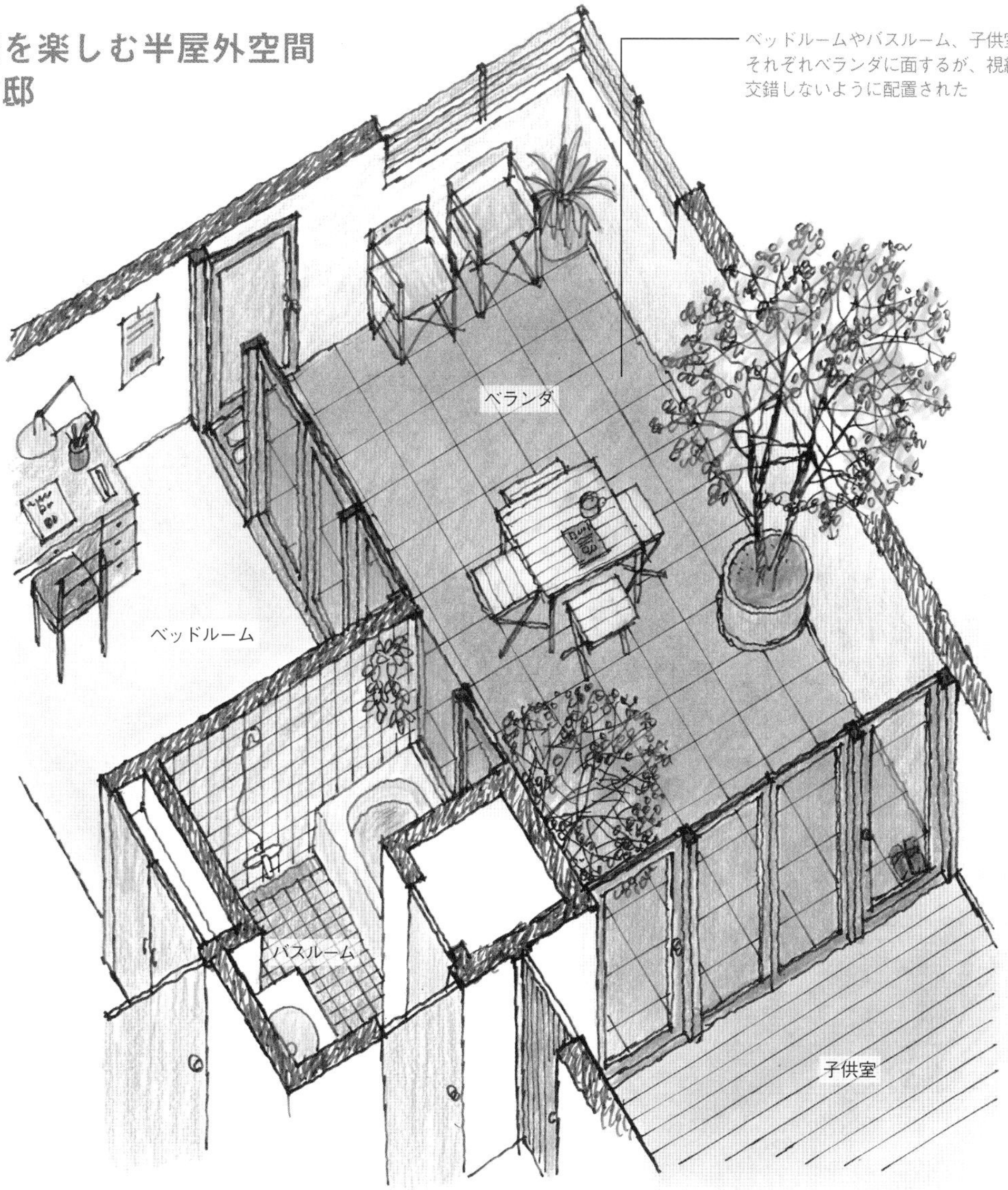
ベッドルームやバスルーム、子供室は
それぞれベランダに面するが、視線は
交錯しないように配置された
ベランダ
ベッドルーム
バスルーム
子供室

2階ベランダ俯瞰図

上部には開放されているものの、2方向を壁で囲われたベランダは比較的閉鎖的。しかしその反面、室内のように感じられて落ち着ける空間でもある

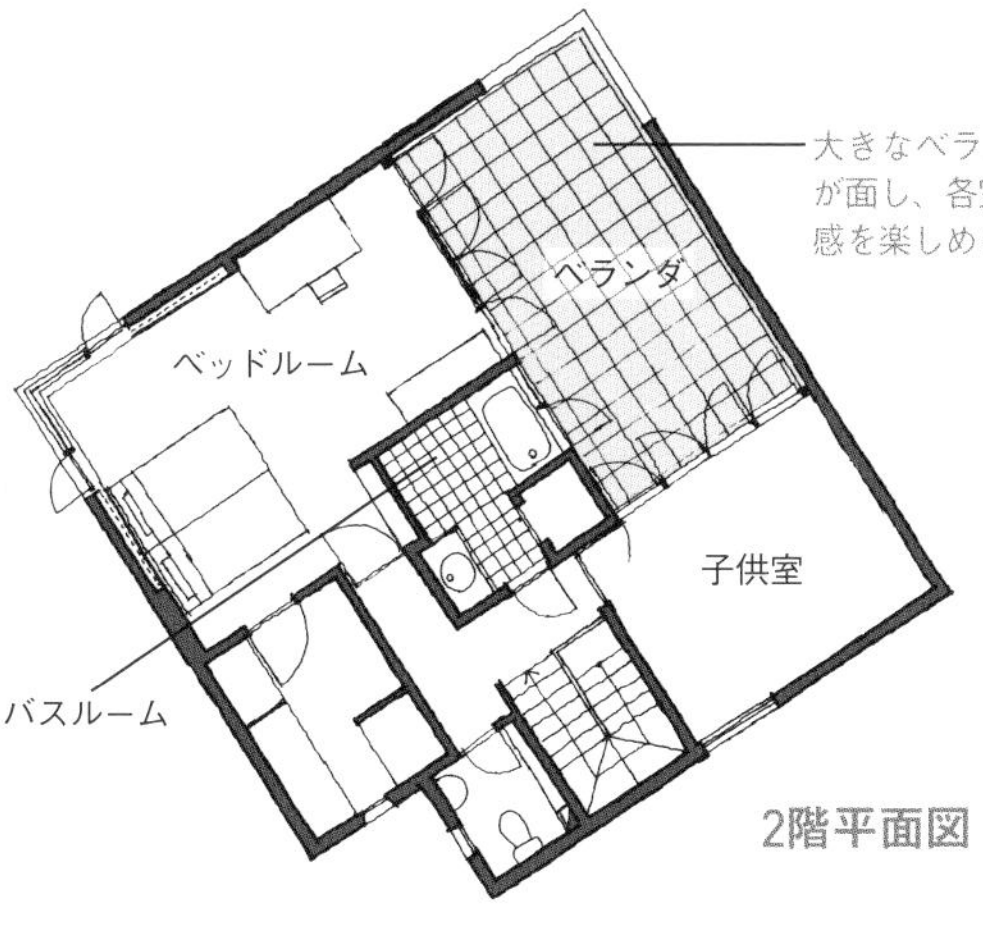
大きなベランダに3室
が面し、各室では開放
感を楽しめる
ベランダ
ベッドルーム
子供室
バスルーム

2階平面図　S＝1:200

14 自然を生かした建物の計画

家のかたちは自由でいい 石津別邸「もうびぃでぃっく」

そのクジラに似た外観もさることながら、櫓《やぐら》、入れ子構造など空間の使い方が素晴らしい名作

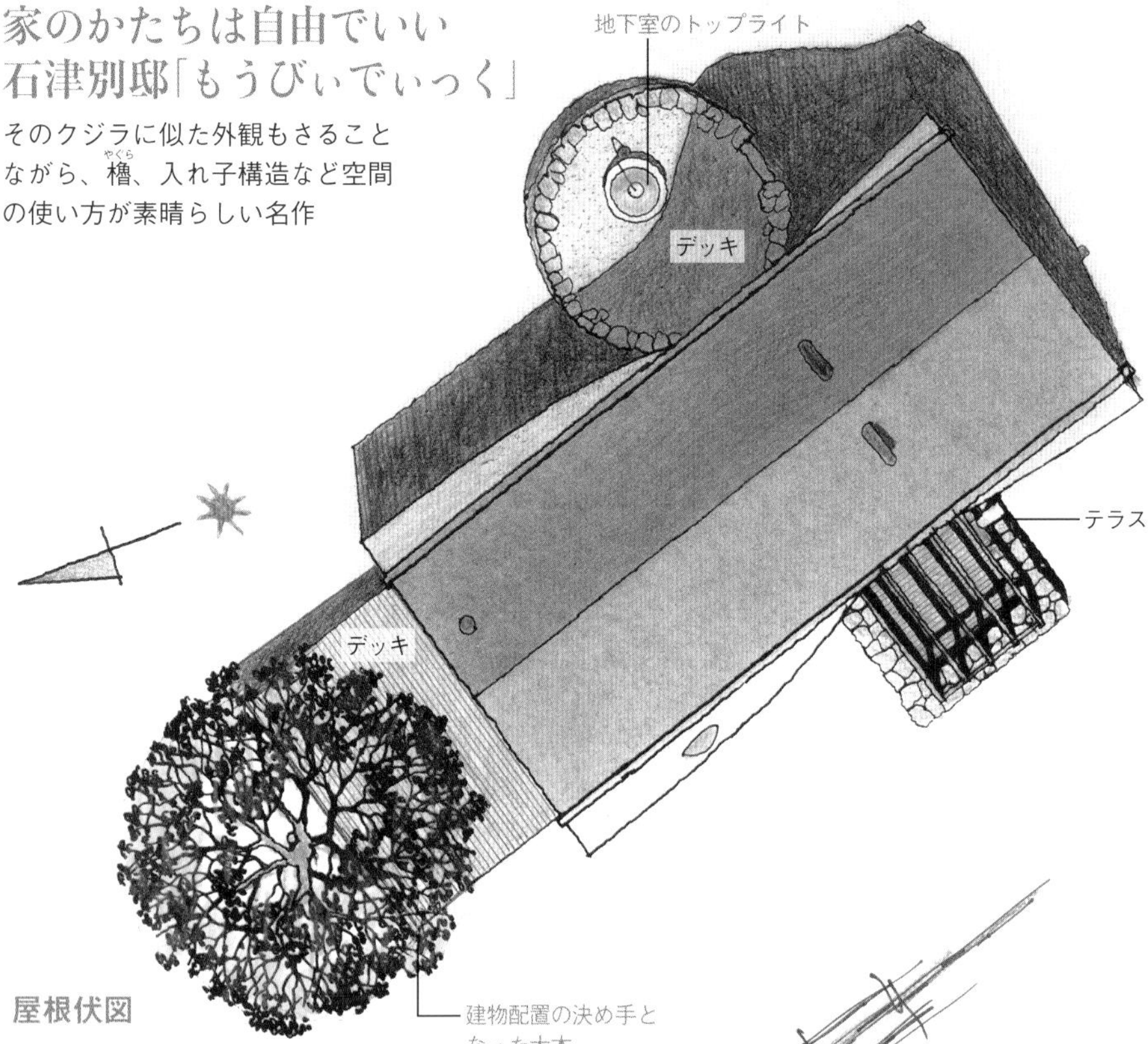

屋根伏図

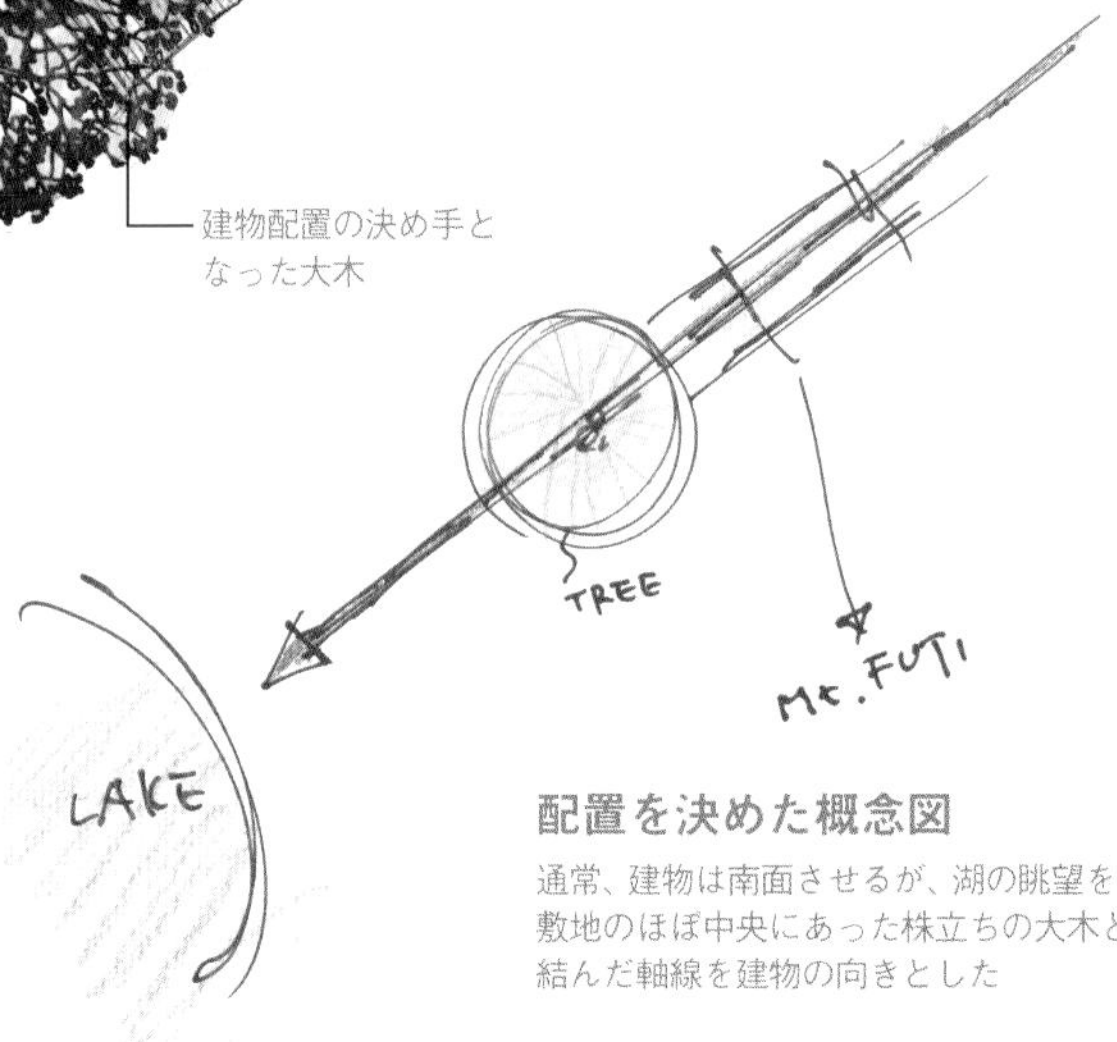

配置を決めた概念図

通常、建物は南面させるが、湖の眺望を優先し、敷地のほぼ中央にあった株立ちの大木と、湖を結んだ軸線を建物の向きとした

環境に順応させる

山中湖畔は自然が豊かで、天下の名峰富士山が見えるという場所柄から、別荘地として人気が高い。石津別邸（「もうびぃでぃっく」）は、その山中湖近くの北向きの斜面に設計された。

敷地周囲は適度な密度の雑木林に覆われており、別荘をつくるための設計条件には恵まれていた。この敷地を見て何を読み取るかが、建築にとっては最も重要と言える。それによって後工程の設計が影響を受けるし、そうなれば竣工する建物も大きく違ってくる。

まず、敷地を見て考えるべきことは、新しく建てる建物の位置と方向だろう。別荘の場合であれば、どのような位置に設計すれば美しい景色が見えるのか。または、樹木を切らず、景観を壊さずに建てられるか。道路からのアプローチの関係、さらには、日照や通風なども考えなければならない。

宮脇さんはまず、1本の株立ちした古木に注目し、景観を構成する一部として利用することを計画。さらに湖へのビスタによって、建物の軸を決定した。

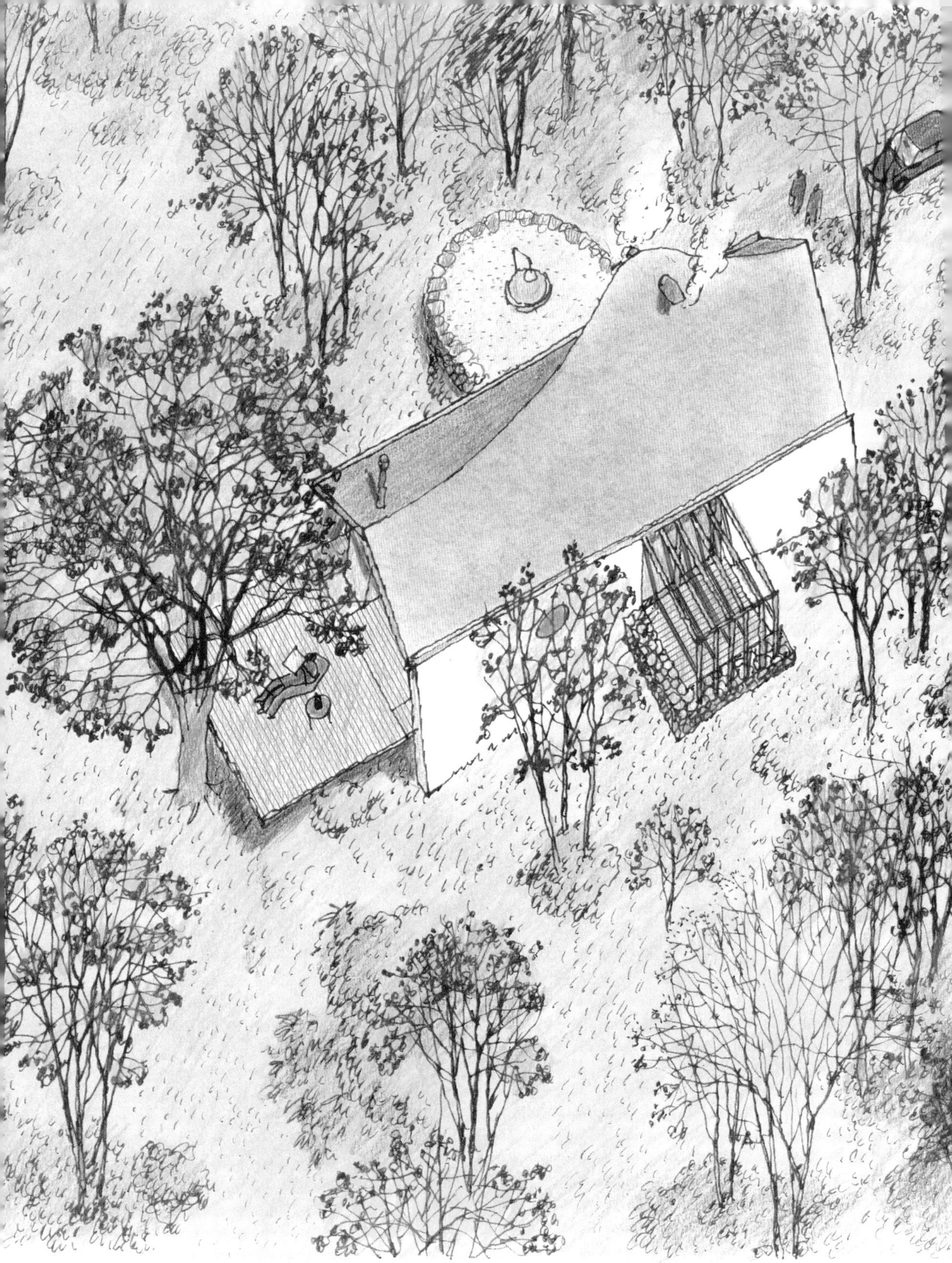

外観図　雑木林に囲まれた山中湖畔の敷地。デッキに立つと左前方に湖が見える

15

クジラのかたちに意味がある

骨組みが大事
石津別邸「もうびぃでぃっく」

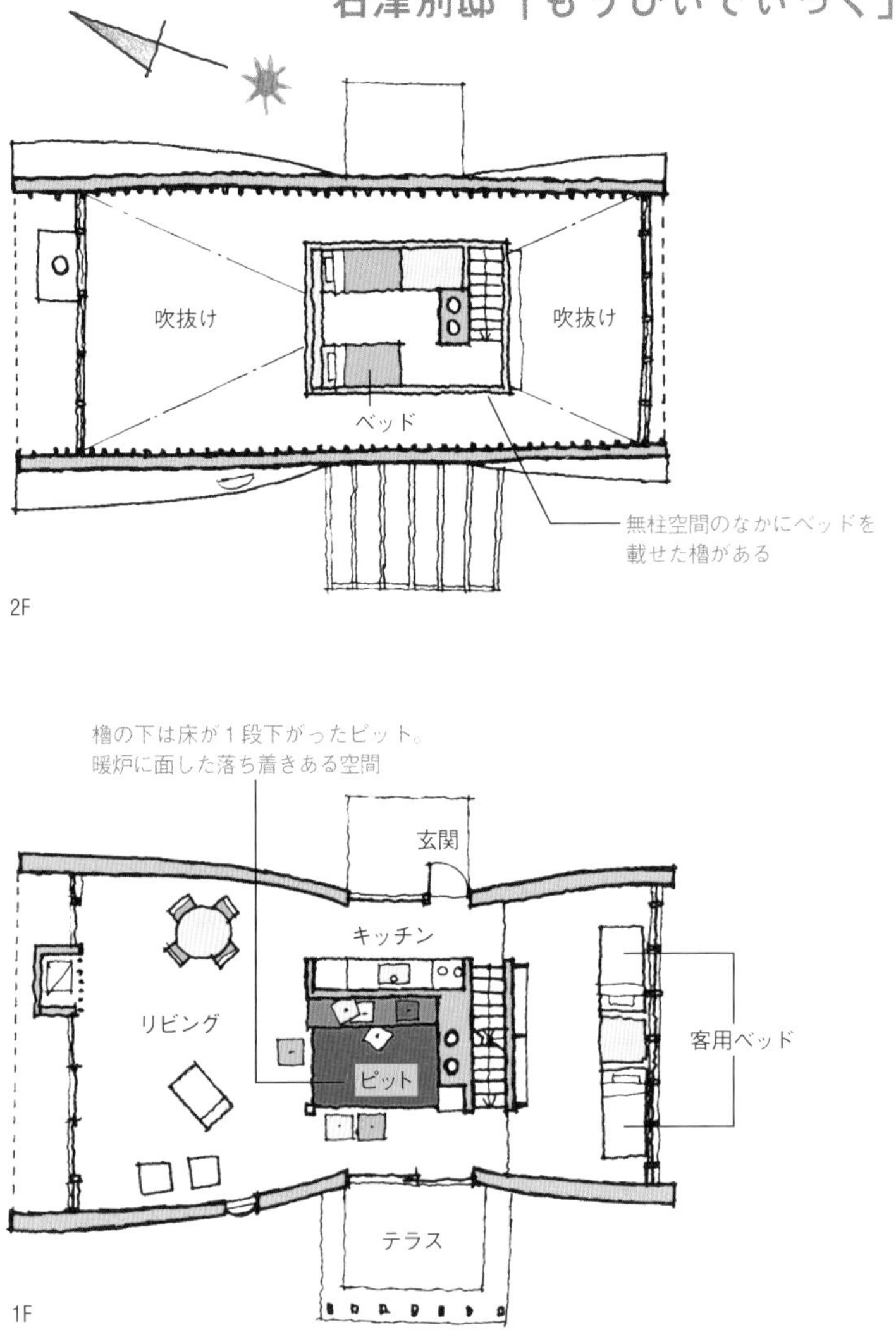

平面図　S=1:200

石津別邸は「もうびぃでぃっく」と呼ばれている。外観がクジラを思わせることから、ハーマン・メルヴィルの長編小説『白鯨』にちなんで名づけられたもので、竣工後の雑誌発表のための名称だった。74頁の写真は、建物の位置と方向を決めるために決定的な影響を与えた古木と、デッキから見える美しい風景である。この景色を見るためなら、何時間車を走らせても行く価値はあると思えてくる。

改めて平面の形態や立面などの外観を見てみると、確かに奇異なかたちをした建物である。しかしこの形状は、決してクジラをイメージしてつくられたものではない。

軸を強く意識すれば、おのずと細長いプランになる。そしてもう1つ、宮脇さんがやりたかったのが、建物中央のベッドを載せた櫓《やぐら》である。この櫓を包みこむ空間に大きな広がりをもたせるためには、柱を立てない無柱構造にしなければならない。そうして考え出されたのが、棟木《むなぎ》なしの垂木《たるき》構造である。そして中央の櫓の上に人が立てるように、屋根はゆるやかな曲線でせり上げ

HPシェル構造

直線材を均等に並べ、曲げたりねじったりしてできる3次曲面で、建築的な強度が得られる構造。石津別邸は直線材の垂木構造だが、屋根は3次曲面になっている

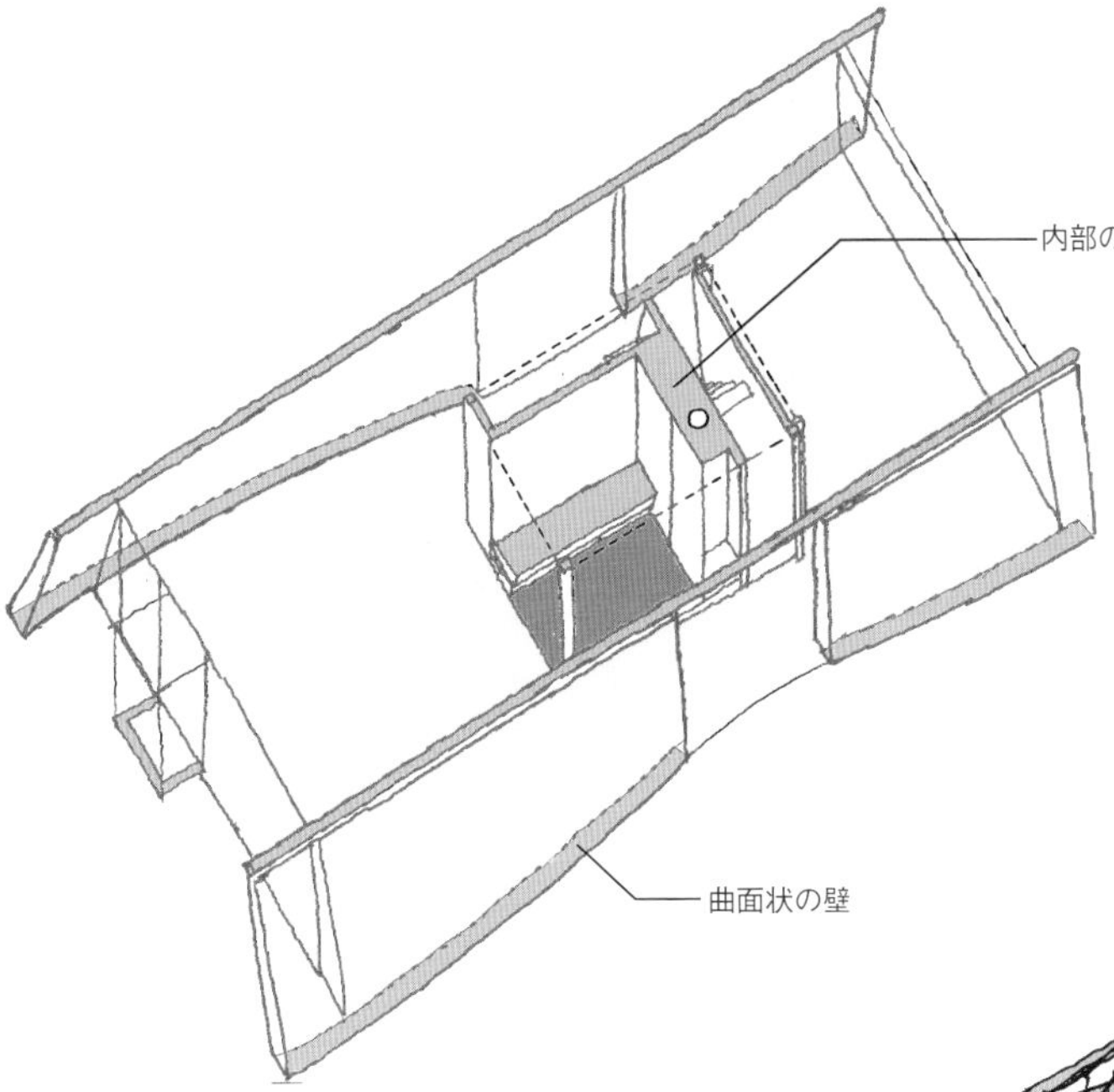

櫓と壁面との構成図

内部の櫓は完全に構造体と分離している

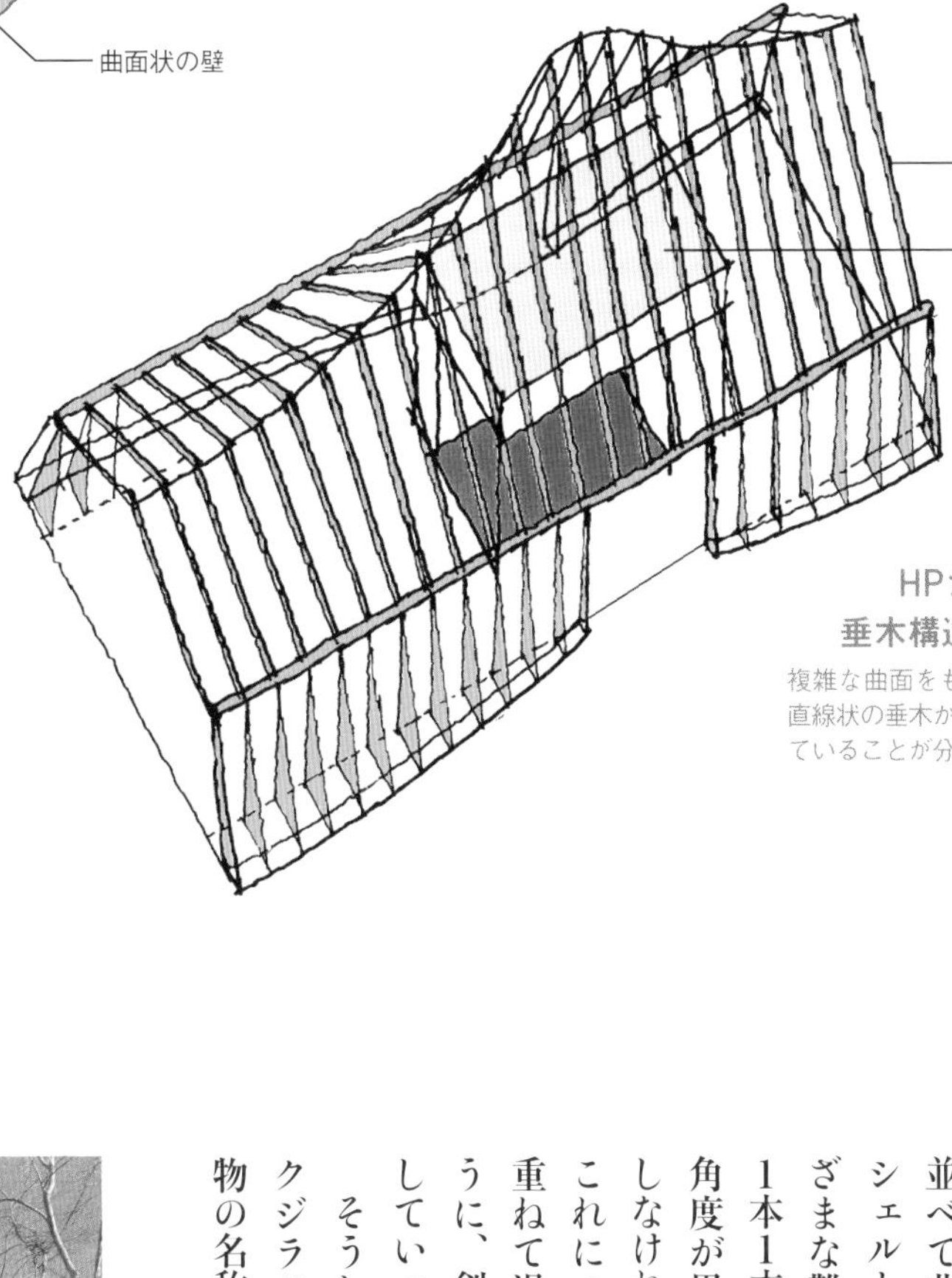

HPシェルの垂木構造概念図

複雑な曲面をもつ屋根が、直線状の垂木からつくられていることが分かるだろう

くじらの形が印象的な外観

られた。

この屋根は、直線の垂木をたくさん並べて曲面をつくる（この曲面をＨＰシェルと言う）のだが、施工時にさまざまな難題に直面した。たとえば垂木1本1本の断面と合掌の組み合わせの角度が異なり、さらに野地板を曲面にしなければならない、といったものだが、これについては薄いベニヤ板を何枚か重ねて滑らかな曲面をつくるというように、創意工夫により一つひとつ克服していった。

そうして出来上がった形態が、偶然クジラの形に似ていたため、それが建物の名称になったのである。

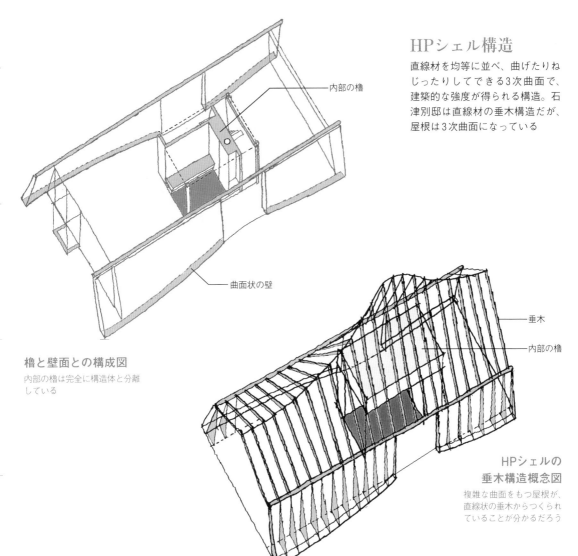

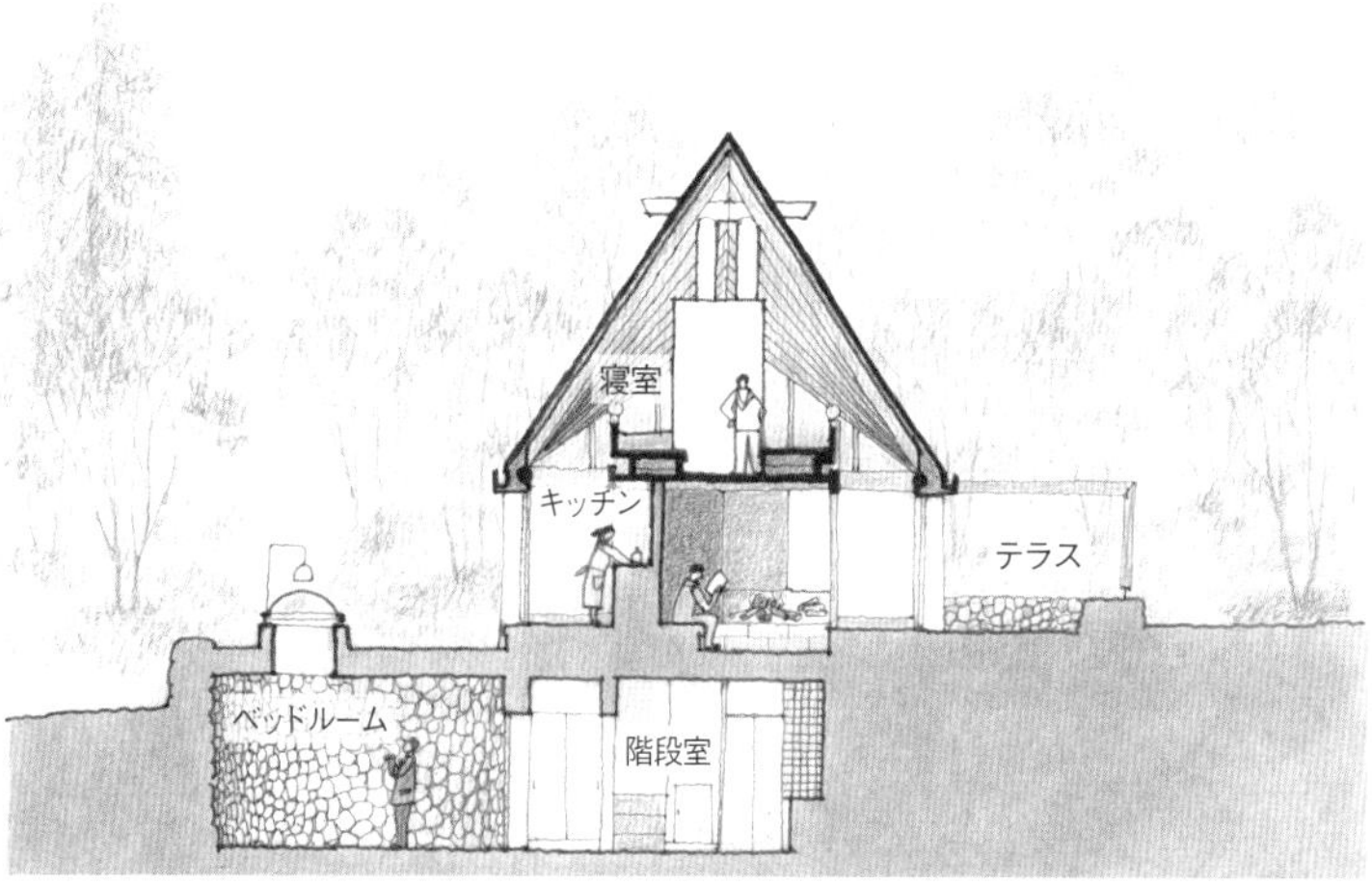

横断面図　S＝1:150　地下にトイレ、浴室、客用ベッドルームがある

縦断面図　S＝1:150　内部の櫓と屋根は完全に分離されている

デッキより外部を見る。正面の株立ちの木まで張り出したデッキによって空間が自然と一体化する

16

入れ子構造のワンルーム

家のなかの舞台／石津別邸「もうびぃでぃっく」

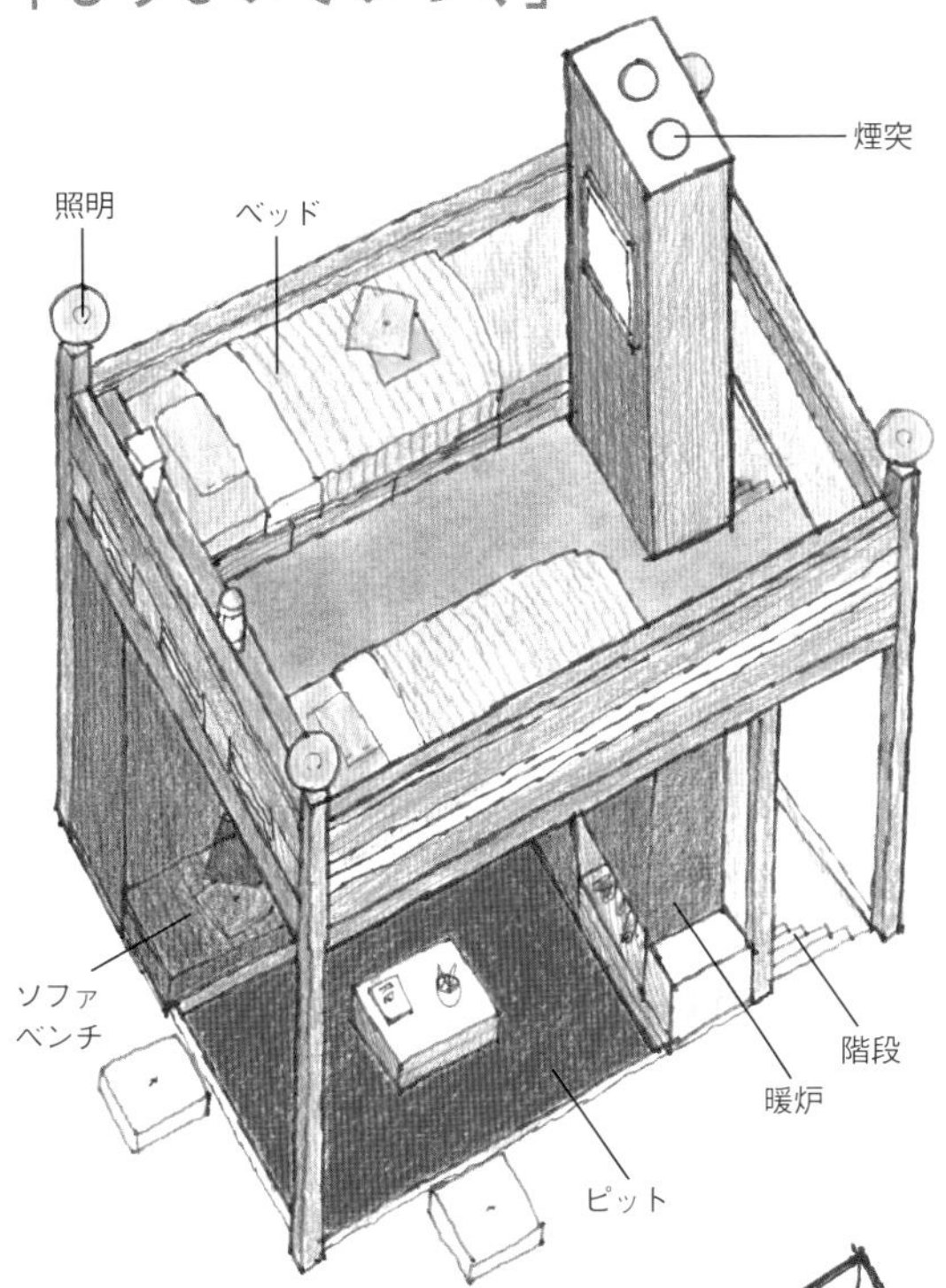

櫓全体図

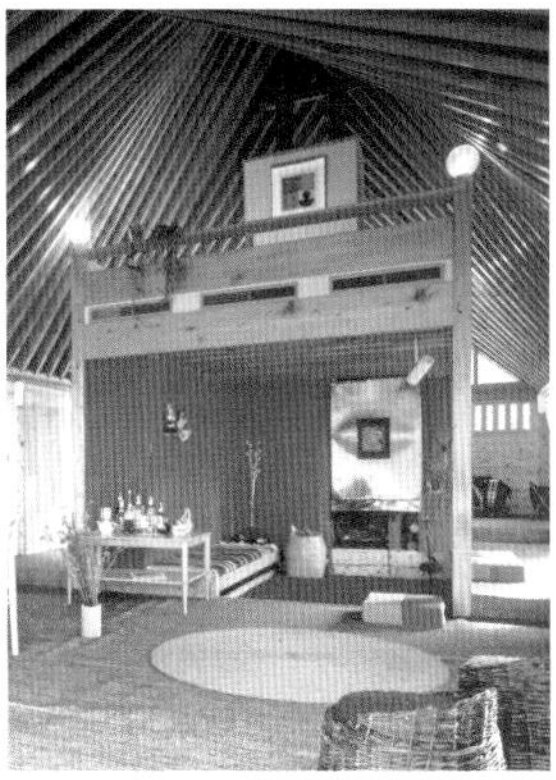

独立に立っている櫓。上方はベッド

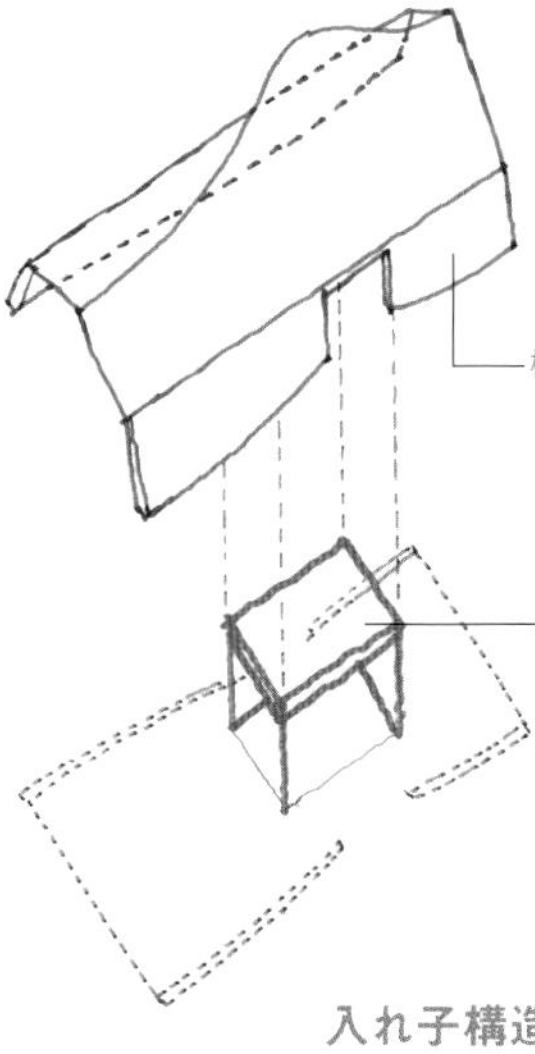

入れ子構造の概念図

入れ子構造とコア構造

平面的なコア構造に対し、入れ子構造は立体的な空間を生み出す

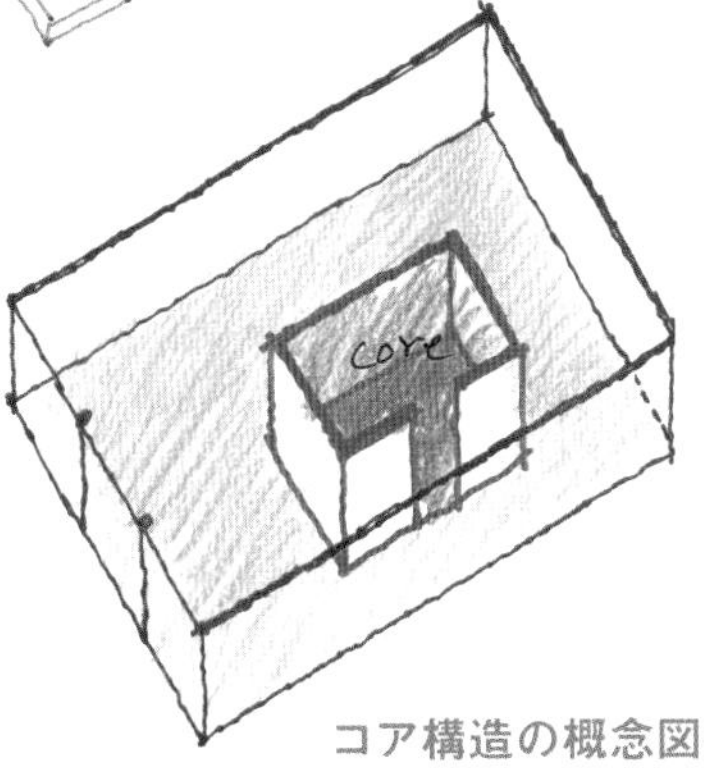

コア構造の概念図

入れ子構造とは、1つの建築をもう一回り大きな箱で包み込むような構造をいう。この手法でプランニングをすると、自由な回遊性をもったプランが立てやすく、中心＝コア（核）となるべき空間が明確に表現できるという利点がある。「コア構造」にも似たようなことが言えるが、プランの中心にコアとなるべきスペースがあるというだけの平面的な概念である「コア構造」に対し、「入れ子構造」は立体的かつ重層的な空間構造である点が大きな違いである。

「もうびぃでぃっく」は、入れ子外側の建築（外壁や屋根）が、中心となる櫓に一切触れていない完全な「入れ子構造」になっている。72・74頁の平面図と断面図を見ると分かるとおり、櫓を中心にして、その周囲も上部も立体的に1つの空間でつながっている。入れ子構造は空間を壁で分節してしまうことがないため、自由に動き回れる広がりを保ちながら、いくつもの快適で落ち着いたスペースがつくられているのだ。櫓《やぐら》の上のベッドに横たわると、その独特の浮遊感と、胎内にも似た環境により、落ち着いた気分になる。

17 「もうびぃでぃっく」ができるまで

STEP 1　軸

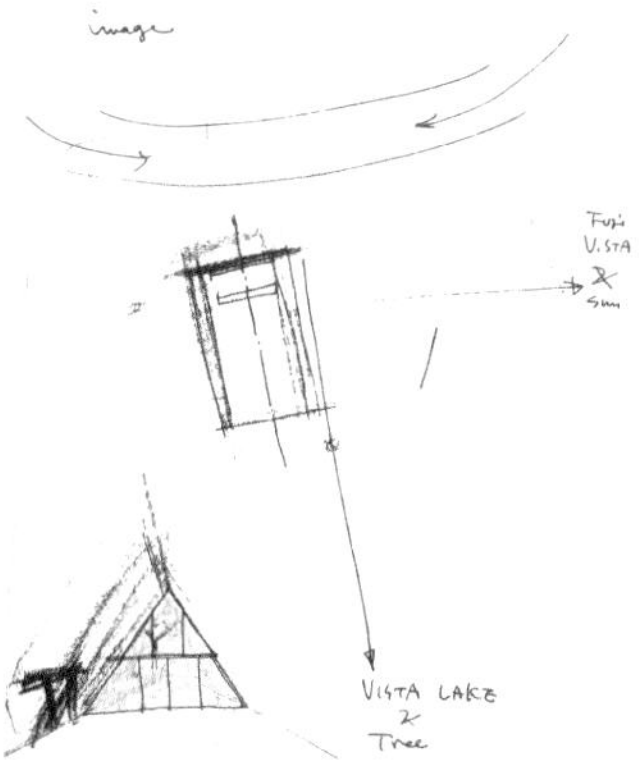

敷地を読んで、建物の位置と方向を決める

STEP 2　架構

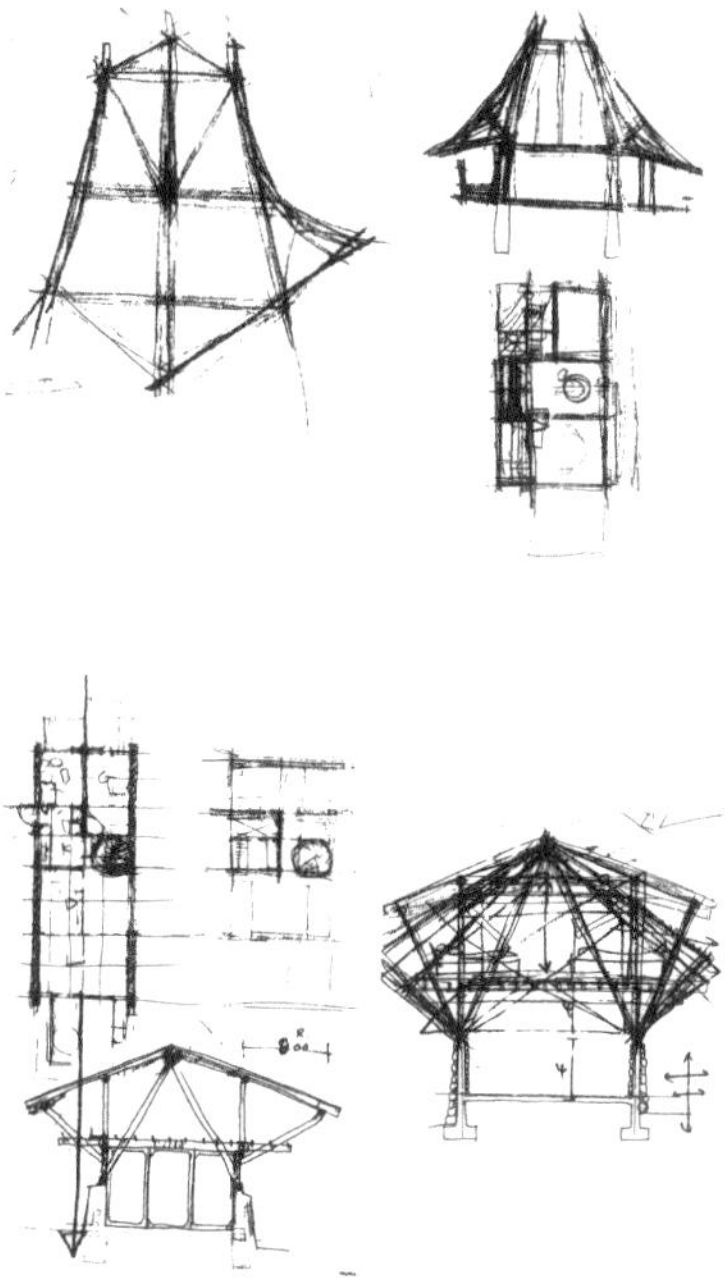

構造（架構）を検討する

STEP 3　櫓

櫓のイメージが浮かぶ

「もうびぃでぃっく」はどのようなプロセスを経てできたのだろうか。6ステップに分けて分析してみた。

STEP1　軸

設計の第一段階は敷地状況を読み、位置と方向を決めることだ。まず、1本の古木を景観のなかに取り入れ、湖に視線を通す軸を決める。最初のインスピレーションも大切である。

STEP2　架構

建築の形態はその構造と大きくかかわっている。そのため、ユニークな構造を検討するためにさまざまなエスキースをした。

STEP3　櫓《やぐら》

この段階が大きなターニングポイントになった。C・ムーア設計のシーランチ・コンドミニアムという建物に強い影響を受け、このスケッチにあるような櫓の入れ子構造が生まれた。

STEP4　包む

入れ子構造は櫓とそれを包み込む建築の2重構造である。その包み込む構造と空間を検討した。初めは櫓と建築が一部つながっていたが、徐々に分離していった。

STEP 4　包む

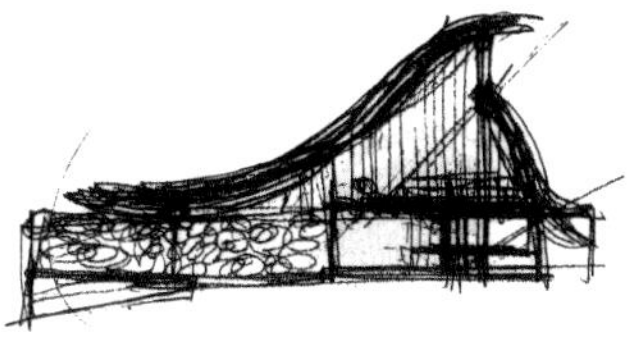

櫓を包み込む構造と空間の検討

STEP 5　蛇行

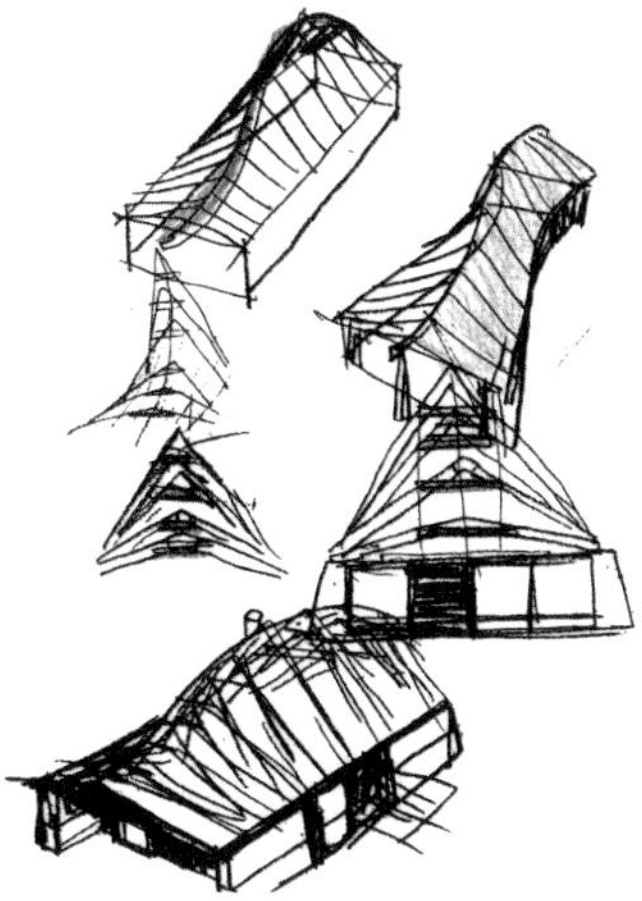

形態と構造（架構）の検討

STEP 6　傾斜

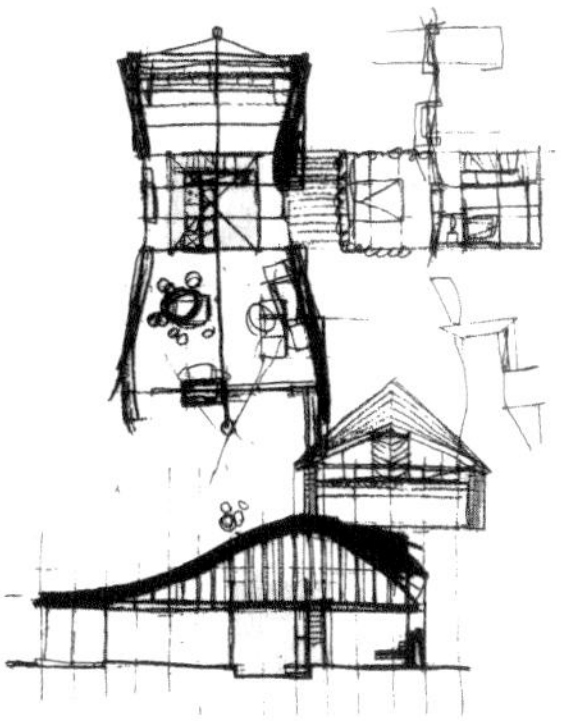

屋根の力が壁を通って地面に伝わる図式

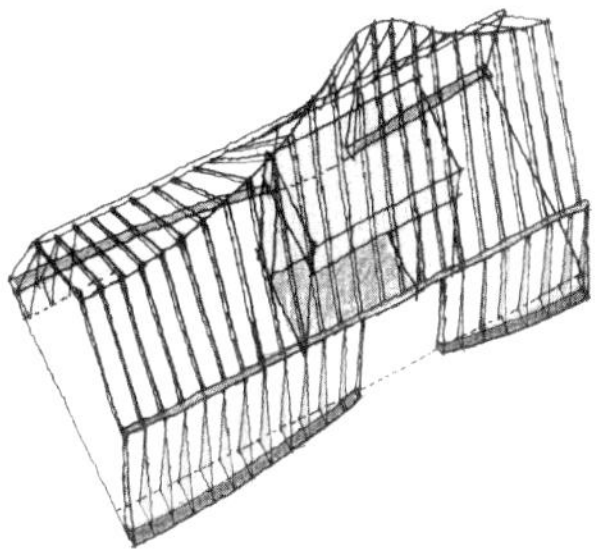

完成した構造概念図

STEP5　蛇行

櫓を包み込むための形態が船の竜骨の形に定着してくる。また、それに従って屋根架構が垂木構造となり、壁も構造上理に適うように平面から曲面になる。

STEP6　傾斜

棟木も、横に開こうとする力を受け止めるタイビーム（梁）もない構造では、上からの荷重をどう受けるかが課題となる。そこで断面図のように、屋根の角度の違いによって荷重を合理的に分散させ、さらにそれを受け止める壁の傾斜が決定した。

　こうして、「もうびぃでぃっく」の竣工までのプロセスを分析してみると、この形態が、構造と空間から論理的に導き出されたものであることが理解できるだろう。設計プロセスのなかで重要なターニングポイントとなったのは、C・ムーアから影響を受けた「櫓」と「入れ子構造」だと推察される。しかし、ヒントをもらいながらもムーアとはまったく違う空間を生み出したのが、宮脇さんのすごいところである。

18 優れたクライアントが名作をつくる

リビングから、ロフトのベッド、HPシェルの垂木天井を見る

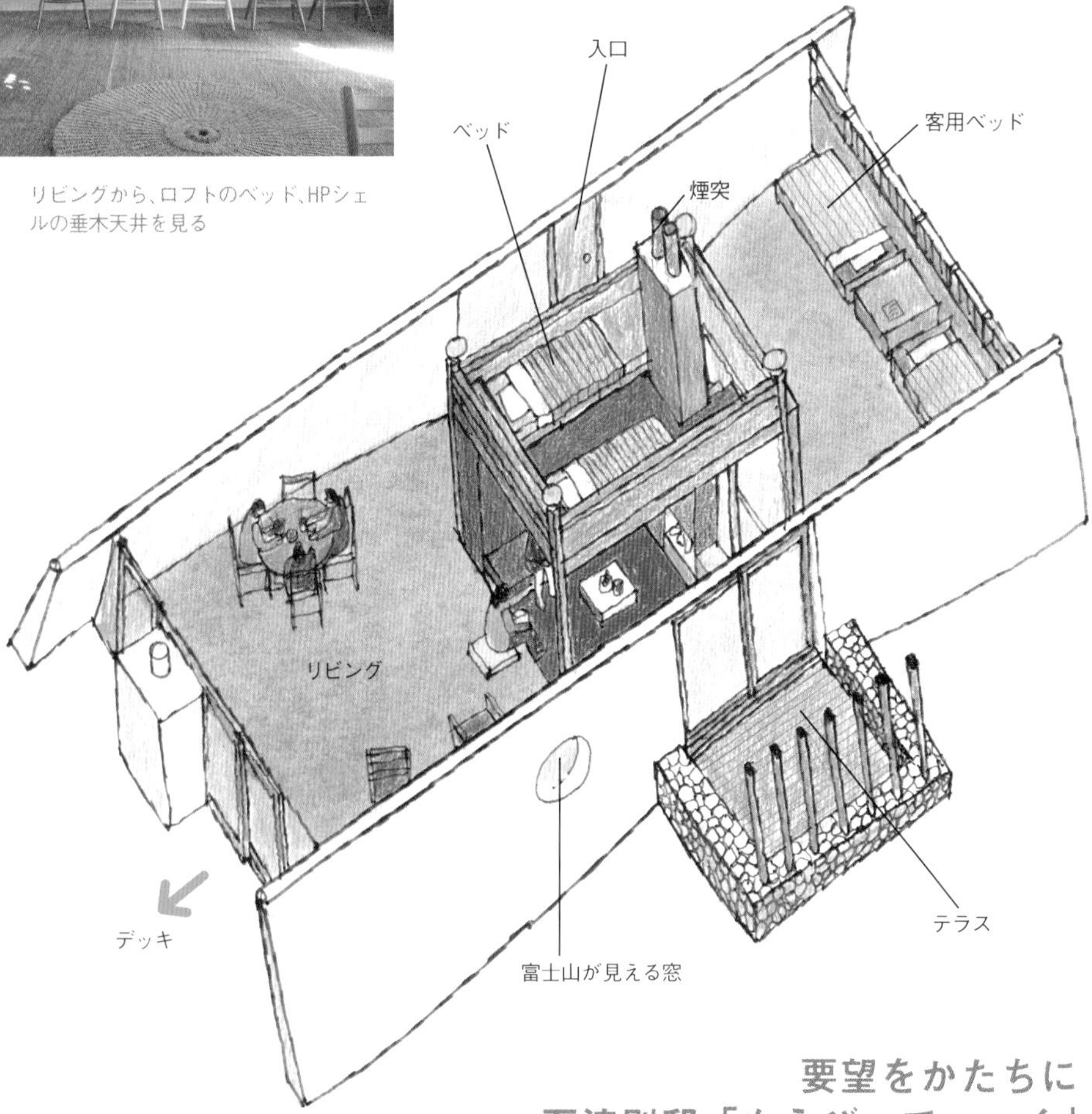

平面俯瞰図

石津さんはこの別邸で過ごす日々を楽しみにしていた。多少の雨漏りも暖炉の燃えにくさもまったく気にすることなく、それを楽しむ心の余裕をもった粋人であった

要望をかたちに
石津別邸「もうびぃでぃっく」

「もうびぃでぃっく」のクライアントは服飾デザイナーの石津謙介氏である。石津氏は60~70年代に、わが国の若者にアイビールックというファッションを流行させたことで知られている。

宮脇さんはこの石津氏から山中湖の別荘の設計を依頼された。石津氏が当時の若き建築家宮脇檀に依頼した時の一言が「面白い家の案ができるまで見せなくていい」であった。

細かい注文など一切なし、良い建築をつくるには黙ってプロに任せる。このような条件で設計の依頼を受けて、意欲がわかない建築家はいないだろう。そして、この依頼の仕方こそが、石津氏が一流のデザイナーであることの証しである。プロの発想が、素人が考える領域をはるかに超えるということを、石津氏は自らの仕事を通して知っていたのである。

建築を設計したのはまぎれもなく宮脇檀である。しかし、彼のデザインと考え方を理解する大きな度量をもった石津氏の存在がなければ、名作「もうびぃでぃっく」は世に出ることはなかっただろう。

COLUMN

人生を変える出会い

「もうびぃでぃっく」のクライアント・石津謙介氏と宮脇さんが知り合ったのは大学院生時代のこと。宮脇さんは石津氏よりメンズファッションの店舗の設計の依頼を受けます。まだ海とも山ともつかない若者に新しい店舗の設計を任せる石津氏の度量の大きさに驚かされますが、石津氏は宮脇さんの建築家としての才能をすでに見抜いていたのかもしれません。そう考えると、その眼力の鋭さに驚くばかりです。石津氏はその後いくつかの店舗の設計を宮脇さんに依頼しますが、宮脇さんは信頼を得るだけの作品を竣工させました。そして石津氏から別荘の設計を依頼され、宮脇檀の名を世に知らしめる傑作「もうびぃでぃっく」が生まれました。

人との出会いが人生を決めるケースは宮脇さんだけでなく、私も例外ではありません。

宮脇さんは若くして大学の教師になりました。建築家でありながら「先生」という職業に興味があったとのちに聞きました。確かに、教えることも好きだったし、また、教えることは学ぶことでもあるわけですから、建築を教え、学んでいくことは設計のスキルを高める一つの手段でもあります。

一方、私は建築学科に入学したものの、遊びが優先する出来の悪い学生でした。大学三年生のとき、教師を選びゼミを受けなければなりませんでしたが、成績の悪い私は人気のあるゼミには入れる可能性はありません。高望みをせずにその当時まだ建築家として無名であった宮脇さんを選びました。授業を受けたこともなく、顔も知らなかったのですが、名簿の一番下に書かれていた宮脇さんのゼミなら落とされることもないと思ったのです。今思えば自分のいい加減さにあきれます。

めでたくゼミを受けられるようになり、その後、卒論や卒業設計の指導を受け、師の設計事務所に就職させてもらいました。その頃から宮脇さんは話題作を次々と設計し、売れっ子建築家になっていきました。出来の悪い弟子の私も、宮脇檀の弟子という箔が付き、さまざまな身に余る恩恵を受けるようになりました。言ってみれば私は師の「便乗成り上がり」といってよいかもしれません。これも師・宮脇檀のおかげと感謝しています。

人の偶然の出会いが人生を決定づけるのは、珍しいことではありませんが、熟慮を重ねて進んだ道も思うような結果にならず、適当に決めた人生が以外と良い人生であったりすることもあるのです。つくづく人生とは不思議なものであると思います。

宮脇さんの建築家としての人生を決めた石津謙介氏

フランクな性格で学生からも親しまれた宮脇檀

COLUMN

若き建築家・宮脇を技術で支えた棟梁

宮脇さんは若くして設計事務所を持ち、大学の教師にもなりました。しかし、建築はデザインを図面化しただけでは絵にかいた餅に等しい。風雨や地震などに耐える耐久性や機能性、さらに材料の使い方や合理的な施工法を考え経済的に建築を設計し、現場を監理していかなければなりません。それにはどうしても技術的な経験の蓄積が不可欠です。

若いということは新しいデザインやアイデアが多くイメージできる反面、経験が浅いゆえ、さまざまな失敗を生む可能性を含んでいるのです。どんな素晴らしいデザインをしてもそれを実際に形にする技術がなければ本物の建築家とは言えないのです。

そんなまだ経験の浅かった宮脇さんを支えたのが、「学者棟梁」と言われた田中文男氏です。田中氏は宮脇さんの若い時期の作品を施工した大工で、宮脇さんのデザインの設計意図を汲み取り、それを実現するためにさまざまな技術を提案し、建築に反映し実現させていきました。

「あかりのや」では木造の軸組みを軽快に見せるために筋かいを入れたくないという宮脇さんの要望に応え、田中氏は柱や梁の見えない位置にワイヤーを入れて締め上げ構造的な強度を確保したのです。名作「もうびぃでぃっく」では背骨の棟木を消すために垂木一本一本の断面を変え、見事なHPシェルの内部空間を実現させました。

建築の傑作、名作といわれる建物には必ず、優れた設計者とそれを施工した職人たち、そしてその建築を実現させる大きな心を持ったクライアントがいることを忘れてはなりません。

「学者棟梁」と言われた田中文男氏

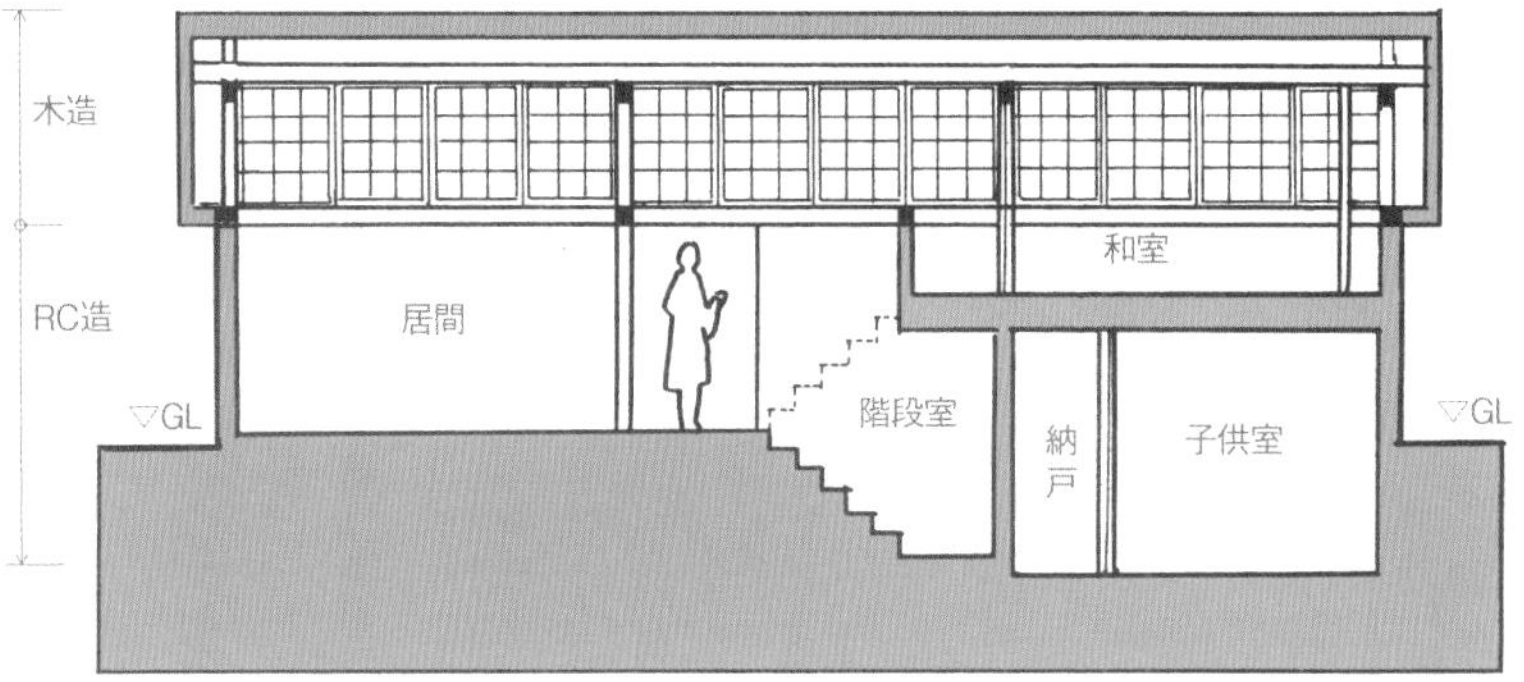

「あかりのや」断面

構造は1階と半地下部分がRC造、2階が木造の混構造。2階部分をひとつの空間にするため、壁のない柱と梁の軸組構造にしている。水平力の耐力を得るため、梁や桁、棟木などの部分にピアノ線を仕込み締め上げげたと言われている。残念ながらどのようにピアノ線を入れたかは図面に残されていない

「もうびぃでぃっく」断面

直線材（垂木）で形成されたHPシェルの屋根面は曲面になるため、垂木の断面は少しずつ変わっていく。野地板は薄いベニヤ板を重ねて葺いている

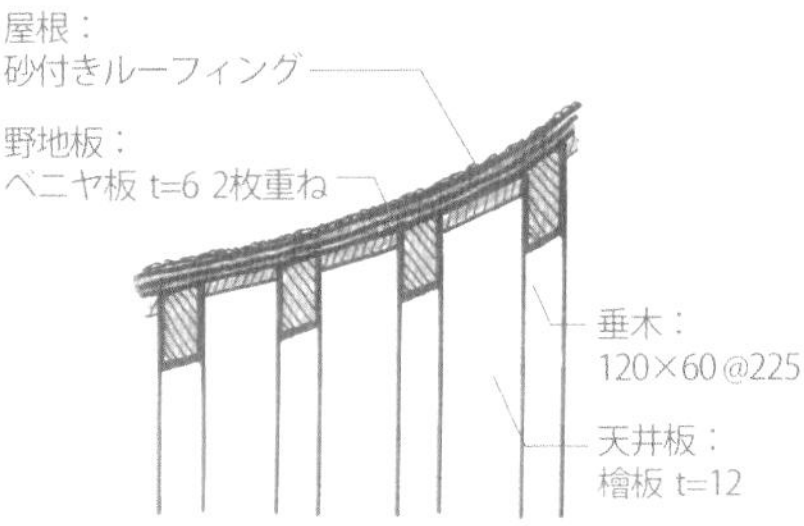

4章 居心地良い空間のつくり方

4 空間

1 リビング

リビングは家族が憩い、人を招く場所

リビング　吹抜け上部でダイニングキッチンとつながるが、障子で仕切ることもできる

リビングは人がコミュニケーションをする重要な空間である。家族が団欒《だんらん》し、時には来客を招き入れる応接室としても使われる多用途空間だ。しかし近年、核家族化、個室化が進み、リビングの使用頻度が少ない家族が増えたと言われている。そんな今だからこそ、リビングは空間的にも機能的にも充実し、居心地の良いスペースでなければならない。

立松邸のリビングを写真で見てみよう。このリビングは吹抜けを通して半階上のダイニングキッチンとつながったつくりになっている。応接室としての使用を考え、プライベート色の強いダイニングキッチンとは基本的に分離させているが、この2階分の天井の高さのリビングと、ダイニングキッチンとの斜めの関係が狭さを感じさせない気持ち良さを与えている。

また、左図のようにリビング横には4畳の和室が付随している。この和室は来客が宿泊する際に使用することはもちろん、和室特有の良さとして、床にごろりと横になることができるなど、さまざまな姿勢でくつろげる多様性のあるリビングづくりに貢献している。

洋室＋和室＋障子が心地良さのヒミツ／立松邸

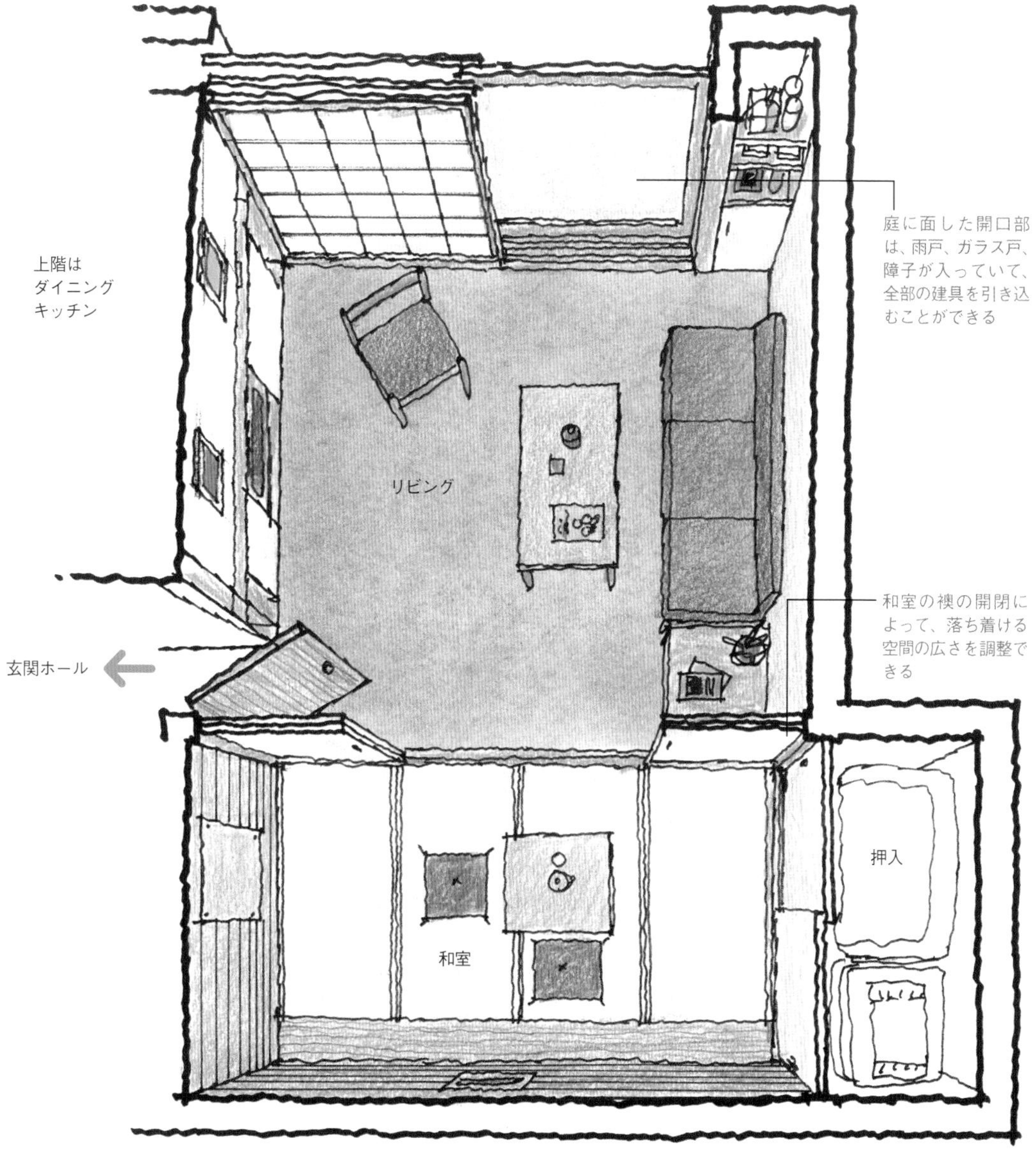
上階は
ダイニング
キッチン
庭に面した開口部は、雨戸、ガラス戸、障子が入っていて、全部の建具を引き込むことができる
リビング
和室の襖の開閉によって、落ち着ける空間の広さを調整できる
玄関ホール
和室
押入

リビング俯瞰図

小さなリビングだが、吹抜けでダイニングキッチンとつながるほか、すぐ脇の和室の襖を開け放すことで、広がり感をもつ

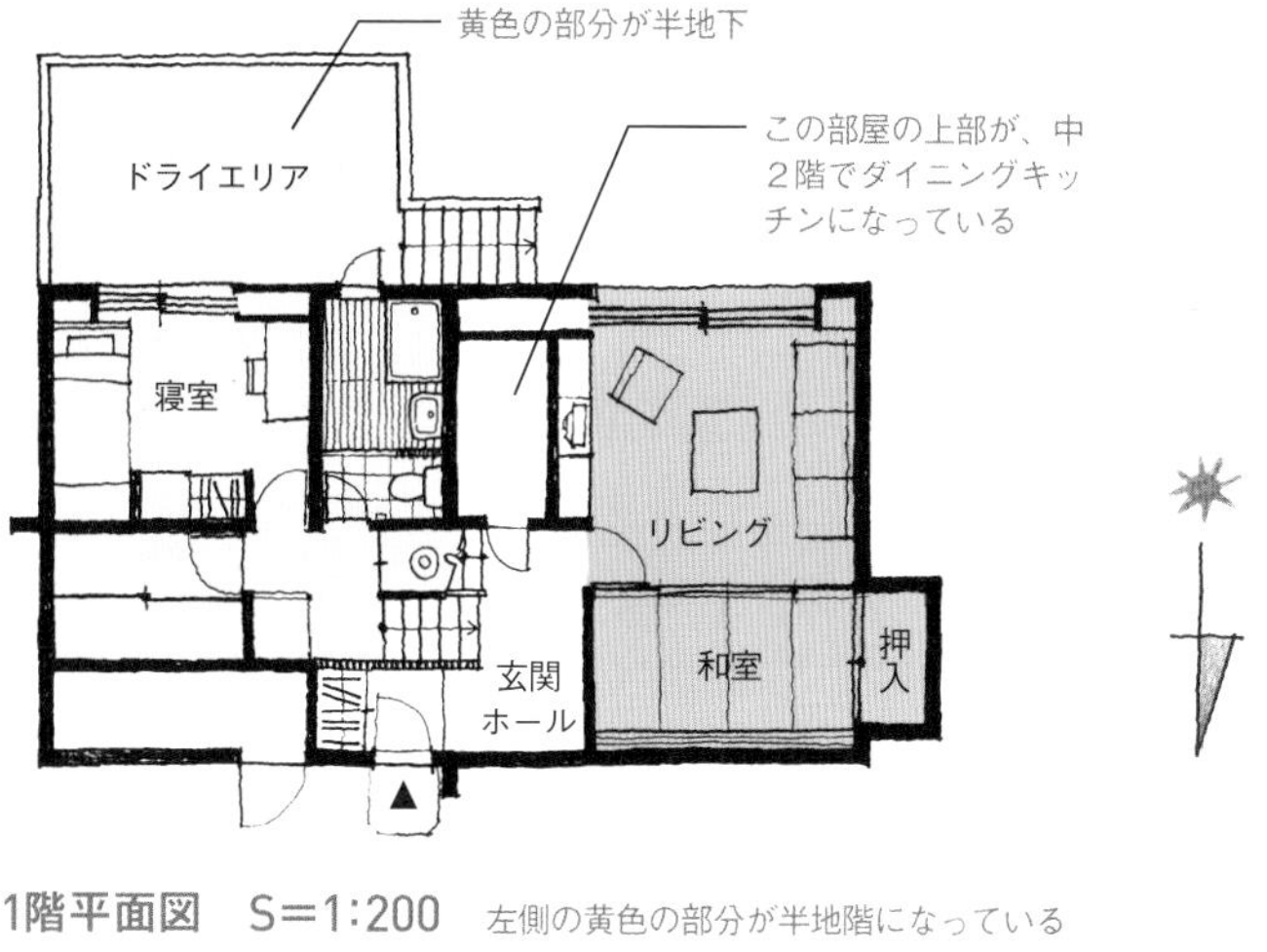
黄色の部分が半地下
ドライエリア
この部屋の上部が、中2階でダイニングキッチンになっている
寝室
リビング
和室
押入
玄関
ホール

1階平面図　S＝1:200　左側の黄色の部分が半地階になっている

2

リビング

リビングのソファは座るだけではない

造付けソファのあるリビング　左側に造付けのソファ、奥に和室が見える

リビングに必ずソファをビルトインするのが宮脇流リビング設計術の極意である。ただスペースだけ用意しておいて、そこに施主が好きなように応接セットを置く、ということは絶対にしない。落ち着いて座れる位置や、会話のしやすい位置関係を探り、さらにテレビはどこに置き、どこから見るのが良いかといったことを詳細に検討し、具現化していく作業こそが「設計」だからである。

リビングは居心地が良く、心おきなくリラックスできる場でなければならない。人間の姿勢は、座る姿勢から寝る姿勢に移行していくほど安らぐ度合いは高くなる。その段階におけるどんな姿勢でも受け止めてくれるのがソファなのである。

宮脇流リビングでは、ソファがさまざまな用途で使われる。造付けであればこそ、座の下の空間を引き出しとしたり、リビングに欠かせない飾り棚と組み合わせたり、背もたれの部分を収納にも活用することもできる。さらにソファは、ちょっとした昼寝に利用でき、緊急時の来客用ベッドに変身したりもする。まさに変幻自在の家具である。

暮らし方をつくり込む藤江邸

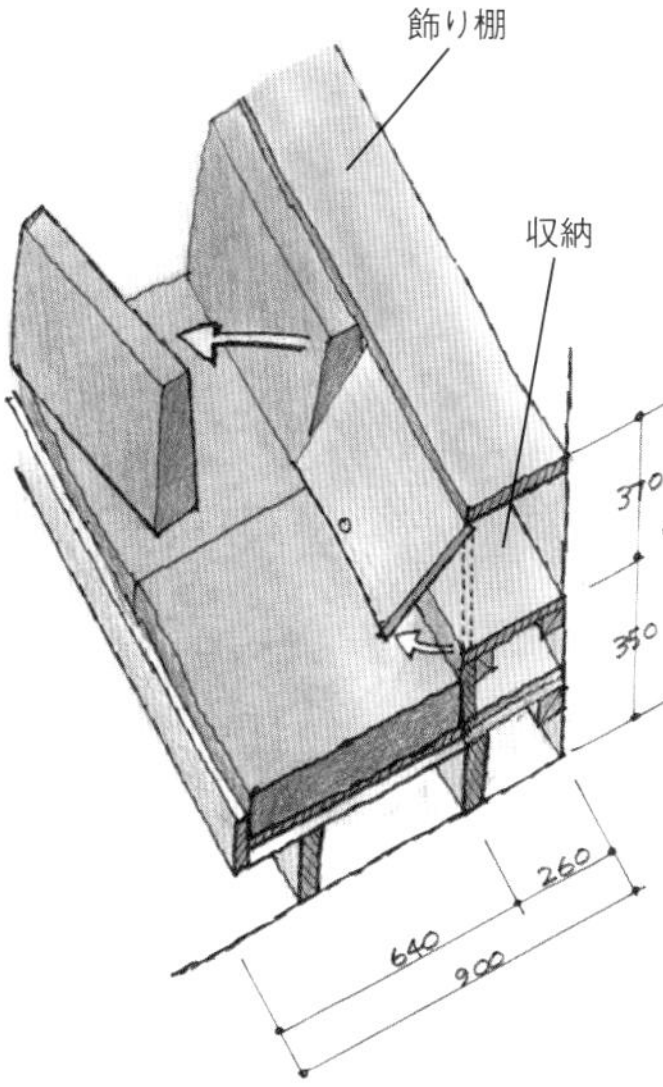

ソファ詳細図

ソファを取り外すと収納が現れるしくみ

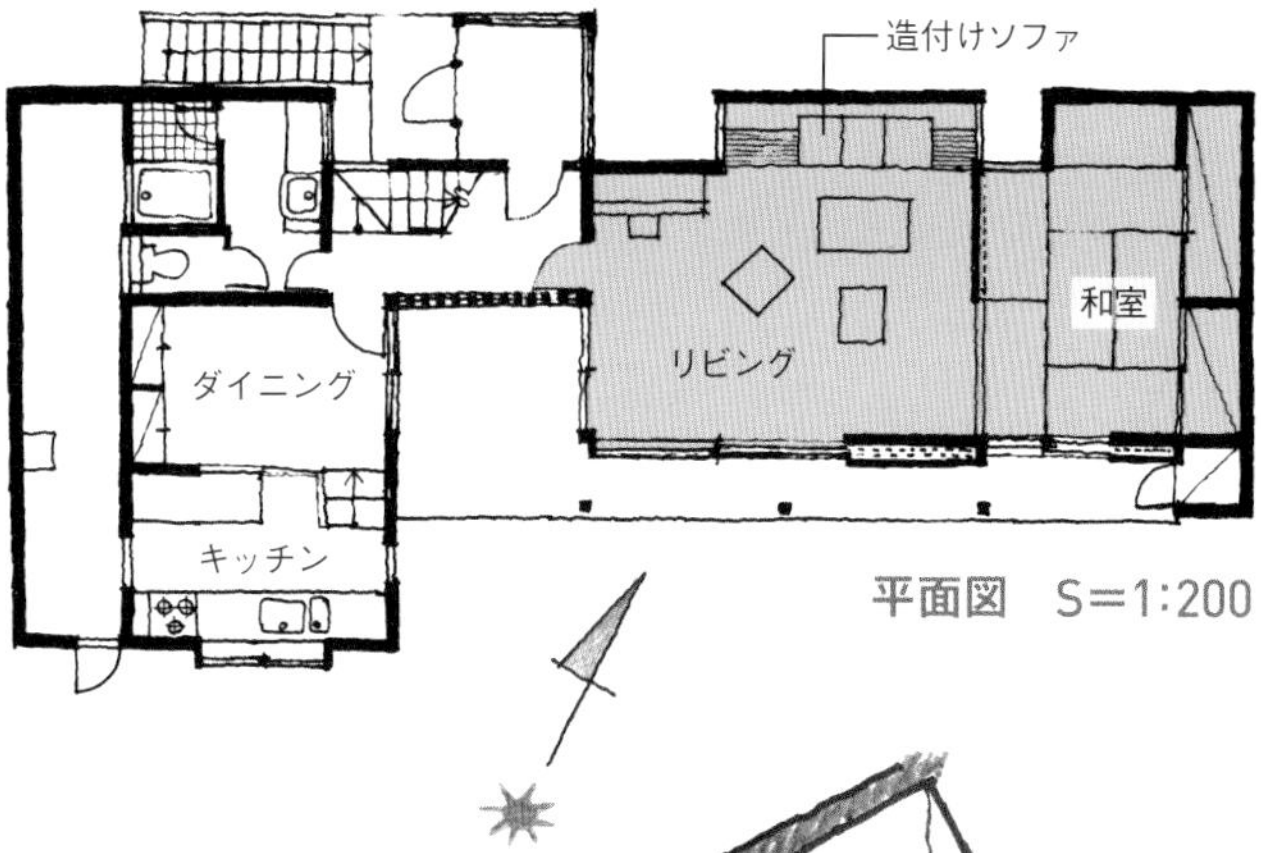

平面図　S＝1:200

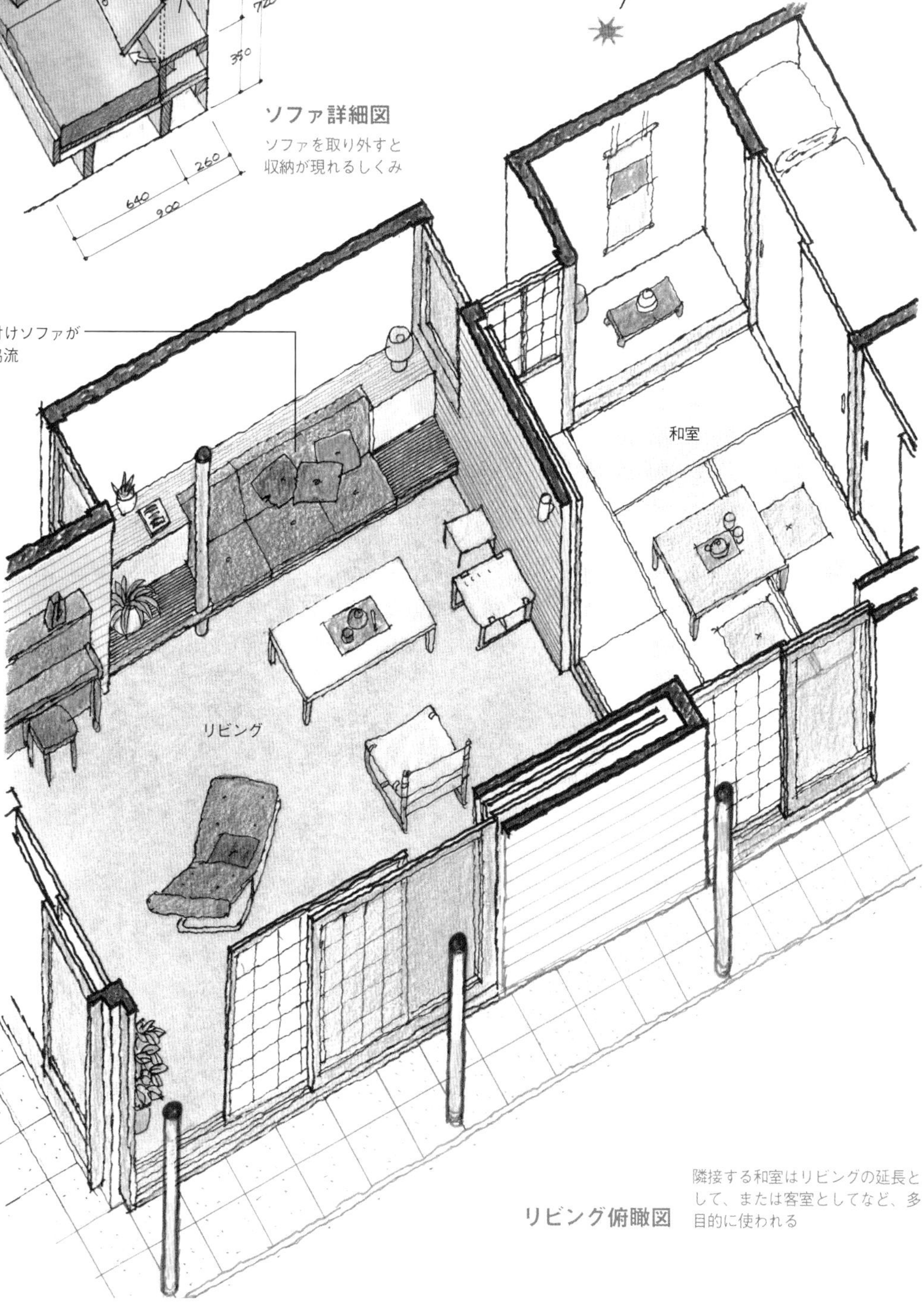

リビング俯瞰図

隣接する和室はリビングの延長として、または客室としてなど、多目的に使われる

3 リビング 南だけでなく北からも光と風は入る

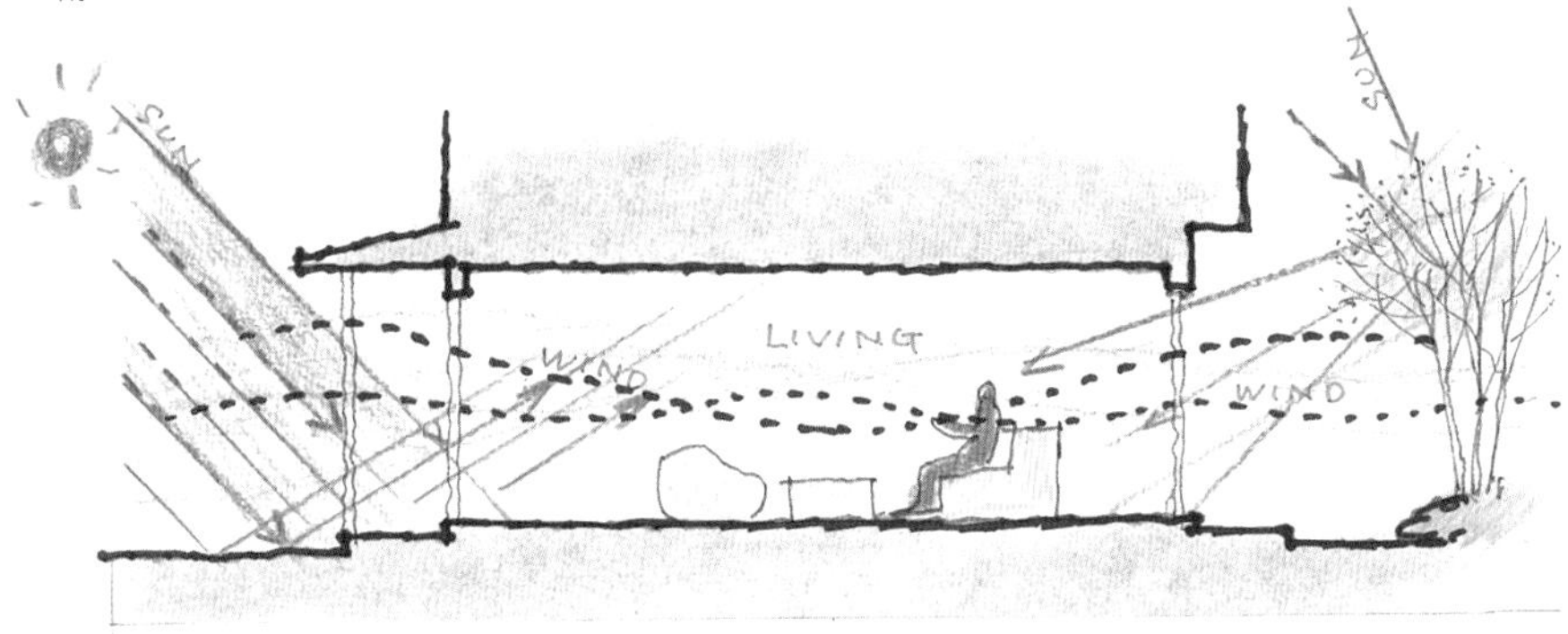

断面図
南北の開口からの採光と通風。北側は日が当たりにくいことと、木陰によって南側よりも温度が低くなる。その温度差によって風をつくり出すことができる

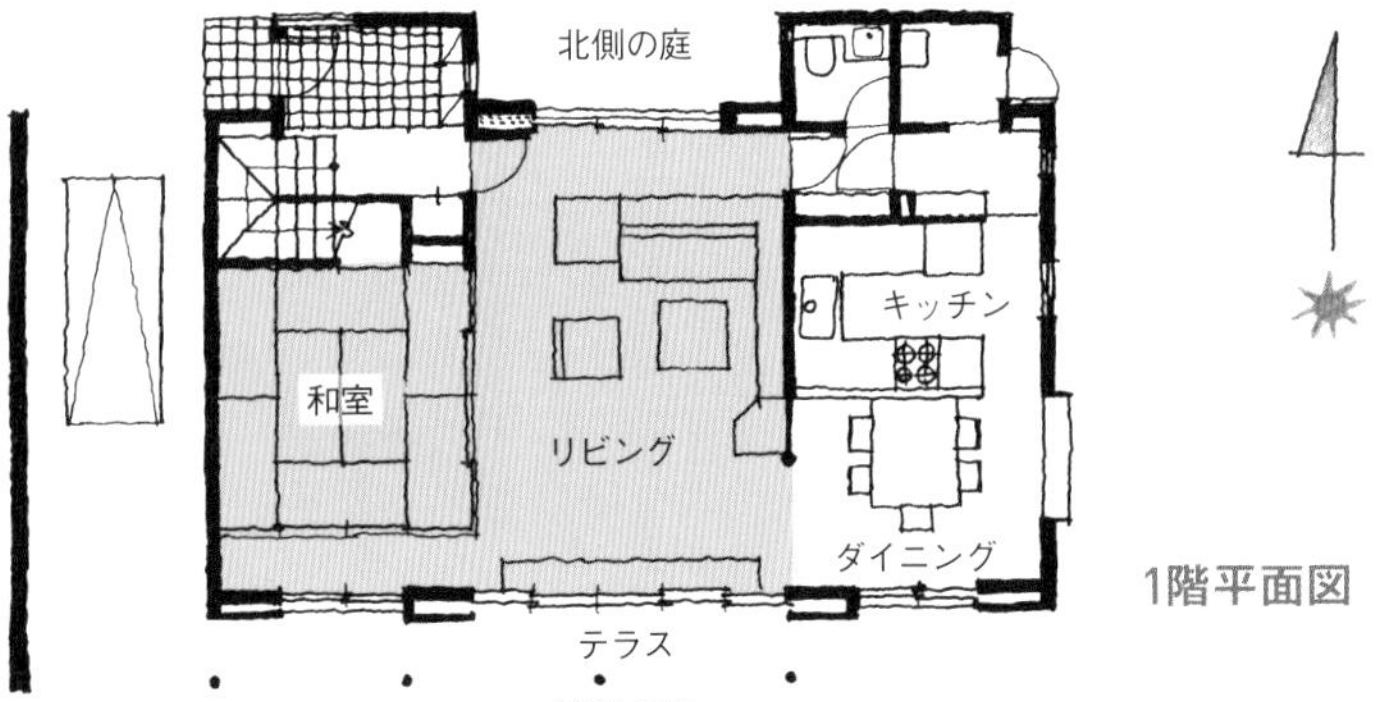

1階平面図　S＝1:300

日当たりを重視するわが国では、最も重要と考えられているリビングを日当たりの良い南側に配置する。そして日の当たらない薄暗く湿気のある北側は、トイレやバスルームになることが多い。しかし、南側を十分開け放っておけば、それで必ず風の通りが良くなるというものでもない。なぜならば反対側にも同じ大きさの開口がなければ風は抜けないからである。これは、京都の町家に見られる坪庭と奥の庭に挟まれた座敷の構造と類似している。

図の植村邸のような、リビングが南北に通り抜け、北側にも間口があるプランなら、風は通りやすい。そればかりでなく、採光の面から見ても北側から入ってくる柔らかい間接光は、リビングに均一な照度をもたらし、視覚的にも広さを感じさせる効果がある。仮に、南側にだけ大きく開口を取った場合、リビングの南側と奥とで明るさに差がありすぎて、空間としてバランスが悪くなってしまう。北側にも開口があれば、こうした問題が解決するだけでなく、広さと開放感を味わうことができるのだ。

リビングが家を縦断／植村邸

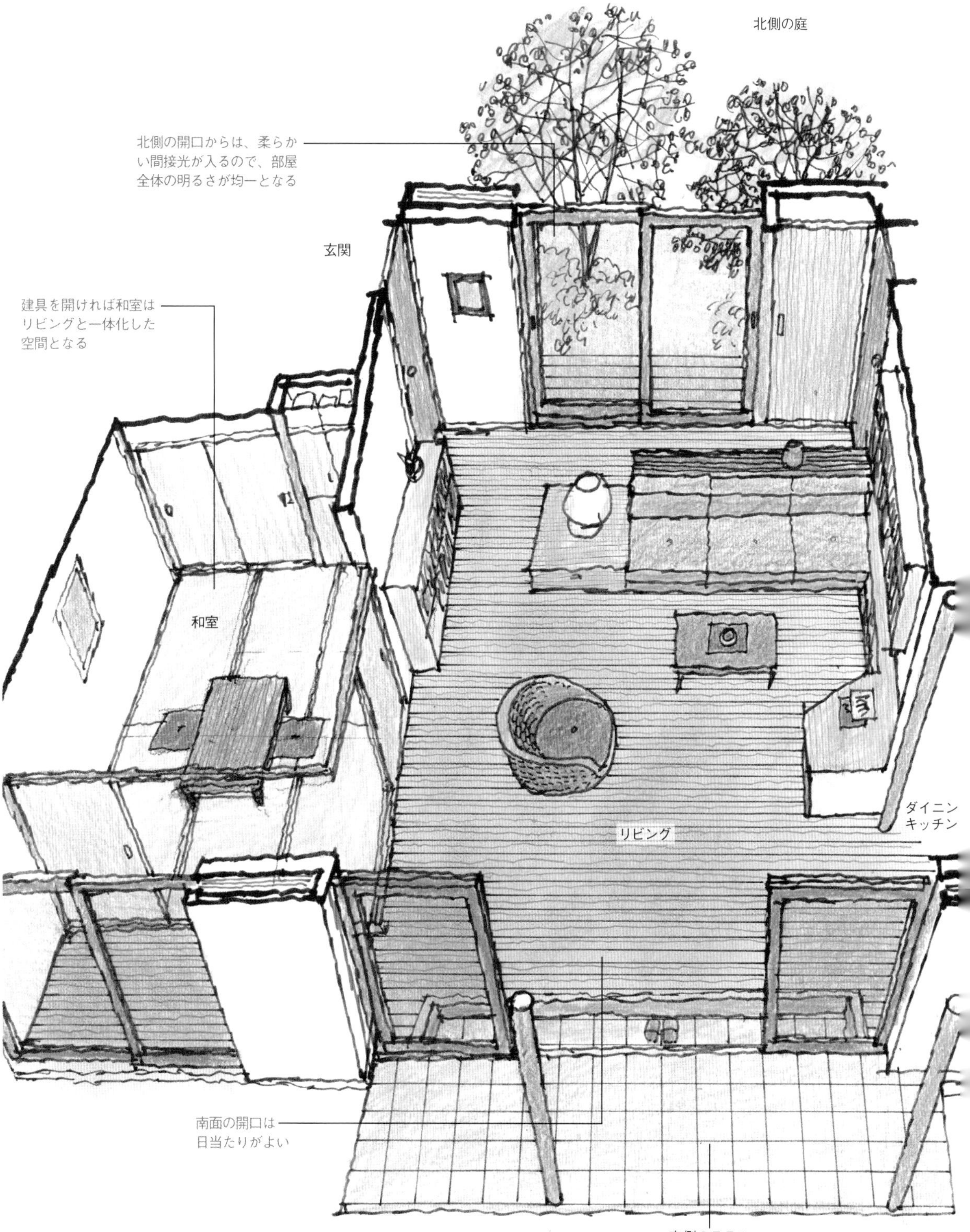
北側の庭
北側の開口からは、柔らかい間接光が入るので、部屋全体の明るさが均一となる
玄関
建具を開ければ和室はリビングと一体化した空間となる
和室
ダイニンキッチン
リビング
南面の開口は日当たりがよい
南側のテラス
南側の庭

リビング俯瞰図

手前が南、奥が北側の庭。風が良く通り、北側からの柔らかい光が室内の明るさを均一にする

4

リビング

サンルームはリビングのアシスト空間

リビング＋1
田中邸

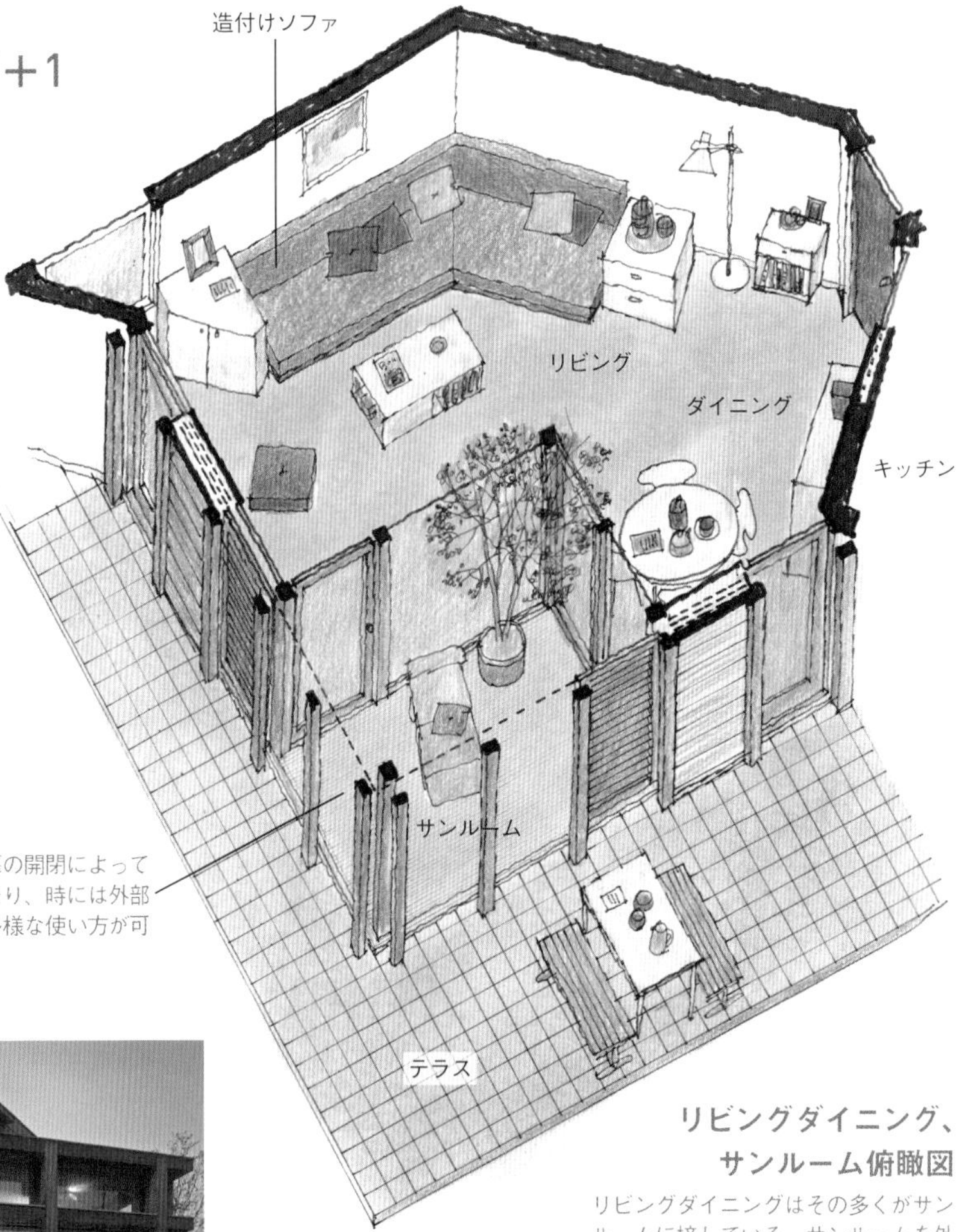

サンルームは、扉の開閉によって内部空間になったり、時には外部空間にもなり、多様な使い方が可能になる

リビングダイニング、サンルーム俯瞰図

リビングダイニングはその多くがサンルームに接している。サンルームを外部に開いたり、内部に開いたりすることで、空間の質が変わる

テラスからサンルームを通してダイニングを見る。サンルームは観葉植物の温室や日向ぼっこに利用できる

日常の生活を楽しむためには、できるだけ多様な空間があったほうが良い。いつも決まった空間で、決まった行動をするというのも合理的ではあるが、それだけでは飽きがきてしまうからだ。

空間の質や用途もむやみに限定せず、流動的にしておいたほうが生活に変化が出る。空間をどのように変えて、その空間をいかにして使うかをイメージするのも楽しいし、家族全員で話し合えば、日常生活のマンネリ化を防ぐ手立てにもなる。外部と内部空間の接続詞とも言うべきサンルームは、まさにそういった用途にうってつけだ。

田中邸のリビングには、付随したサンルームがあり、観葉植物を育てる温室としての役割も果たしている。仕切り扉を開ければリビングとサンルームが一体となって、一味違った空間が現れる。冬期はサンルームを閉じることで、日中の太陽光の暖気をストックしておけるし、日向ぼっこをするには格好のスペースにもなる。

生活することとは、住まい方を工夫することによって、より充実した楽しい体験をすることなのである。

5 リビング アルコーブのソファはリビングのゆりかご

凹部の心地良さ 奈良邸

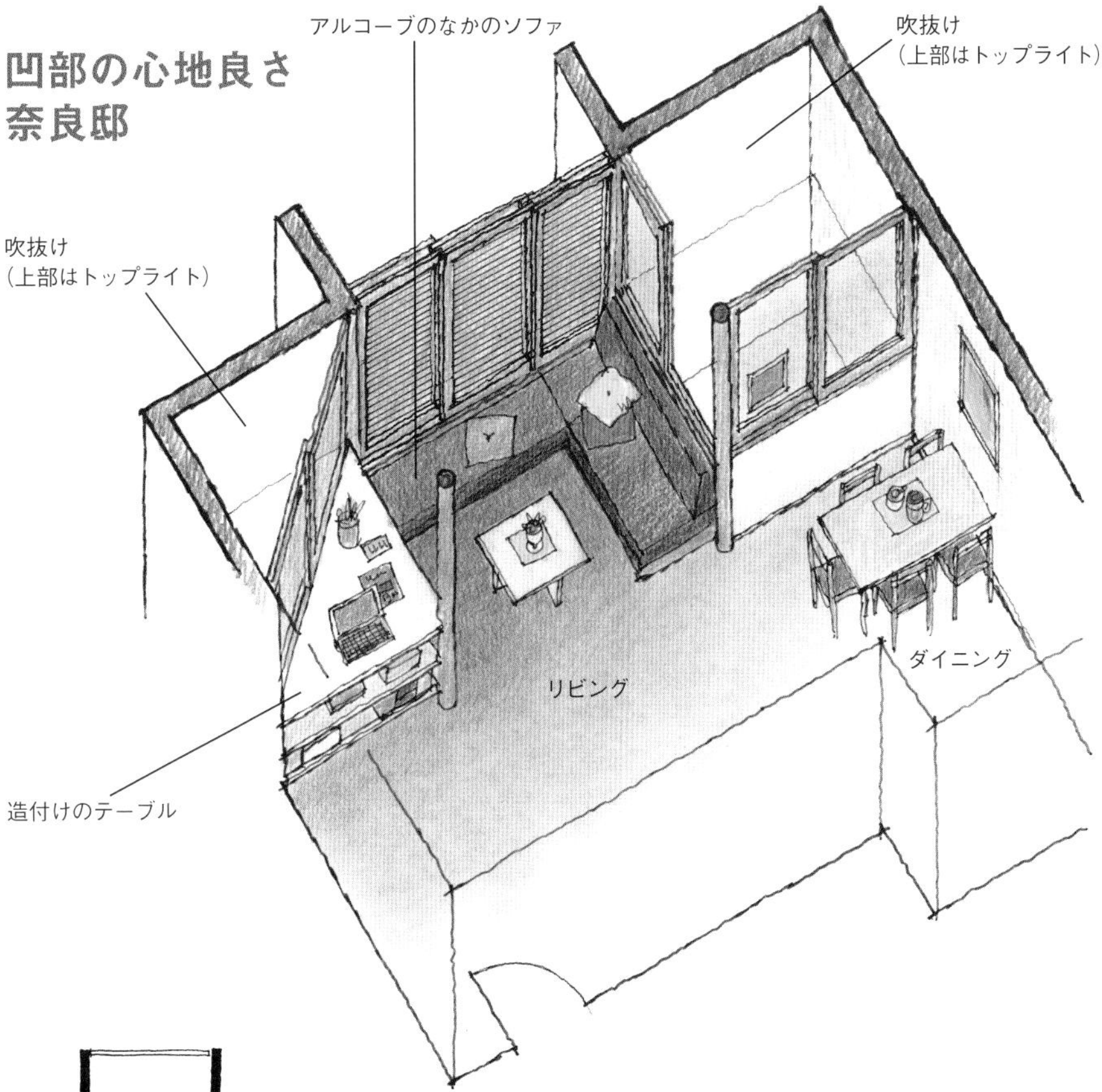

リビング俯瞰図

アルコーブ内のソファは、人間が身を潜めた時に落ち着ける穴倉のような雰囲気をもっている

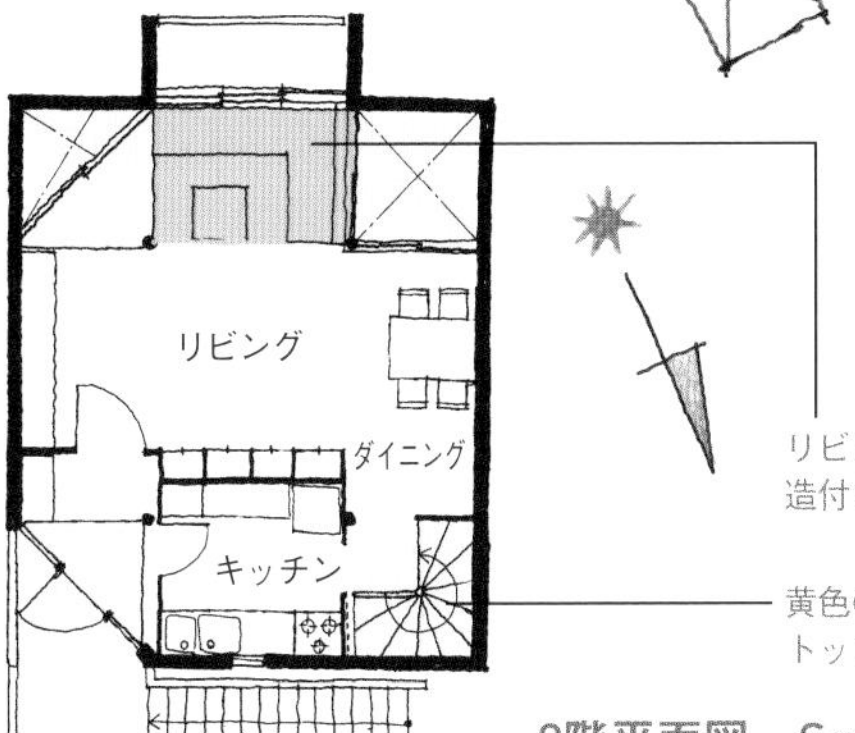
リビングのアルコーブには、造付けのソファを設けている
黄色の部分の上部はトップライトがある

2階平面図　S＝1:200

人間は壁を背にして座る姿勢のほうが、安堵感を得られて気持ちが安らぐという。電車の座席に座る時に初めに端のほうを選ぶのは、動物が身を守るための本能なのである。

この奈良邸は窓の少ない閉鎖的な外観をしている。その代わり、四隅に設けられたトップライトから太陽光を取り入れ、吹抜けを通して1階にまで光が行き渡るよう工夫されている。下階は、寝室などのプライベートスペース、上階がリビングダイニングとキッチンで、外階段で2階まで上がって玄関に入るというユニークなアプローチだ。

上階はトップライトからの光があふれ気持ちが良いが、さらに良いのがリビングの一角を占めるアルコーブのソファベンチ。このソファに座った時、落ち着きと居心地の良さを覚えるのは、アルコーブというくぼんだ空間に抱かれるようなレイアウトが、えも言われぬ安心感を与えてくれるからである。

広いリビングにただ座っていても落ち着かない。アルコーブという狭い空間を設けることで、ゆりかごのような安らげる場所を提供できるのだ。

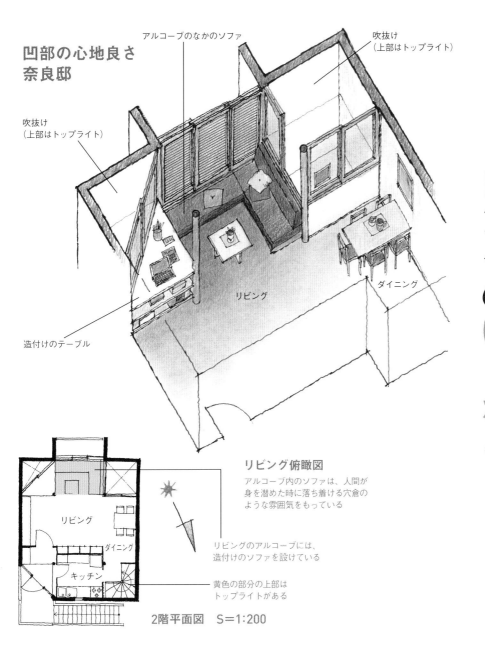

6 リビング 扇の要の部分が落ち着く場所

リビングのソファ　らせん階段に接したリビングの造付けソファ。手摺壁と一体化したデザイン

宮脇流ソファの特徴は、「へ」の字やL字形のものが多いこと。L字の全体を座にする場合もあるが、この佐川邸のようにL字の交点部分をサイドテーブルにして、観葉植物やテーブルスタンドの置き場にするケースも多くみられる。

ソファを折り曲げて配置する主な理由は2つある。

1つは人間が打ち解けて話をしたい時は、横や斜めの位置に座るほうが話しやすいと言われること。確かに、真正面に向かい合っては、改まってしまって話がしにくいという心理が働く。

もう1つは、リビングは話をするばかりでなく、静かに庭を眺めたり、皆でテレビを鑑賞したりする場でもあるということ。その時に椅子が対面式の配置では不都合になる。だからこそソファはL字形、または「へ」の字形に配置するのが望ましい。

リビングにL字のソファを置くと、扇の要（扇の骨を留める場所）のように空間の中心ができる。さらに視線の方向が明確になるため、テレビの置き場所や開口の位置も決めやすいという利点があるのだ。

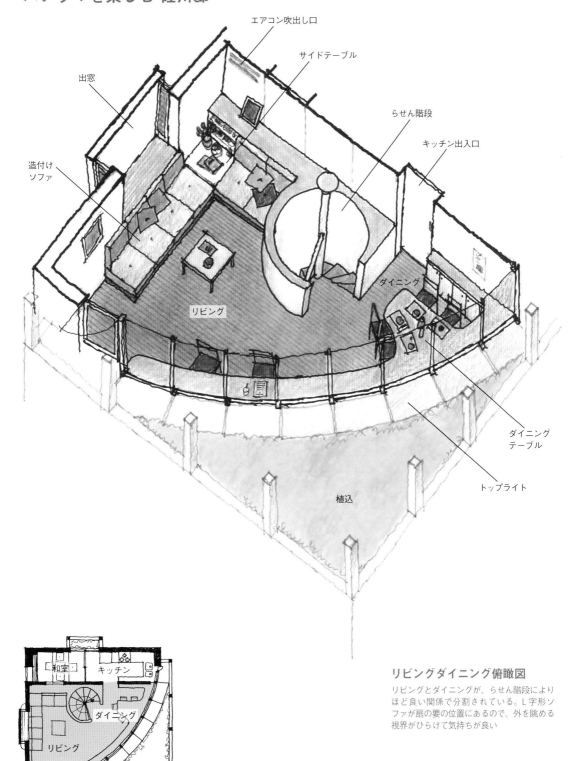

パノラマを楽しむ 佐川邸

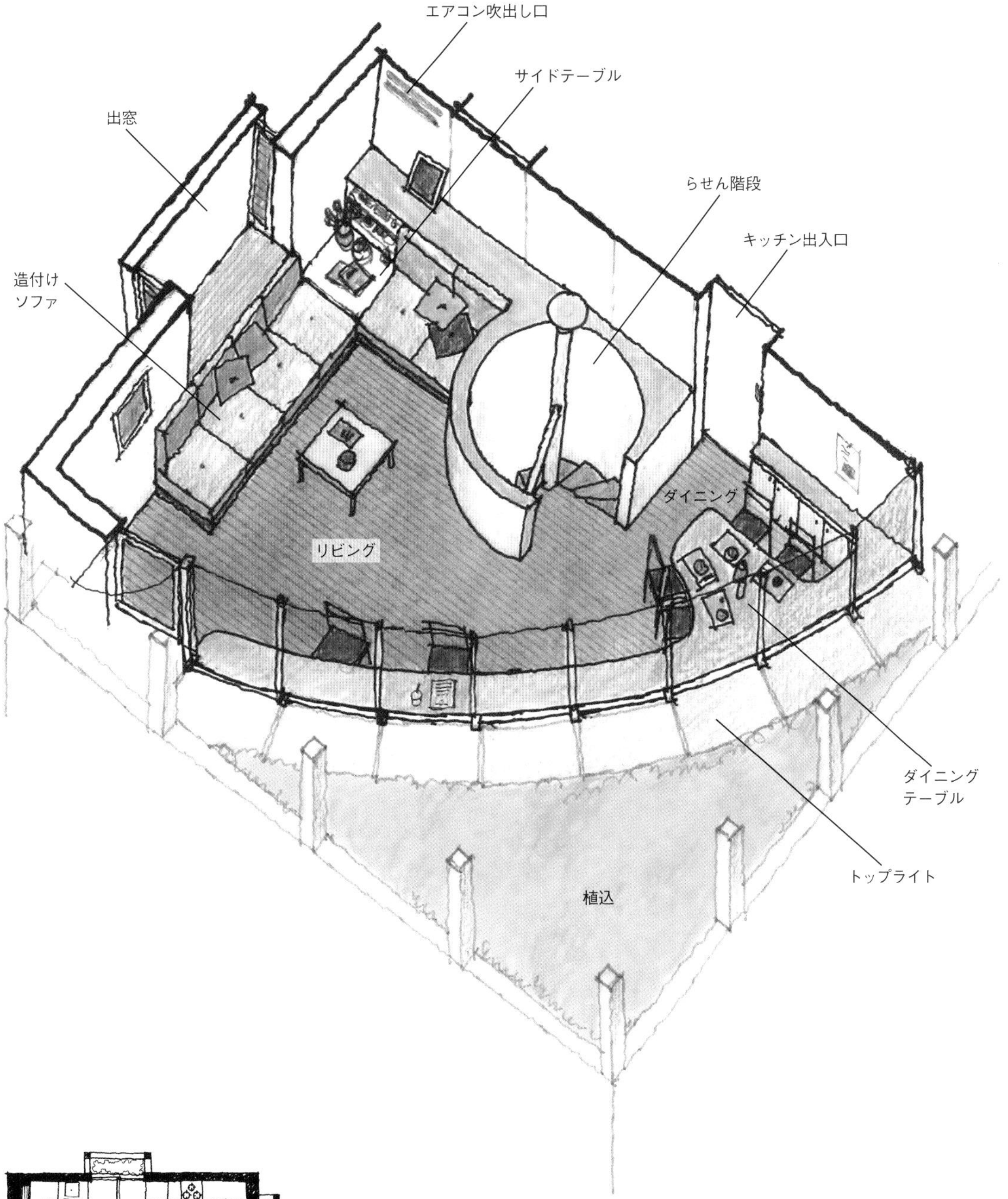

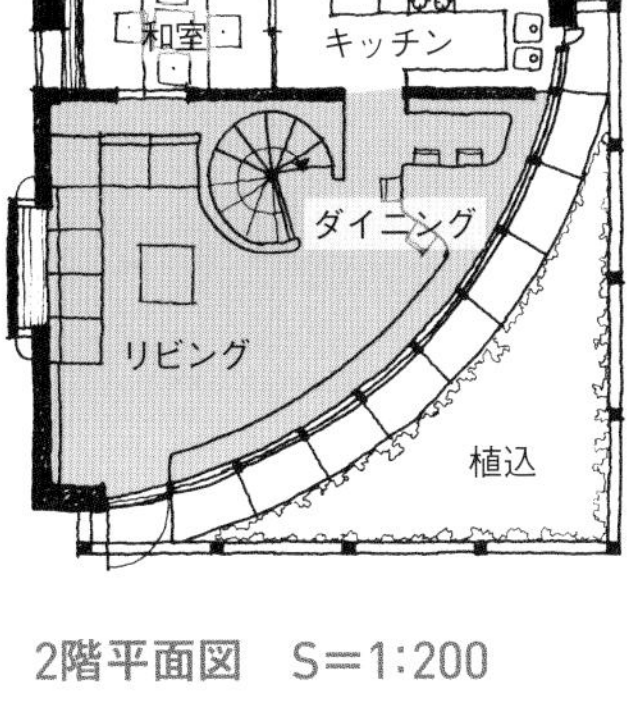

2階平面図　S＝1:200

リビングダイニング俯瞰図

リビングとダイニングが、らせん階段によりほど良い関係で分割されている。L字形ソファが扇の要の位置にあるので、外を眺める視界がひらけて気持ちが良い

7 リビング 大切なダイニングとリビングとの関係

くびれたリビング くびれでリビングとダイニングをつなぐ。つながっていながらも移動することで団欒する・くつろぐの気持ちを切り替えることができる

ダイニングで食事の後リビングに席を移し、1日の出来事を話し合ったり、一緒にテレビを見たりする。一家団欒《だんらん》と聞いて思い浮かぶのはこんな風景だろう。

しかし近年の住まいの個室化と、その個室が充実したことから、各々がすぐに自室に閉じこもってしまう傾向がある。話題や喜怒哀楽を共有してこそ家族というものだ。個人主義が家庭のなかで当たり前になってしまえば、血のつながった人々がただ身勝手に生活しているだけの集団でしかない。

そういった意味で、ダイニングとリビングのつながりは大切である。ただ近ければ良いというものでもなく、互いに機能的で、関係性が良くなければ良い部屋にも住宅にもなれないのだ。

ここで紹介する高畠邸のダイニングとリビングの関係が良くできている。1階はキッチンを中心に回遊できるプランで、ダイニングとリビングはくびれたような形でつながっている。さらに、壁際の棚が両方の空間をまたぐように造付けられているおかげで、それぞれが独立性を保ちうる絶妙な間合いで連絡し合えているのだ。

「くびれ」がつくる変化
高畠邸

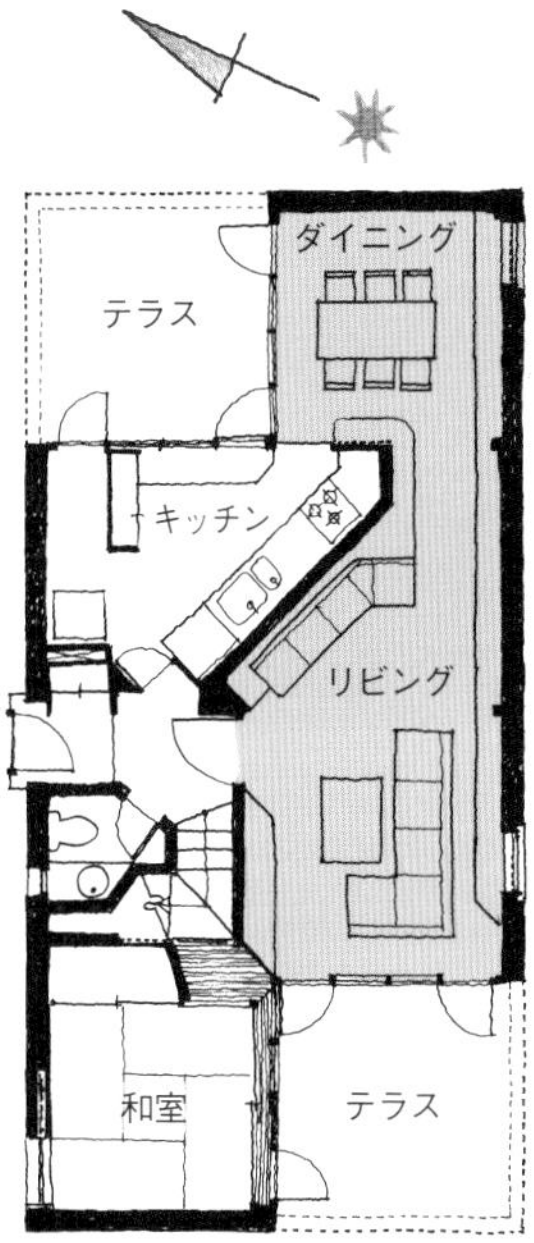

1階平面図　S=1:200

リビングとダイニングはキッチンと合わせて回遊路をつくっている

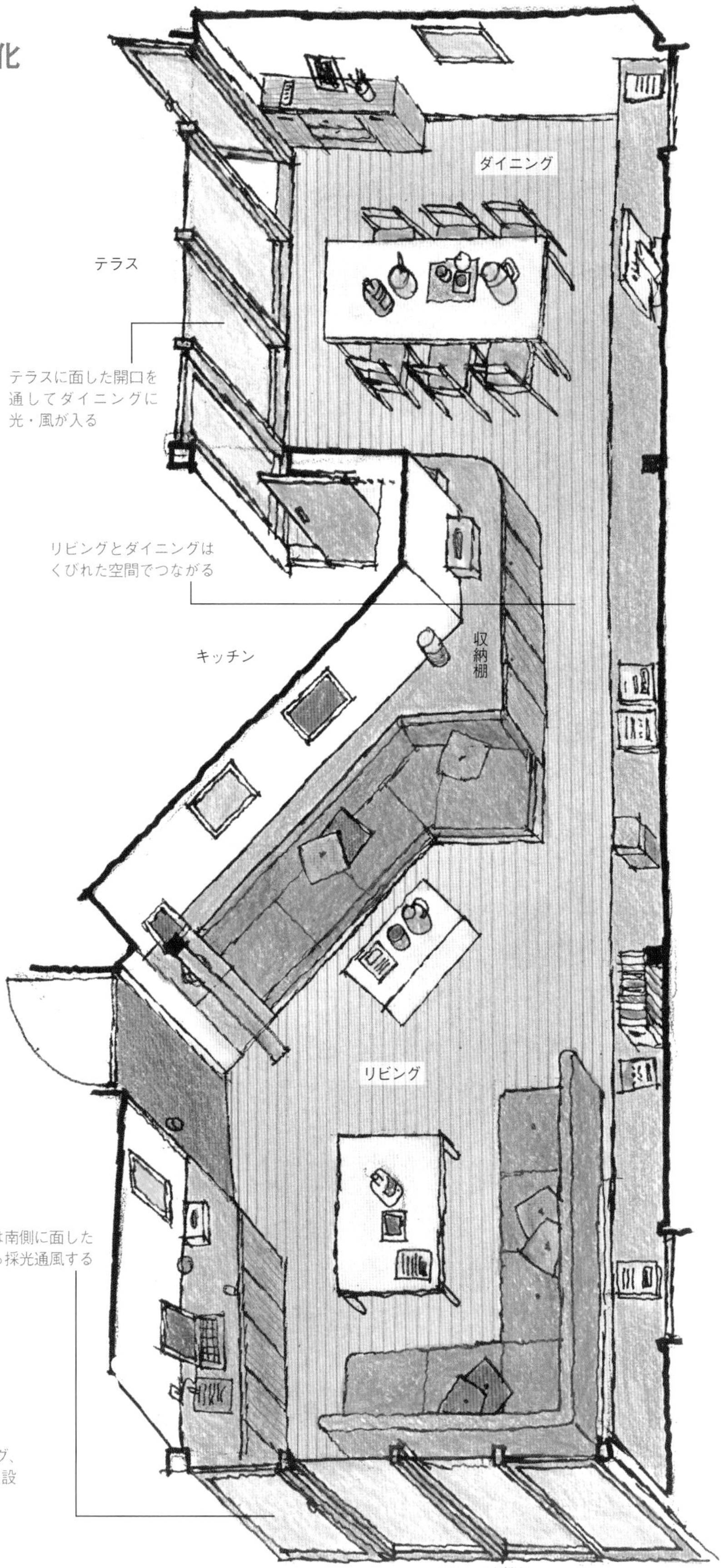

リビングダイニング俯瞰図

俯瞰図から分かるように、南側のリビング、北側のダイニングとも、建物の対角線上に設けられた吹抜けから採光通風を取っている

8

リビング

空中ピットのある心地良いリビング

断面パース

断面で見るとピットが宙に浮いている様子が良く分かる

ピットは床座だが、床の段差を利用して腰掛けることも可能

ピットの使い方の例

ピットとは床にあけられた窪みを言う。これは宮脇作品のリビングに良く用いられたデザインである。床の段差をそのまま腰掛けとして利用することも、ピットのなかに横たわることもでき、自由な姿勢でリラックスできる優れたリビングの形態だと言える。さらに応接セットなどの座るための椅子《いす》がなくても、十分生活ができるから、狭いリビングにおいては空間的にも経済的にも有効なのだ。

ここで紹介する早崎邸は、ご覧のように崖地に張り出して建てられている。リビングはまさにその張り出した部分にあり、床に切られた円形のピットから外を眺めると、あたかも空中に浮いているかのように感じられる。ピットのなかにはたくさんのクッションが置かれており、家族がさまざまな姿勢で体を休めるのに使われている。

ピットのなかで一緒に過ごしていると、茶の間の炬燵《こたつ》や共同浴場の湯船のなかにいるような意識が生まれる。いつもよりも家族の存在をずっと近くに感じられる、あたたかみのある空間が生み出される。

リビング　右手奥に床が窪んだピットが見える。リビング内で椅子とピットの2種類の異なった生活ができる

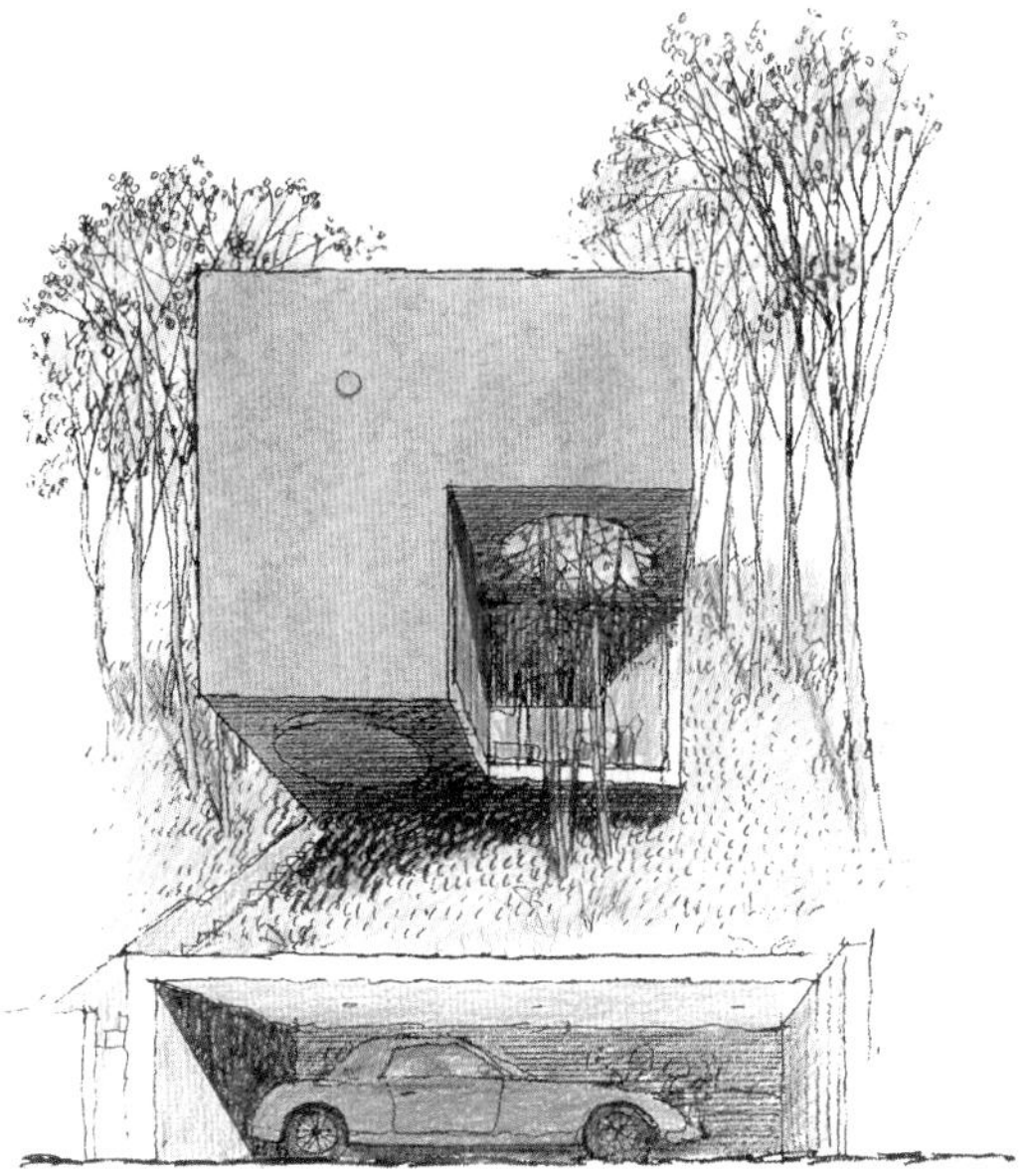

外観　崖地に張り出して建てられている

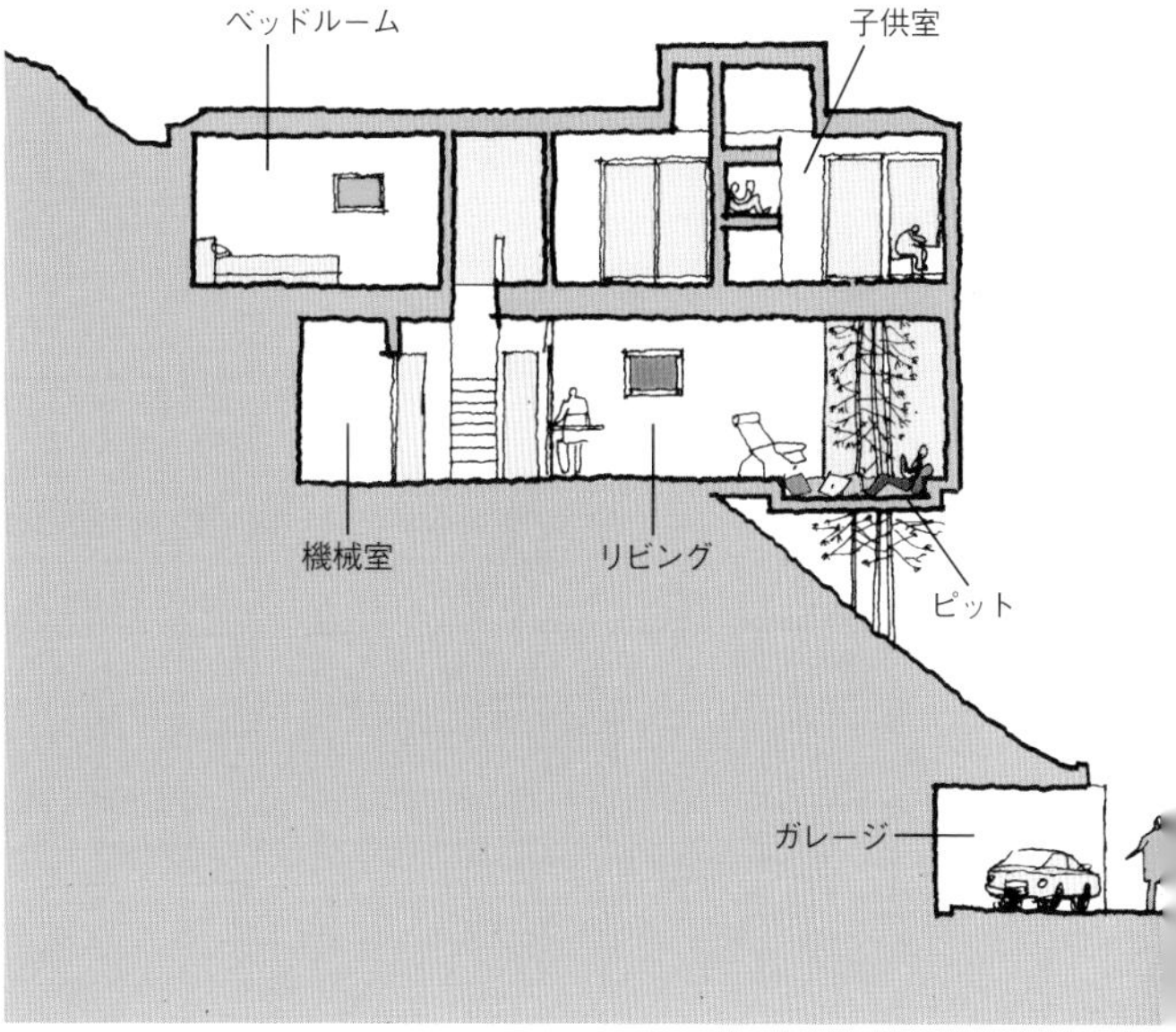

断面図　S=1:200　建物の一部が宙に浮いている

9

リビング

ピットは人を集める中心となる

ソファにもたれる心地良さ
石津別邸「もうびぃでぃっく」

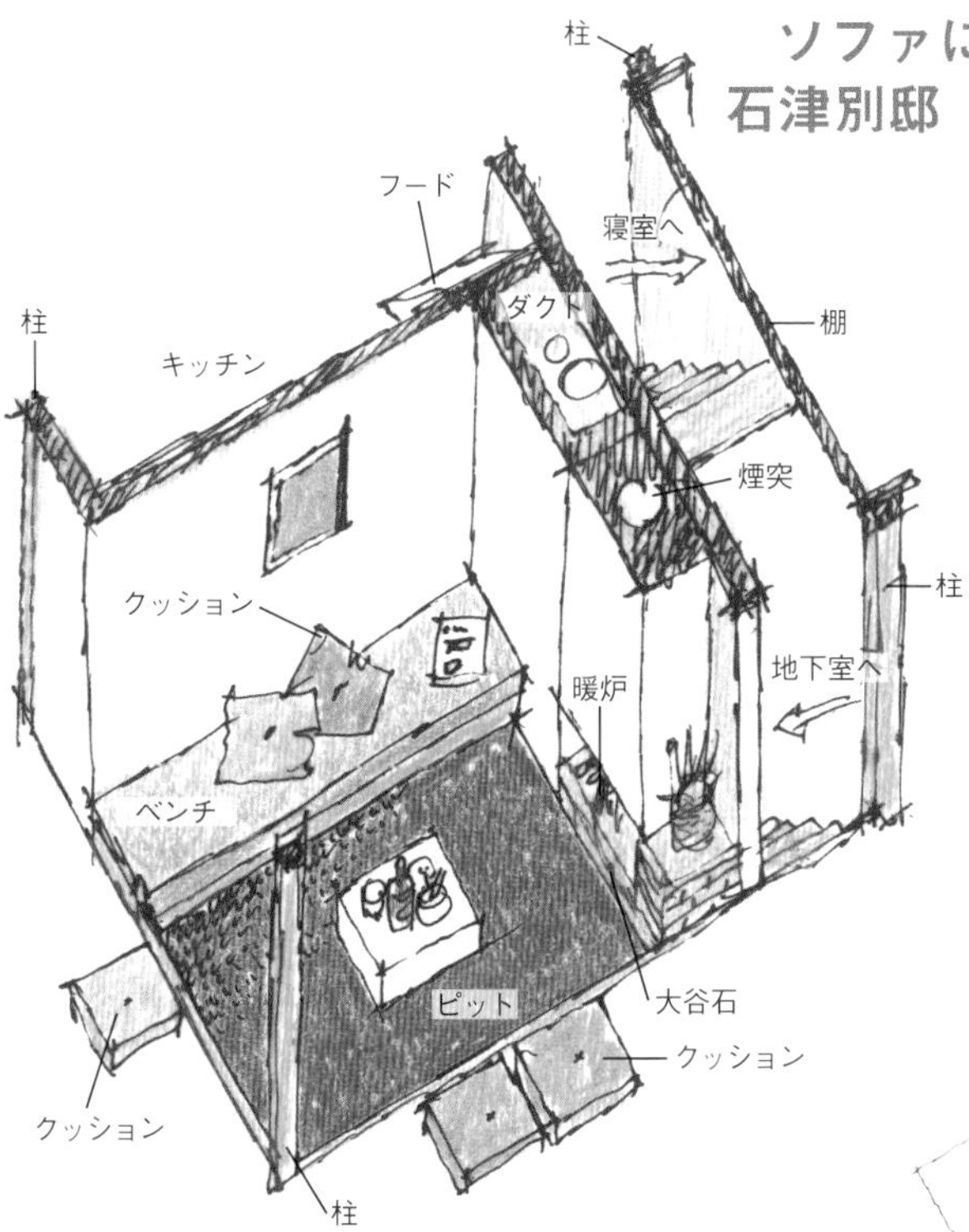

櫓の仕組み
ピット、ソファ、暖炉、キッチン、階段が組み込まれている

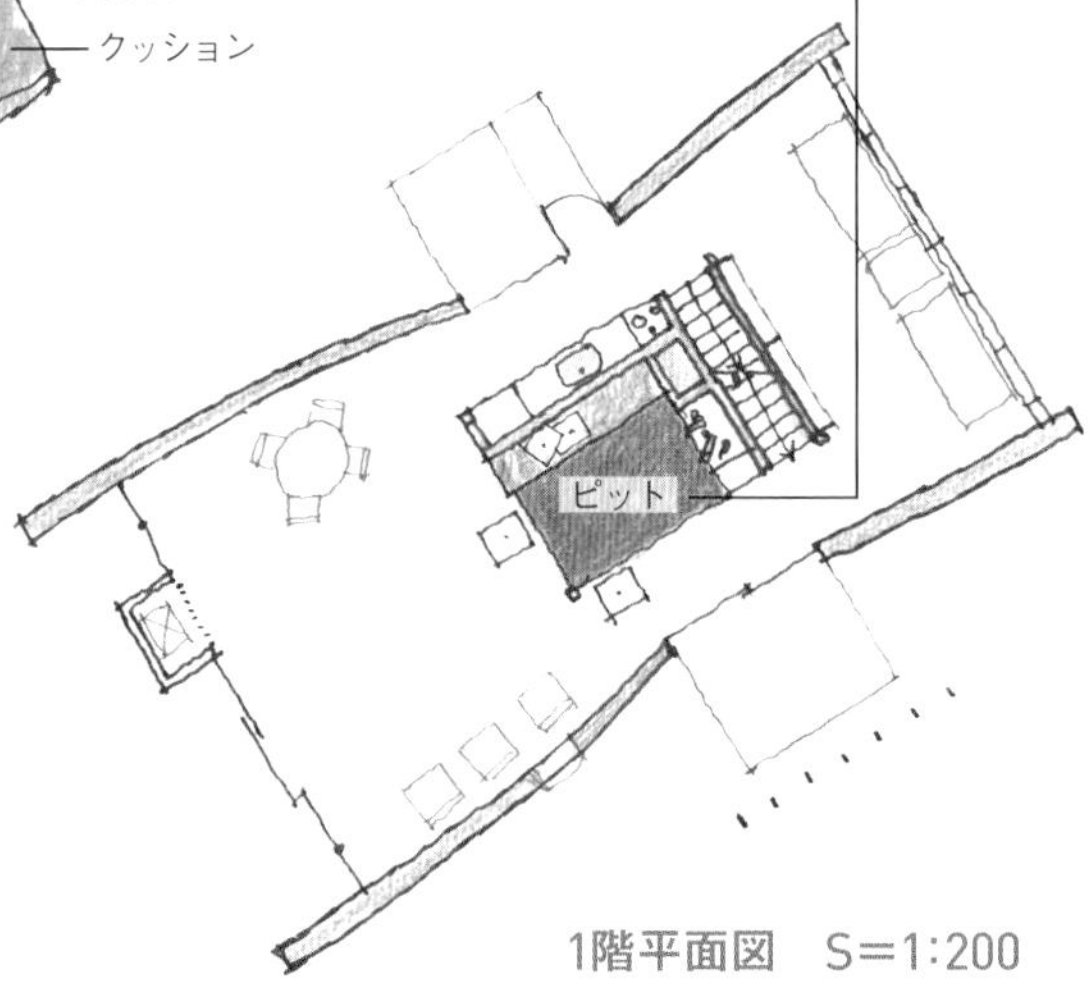
櫓は密度の濃い空間

1階平面図　S=1:200

HPシェルの垂木構造に櫓が内包されている。櫓の下がピット

これは「もうびぃでぃっく」と名付けられた石津別邸のピットである。第3章でも述べたが、石津別邸の空間構成は、櫓《やぐら》とそれを包み込むクジラの背のような構造体による入れ子構造になっている。櫓の上部はベッドルーム、その下にピットが切られている。さらにピットの2つの壁面にはそれぞれベンチと暖炉がつくられ、別宅暮らしを楽しむためには十分な設えである。

このセカンドハウスはワンルームゆえに、ここからここまでがリビング、という明確な区切りがない。大人数でのパーティに使うならそれでも問題ないのだが、少人数で過ごすことの多いセカンドハウスでは落ち着かないという難点がある。その時、この櫓の下のピットが人々の憩う場所となる。のびのびと広がる空間と、人間的なスケールの密度の濃い空間が対比的に設計されているので、気持ち良く落ち着いて過ごすことができるのである。

さらに櫓には暖炉がある。暖炉には人を自然に集める力があり、ピットはその人たちを受け入れる心地良い器になる。この関係が絶妙なリビングだ。

10

リビング

ピットとソファで満たしたリビング

ベランダにはみ出した円形空間／横尾邸

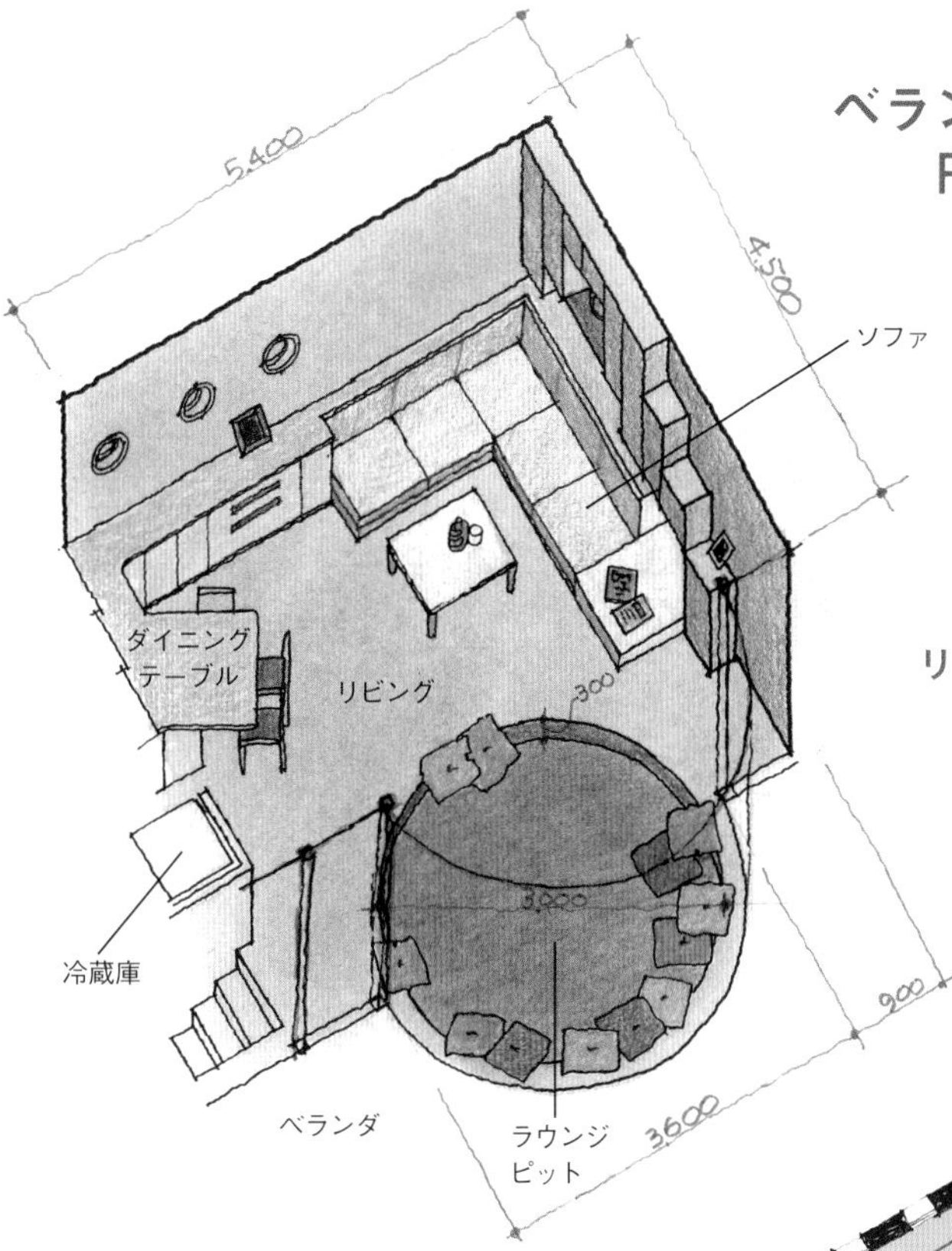

リビングダイニング俯瞰図
造付けのダイニングテーブルとソファ、ベランダに半分飛び出したピットが特徴。ピットでさまざまな姿勢をとることにより眺めが変わる

ピットに沿って設けられた円弧状の大開口から光が射し込む

2階平面図
S＝1:150

狭い空間を有効に使い、快適に過ごすためには、設計はもちろんのこと、住まう人のライフスタイルにも整理と工夫が必要になる。それに対する宮脇流の答えがキッチンとリビングダイニングを2階に据えるプランニングだ。

ここで紹介する横尾邸の2階平面図を見ると、まず円形のピットが目に入る。この円形が四角い建物の形との見た目の対比を生み、インパクトを与えている。この円形ピットとL字形のソファで構成されたリビングには、造付けのダイニングテーブルが張り出しており、食事や団欒《だんらん》などさまざまな使い方をイメージできる。

食事ひとつとっても、ダイニングでの日常の食事、そして団欒、ソファでワイングラスを傾けながらのディナー、また、食事の後にピットでゴロゴロしながらささやかな酒宴を楽しむなどの生活は、想像するだけでも楽しい。

限られた空間であっても、そこに多様な性格をもたせることで、日常生活のマンネリ化を防ぐことができるのだ。

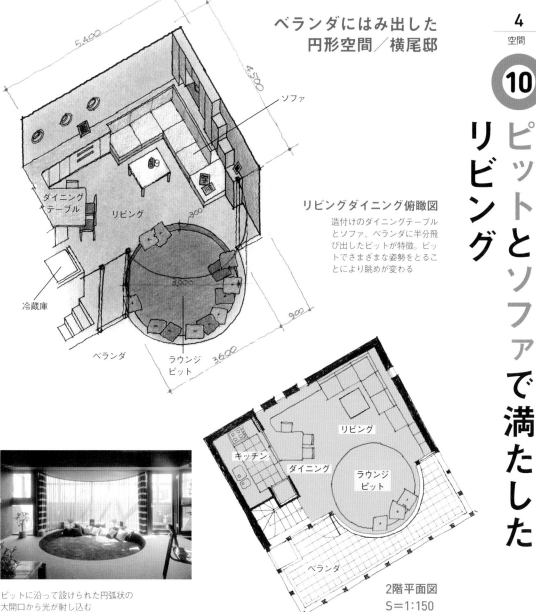

4
空間

11 リビング ソファで埋め尽くしたリビング

リビング　車座になって座れる壁際のソファ。床全体がピットのように見える

プラザハウスはリビング、ベッドルーム、キッチンなどの4つのボックスとプラザ（テラス）で構成されたセカンドハウスである。企業の保養施設を兼ねているため、社員の家族、または各部署の交流会や研修など、少人数から多人数までさまざまな不特定多数の人が使用することが考えられる。

こうした建物では1人1脚を必要とする椅子よりも、部屋全体をソファとピットで構成してしまうほうが、人数の変化に対応しやすい。プラザハウスのリビングは、使う人や人数に応じて、大きい円弧状のベンチのへりに寄りかかってくつろぐことも、クッションを利用して床に座ることも可能な設計である。大きな円弧状のベンチは、車座に座ることで求心性を生み、相互に話しやすい位置関係をつくるのに役立つ。さらにピット内部に配置された暖炉が核となり、人が集まりやすいリビングの雰囲気を醸し出している。

大きな円弧状のベンチ、丸いダイニングテーブルと小さな円の暖炉など、大小重なる円が、人間どうしの関係も和やかに導いてくれるかのようである。

全部「赤」の部屋
プラザハウス

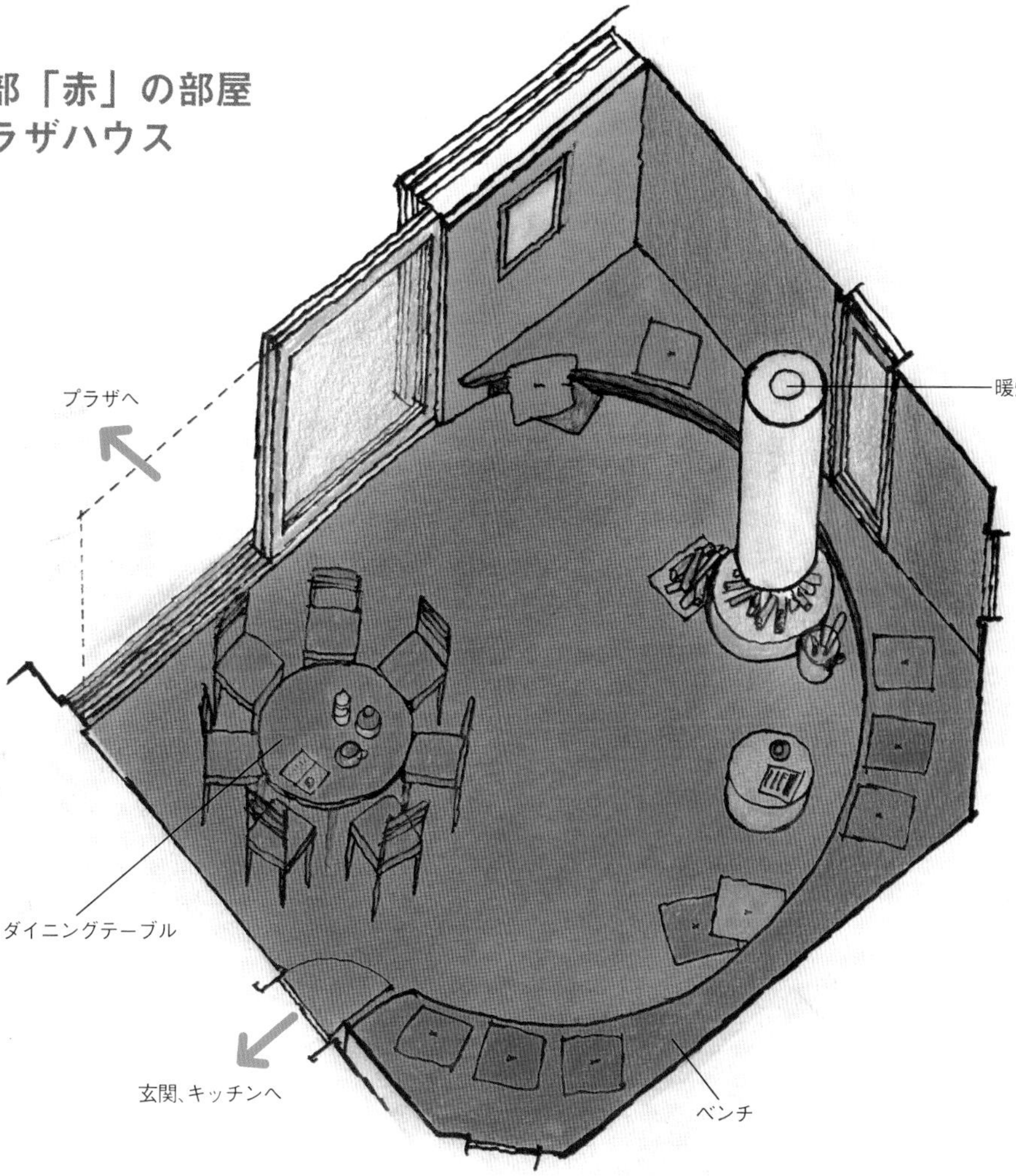

リビングダイニング俯瞰図

色彩は派手だが、実際は意外に落ち着いている

断面図　S=1:100

瞑想のためのボックス（離れ）が外部空間の抜けすぎを抑え、プラザを落ち着いた空間に引き締めている

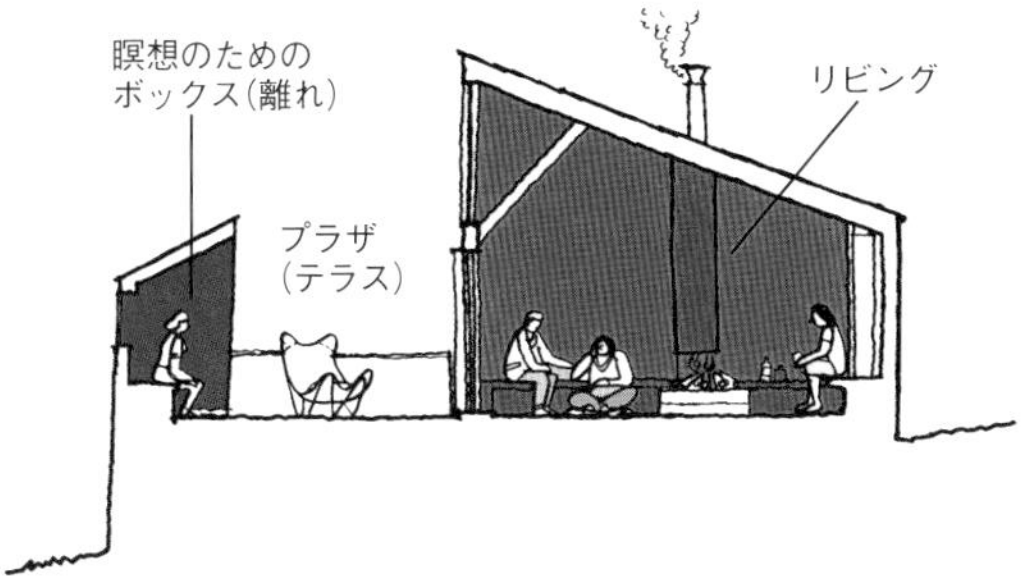

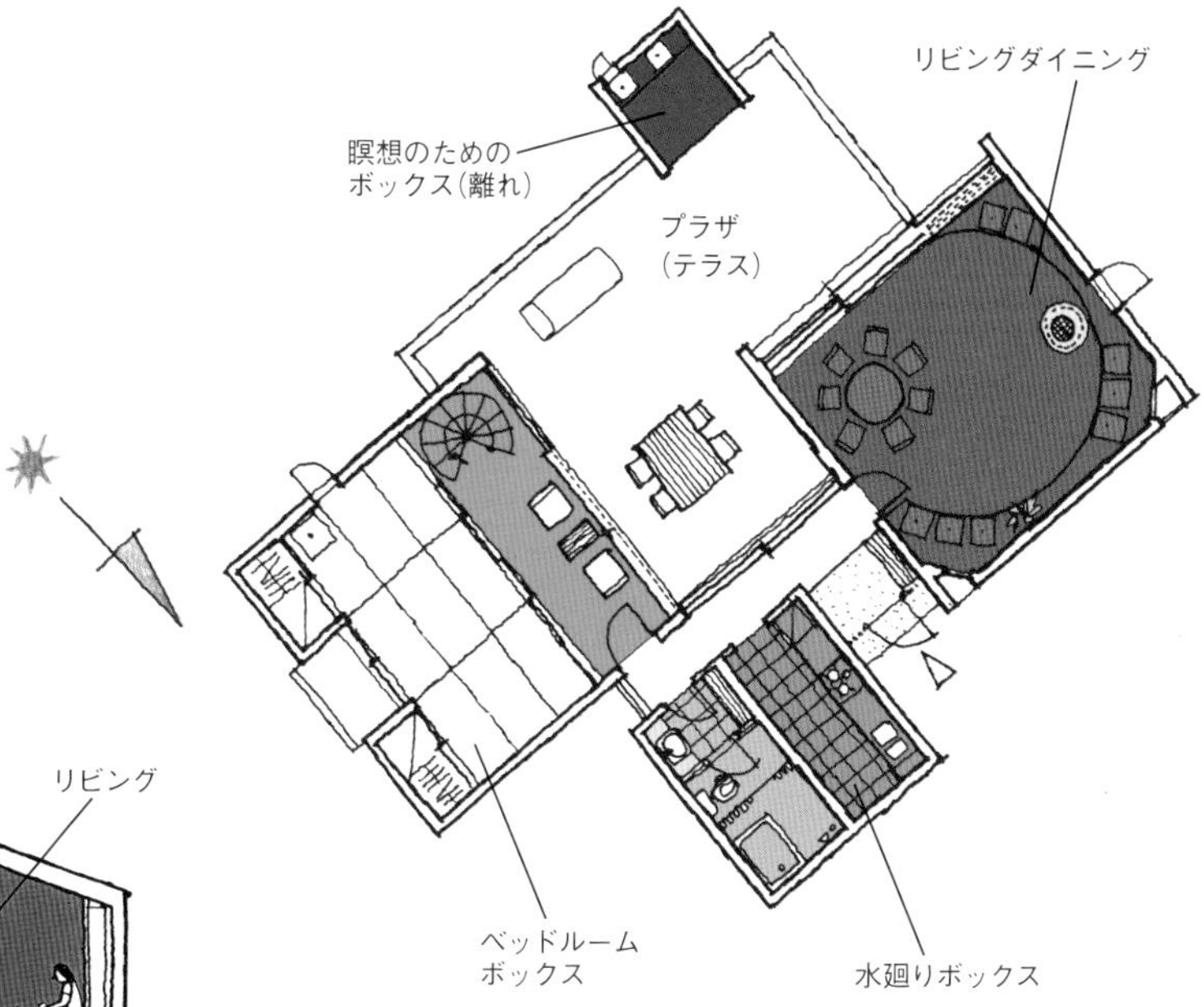

1階平面図　S=1:200

12

リビング

リビングにはソファが不可欠だ造付けの

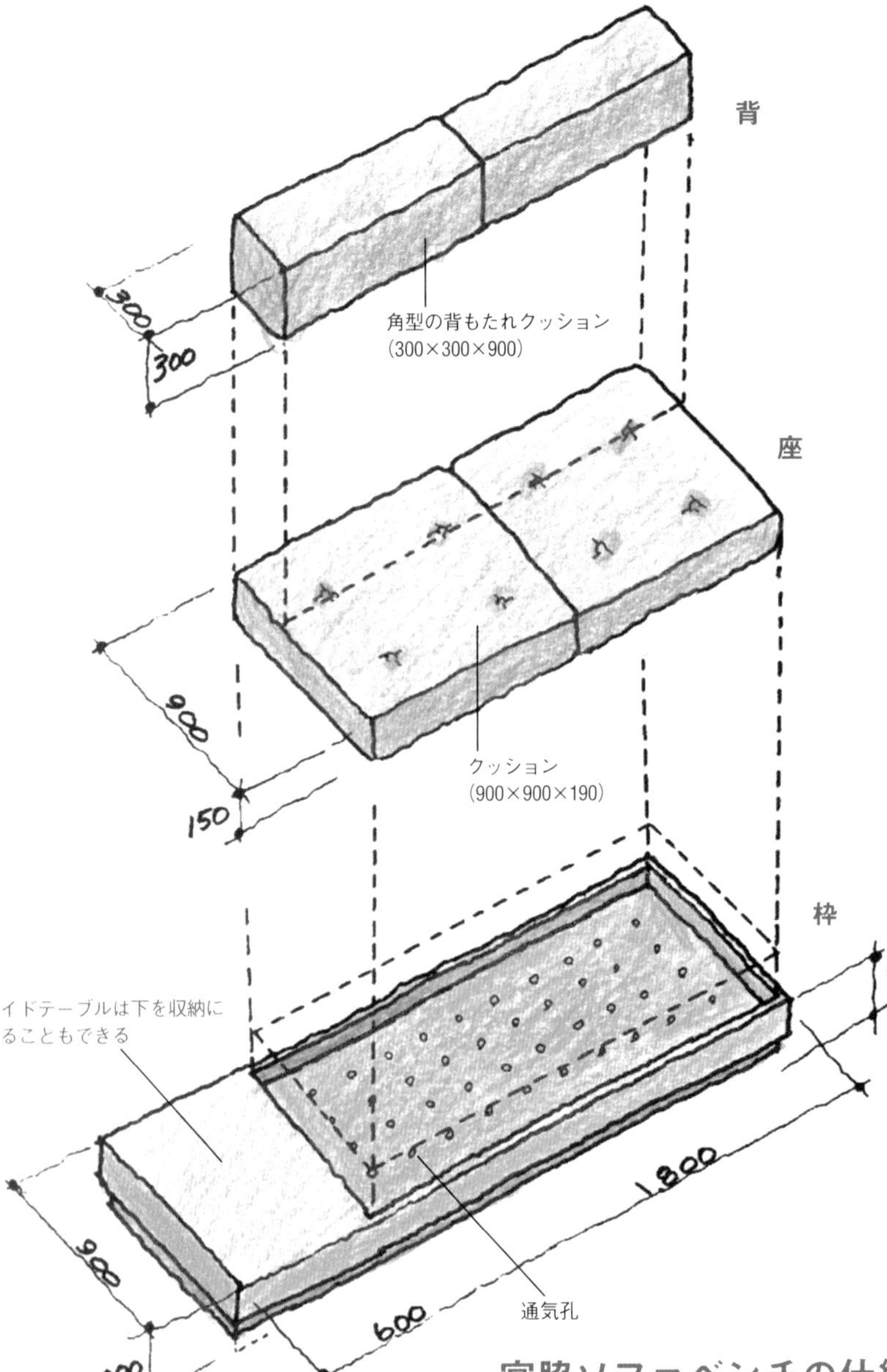

宮脇ソファベンチの仕組み

これまで、宮脇さんが好きだった造付けソファの事例をいくつか見てきた。ソファは座るだけでなく、藤江邸や佐川邸のように座の下や背後に収納を設けることもできる。ほかにもソファの一部を木製デッキとし、そこにクッションを置いて座ったり、本や観葉植物の置き場所にしたりするなど、多用途に利用している船橋邸のようなケースもある。

宮脇流ソファは座と背の部分に分かれていて、クッションは発泡成形ウレタンを布でくるんだものが多いが、これがさまざまな用途に使えて便利だ。ここで紹介しているのは、ある時期宮脇事務所の応接室やリビングルームに置かれていた、オーダーメイドのソファベンチである。背のピースは、置き方次第で肘置きにもなり、ベッドにも早変わりする。このソファベンチがあれば、わざわざ客間をつくらなくても十分というわけだ。

宮脇事務所では仕事の後、よく飲み会が行われていた。飲み過ぎて終電に遅れた人が、このソファをベッド代わりに利用していたのも、今では懐かしい思い出である。

収納を兼ねる ソファベンチの例

収納のほか照明や空調機器を仕込んでいるものもある

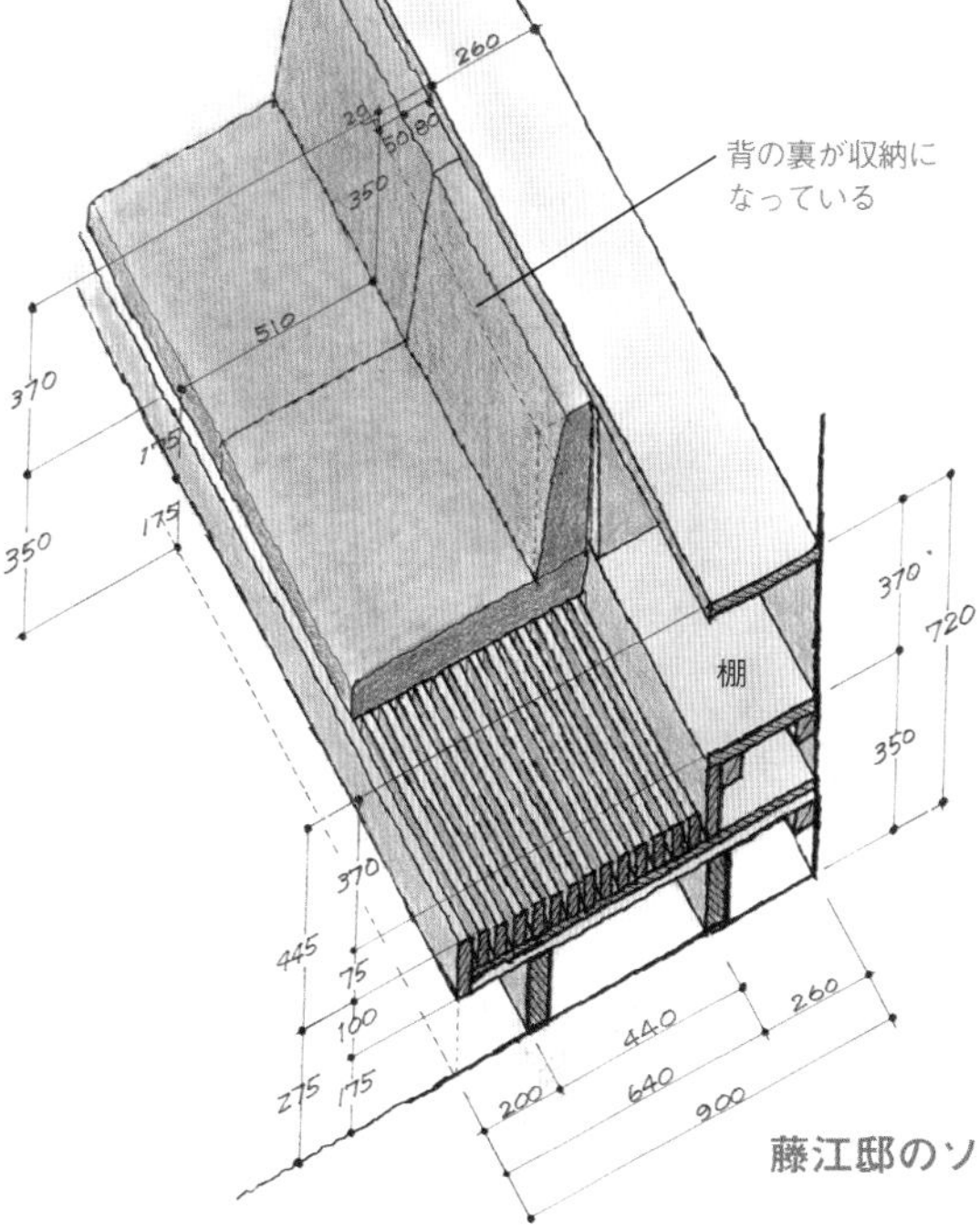

藤江邸のソファの構造

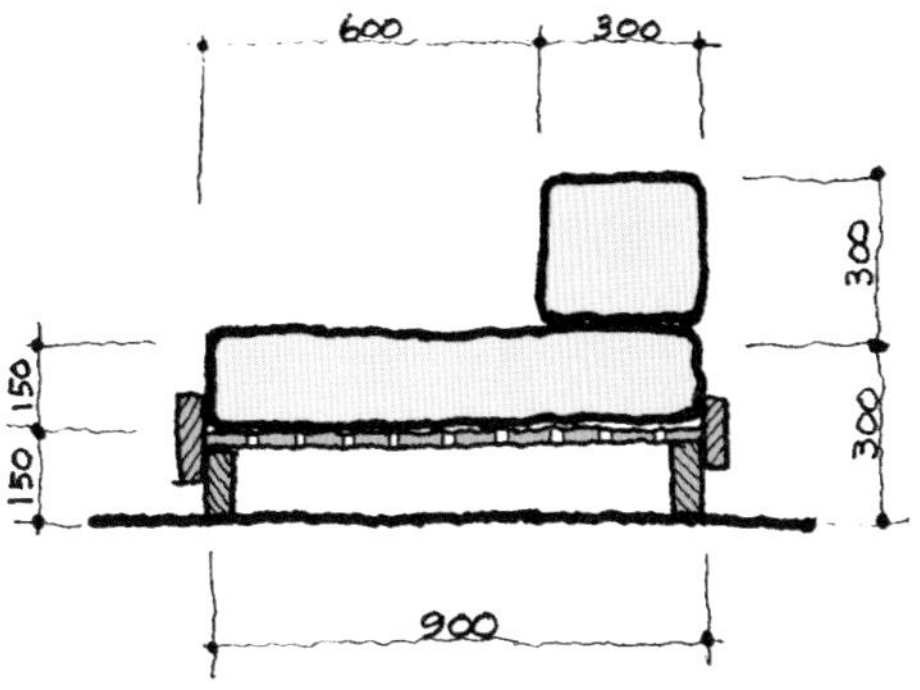

宮脇ソファベンチの断面図

ソファのクッションを座と背もたれの部分に分割できるため、さまざまな姿勢に対応できる。座や背のクッションの寸法への配慮も大切

ごろ寝もできる宮脇ソファベンチの活用法

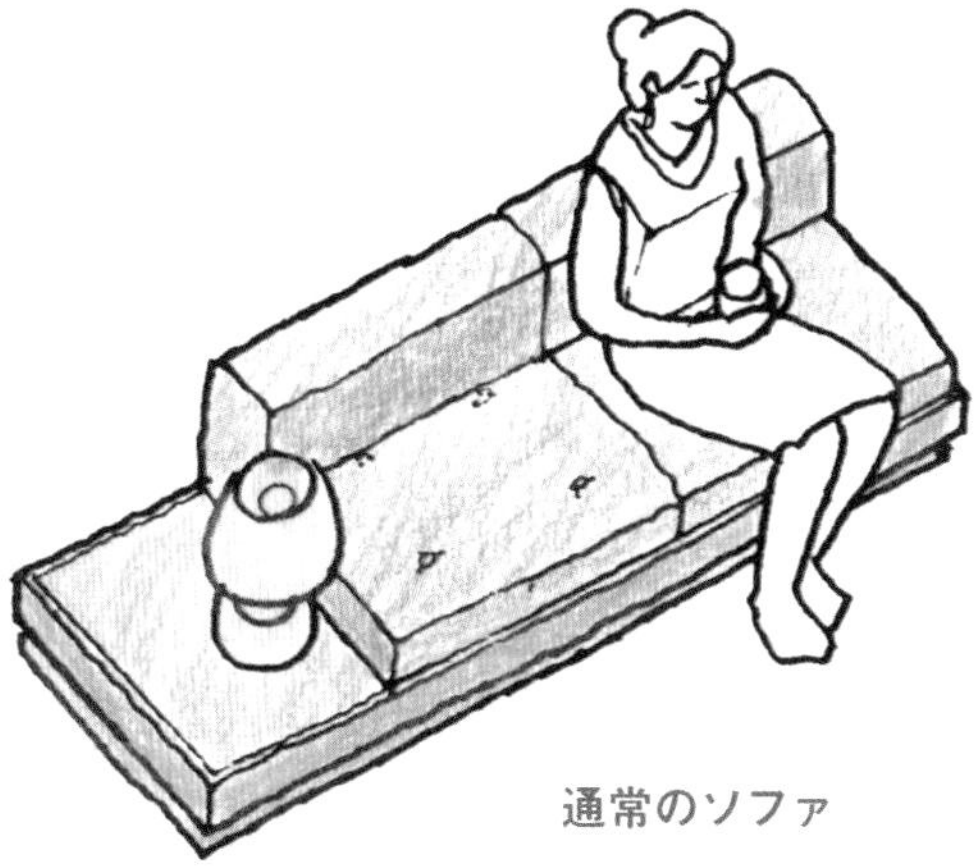

通常のソファ

子どものベッド

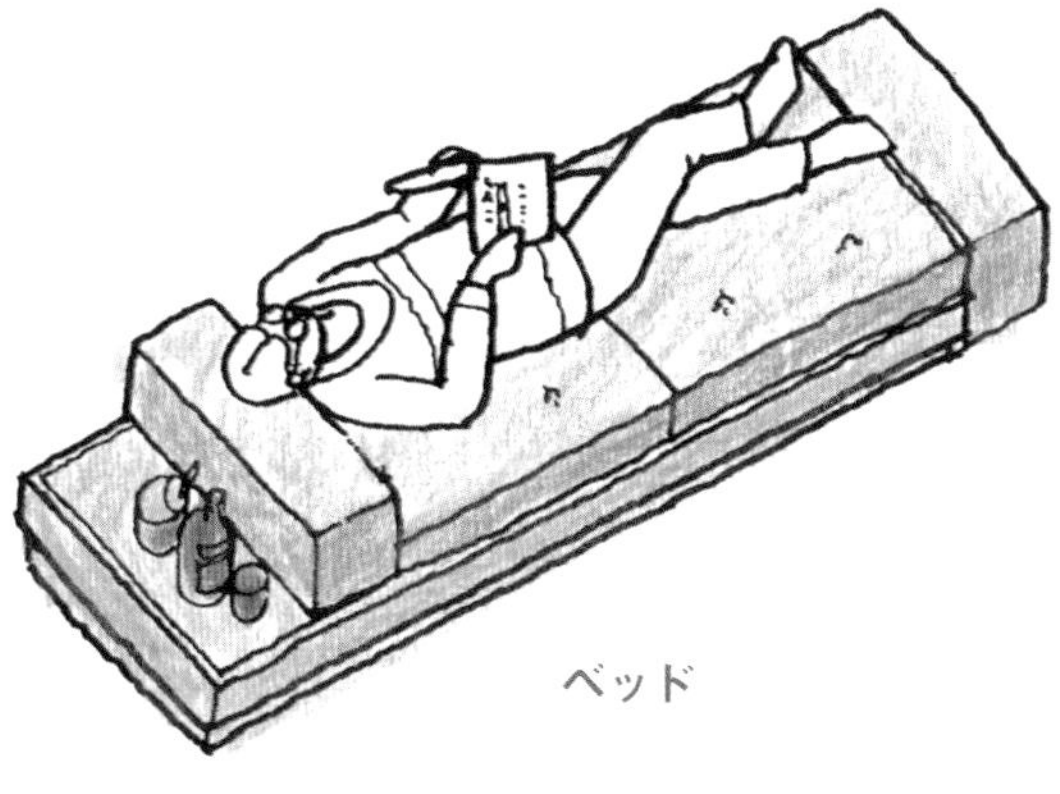

ベッド

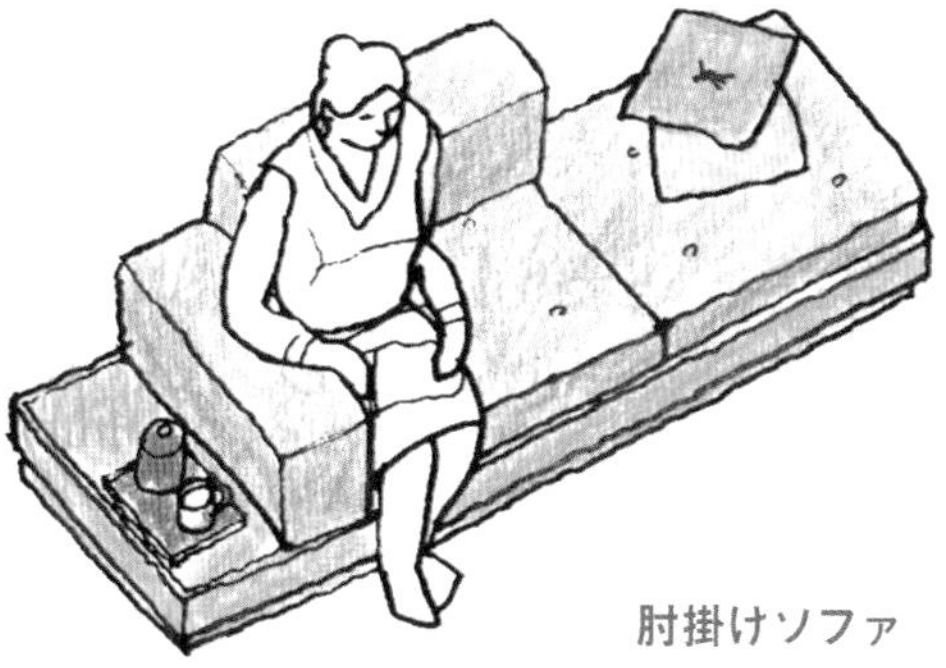

肘掛けソファ

13 キッチンとダイニング

キッチン・ダイニング・リビングの心地良い三角関係

DK

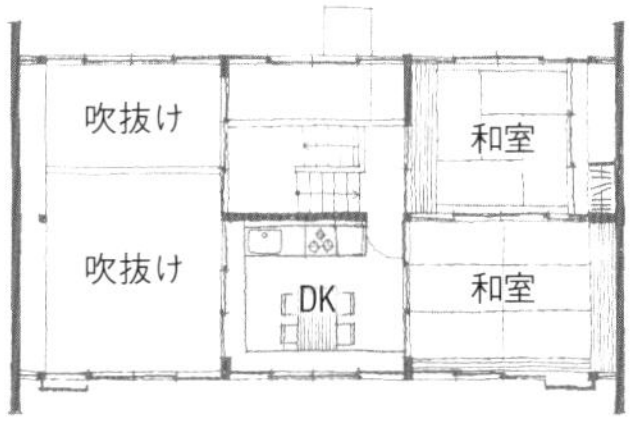

立松邸
中2階にコンパクトにまとめられたDK

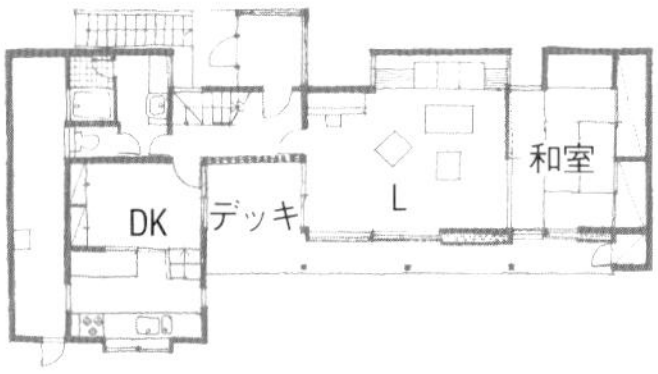

藤江邸
ダイニングとキッチンがレベル差のあるDK

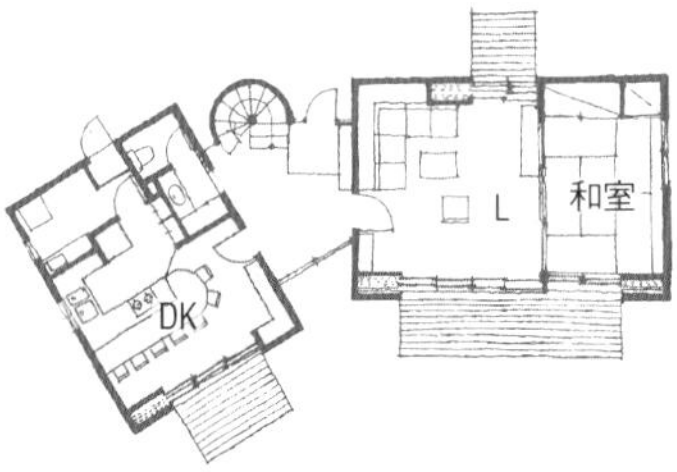

長島邸
独立した棟にまとめられたDK

K

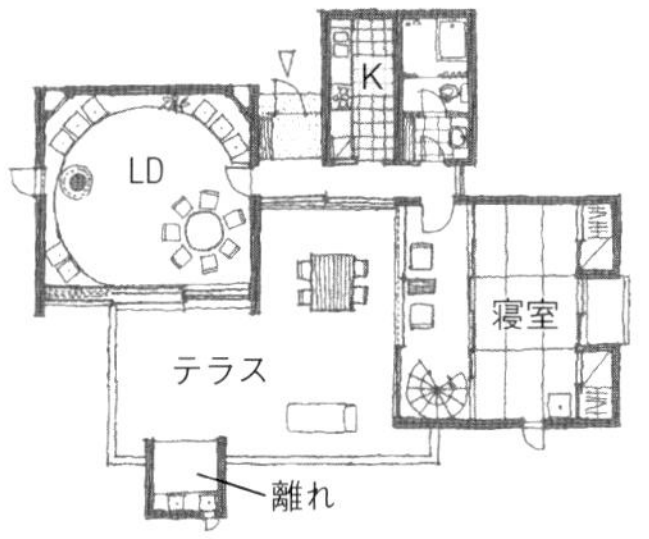

プラザハウス
KのボックスはLDのボックスと離れている

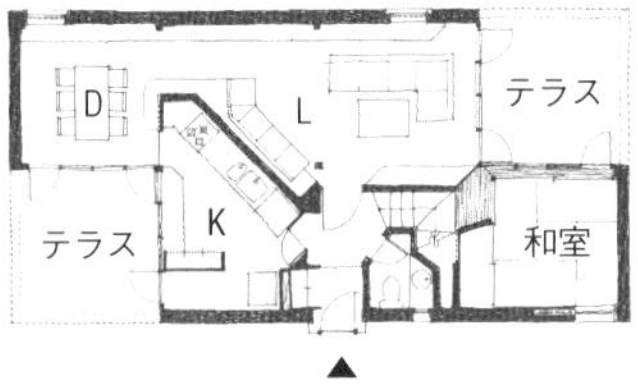

高畠邸
調理台を中心にLとDとKと回遊できる

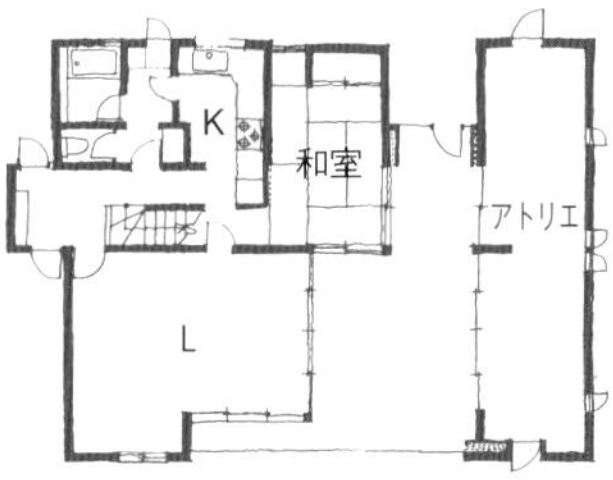

天野邸
水回り部分がまとめられた独立K

私たちの日常生活のなかで、調理をする（キッチン＝K）、食事をする（ダイニング＝D）、そして、家族で団欒《だんらん》をする（リビング＝L）という生活行為は最も重要な時間である。

しかし、調理と食事を別々の部屋で行うのか、調理、食事、団欒のすべてを1つの空間で賄うのか、といった点に関しては家庭ごとに異なってくる。そのため、住まいの広さや家族構成、ライフスタイルに合わせて、3つの空間のつなぎ方を考え、有機的に配置しなければならない。それらのパターンを宮脇作品のなかから見てみよう。

独立したキッチン型（K）

調理をするスペースを独立させることによって、ゆっくりと食事をする時間を取ることができ、散らかりやすい場所を隠せるという利点がある。また、調理する際には音や匂い、熱い湯気などが発生する。このタイプの場合、そうしたものがほかの室内に拡散されることを抑えることができる。

ダイニングキッチン型（DK）

調理をするスペースと食事をするスペースが一体化されたこのタイプでは、

LDK

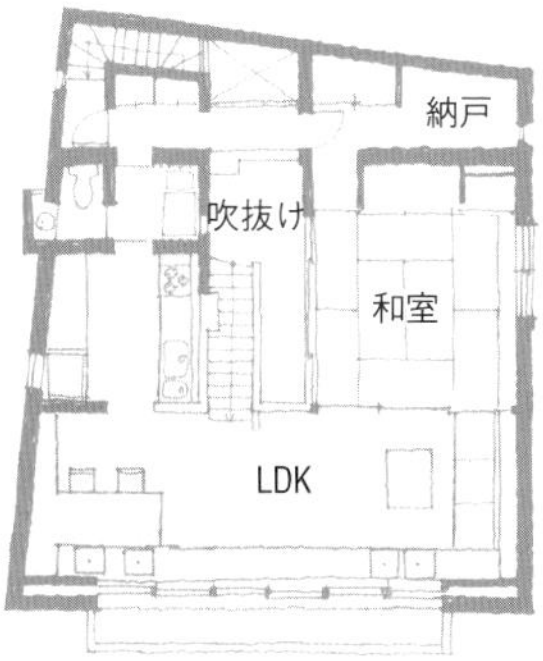

船橋邸

家中を見渡せる指令塔型のキッチン

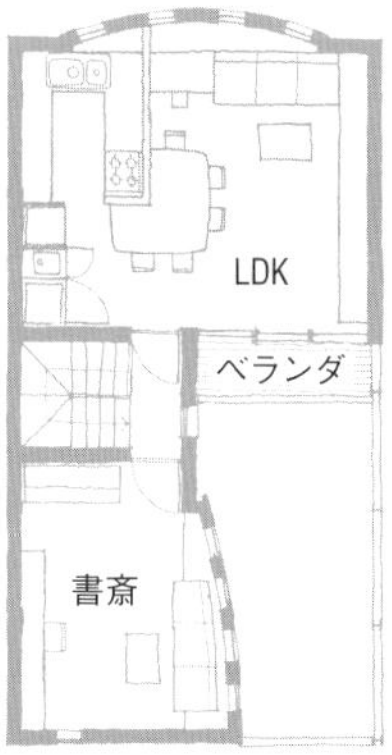

崔邸

LDKの各所に居場所があり、ほど良い距離感が家族の会話を生む

DK／L

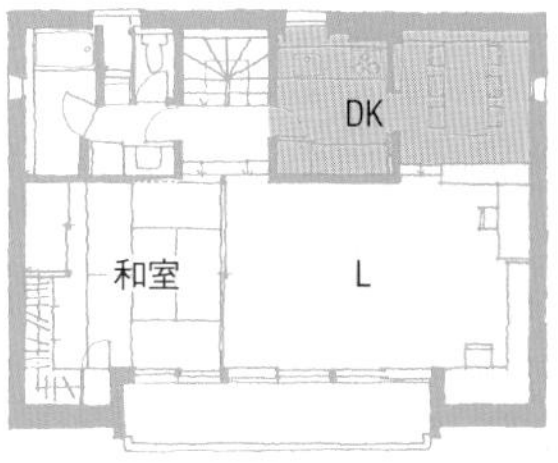

前田邸

DKはレベル差でリビングと一体化している

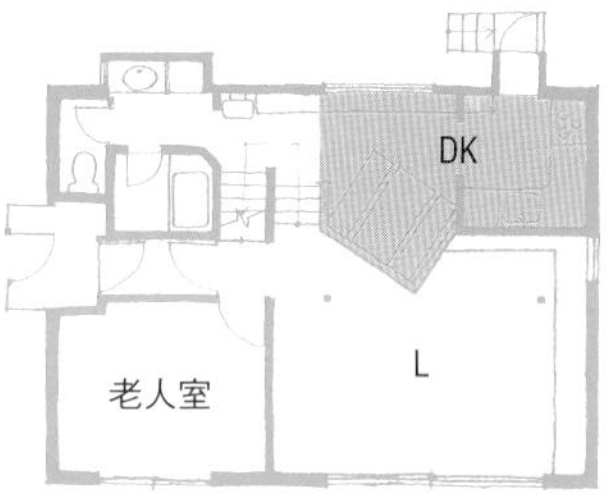

菅野邸

LとDKは半階分のレベル差がある

K／DL

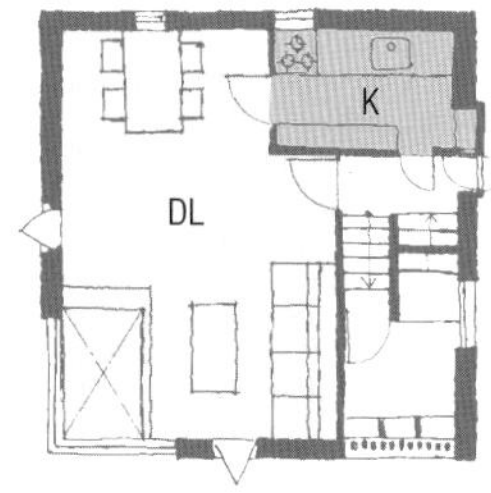

安岡邸

独立キッチンとDLが機能的につながっている

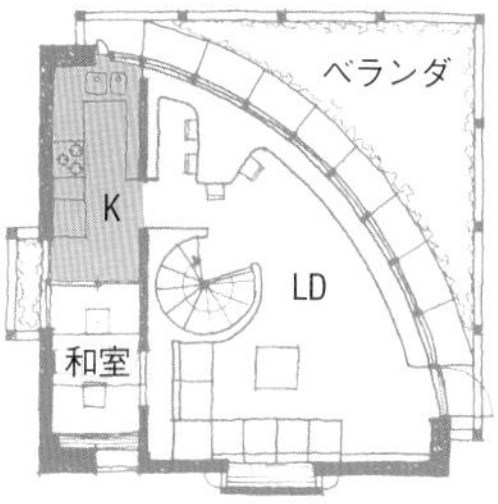

佐川邸

LDはらせん階段でゆるやかに区分けされる

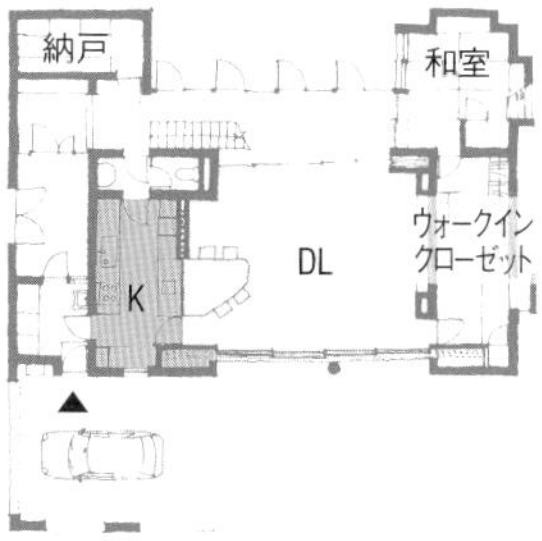

名越邸

扉で仕切るとクローズドタイプに

調理をしながら、食事をしながらのコミュニケーションが可能になる。家族間の融和を重要視したタイプと言える。

キッチンとダイニングリビング型（K／DL）

調理をするスペースにほどほどの独立性を保たせつつ、食事をするダイニングと団欒をするリビングを一体化させ、食事前後の家族のコミュニケーションを重視したタイプ。独立型（K）と類似しているが、現在ではこちらが一般的なタイプである。

ダイニングキッチンとリビング型（DK／L）

調理と食事をするスペースどうしのつながりを密にして、リビングの独立性を高めたタイプ。家族団欒のスペースを重要視したタイプだが、ほかにリビングを応接や不意の来客などの対応に利用できる利点がある。

リビングダイニングキッチン型（LDK）

調理をすること、食事をすること、それと家族間の団欒を一体化したタイプ。すべて同じ空間で賄うことができるので、少人数の家族や狭小住宅などに用いられる。

14

キッチンとダイニング

対面式キッチンのさまざまなタイプ

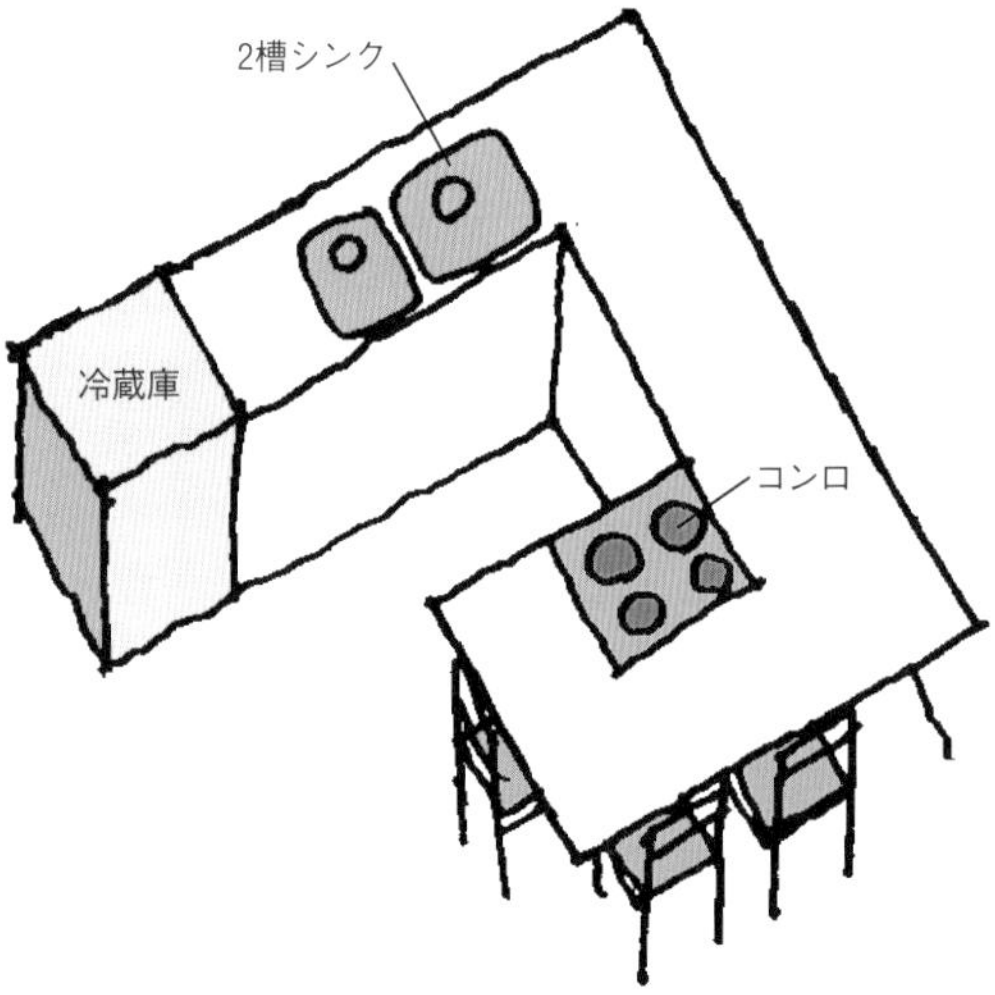

コの字型／渡辺邸

キッチンよりダイニングの床レベルを１段高くすることで、調理台とダイニングテーブルを面一にしている

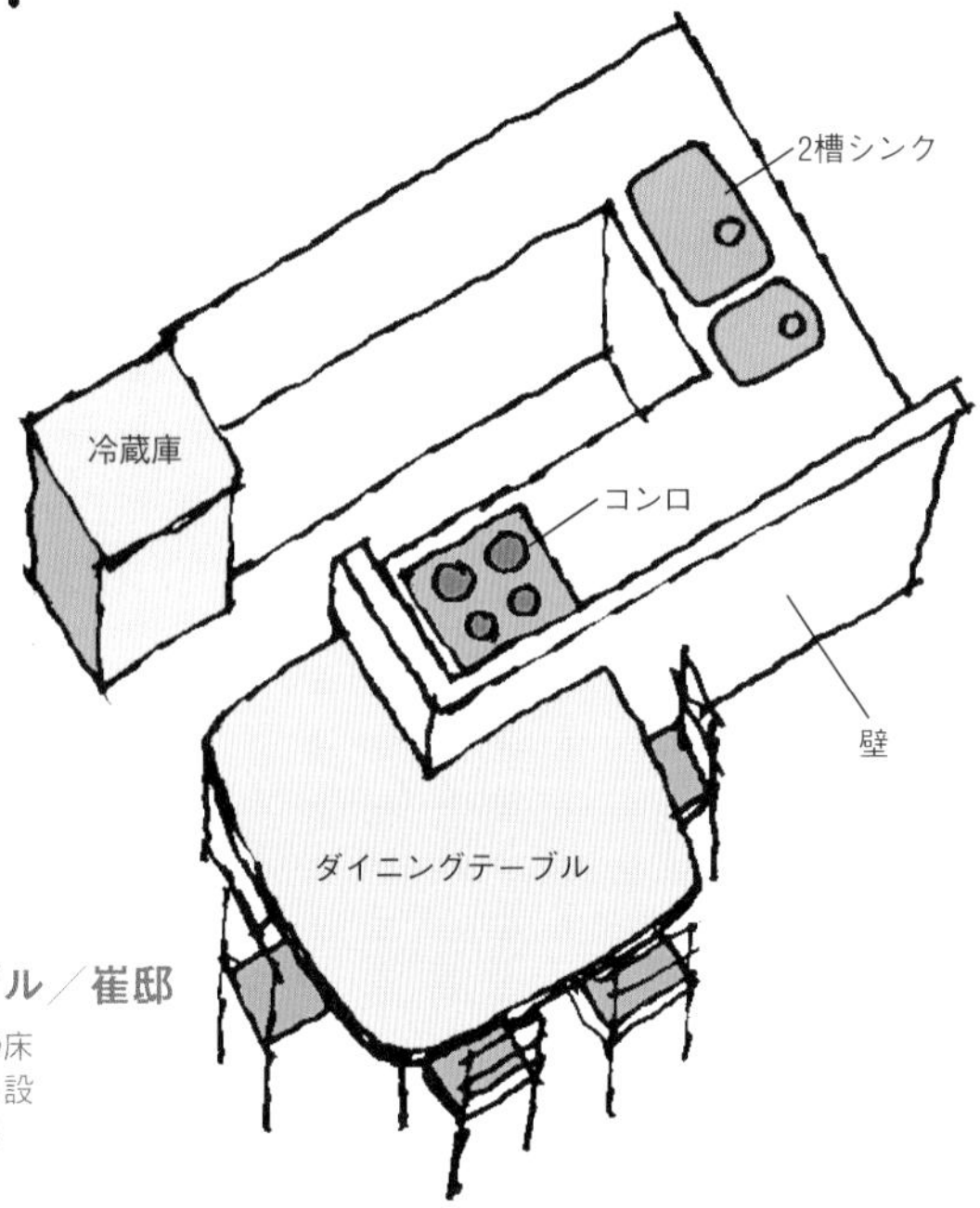

コの字型＋ダイニングテーブル／崔邸

キッチンとダイニングの床レベルは同じだが、壁を設けることで調整している

宮脇作品の住宅では、多くの対面式キッチンを見ることができる。宮脇さんが自ら料理をする建築家であったことは良く知られているが、調理をするにしても食べるにしても、おしゃべりをしながらの楽しいひとときが過ごせるようなキッチンをイメージしながら設計したに違いない。

調理台と食卓の関係に注目してみると、食卓に向かってコンロが置かれているプランが多いことが分かる。クッキングのメインは過熱や味付けである。それを食卓で待つ家族と共有することが大切と考えているのだ。

ただし、こうしたオープンキッチンは常に視界に入ってくるため、まめに片付けをしておかないと生活空間が見苦しくなることも考慮しなければならない。それを解決する仕組みはのちに述べよう。

また、調理台と食卓の高さの差をどのように処理するかも重要である。床で段差を調整し、調理台と食卓を面一にする渡辺邸、床の高さを同一にし、調理台と食卓の間に壁を設けて調整している崔邸などの例がある。

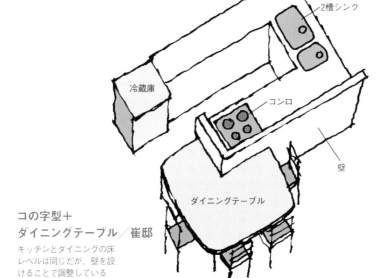

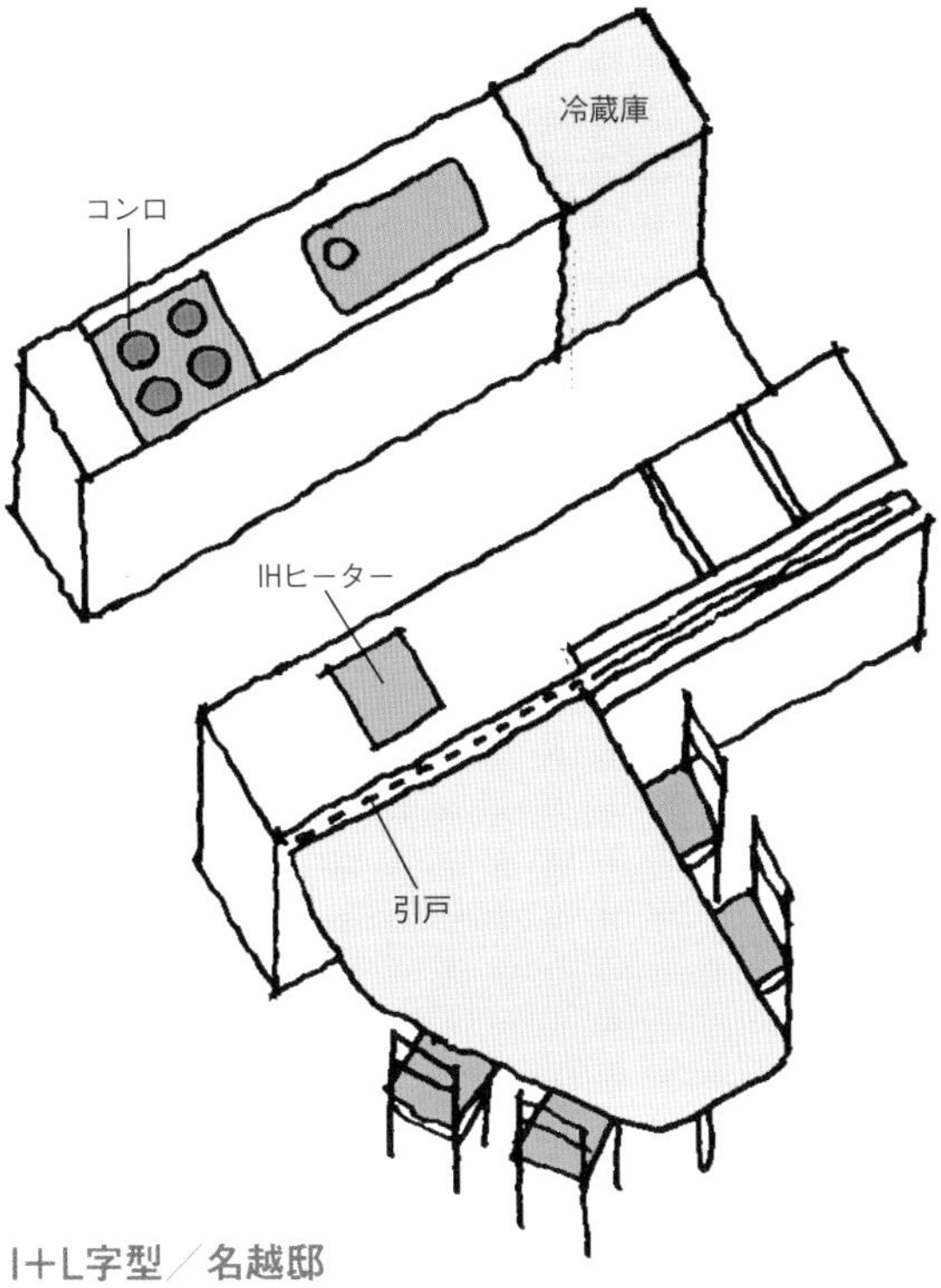

I+L字型／名越邸

宮脇さんの設計にしては珍しく、コンロがテーブルの反対側に配置されている。ダイニングとキッチンは引戸を閉めて対面させないこともできる

I+L字型／藤谷邸

テーブル左側に設けられた壁が、ほど良くダイニングとキッチンを分離している

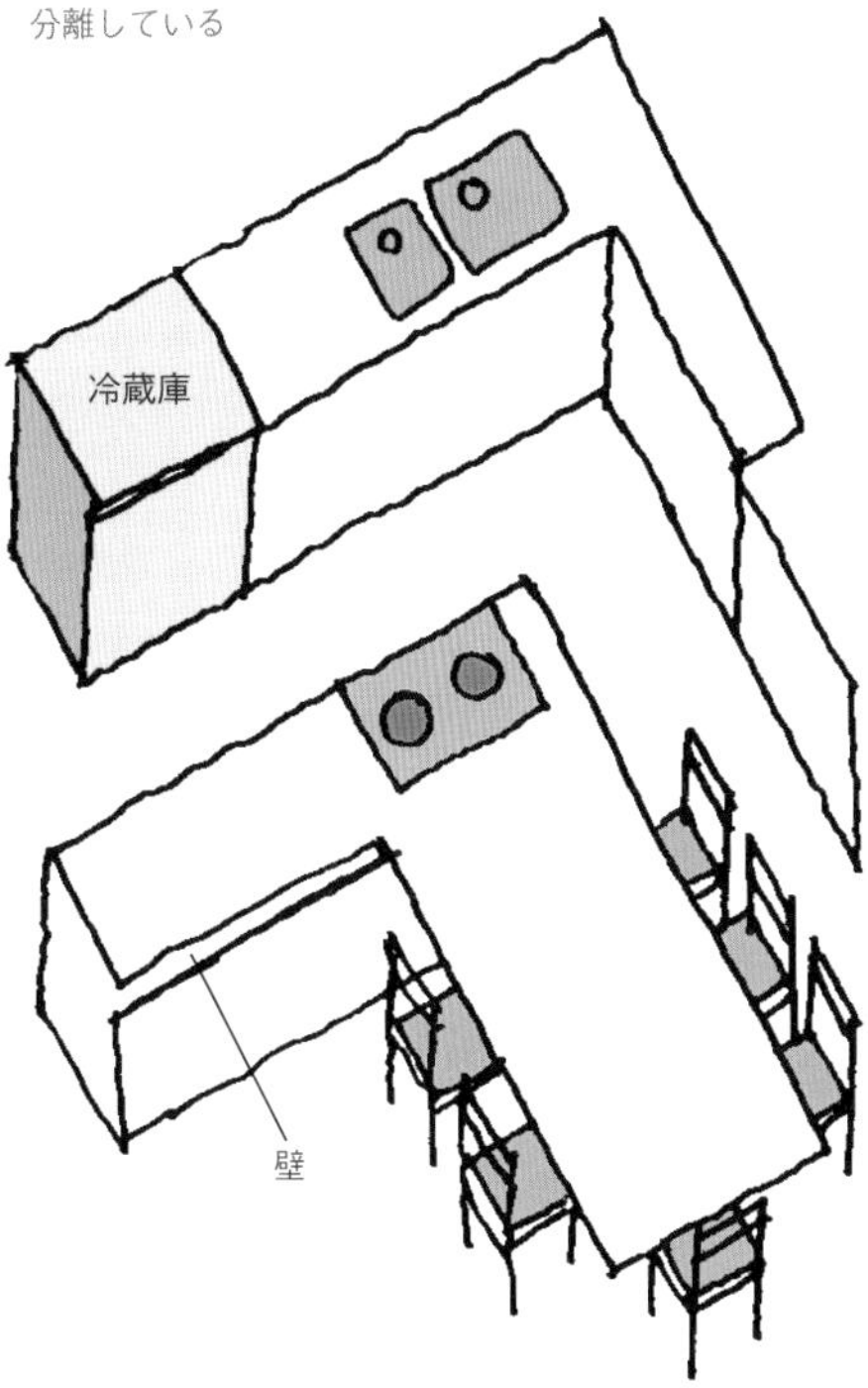

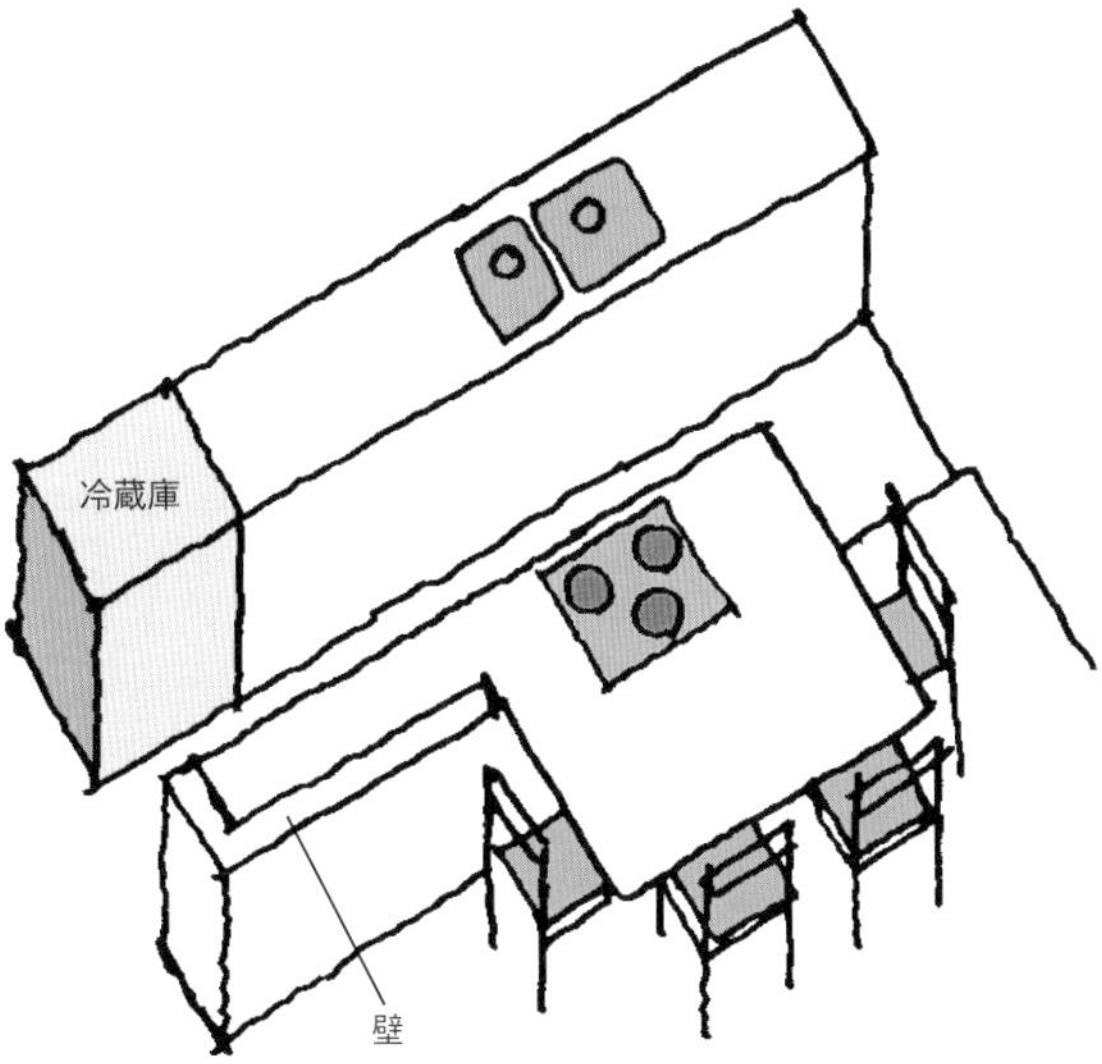

I+L字型／森邸

藤谷邸と類似しているが、テーブルの形によって調理への参加の度合いが変わってくる

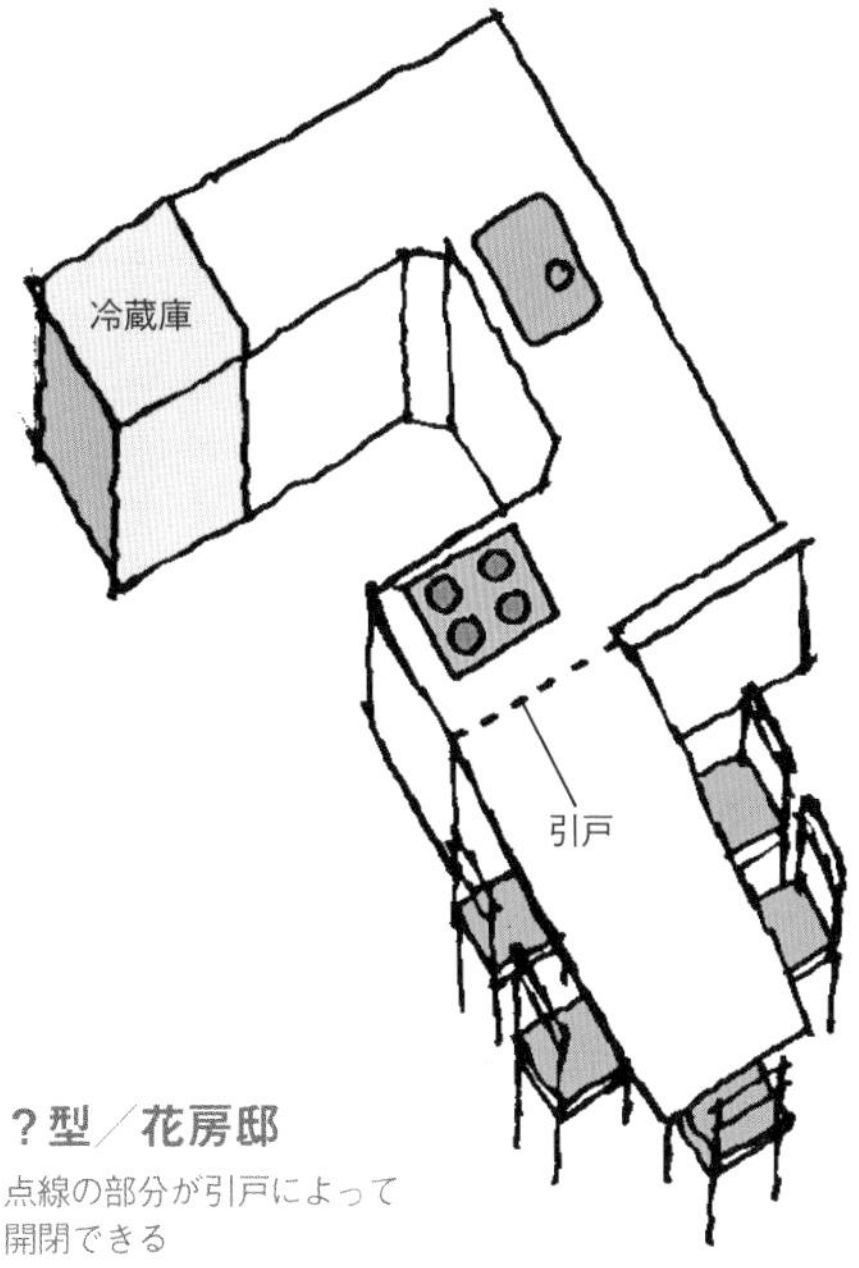

?型／花房邸

点線の部分が引戸によって開閉できる

15

キッチンの動線と使いやすい高さ寸法

調理作業の流れ

調理と配膳、片付けの動線を考えて配置する

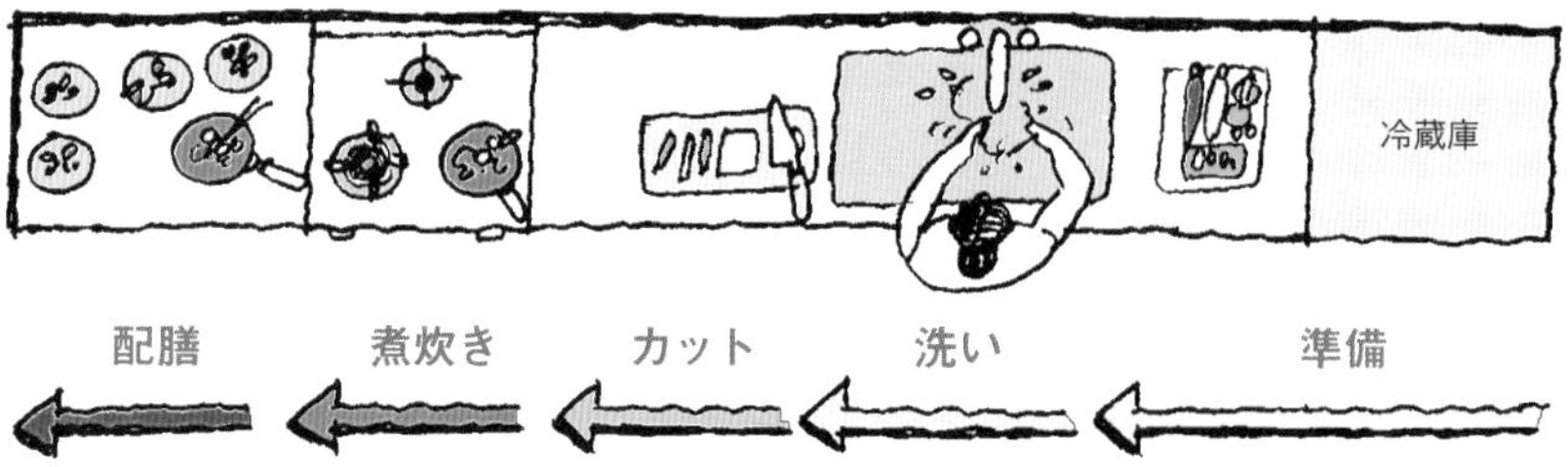

作業のトライアングル

トライアングルの三辺の合計は3.6〜6m以下が望ましい

A＋B＋C≦3.6〜6m

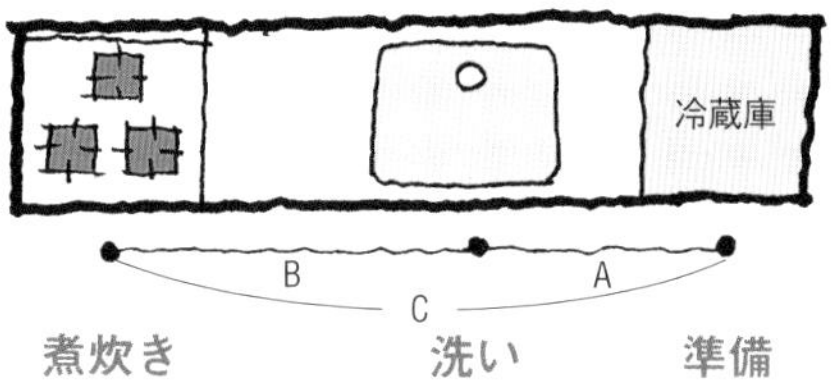

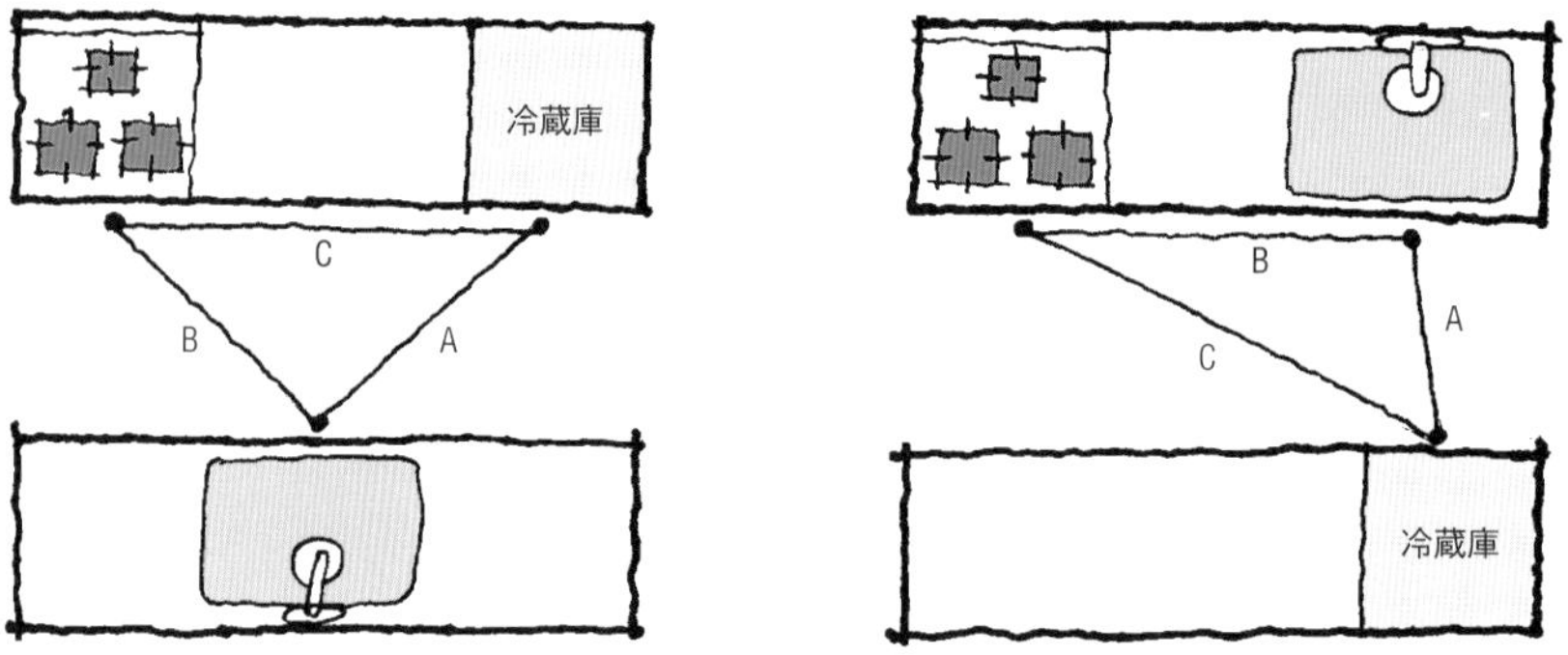

キッチンでの作業の効率性を高めるためには、調理台、シンク、コンロなどの配置によって決まる動線が重要になる。

調理作業の流れとワークトップの寸法

調理の基本的な作業動線は、図のように準備から調理、配膳へ、という流れになる。この流れに沿って効率良く動けるように、機器を配置することが重要である。家全体のプランニングや、利き手が右か左かなどにより、動線が図とは逆（左から右）になる場合もある。また、ワークトップの寸法は最近では高さ900㎜、奥行700㎜など大型化する傾向にあるが、基本的な寸法を知ったうえで設計しなければならない。

作業のトライアングル

作業効率を判断する物差しの1つに、作業のトライアングルがある。つまり冷蔵庫（ストック、準備）とシンク（準備、調理）、そしてコンロ（調理）の関係である。この3つの位置と距離は、作業効率に大きく影響してくるため、十分な配慮が必要である。

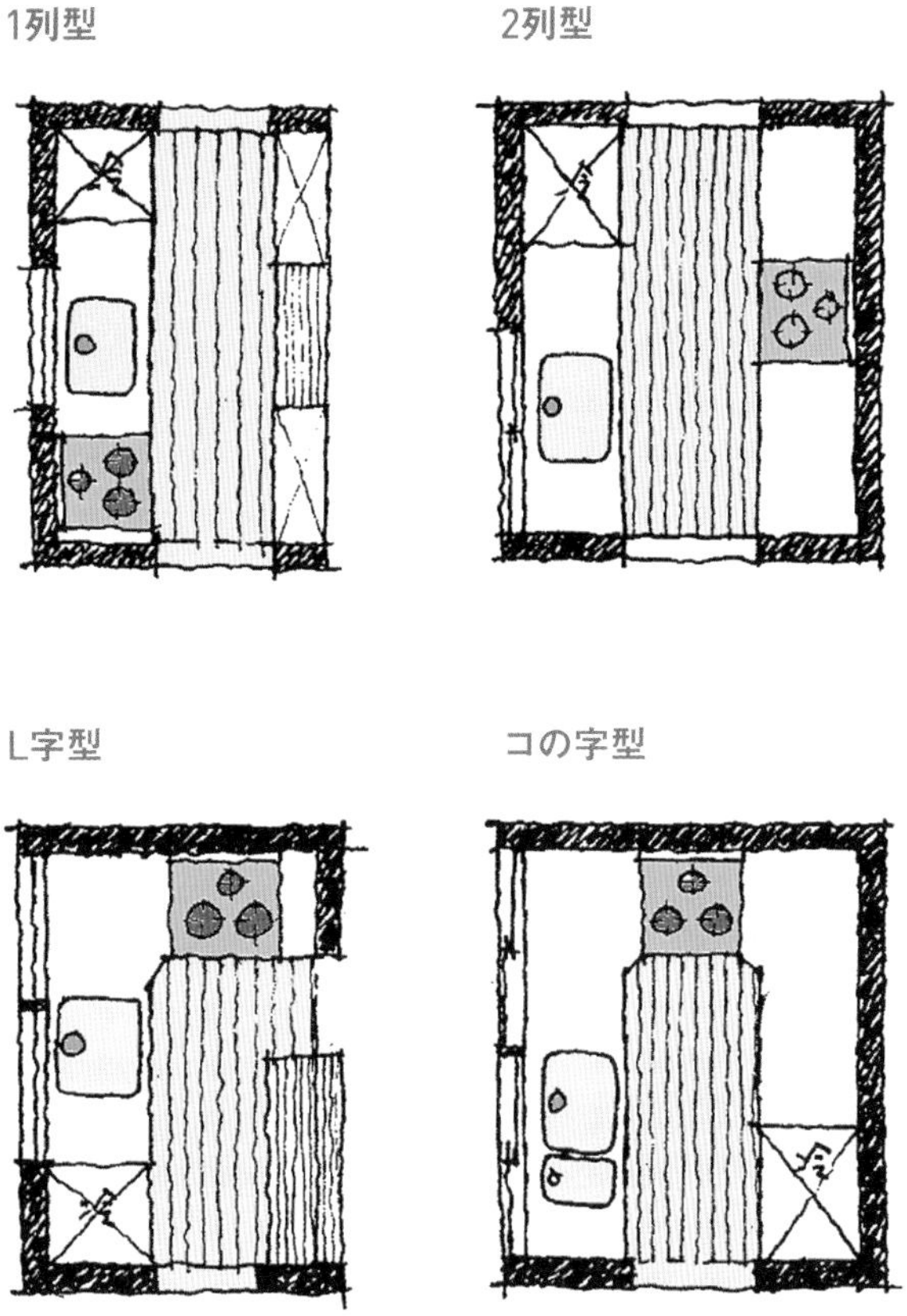

独立型キッチンの基本配置

キッチンの位置・配置パターンは、家族構成や住まい全体のプランを考慮して決定する必要がある。冷蔵庫・シンク・コンロを効率よく配置することが重要

調理台・棚の寸法

作業をする人の寸法に応じて、調理台や吊戸棚の高さを決める

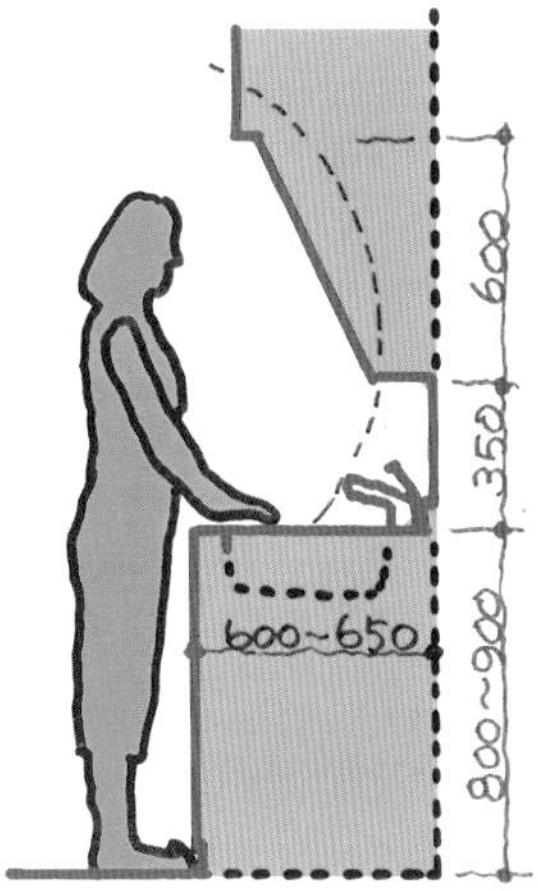

キッチン、吊戸棚の寸法(mm)

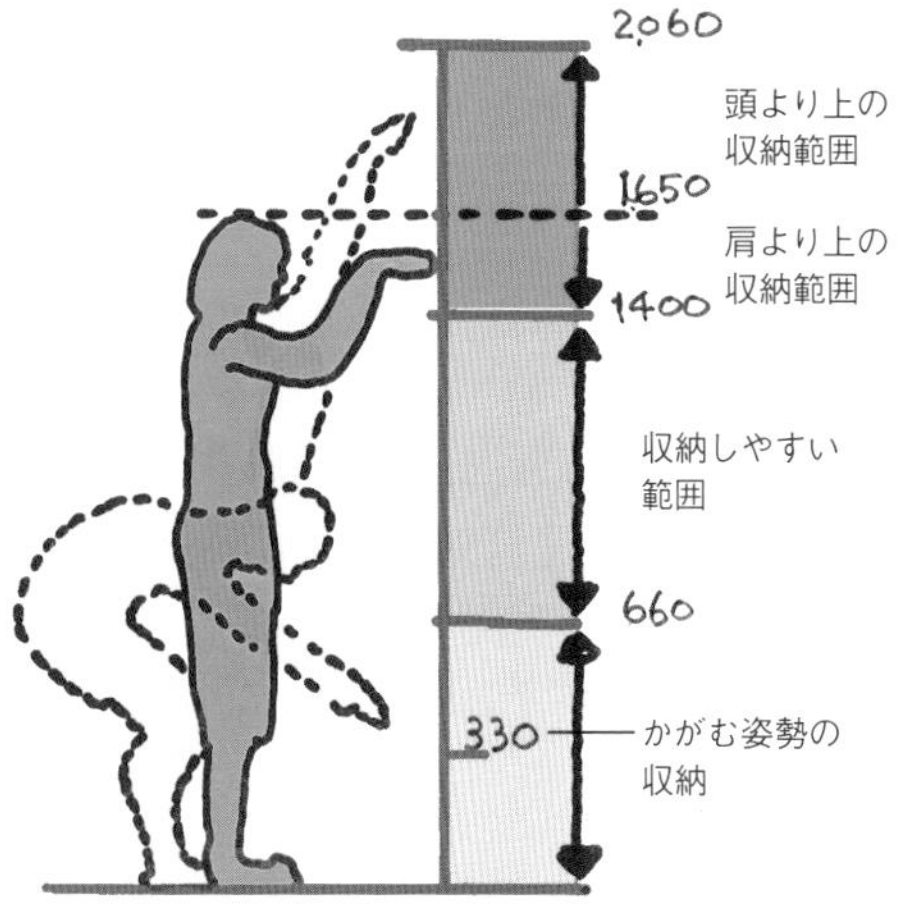

収納の適正高さ寸法(mm)

調理台・棚の寸法

もう1つ作業効率の点で重要なのが、調理台や収納棚の寸法だ。使う人の体形によって異なるが、ここでは標準的な女性の身長に合わせた寸法を例示した。

キッチンの基本配置

独立したキッチンにおけるプランは、冷蔵庫、シンク、コンロなどの配置により、大きく以下の4通りに分類できる。

上の図に示したように、すべてを縦1列に配置した「1列型」、向かい合う2列に配置した「2列型」、コーナーを使って2面の壁沿いに配置した「L字型」、そして3面の壁沿いに配置した「コの字型」である。

住まい全体のプランニングや敷地条件も考慮すると、キッチンの位置と広さ、そして出入口や窓の位置などによって配列のパターンは限定されるが、使いやすさや、クライアントの好みによって決定すると良い。

16 独立タイプのキッチンは主婦の城

キッチンとダイニング

宮脇さんのように調理をする男性は少なくないが、キッチンは主婦にとって大切な空間である。そのキッチンで効率良く調理できるかどうかは、前にも述べたように、冷蔵庫、調理台、そしてシンクとコンロの配列がかかわってくる。

そのほかに、キッチン内部のレイアウトも重要であるが、キッチンからダイニングへの動線、またユーティリティーへの動線などが効率的に実現できているかも利便性に大きく関係してくる。

配膳・片付け・ゴミ出しとキッチンは動線が大事／木村邸

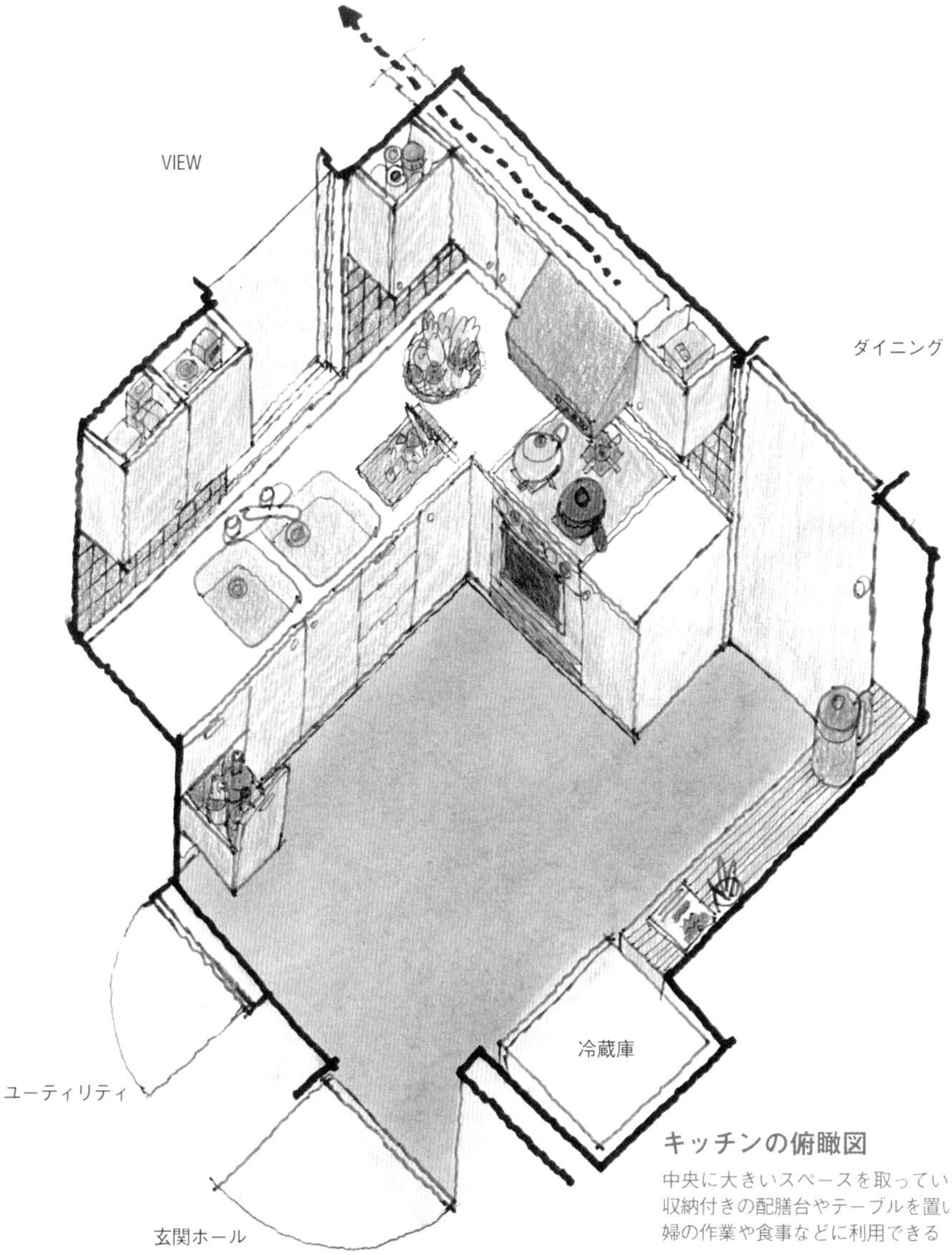

キッチンの俯瞰図

中央に大きいスペースを取っているので、収納付きの配膳台やテーブルを置いて、主婦の作業や食事などに利用できる

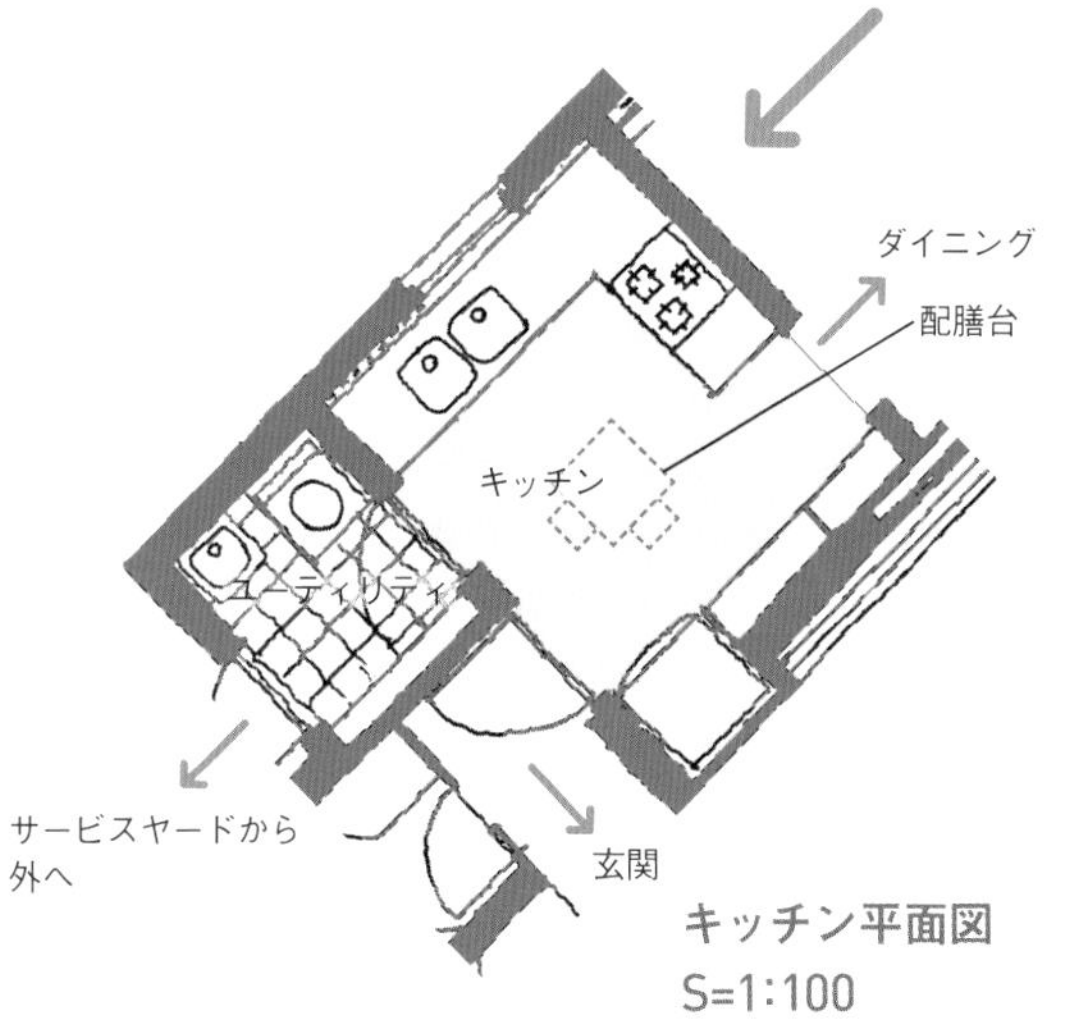

キッチン平面図
S=1:100

三角形が使いやすい／高畠邸

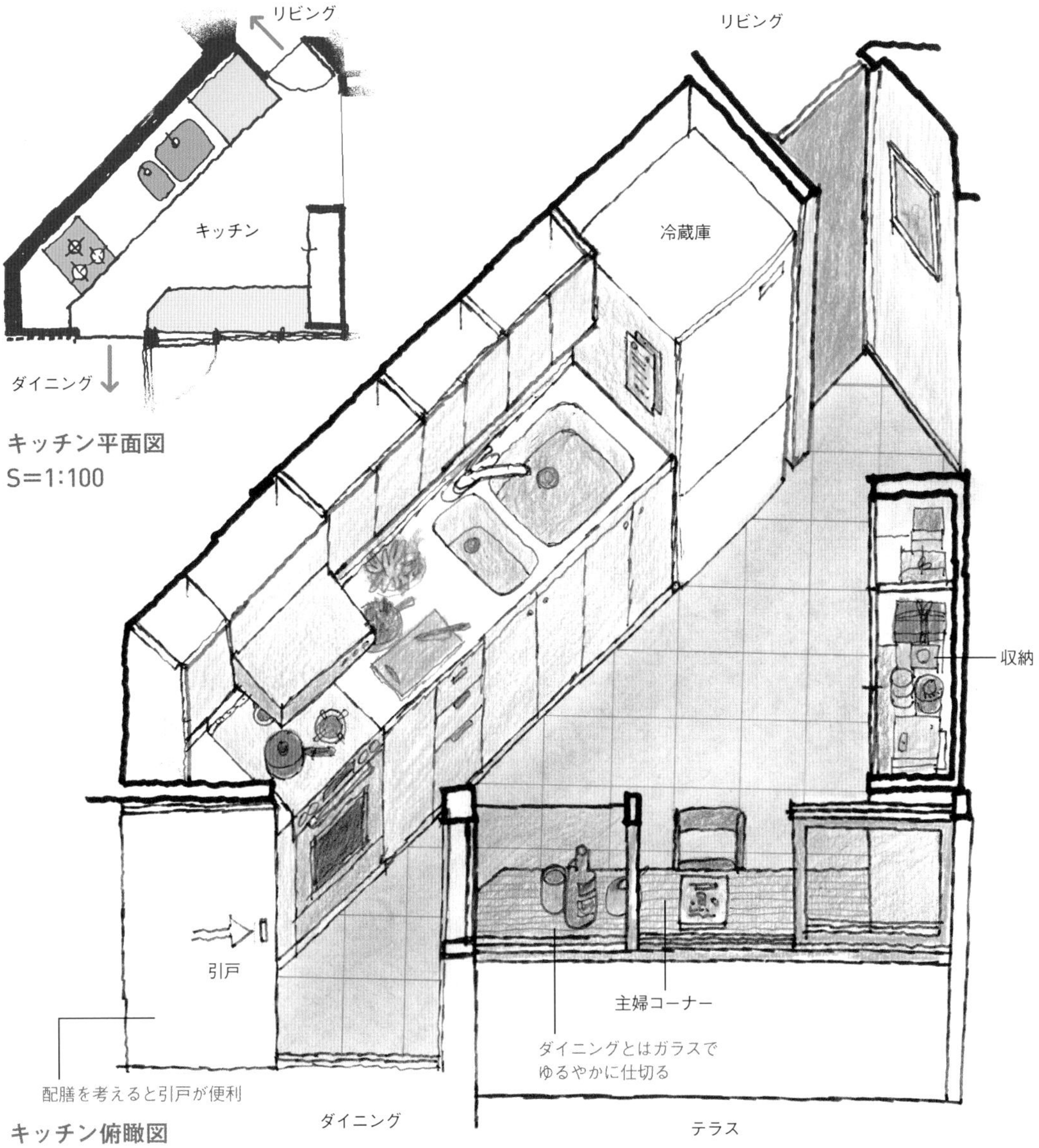

キッチン平面図
S＝1:100

キッチン俯瞰図

木村邸の独立型キッチン

L字形にシンク、調理台、コンロを配置し、反対側に冷蔵庫と棚を造付けている。正方形に近いプランのため、中央に空間ができるが、そこには配膳スペースのための小テーブルや、家事机を置いたりするなど多用途に使えるキッチンである。ダイニングとユーティリティが隣接しているため、動線が単純化され、機能的で使いやすいキッチンになっている。

高畠邸の独立型キッチン

平面図で見るとキッチンが三角形という特異なプラン。平面が三角形だと、鋭角の入り隅部分ができてスペースが無駄になりやすいが、ここでは2つの入り隅部をリビングとダイニングへの出入口とし、キッチンを中心とした回遊性が生まれるよう工夫している。

右側収納裏には中庭への出入口と洗濯機が置かれたユーティリティーが隣接している。また、三角形の一辺に面したテラスの窓には家事カウンターが設けてあり、作業性と居住性に優れたキッチンになっている。

17 キッチンとダイニング
使いやすく、明るいダイニングキッチン

和室からダイニングキッチンを見る 右側がキッチン、写真奥の下方がリビング

2階にダイニングキッチンを配した例である。南側に面しているため、明るく衛生的な印象だ。南側の障子の入った窓からはやわらかい日差しが入り、窓下はカウンター、その下は食器棚になっている。調理作業をするシンク、コンロが壁側に設けられているが、その上部にはトップライトがあるため、明るい印象には変わりがない。

このダイニングキッチンからは、半階分の吹抜けを通して1階のリビングを見下ろせるようになっており、２つの空間がほど良い位置関係にあると言える。さらに、ダイニングテーブルばかりでなく、隣の和室で食事をすることもできるので、ＴＰＯに応じて使い分けができるのも特筆すべき点だ。

上下斜めの関係になっているダイニングキッチンとリビングの、付かず離れずのつながりが居心地良く感じられるプランである。

吹抜けでつながるDKとL／立松邸

ダイニングキッチンとリビングの関係

ダイニングキッチンの床レベルは中2階の高さになっていて、1階にあるリビングとダイニングがほど良い斜めの関係になっている

南側からの外観。1階左側がリビングで、2階の中央がダイニング、右が和室

2階平面俯瞰図

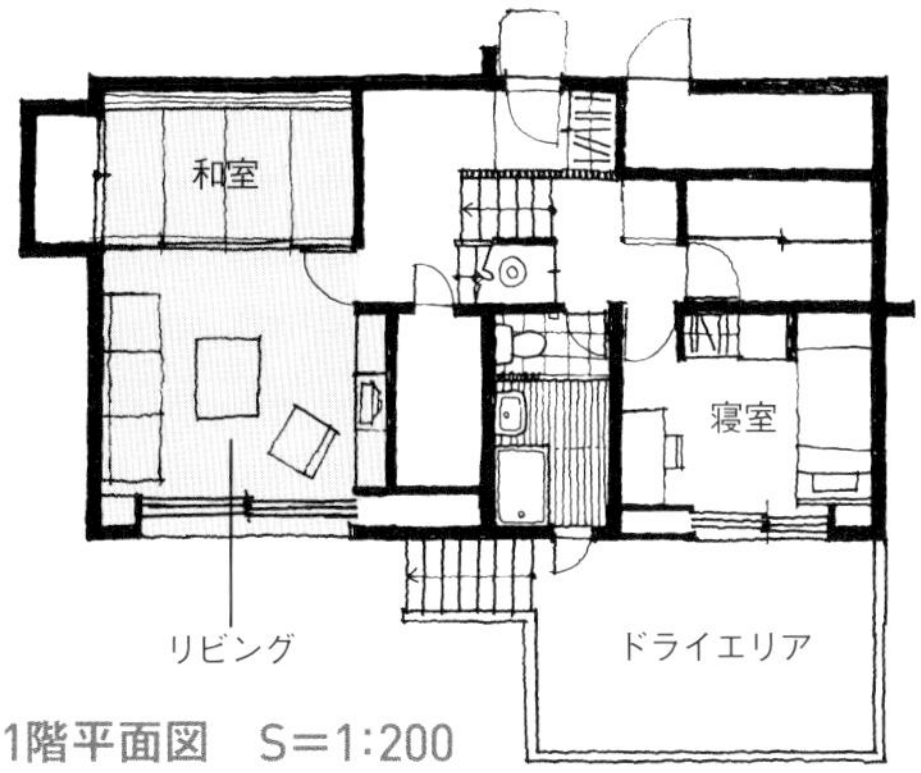

1階平面図　S＝1:200

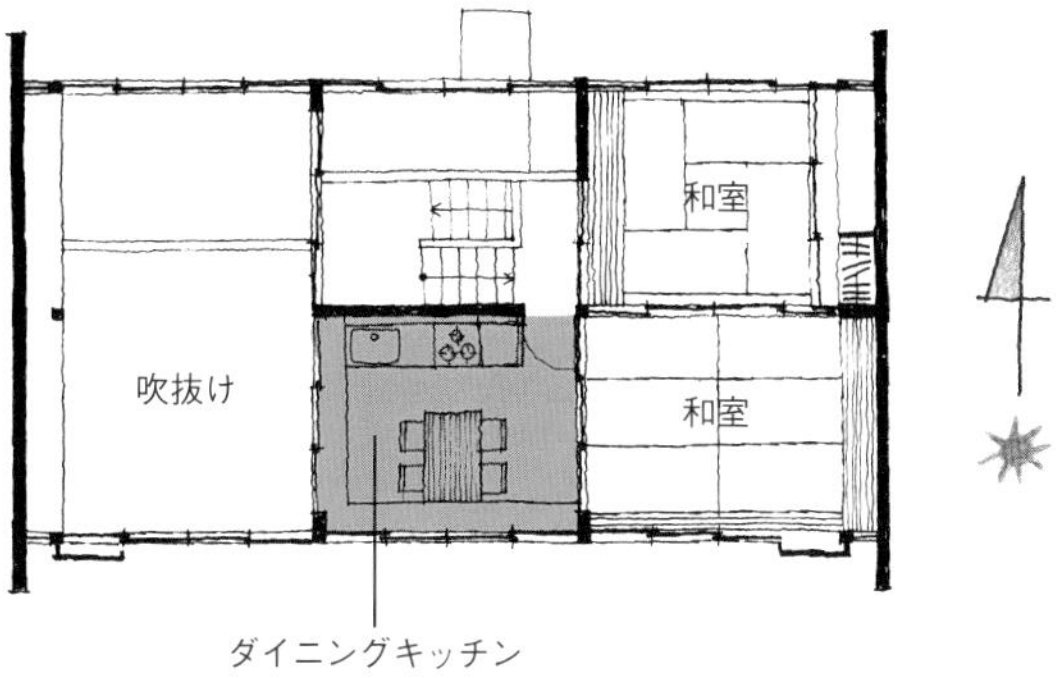

2階平面図　S＝1:200

18 キッチンとダイニング
変幻自在のダイニングキッチン

配膳台がキモ／名越邸

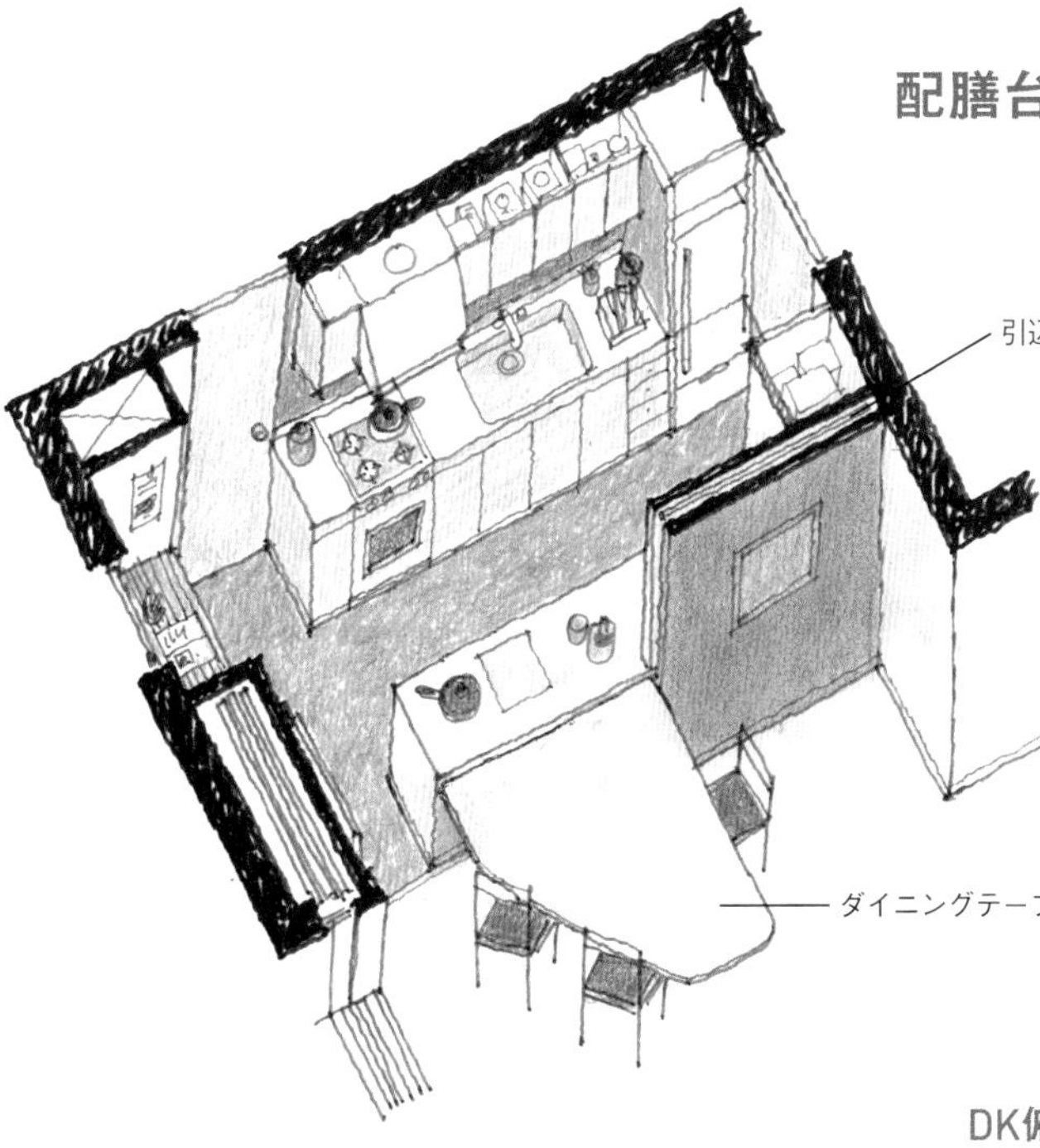

DK俯瞰図

連結する

同じ高さの作業配膳台と食卓は、扉を開けると一体化して、配膳、片付けがしやすい

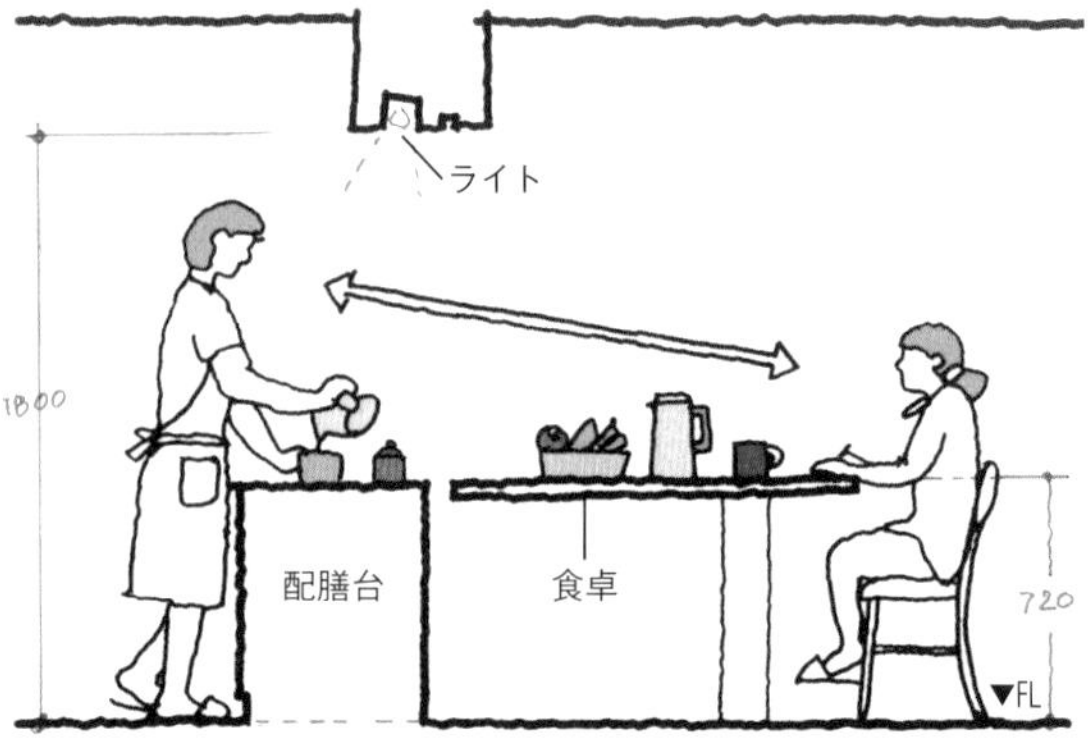

DK断面図

整理整頓という文脈で見ると、キッチンとダイニングはデリケートな関係にある。その両者を1室にまとめたのが一般的なダイニングキッチンだが、宮脇さんはさらに一歩踏み込んで、調理台とダイニングテーブルを一体化した対面式のキッチンをつくっている。対面式キッチンは、調理と食事を同時に楽しむことができ、調理から配膳、洗い物、片付けまでの動線が短いため、作業性が良いという利点がある。

名越邸の対面式キッチン

対面式キッチンの問題は、雑然としがちなキッチンがむき出しになってしまうことである。そこで状況に応じて食事のスペースを分離したいという要望に応えたのが、名越邸の変幻自在のダイニングキッチンである。ここではキッチンとダイニングスペースを自在に連結・分離できるように、配膳台とテーブルの間に引戸を通し、出入口には片開き戸を組み合わせている。

もう1つの問題が、調理台とテーブルの高さの違いである。名越邸では調理台（H＝850㎜）とダイニングテ

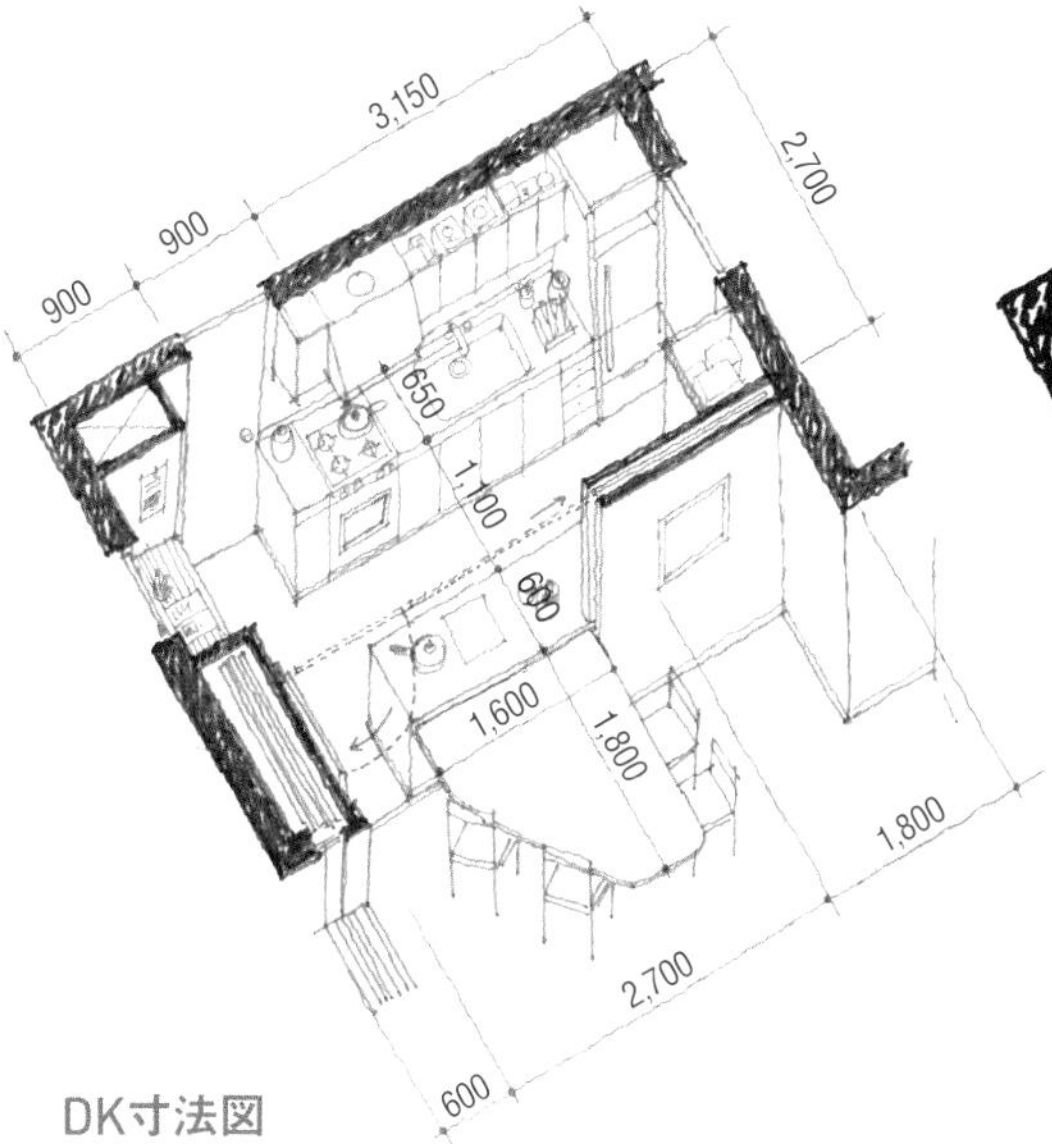

DK寸法図

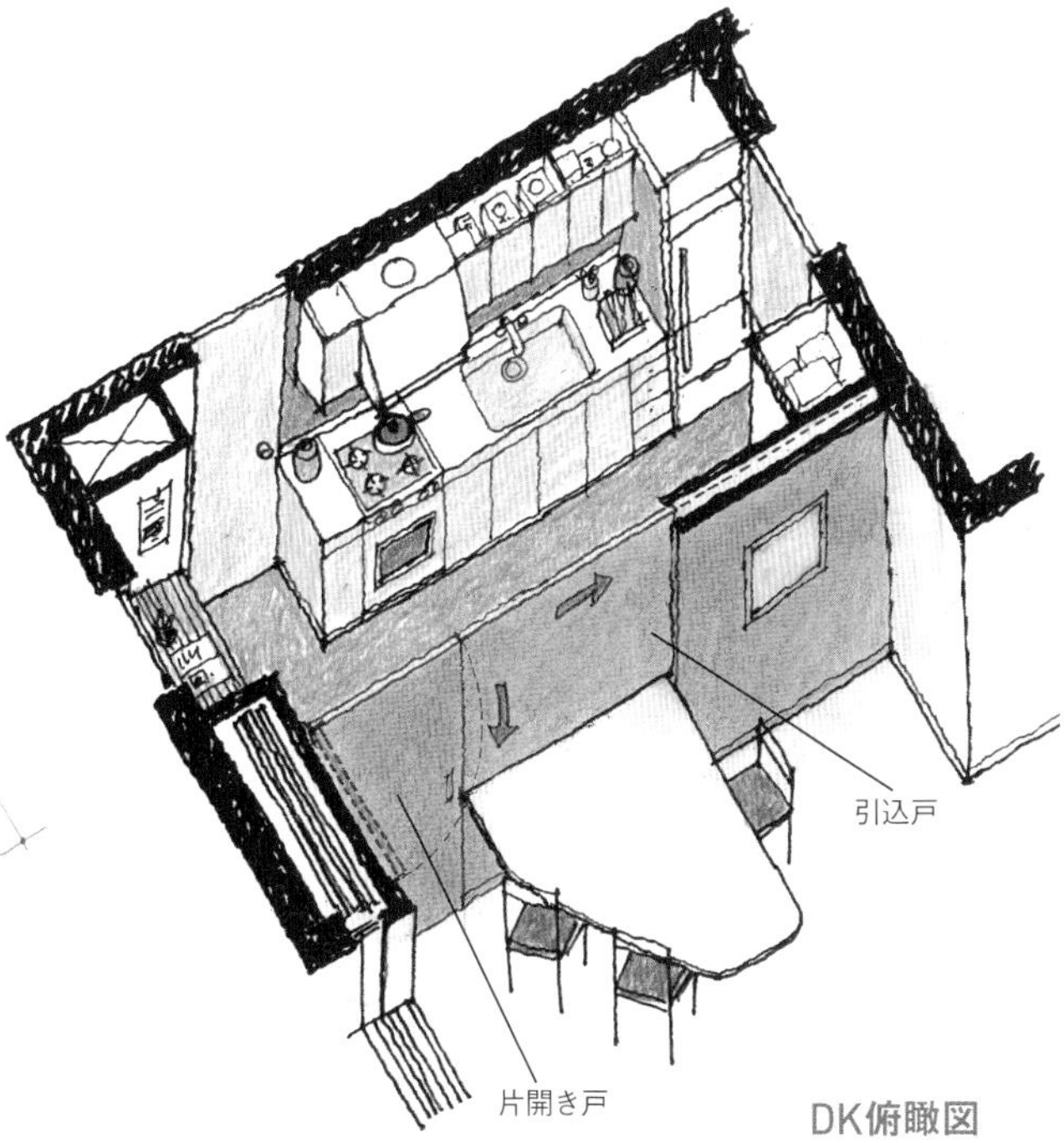

DK俯瞰図

分離する

扉を引き出すと作業台と食卓が分離し、別々の作業がしやすい

DK断面図

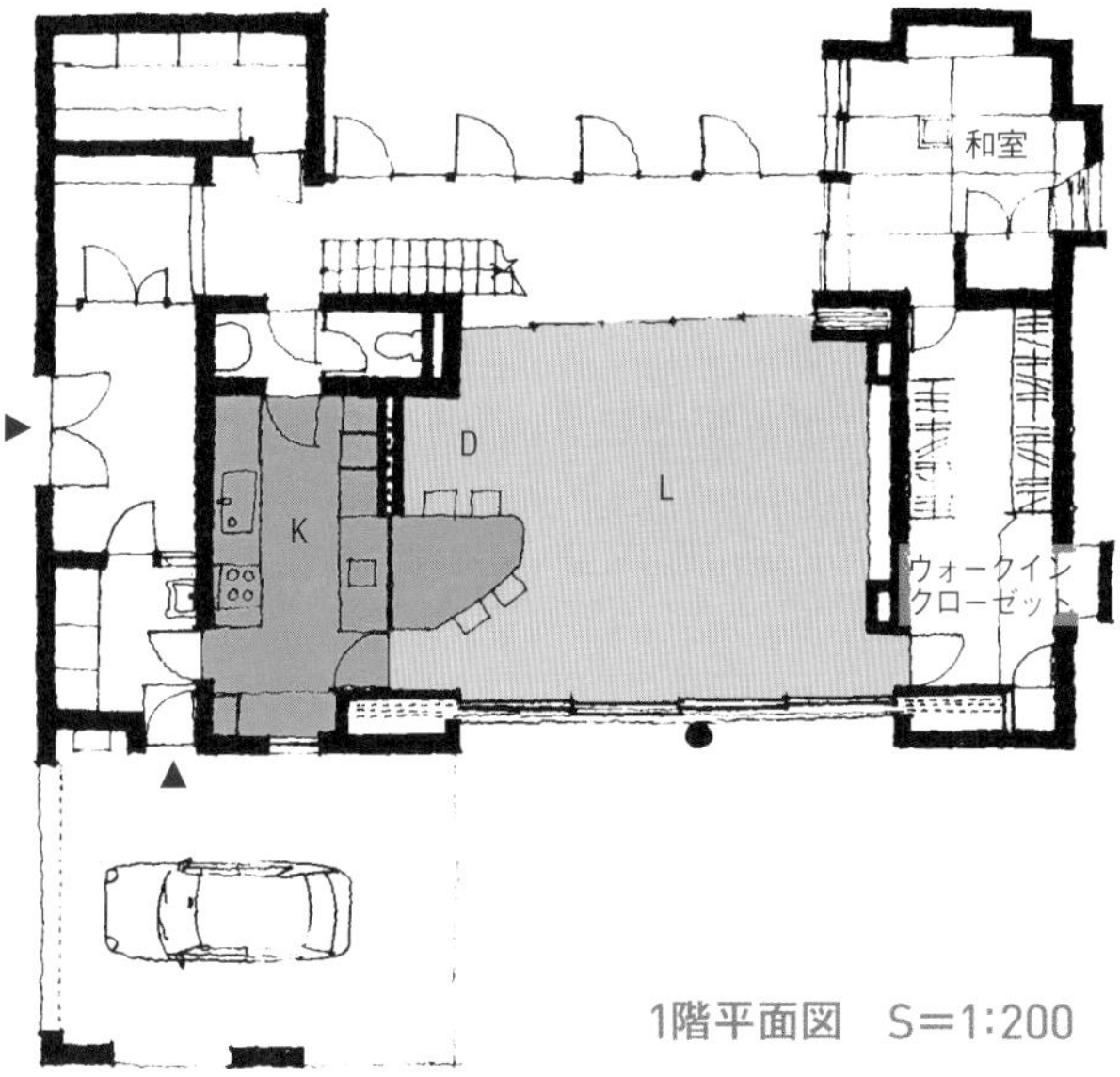

1階平面図　S＝1:200

ーブル（H＝720㎜）を分離し、配膳台をダイニングテーブルと同じ高さにしており、配膳から食事、食事後の片付けという一連の作業がスムーズに行える。また、キッチンとダイニングの床が同一レベルのため、移動の際につまずくといった危険性も少ない。あえて難点を挙げるとすれば、立ち仕事の人とテーブルに座った人の視線の差が、より大きくなってしまうということだろうか。

19 キッチンとダイニング
折り戸と引戸で自在に分離・一体化

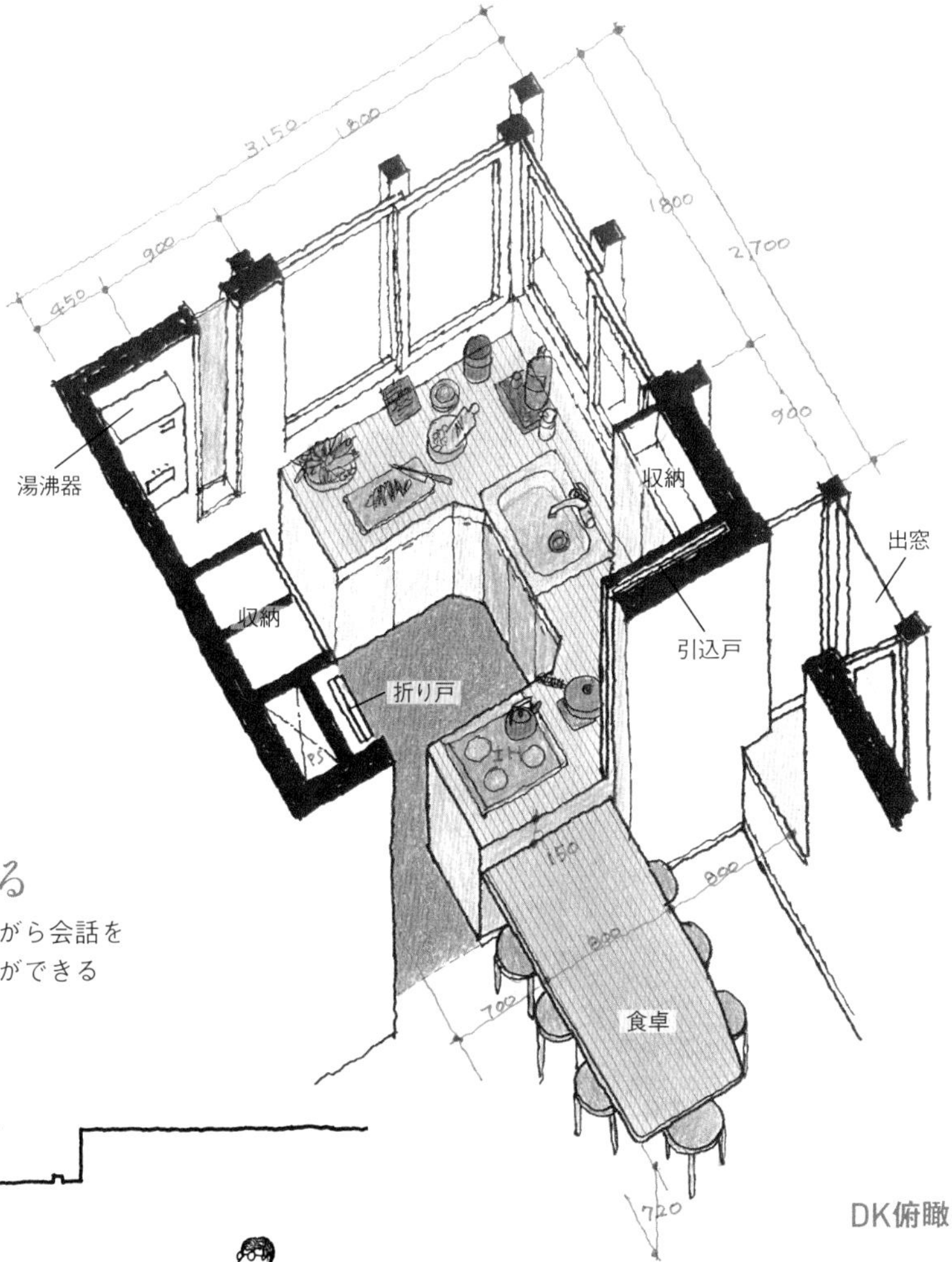

DK俯瞰図

連結する
調理をしながら会話を楽しむことができる

DK断面図

前出の名越邸の対面式キッチン同様、自在にキッチンとダイニングを容易にオープン、クローズできるタイプである。

この花房邸の場合は、ダイニングテーブル側に調理コンロを配してある点が、名越邸と異なる。宮脇さんは、コック役の母親や父親がフライパンをふるい、食材や味付けに関する会話をしながら調理を楽しむ家族の姿を思い描きつつ設計したに違いない。

ただ、コンロ台の高さ（850〜900㎜）とダイニングテーブルの高さ（720〜750㎜）に差があるため、そこに150㎜程度の段差ができて、立ち仕事と座っている人との視線の高さに、違和感が生じてしまうという難点もある。

台所仕事を主に行う主婦の悩みは、調理時の散らかりと、調理後の後片付けである。システムキッチンのショールームのように、いつもきれいにしておくことは難しい。開放性はオープンキッチンのもつ長所であり、短所でもある。その解決策として、花房邸にはキッチンとダイニングを自在に連結・分離する仕切りの装置が設けられてい

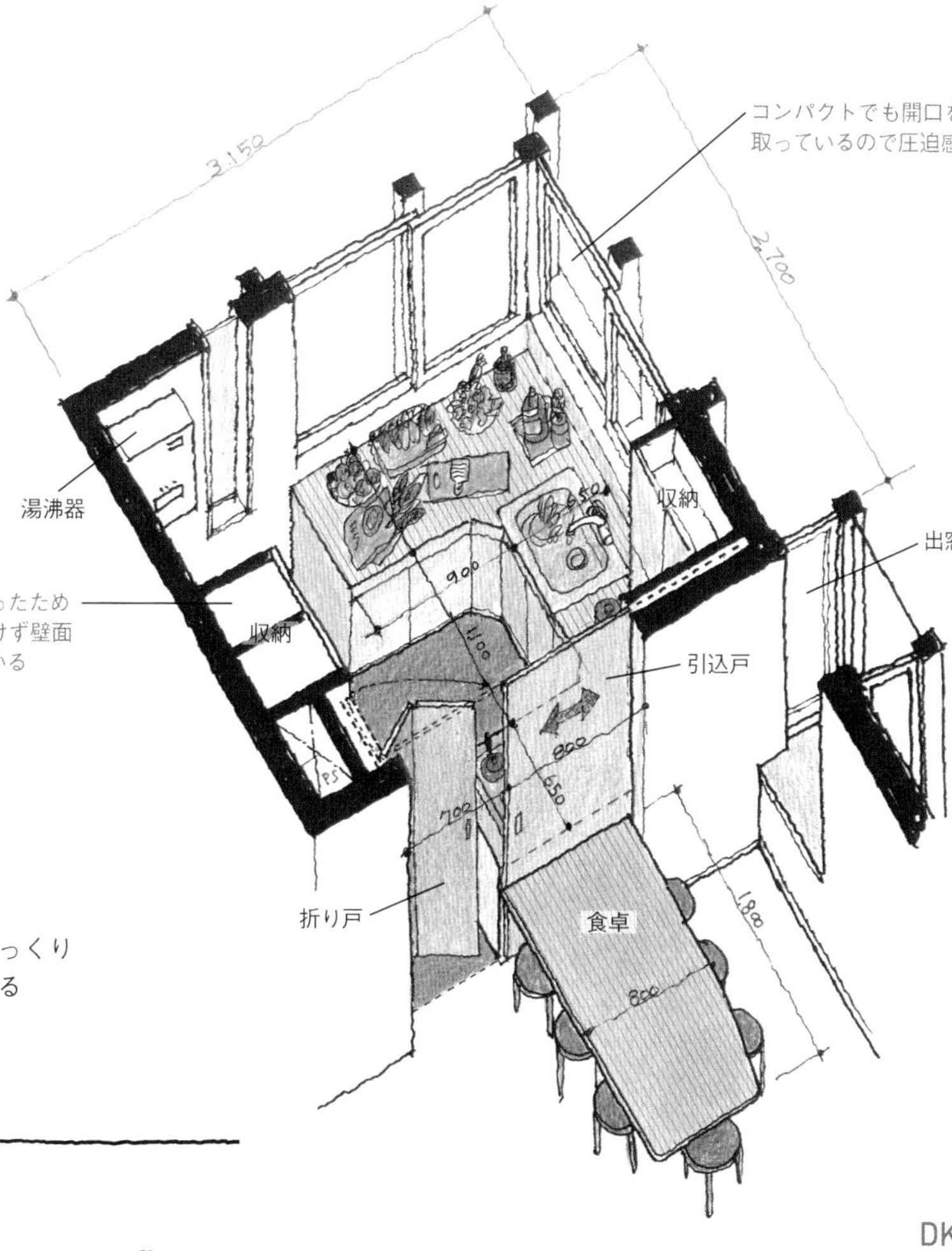
コンパクトでも開口を大きく
取っているので圧迫感はない
出窓
開口部を取ったため
吊戸棚を設けず壁面
収納としている

分離する

片付けものを見ずにゆっくり
食事をすることができる

DK俯瞰図

DK断面図

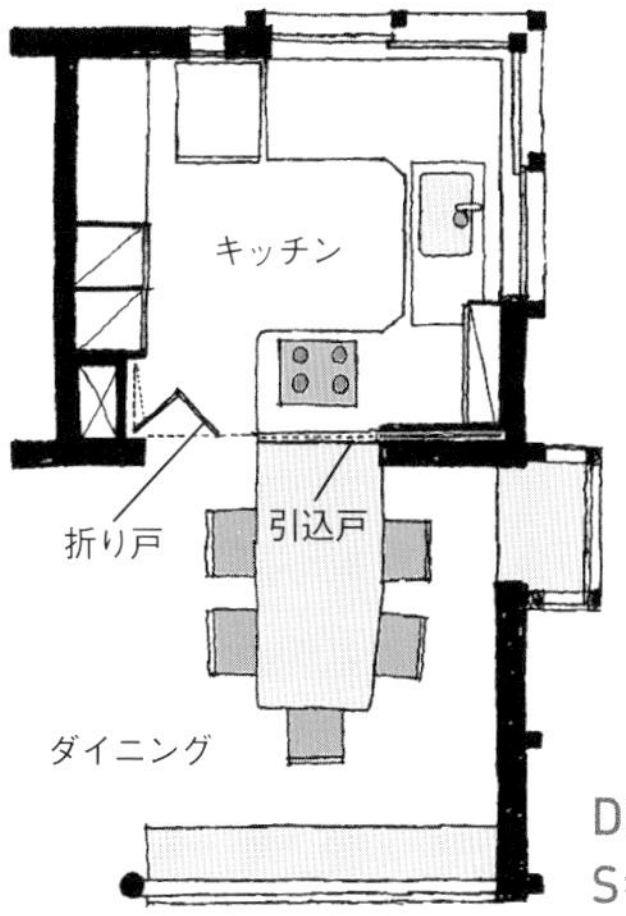

DK平面図
S＝1:100

る。

花房邸の開閉の扉は、キッチンとダイニングの仕切りは引込戸、テーブル横の出入りは折り戸になっている。テーブル部は引込戸によって、出入り部分は折り戸によって開閉できるようになっており、開閉の度合いを何通りにも調整できる点が主婦には好評だ。

調理後の食事時に、散らかったキッチンを気にせず、食事と会話を楽しむことができるのが、この自在に仕切れるダイニングキッチンの良いところである。

20

キッチンとダイニング

コンロ前の小さな壁に意味がある

壁が快適をコントロール 森井邸

DK俯瞰図

視線は通すが散らかった状態は見えない。コンロからの良い匂いは伝えるが油飛びは防ぐことができる

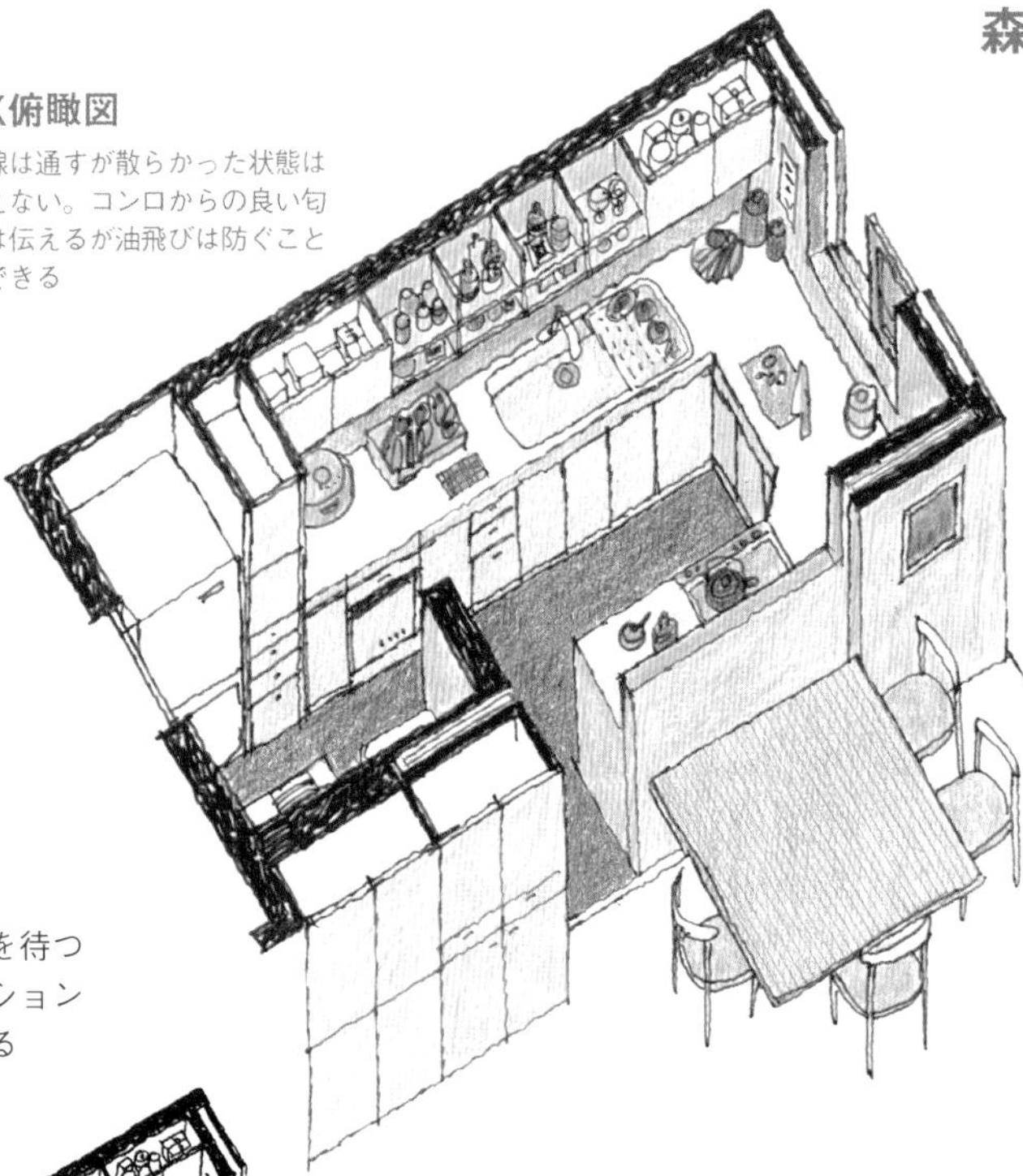

連結する

調理する側と食事を待つ側でコミュニケーションをとることができる

ダイニングとキッチンがつながっていても、キッチン側に立ち上げ壁があるため、手元は見えない

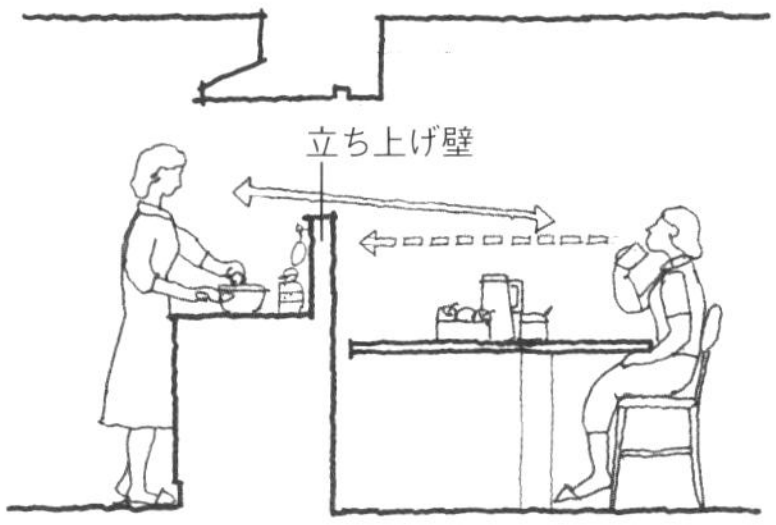

DK断面図

前出の花房邸と同様に、ダイニングテーブル側に調理コンロを設けた例である。このタイプのキッチンは、コンロとダイニングテーブルとの高さの差があるため、調理中の鍋やフライパンの様子がテーブルに座った人から見やすいという点は良いのだが、はねた油などがテーブル側に飛びやすいという短所がある。

その短所を、立ち上げ壁を設けることで解消したのが森井邸のキッチンだ。コック役の手元は見えにくくなるが、その代わり、雑然としがちなコンロ廻りを食事する側から隠すことができる。調理側と食事側との視線も適度に通り、かつ会話も楽しめるという利点もある。

キッチンとダイニングの仕切りは、大きな3枚の戸を一方の壁のなかに引き込むようになっている。調理時や食事中の突然の来客にも、瞬時に対応できる優れモノのダイニングキッチンと言える。

なお、コンロをテーブル側に配置した場合、フードの始末が問題になる。食卓からはフードができるだけ目立たないような工夫が必要である。

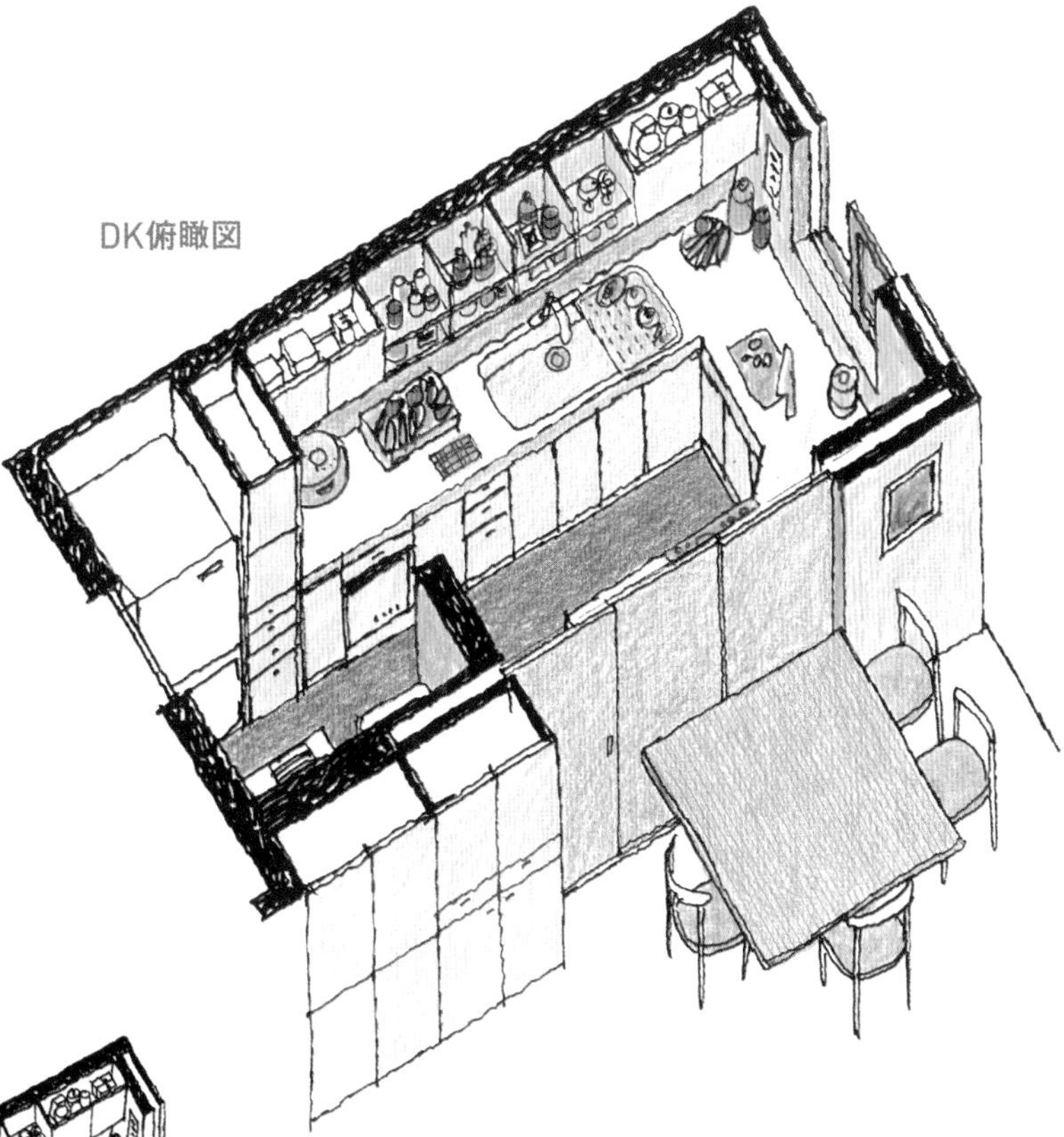

分離する

キッチンとダイニングが仕切られ、落ち着いて食事ができる

引込戸を閉めると独立したダイニングルームに変身する

DK断面図

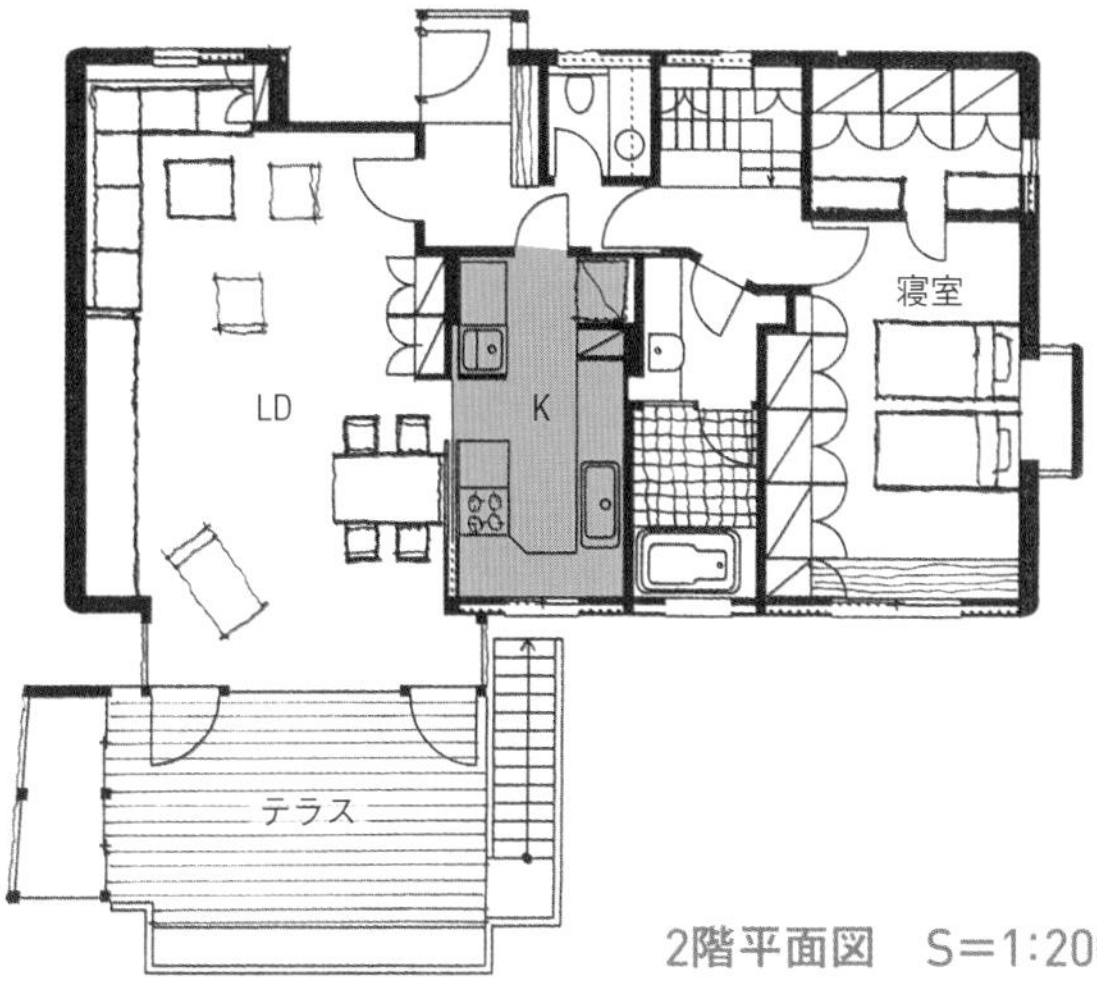

2階平面図　S=1:200

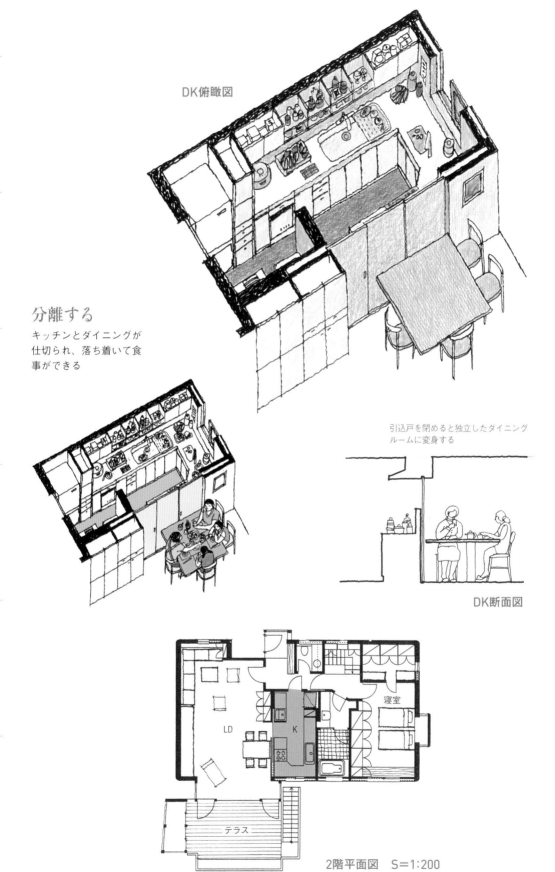

21

キッチンとダイニング

コンパクトなダイニングキッチン

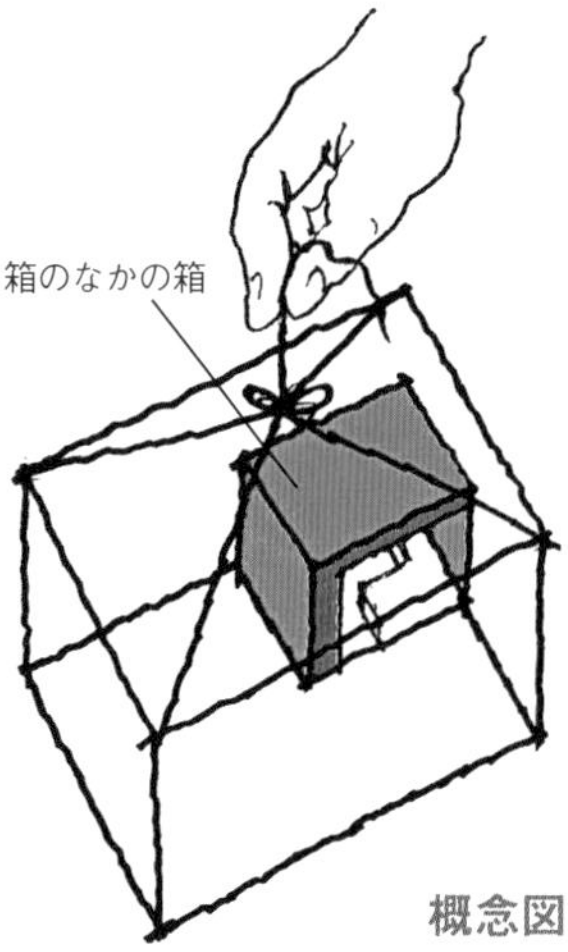

概念図
箱の上部が床となりスペースを有効利用できる

入れ子構造
渡辺邸のDKボックスは、家という大きなボックスのなかに入れられた構造になっている

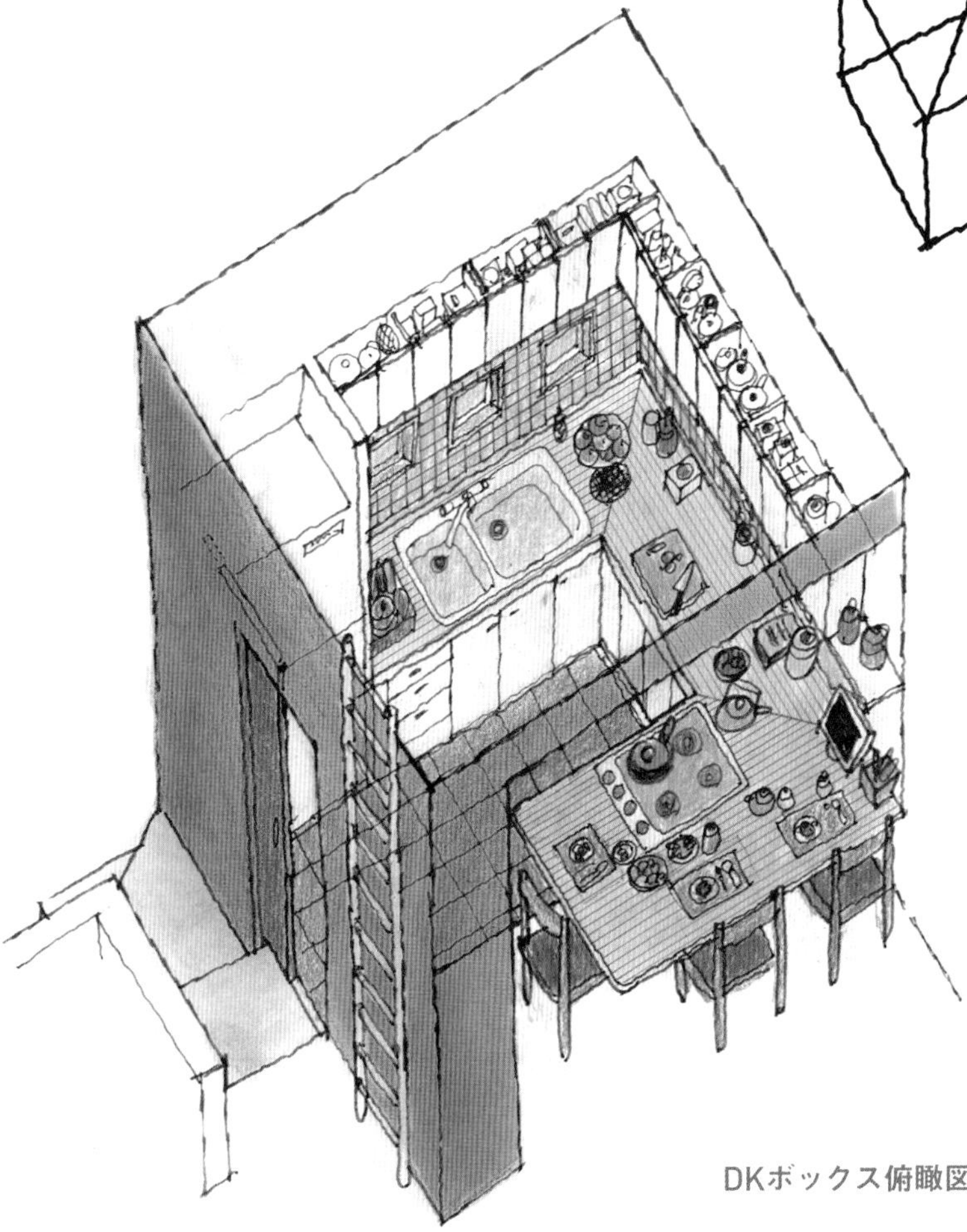

DKボックス俯瞰図

ダイニングキッチンをコンパクトにまとめることができれば、空間的にも、作業効率の面からも、キッチンを使う機会の多い主婦層から喜ばれることは間違いない。そんなコンパクトキッチンの決定版とも言える対面式ダイニングキッチンが、渡辺邸のキッチンである。

家のなかにもう1つキッチンボックスを入れる

渡辺邸のダイニングキッチンは、およそ2500㎜四方のボックスにキッチンセット、冷蔵庫、収納とダイニングテーブルなどが上手に納められている。このダイニングキッチン（＝DK）ボックスが、さらに家という器のなかに納められ、「入れ子構造」と呼ばれる空間構造になっている点がユニークである。DKボックスには梯子が掛けられており、外側の器である家の天井との間にできた空間が物置として使えるようになっている。

冷蔵庫の食材の出し入れに始まり、調理から食事までの工程が、同じトップの上に配置されている機能的なダイニングキッチンである。

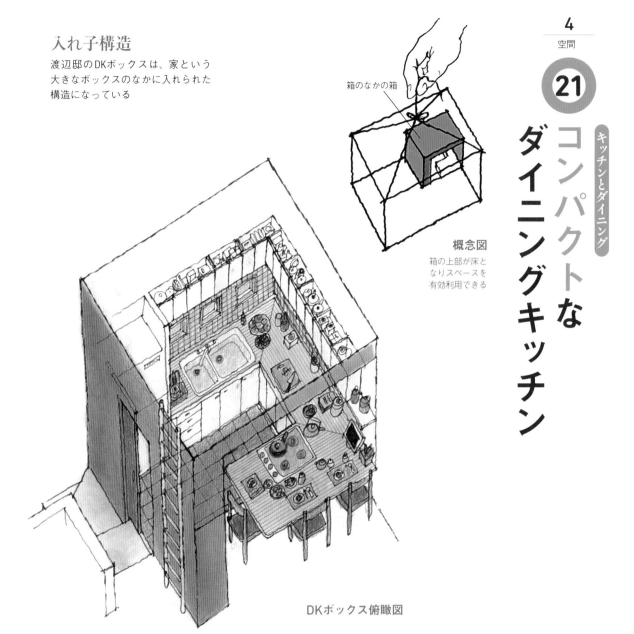

梯子の付いたキッチン
渡辺邸

キッチンの上は物置となっている

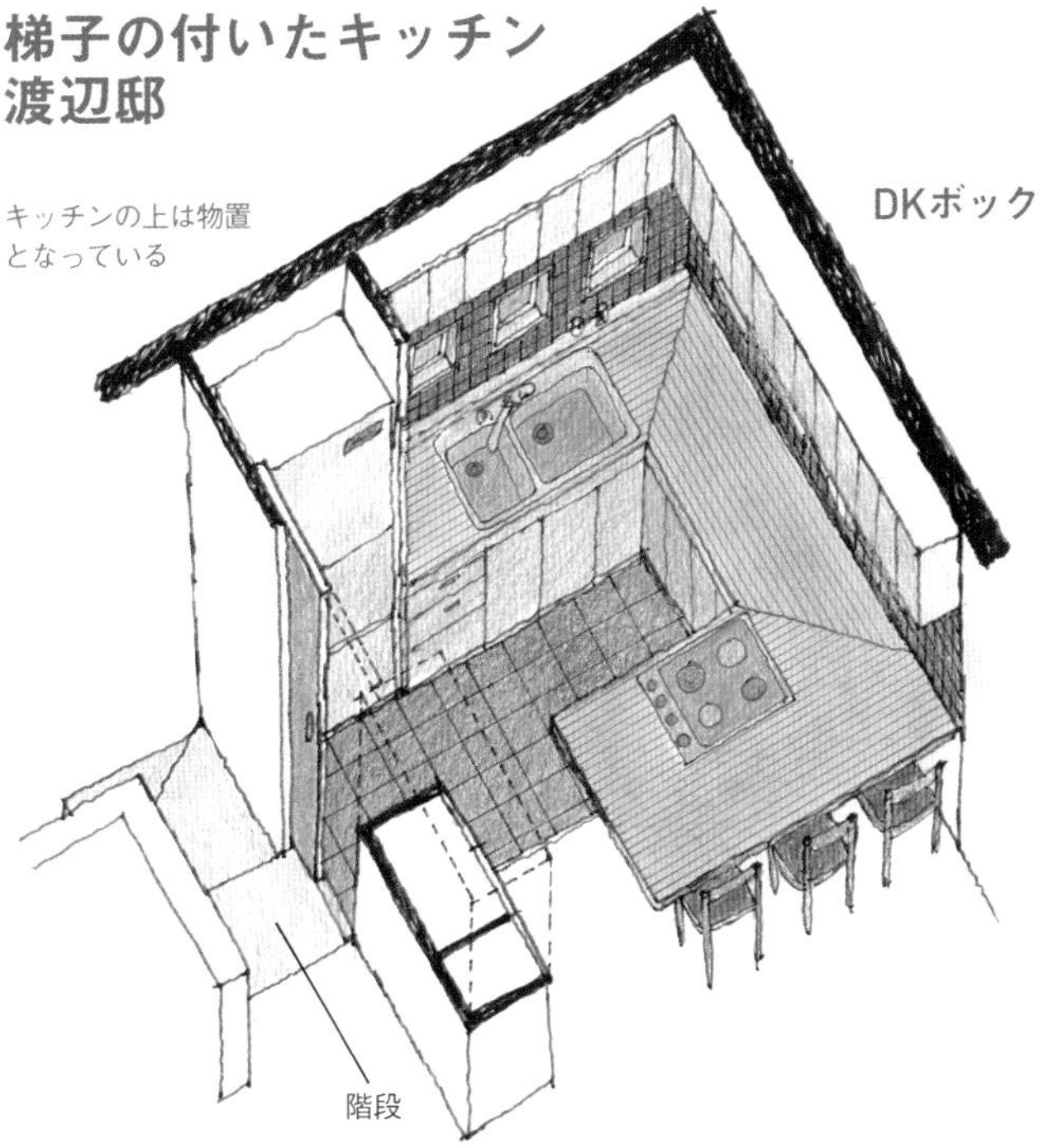

DKボックス俯瞰図

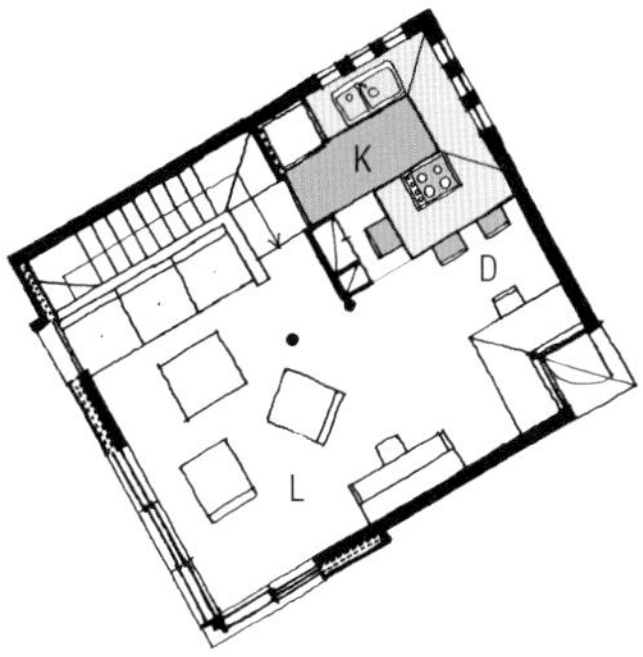

2階平面図　S＝1:200

食材の用意、洗い・カット、調理・加熱、食事の流れが同一トップで行われるため、作業性に優れている

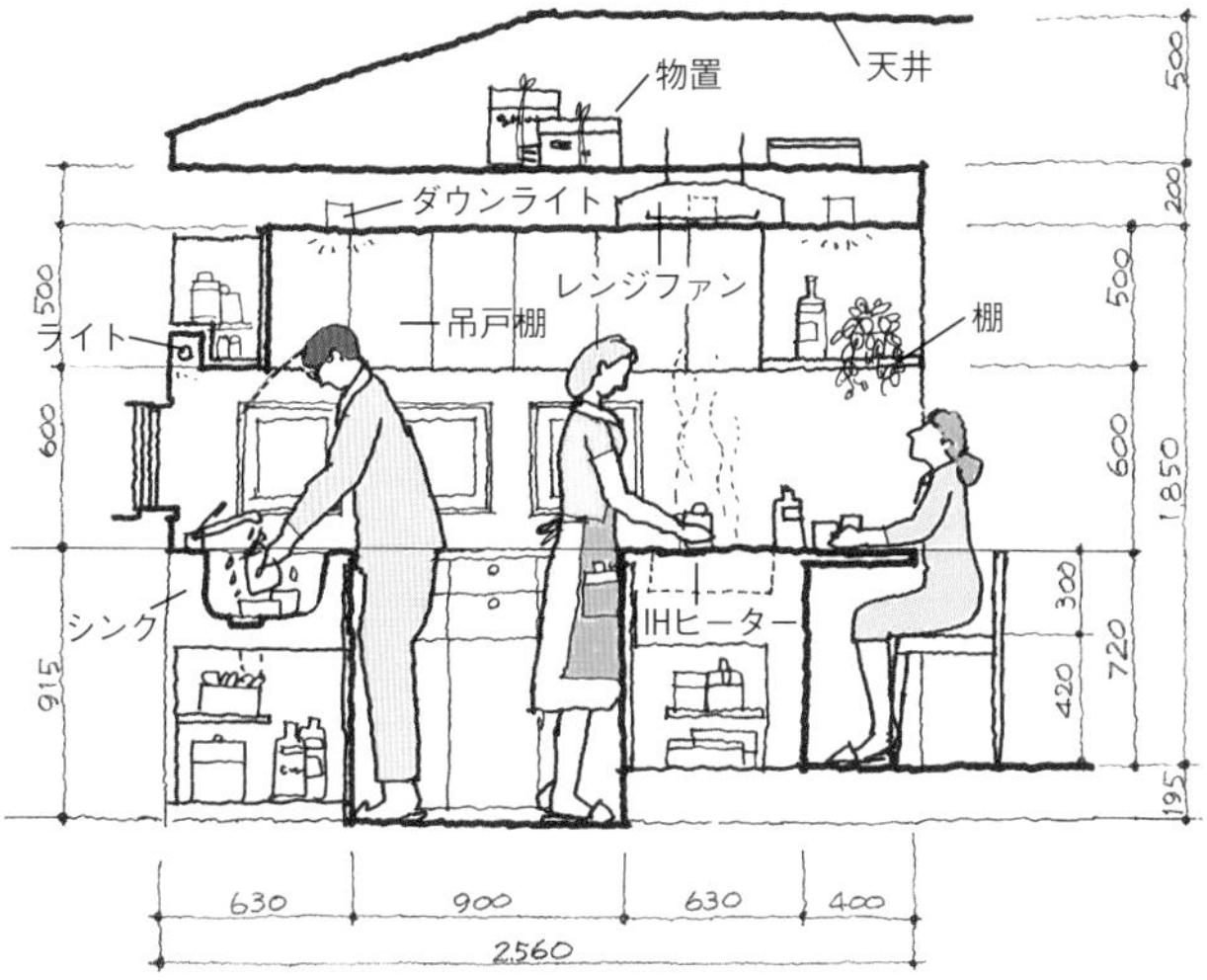

DKボックスの高さ寸法

このキッチンの寸法の特徴は、2人で作業ができる幅を取ってあることと、食卓と調理台の高さを同一にしてあることである

使いやすいキッチンとは

DKボックスのなかを見てみると、「コ」の字型の調理台全体がダイニングテーブルと一体化していることから、中心に立って作業する人の作業動線は、自らを軸に円を描くような形になる。そのため、調理の効率は非常に良いと言える。

この渡辺邸の場合、調理台とダイニングテーブルを同一の高さと集成材で造付け、調理側の床レベルを下げることで、調理台とダイニングテーブルのレベルをフラットにしている。そのため、さまざまな形や重さである調理器具や食器などの移動が、スムーズかつ安全にできる。また、キッチンでのトラブルは、熱いものが入った鍋などを引っかけてしまいやけどをする、ガラス食器などが倒れ怪我をするなどが多いが、このキッチンのトップは木製の集成材でできているため、そのような事故が起きにくい設計になっている。

ただし、キッチンとダイニングの床レベルに差ができるため、移動時の段差へのつまずきには気を付けなければならない。

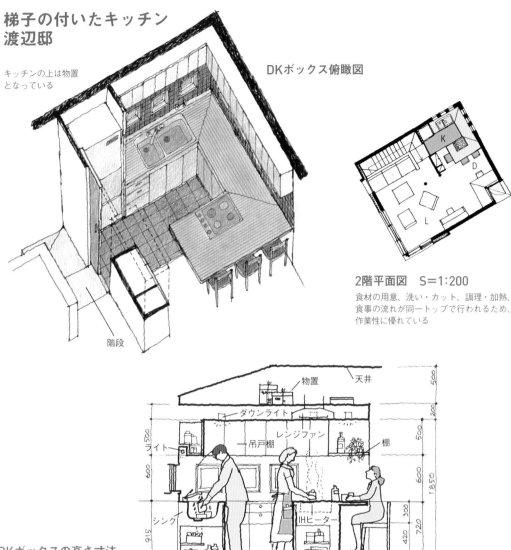

22 コクピットのような狭小キッチン

キッチンとダイニング

リビングから見たダイニングキッチン　インテリアは全体を茶系の色彩で計画し、円形の窓は船舶用のものを使用している

この横尾邸は平面図からも分かるとおり、典型的な狭小住宅である。しかしその狭さを逆に生かし、細部にわたって詳細な設計の気配りがなされており、そこから「ミヤワキイズム」とも言うべき信念をくみ取ることができる。

ミヤワキイズム

外観は立方体に近いボックスで、上階にはリビングを中心にダイニング、キッチンが置かれ、さらに格子状のパーゴラが架けられ、狭いながらも気持ちの良さそうなベランダがつくられている。1階には寝室と水廻りがあり、ボックスの一部を欠いてできた空間はガレージとアプローチになっている。

この狭小住宅のなかにも、さきほど述べた「ミヤワキイズム」をいくつか見つけることができる。たとえば外形がボックスであること、上階にリビングがあること、造付けのソファとピットがあること、などである。

このように、狭いが細かい部分まで配慮が行き届いた設計には驚かされる。さらにキッチンにも、この配慮が徹底されているのである。

コンパクトながら工夫が満載 横尾邸

DK俯瞰図

キッチン内の器具の配列や棚の設計は機能的で、スペースを有効に使っている。ダイニングテーブルを斜めに配置しているのは、狭い空間にできるだけ多くの人数を座らせるための工夫

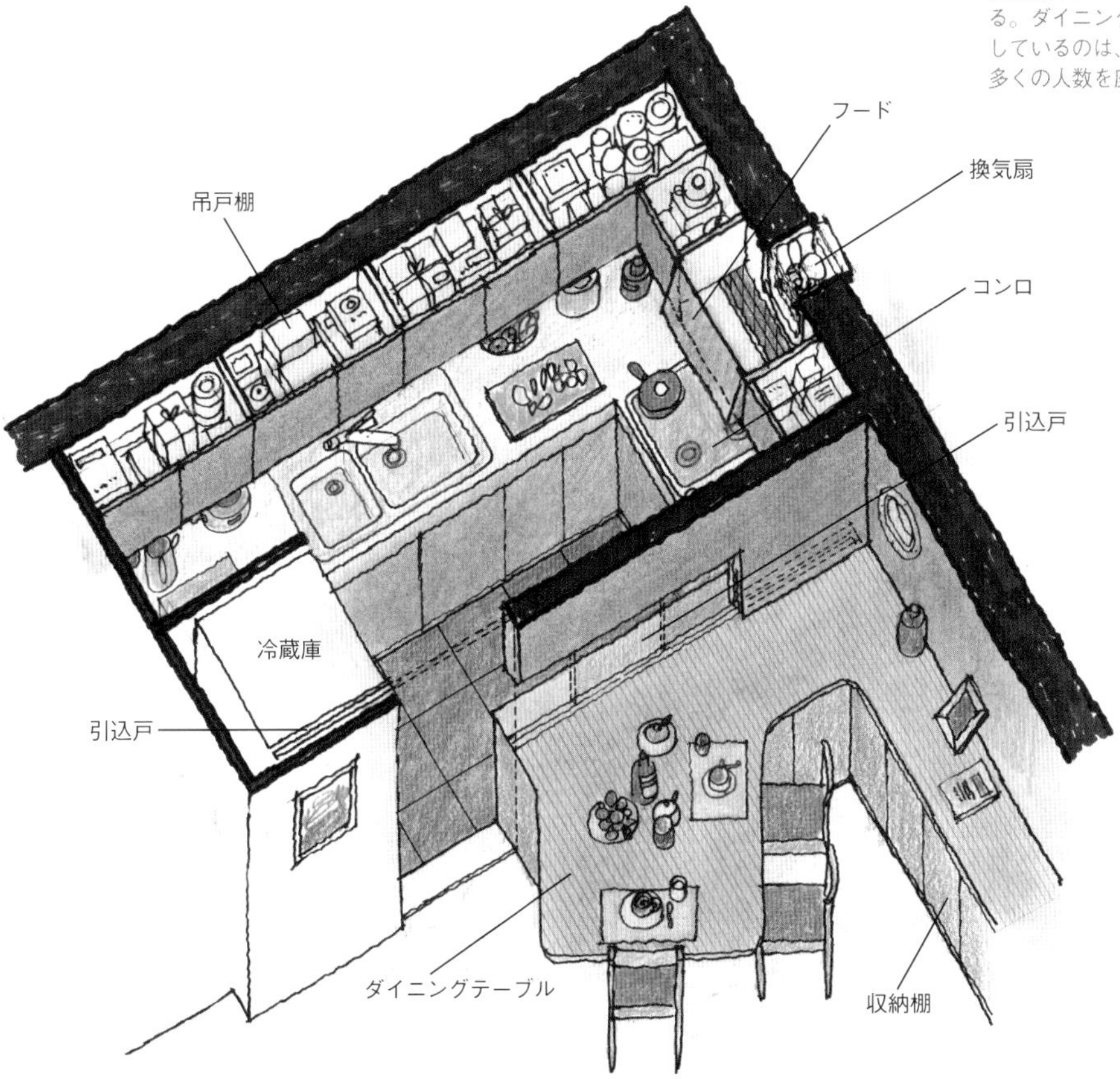

外観　パーゴラのある2階ベランダの奥にLDKが広がる

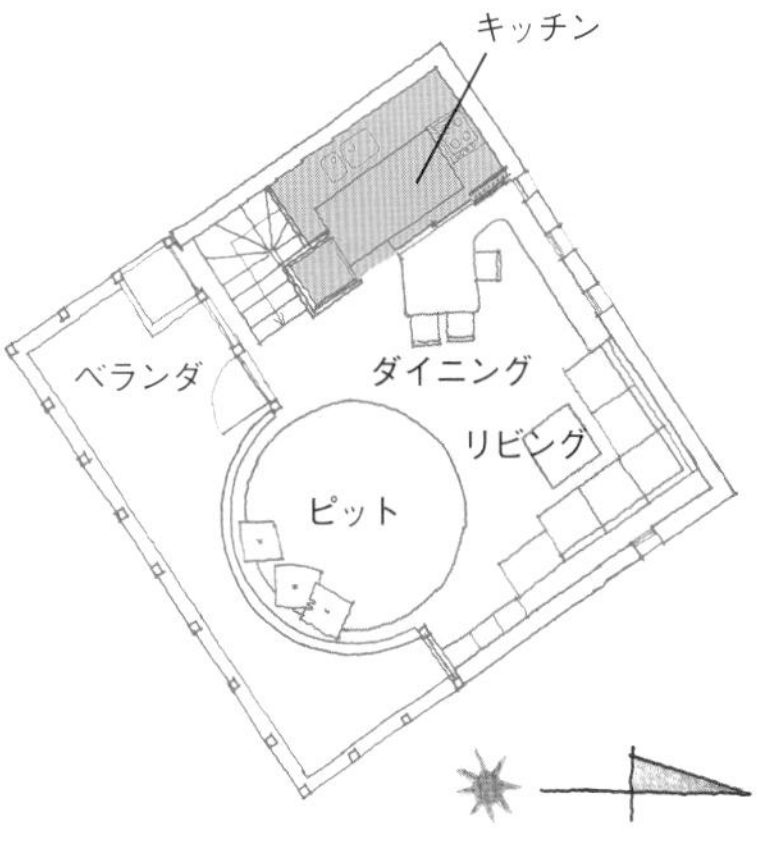

2階平面図　S＝1:200

2階がLDKの狭小住宅。狭いながらも居心地が良いよう丁寧に設計されている

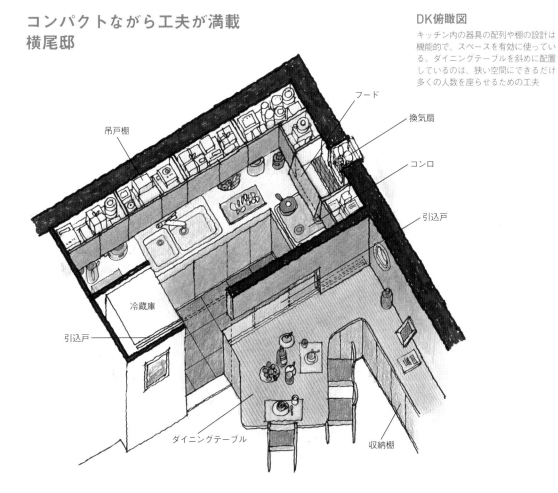

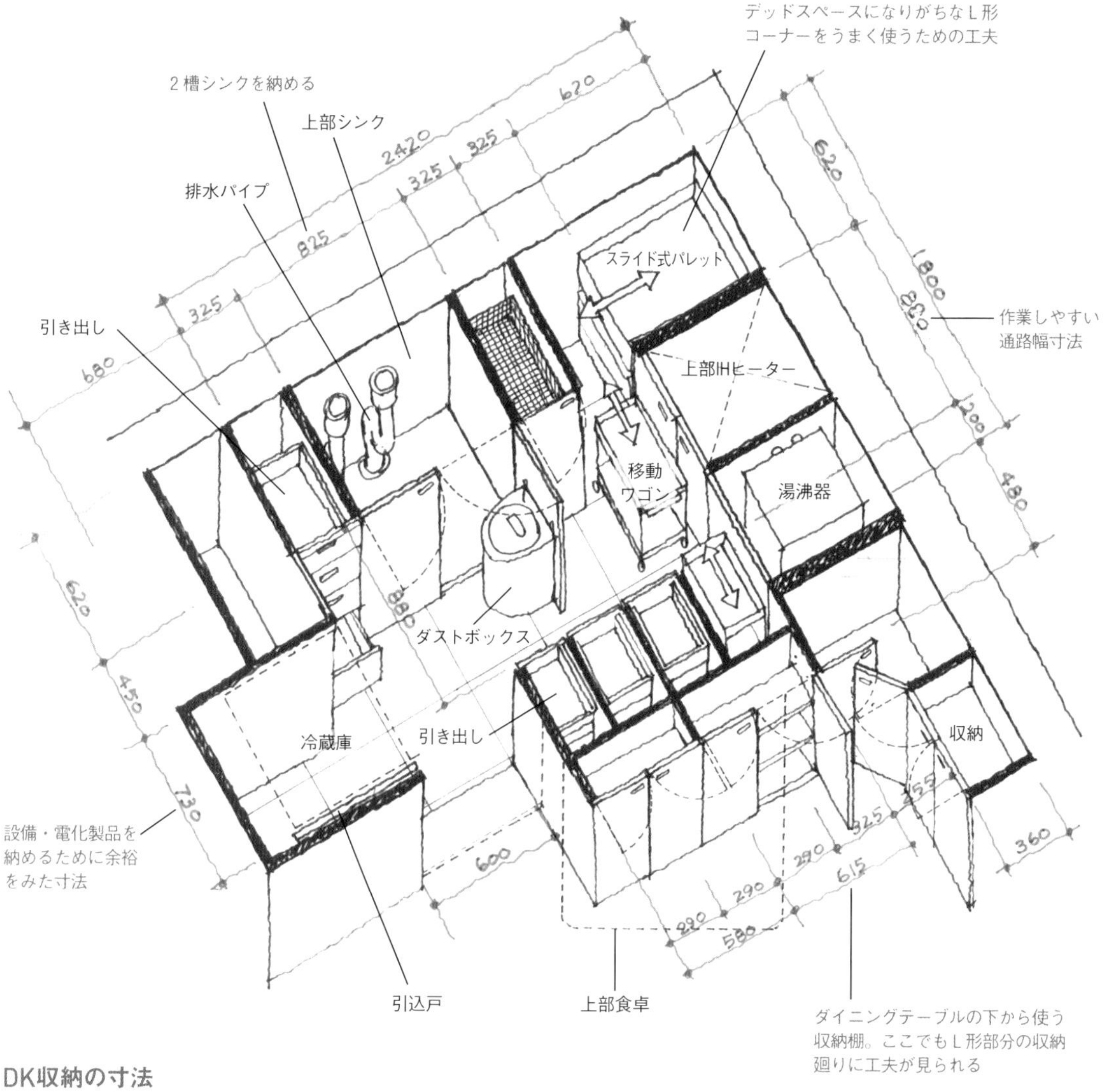

DK収納の寸法

必要とされる台所用品がきちっと入るように
設計されている

センチ刻みの設計

私はこれほど細部にわたって神経が配られ、何1つ無駄なスペースを出さずに設計された住宅を見たことがない。収納も一切の無駄をなくすため、必要なモノとその寸法が徹底的に洗い出され、それらをしまう場所を決めたうえで設計している。

2階はリビング、ダイニング、キッチンのワンルームで構成されている。キッチンはわずか6㎡（約2坪）だが、四方の壁一面に収納棚が設けられており、収納は十分。移動式ワゴンの収納場所もぴったり納まるようにつくられ、またシンク下の収納扉の裏には、邪魔にならないようにダストボックスが付けられている。換気フードは、IHコンロを使用しない時に目ざわりにならないように、棚板と同一面に納まるよう特別に設計されている。

また、造付けのダイニングテーブルの下にも、ダイニング側から使用できるようになった収納棚が設けられているなど、あらゆる機能が結晶した、まるでコクピットのようなダイニングキッチンである。

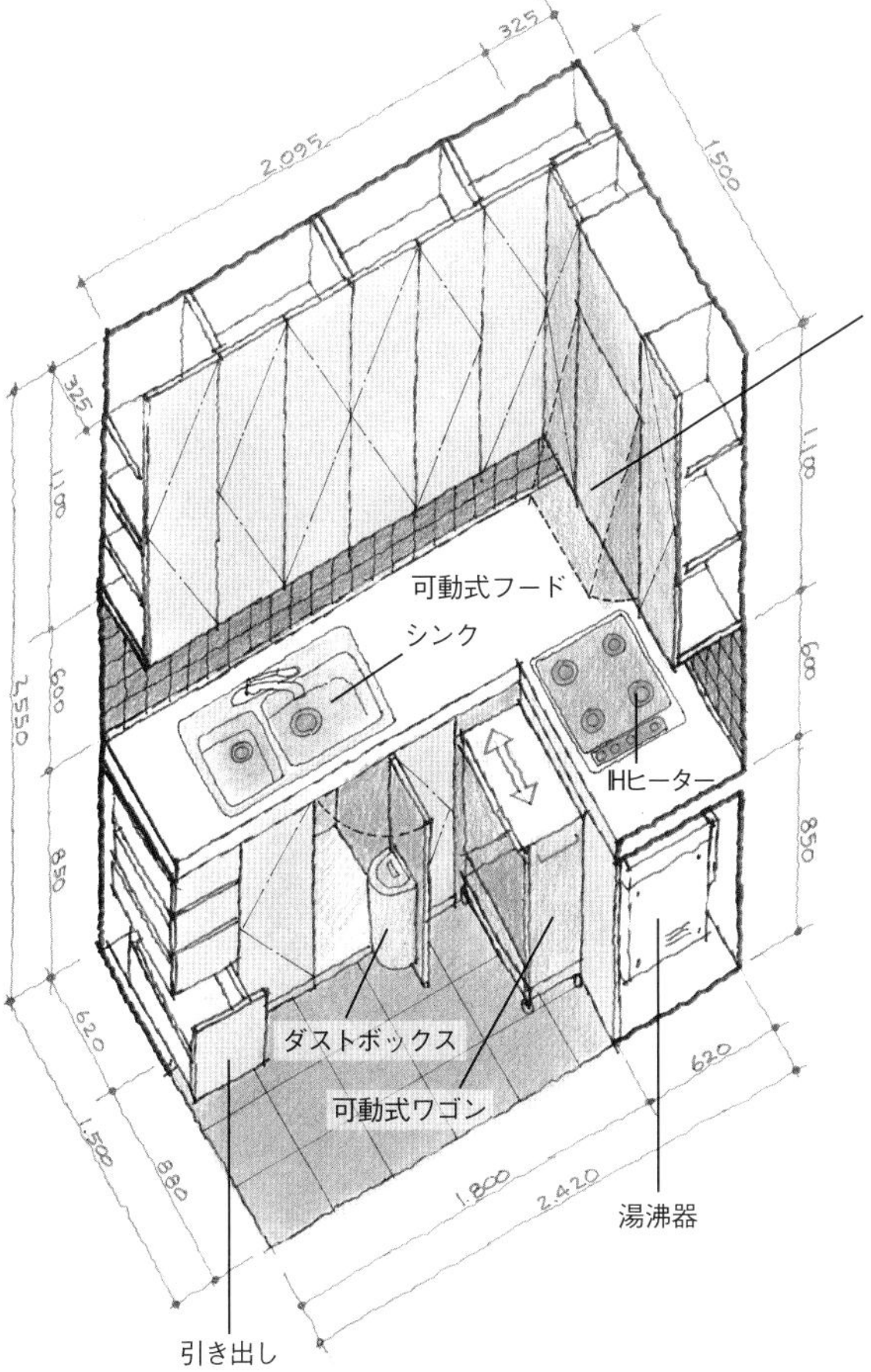

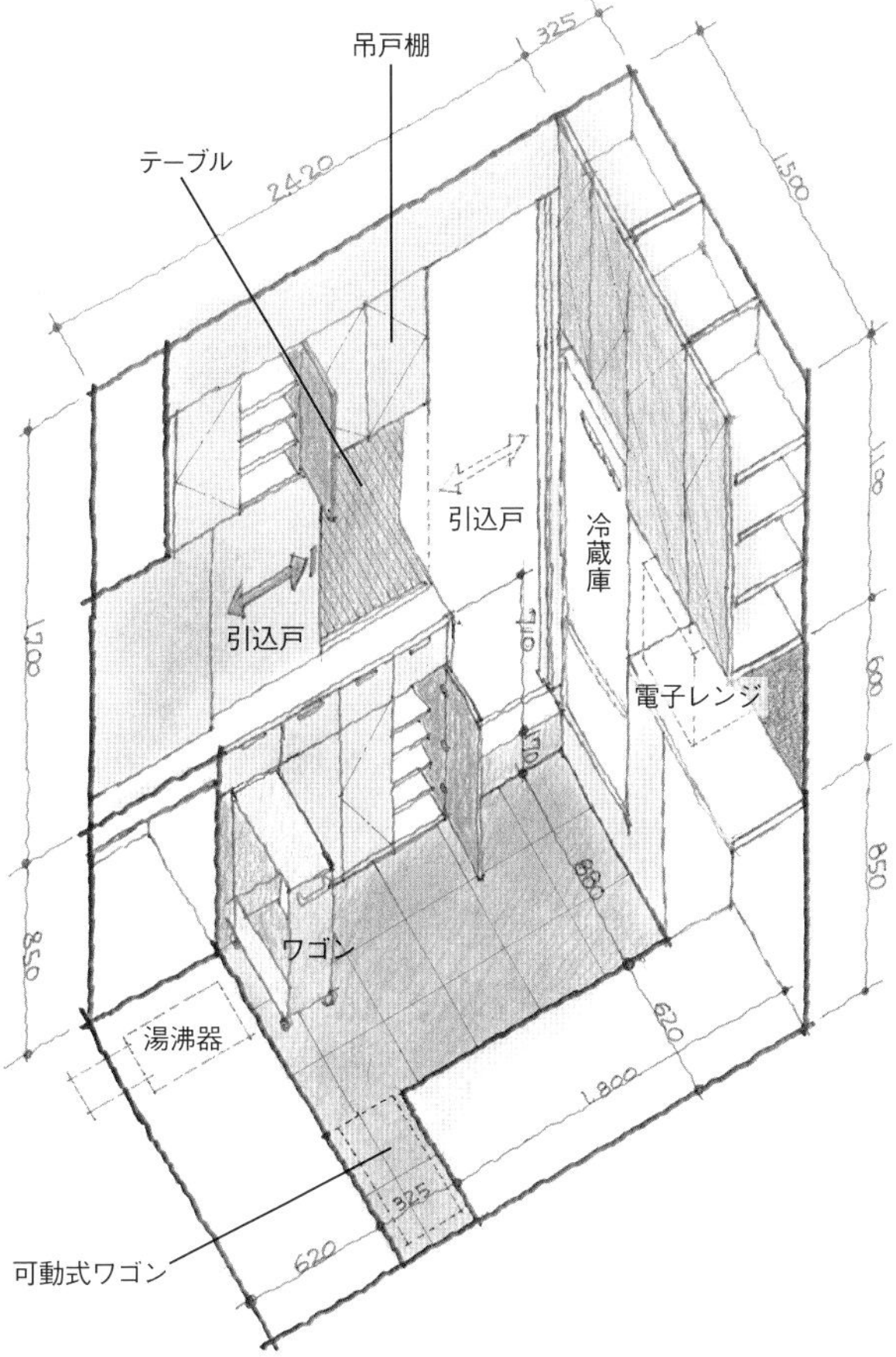

キッチンの東南壁面

フードは邪魔にならないよう
可動式になっている

キッチンの西北壁面

収納量豊富なキッチン。対面する
ダイニング側とは引込戸で間仕切
ることができる

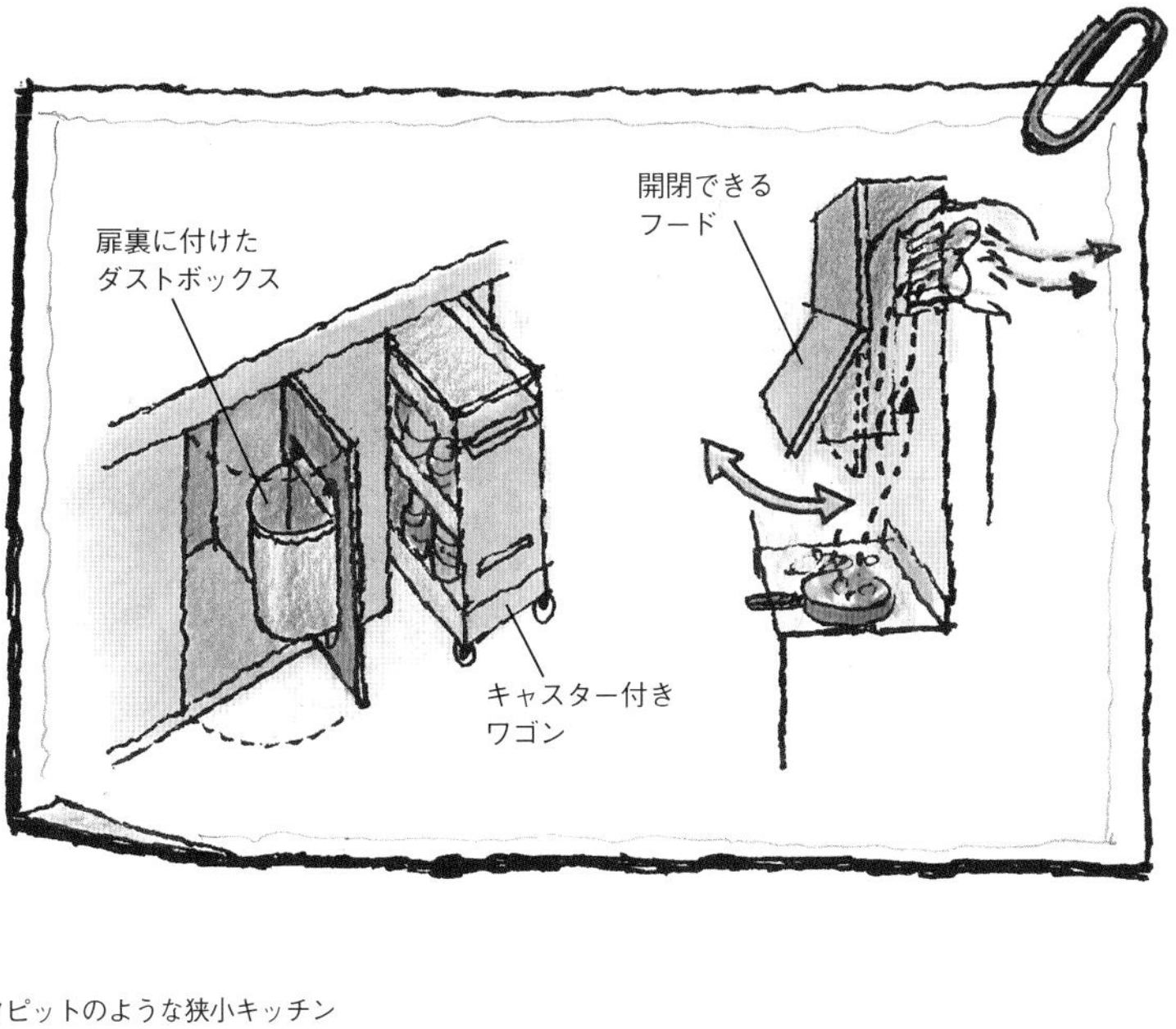

さまざまな工夫

スペースの有効活用のために、収納棚の扉裏にダストボックスを設置できるようにし、いろいろな使い方が可能なワゴンの収納スペースを設けている。また、排気フードのデザインを吊戸棚と統一し、一体に感じさせるようにしている

23

キッチンとダイニング

ダイニングキッチンからリビングへの流れが重要

リビングからダイニングを見る。トップライト下は階段室、その奥がキッチン

食事が終わると各々が自室にこもってしまう家庭が多くなったと言う。家族がそのつながりを希薄にしていったのと同時に、皆が集まる空間としてのリビングの存在価値も希薄になってしまったことは否めない。

個人のプライバシーも重要だが、それ以前に家族の存在があることを知り、社会で生きていくための協調性を養うことも重要だ。そしてそれは、住まいが担う大切な役割なのである。

「ダイニングキッチン」という空間概念は、調理し食事をするための一連の機能を、1つの部屋にまとめたものである。この流れのなかに、家族団欒《だんらん》を組み込むことができないだろうか。

それを具現化した1つの例がこの船橋邸である。階段の吹抜け空間に面したキッチンは半オープンスタイルで、ダイニングまでの距離もちょうど良い。そしてダイニングのベンチが窓際に沿って延長され、よどみなくリビングのソファへとつながっている。この長いベンチが接続詞になり、家族が自然に食後の団欒へと集えるような空間の流れを生み出しているのだ。

つくって、食べて、くつろぐをデザインする
船橋邸

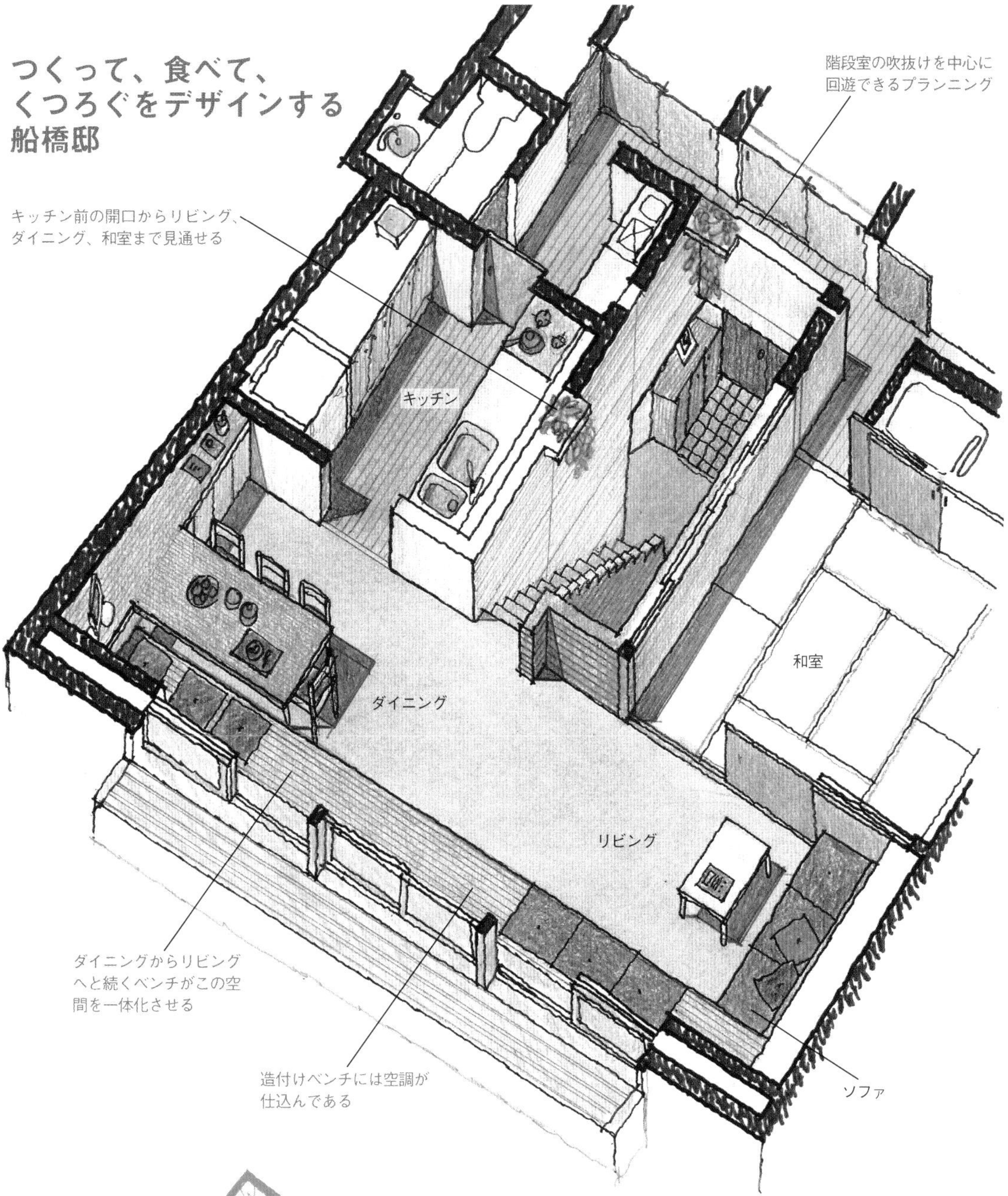

キッチン前の開口からリビング、ダイニング、和室まで見通せる
階段室の吹抜けを中心に回遊できるプランニング
キッチン
ダイニング
和室
リビング
ダイニングからリビングへと続くベンチがこの空間を一体化させる
造付けベンチには空調が仕込んである
ソファ

2階平面俯瞰図

階段吹抜けを中心に回遊できるプランになっているため、キッチンからダイニング、リビングへの移動もスムーズ

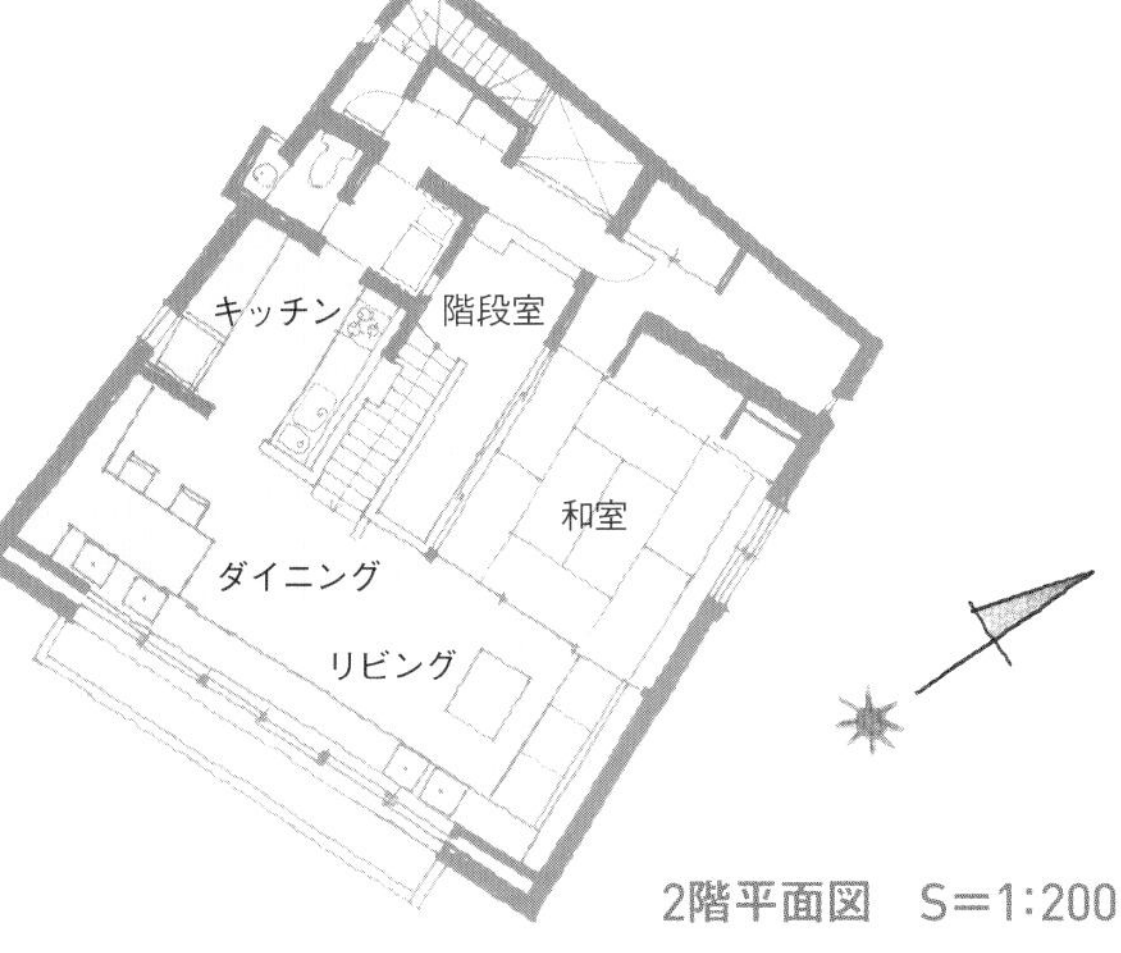

キッチン
階段室
和室
ダイニング
リビング

2階平面図　S＝1:200

24

キッチンとダイニング

食卓を中心にした ワンルームLDK

コンパクト 多機能LDK 崔邸

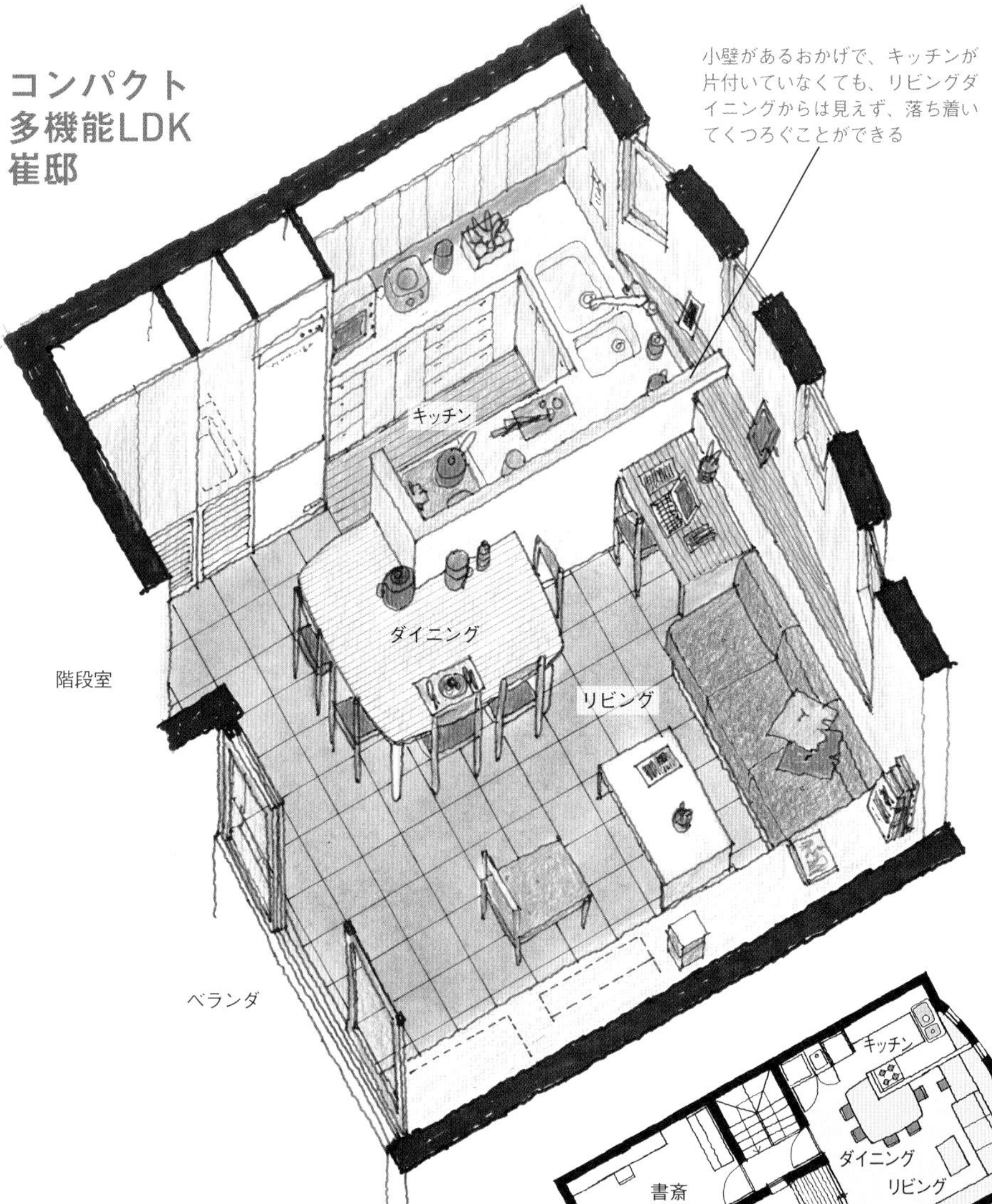

LDK平面俯瞰図

中央の丸みを帯びた四角い食卓が生活の中心になるように、位置も形も考慮したうえで設計されている

2階平面図　S＝1:200

崔邸のＬＤＫは、コンパクトにまとめられたＬＤＫの秀作である。広さは５７００㎜×４５００㎜、およそ24㎡（約7坪）であるから、マンションでも良く見かける広さのＬＤＫと言える。

キッチンは「コ」の字形の配列で、その端部が食卓である。調理台、コンロ台は低い壁で囲われ、食卓はその壁にかみ合うような形で造付けられている。加熱調理をするコンロの前には、食卓側とリビング側から手元を隠すように壁が立ち上がり、この壁が、キッチン側が散らかっているとリビングで落ち着いて団欒《だんらん》できない、という問題の解消に一役買っている。さらに造付けのソファ、そしてそのソファ脇に小机が置かれ、このコンパクトなＬＤＫがさまざまな使い方を秘めていることを示唆している。

中央の食卓は、母親が食事の支度をしながら子どもの宿題の相談に乗り、食事が終わってからもゆっくり話し合える場になっている。隣の小机ではパソコン、ソファでは寝転んでテレビを見るなど、各自が個室にこもらなくても十分落ち着ける空間になっている。

ダイニングテーブルと調理台の境界に立ち上がる小壁が、レベル差の解消と煩雑な調理器具を
隠す機能をもつ。また、テーブル側に大きく張り出したフードには照明が組み込まれている

25

キッチンとダイニング

ダイニングキッチンは寸法が重要

コンロは家族団欒の中心に／崔邸

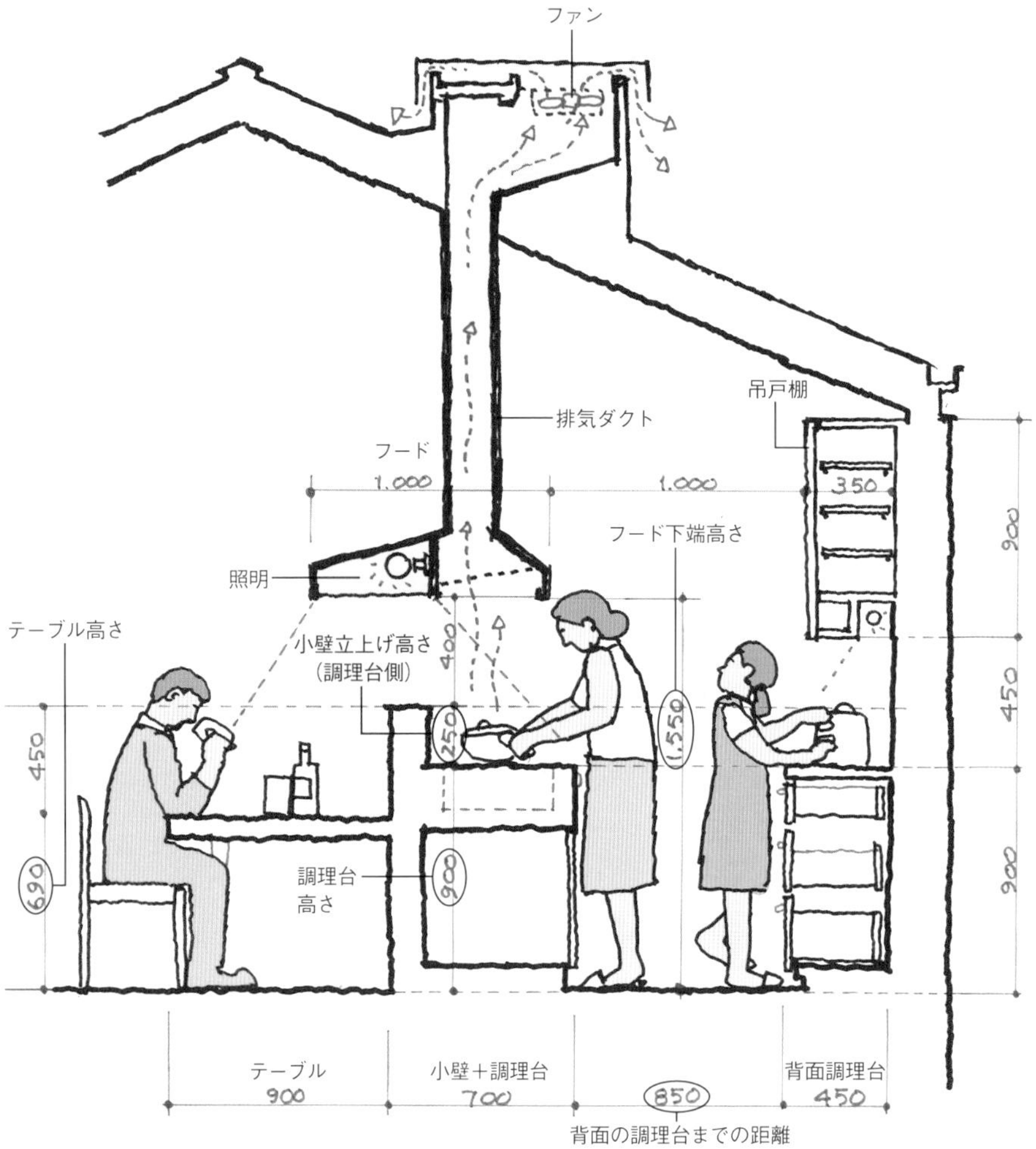

DK断面詳細図

調理台とテーブル、小壁の高さの寸法が良く計算されている。また、排気と照明器具を兼ねたフードも邪魔にならない適度な寸法になっている

コンロを中央に配置したときの最大の問題は排気である。排気のルートが長くなるうえに、フードが部屋の中央にデンと下がっているというのは、デザイン的にも心理的にも好ましいものではない。この崔邸ではそういった問題をできるだけ緩和できるよう、フードを特別あつらえとした。このフードは本来の排気機能のほかに、ダイニングテーブルとキッチンのための照明が組み込まれており、排気と照明器具を一緒にまとめつつも、すっきりとした仕上がりになっている。特にフードは高すぎると十分な排気性能が期待できないし、低すぎるとその存在が邪魔になってくる。使用する人の身長も考え、最適な高さを決めなければならない。

　ほかにも調理台とダイニングテーブル、それとコンロ側の壁の立ち上げは、食事をする側からは手元が見えにくく、油のはね返りなども少ない高さに。また、背面の調理台までの距離、吊戸棚の位置と寸法もきめ細かく設計されている。使用者が最も使いやすい寸法に設計されているかどうかは、ダイニングキッチンの価値を大きく左右するからだ。

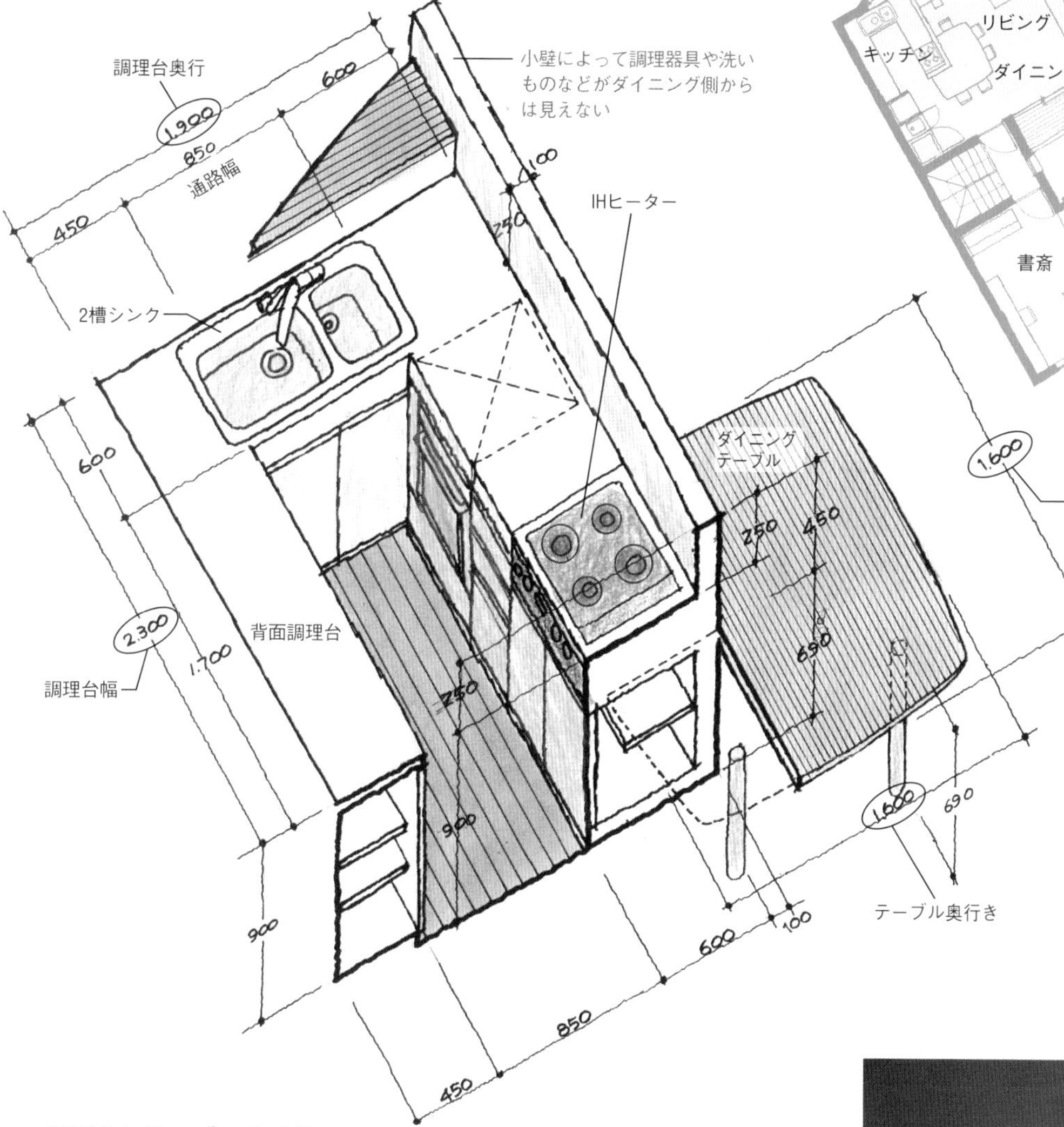

2階平面図
S＝1:200

調理台とテーブルの寸法

調理台とダイニングテーブルの寸法の関係を分かりやすく描いた図。テーブルが調理台の一角に差し込まれているため、調理から配膳への流れがスムーズ

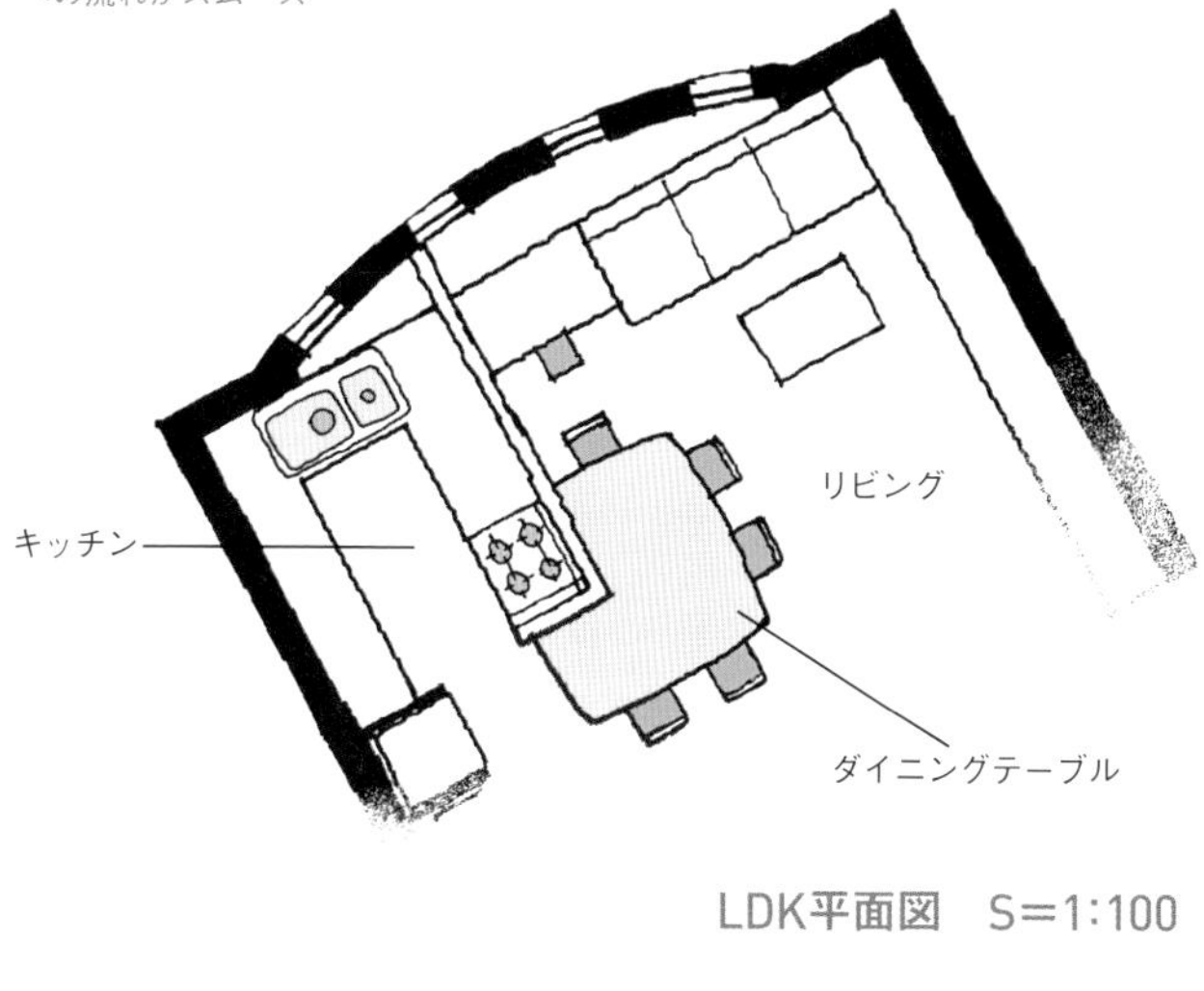

LDK平面図　S＝1:100

照明器具が組み込まれたレンジフードは、機能的で、インテリアにもとけ込む

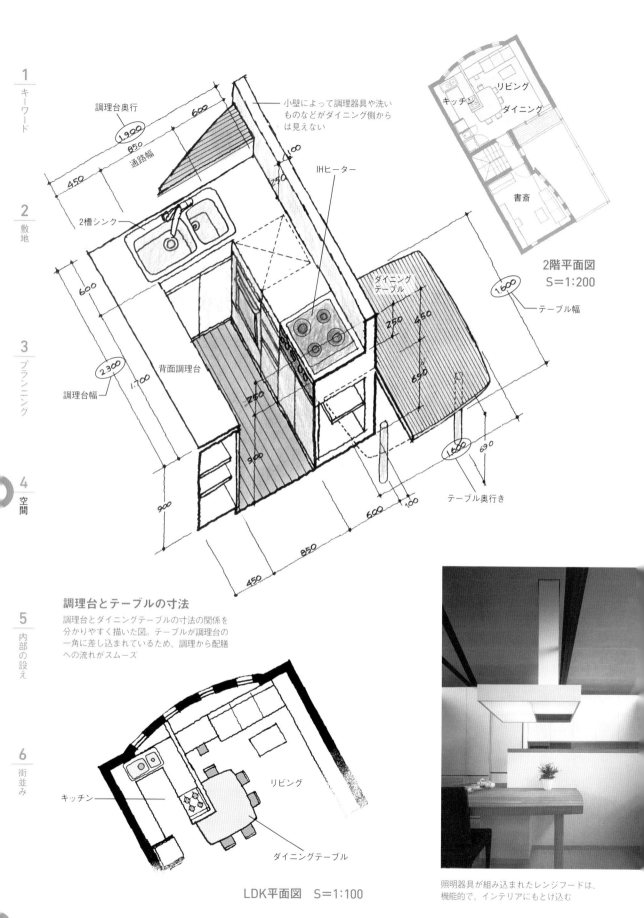

26

キッチンとダイニング

落ち着けるボックスシートのダイニング

キッチン側からダイニングを見る。右側に見える黄色の部屋が洗面とトイレ

最近、家族の団欒《だんらん》の機会が少なくなり、食事中の会話で終わってしまう家族が多いという。住まいの個室化が進むと、自分の好きなことを好きな時間にできる個室にこもって過ごすことが多くなり、家族団欒の場であるリビングの存在自体が危ぶまれている。だから、リビングよりもダイニングの充実を図るのも考え方の1つである。

ここで紹介する菅野邸のダイニングテーブルは、あたかもレストランのボックスシートのような落ち着けるスペースである。リビングより半階上がり、45度の角度に振られたブースには、上部の高い吹抜けの解放感がある。リビングを上から見降ろす位置でとる食事は、このうえなく楽しく、そして心地良い。このダイニングテーブルは家のどこを通るにもこのテーブルに座っている家族と出会えるつくりのため、この家の中心的な存在になっている。

菅野邸のダイニングのインテリアが、住宅というよりもレストランを想起させるカラーリングになっているのも面白い。宮脇流の大胆な色使いの本領発揮というところだ。

毎日レストラン気分
菅野邸

スキップフロアのダイニング俯瞰図

水平・垂直に構成されているプランのなかで、異なる角度をもつダイニングでは、少し非日常的な感覚が味わえる

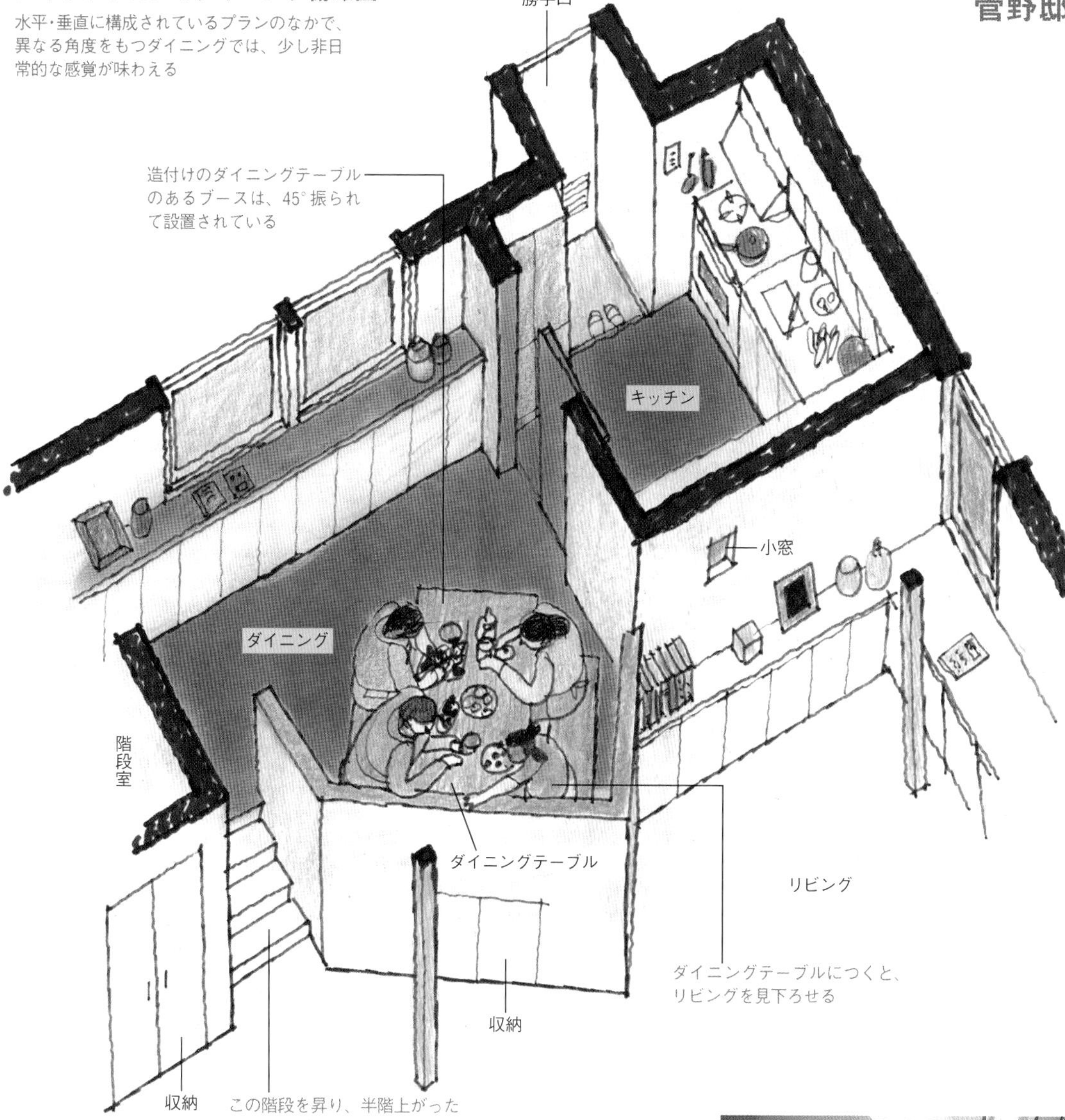
勝手口
この階段を昇り、半階上がったところにダイニングがある

勝手口

1階平面図　S=1:200

半階上がったダイニングは、上部が吹抜けで、解放感ある空間

27

キッチンとダイニング

ダイニングとキッチンの立体的な採光

昼間は照明いらず／菅野邸

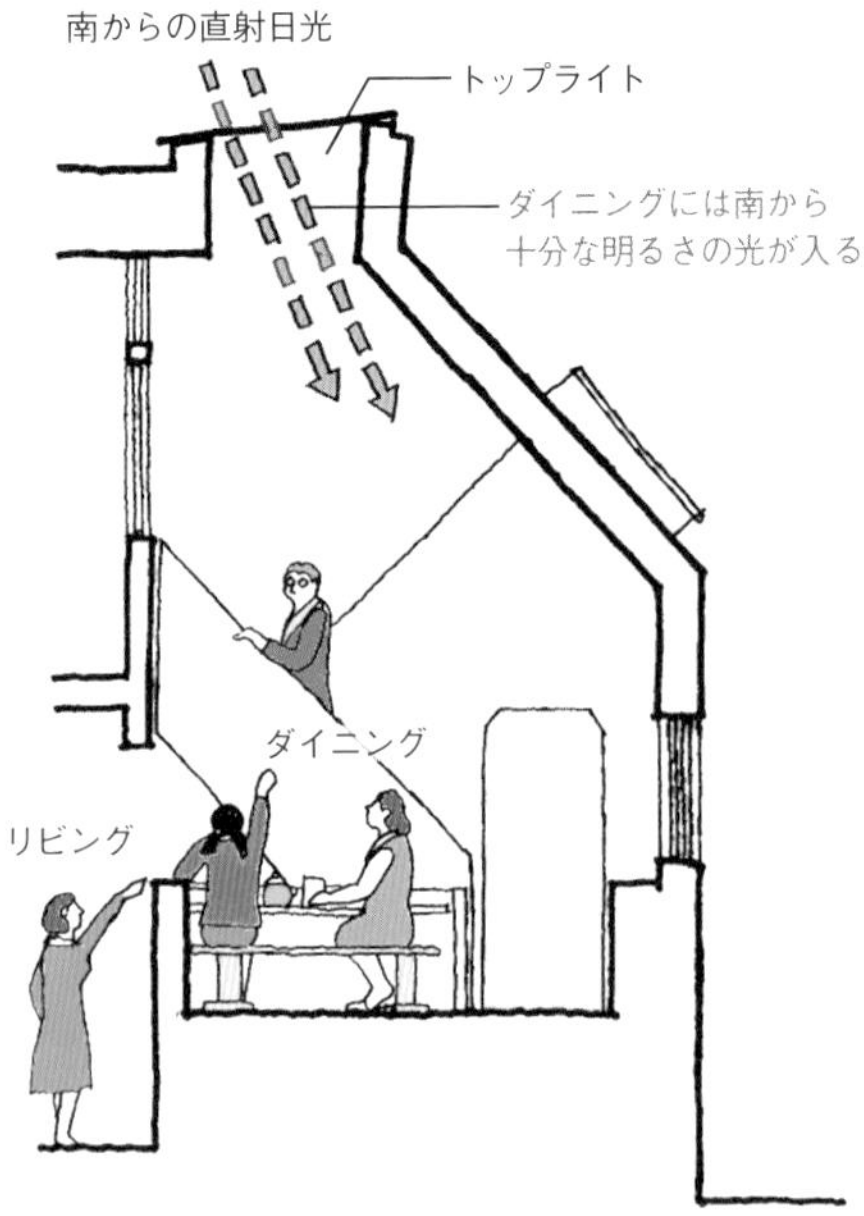

ダイニング断面図(B-B')

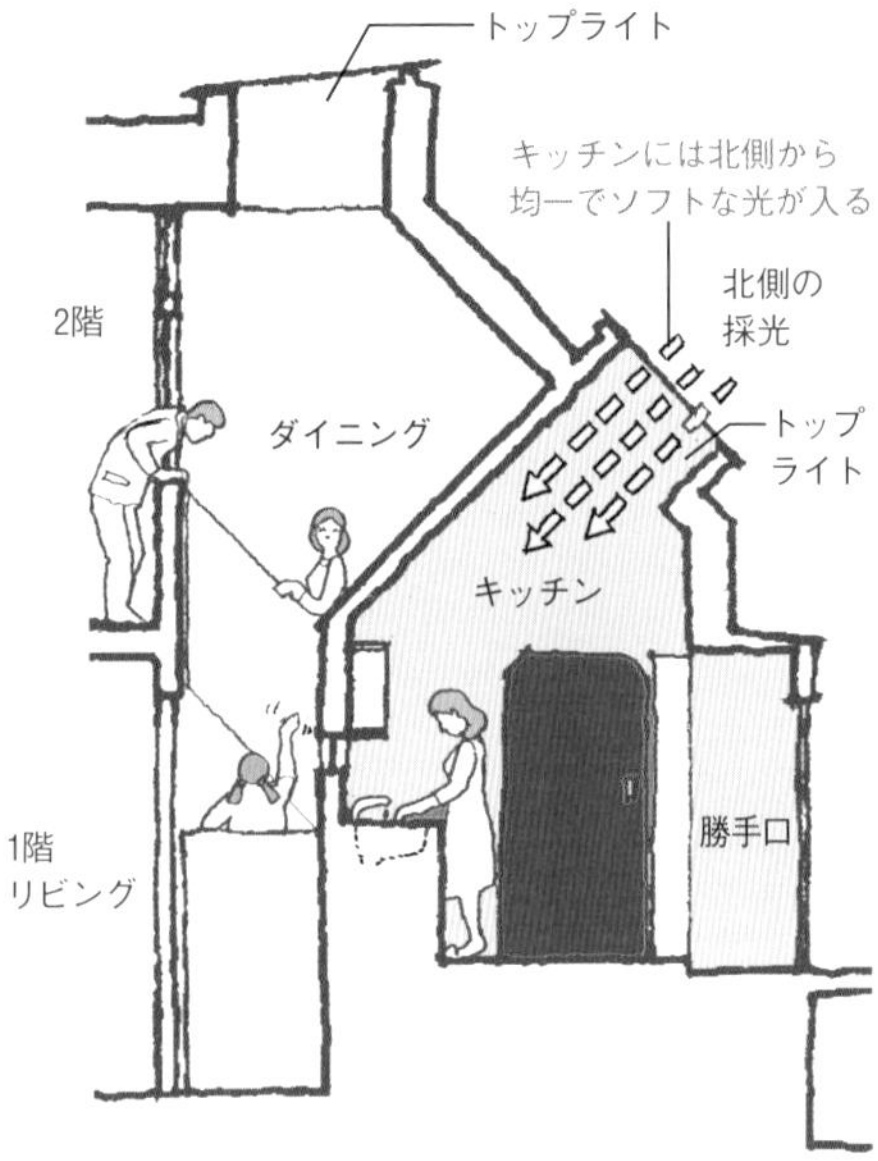

キッチン断面図(A-A')

吹抜け　トップライトからの光は左手のダイニングまで届く

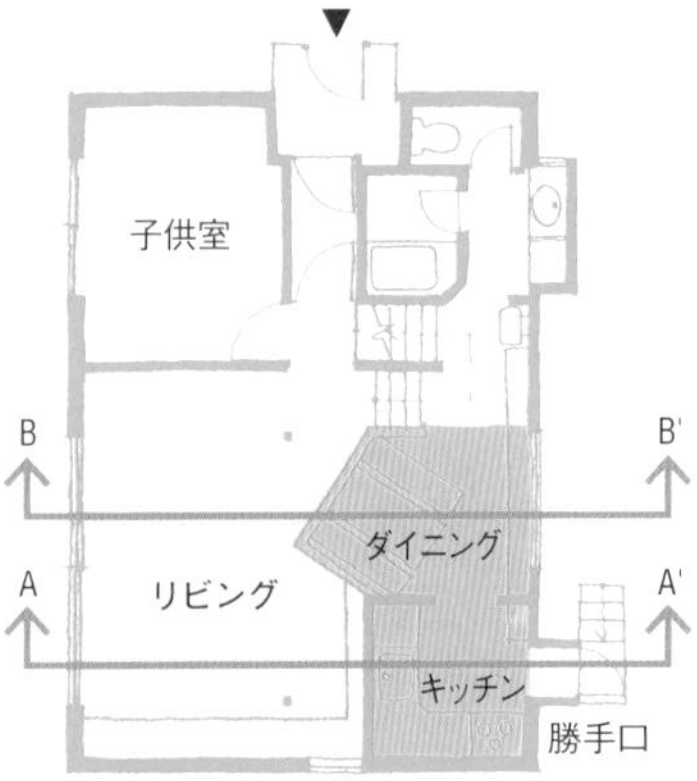

1階平面図　S=1:200

住まい全体の平面構成を考えるとき、日常生活で重視されるリビングや客間などは、優先的に南側に配置されることが多い。そのため、昔からキッチンは北側に置かれ、主婦は働く場所の環境に恵まれていなかった。このように、日当たりを優先するプランニングにおいては、どうしても表（南側）と裏（北側）という関係が生じることが避けられない。

この問題の解決策として、効果的にトップライトからの採光を用いる方法がある。

菅野邸のキッチンとダイニングの採光の手法には、学ぶべきところが多い。断面図のとおり、ダイニングとキッチンの採光はそれぞれ別のルートになっている。キッチンは北側から安定したソフトな光を取り入れ、ダイニングには吹抜けに上部に設けられたトップライトによって、十分な光が供給される。このように工夫次第で、昼間は照明いらずのダイニングとキッチンにすることができるのだ。また、トップライトの位置も形も違うキッチンの光とダイニングの採光では、違った雰囲気が味わえて楽しい。

キッチンとダイニング

28 キッチンの採光と排気を兼ねる

前にも述べたように、主婦の作業環境を良くし、衛生的な環境を保つためにも、キッチンには光を十分に取り入れなければならない。

松川邸のキッチンは北側に配置されているが、図(上)のようにハイサイドライトから光を取り入れ、ルーバーのガラス戸から室内の排気をすることも可能にしている。図中には見えないが、室内にはもう1つトップライトがあり、2段階の採光をしている点に工夫が見られる。斜めの高い天井は排気の効果を良くし、入ってくる光を乱反射させて、隣のダイニングルームへ斜めのガラスを通して光を入れる役割をしている。

写真の佐藤別邸はセカンドハウスだが、オープンな対面式キッチンのコンロ上部にユニークなフードが取り付けられている。断面図で示したとおり、排気ダクトの周囲に乳白のガラスの箱を取り付け、内部に照明を仕込んだフードである。フードは往々にして邪魔者扱いされがちだが、その存在感を消すためにフードを照明器具に変身させ、行燈のような柔らかい間接照明を実現したアイデアが素晴らしい。

兼ねるトップライト
松川邸#2

ハイサイドライトは、ルーバーガラス戸によって通気と採光の2つの役割を果たす

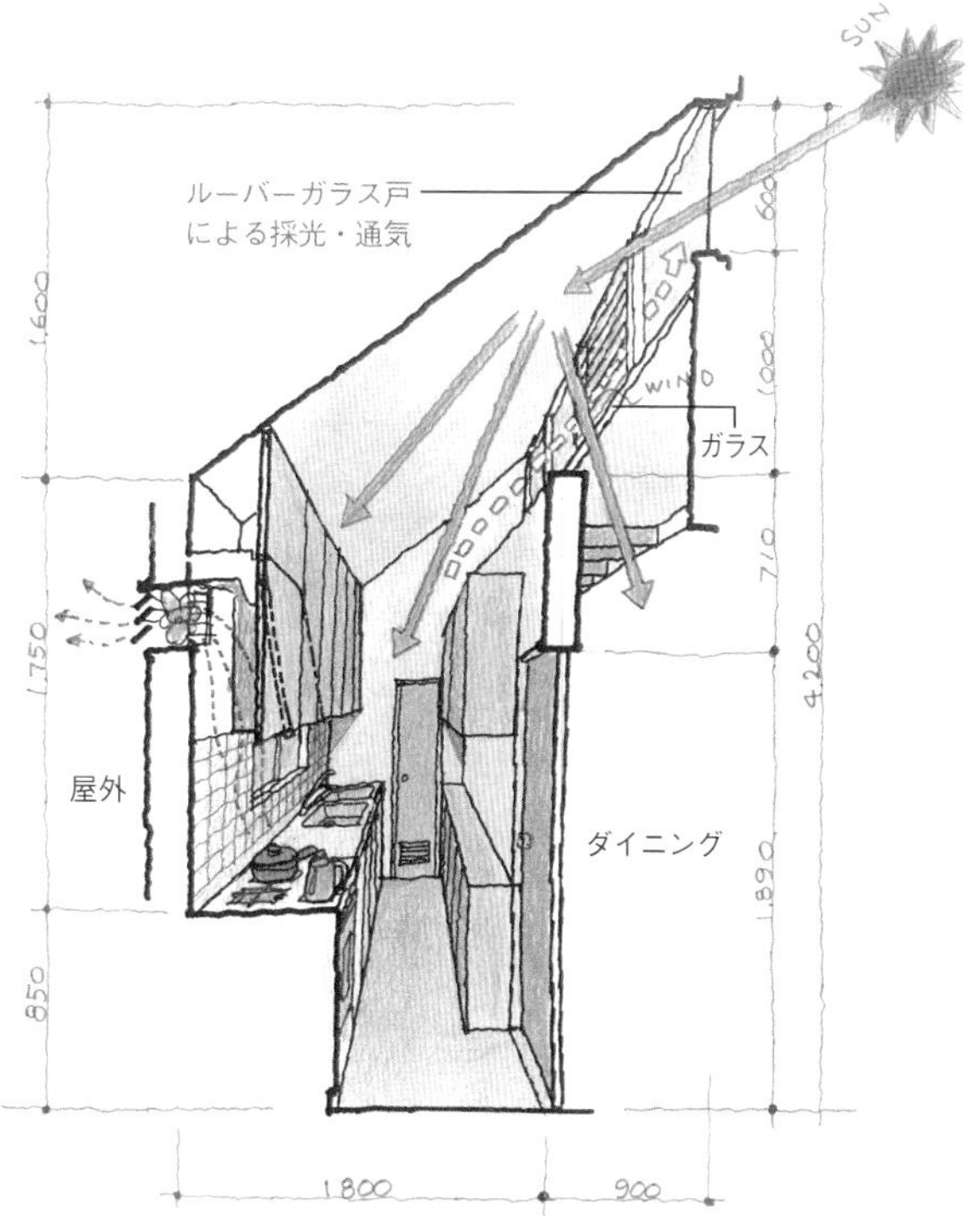

兼ねるレンジフード
佐藤別邸

高い天井から下げられた無粋な排気フードが、美しい照明器具に変身した

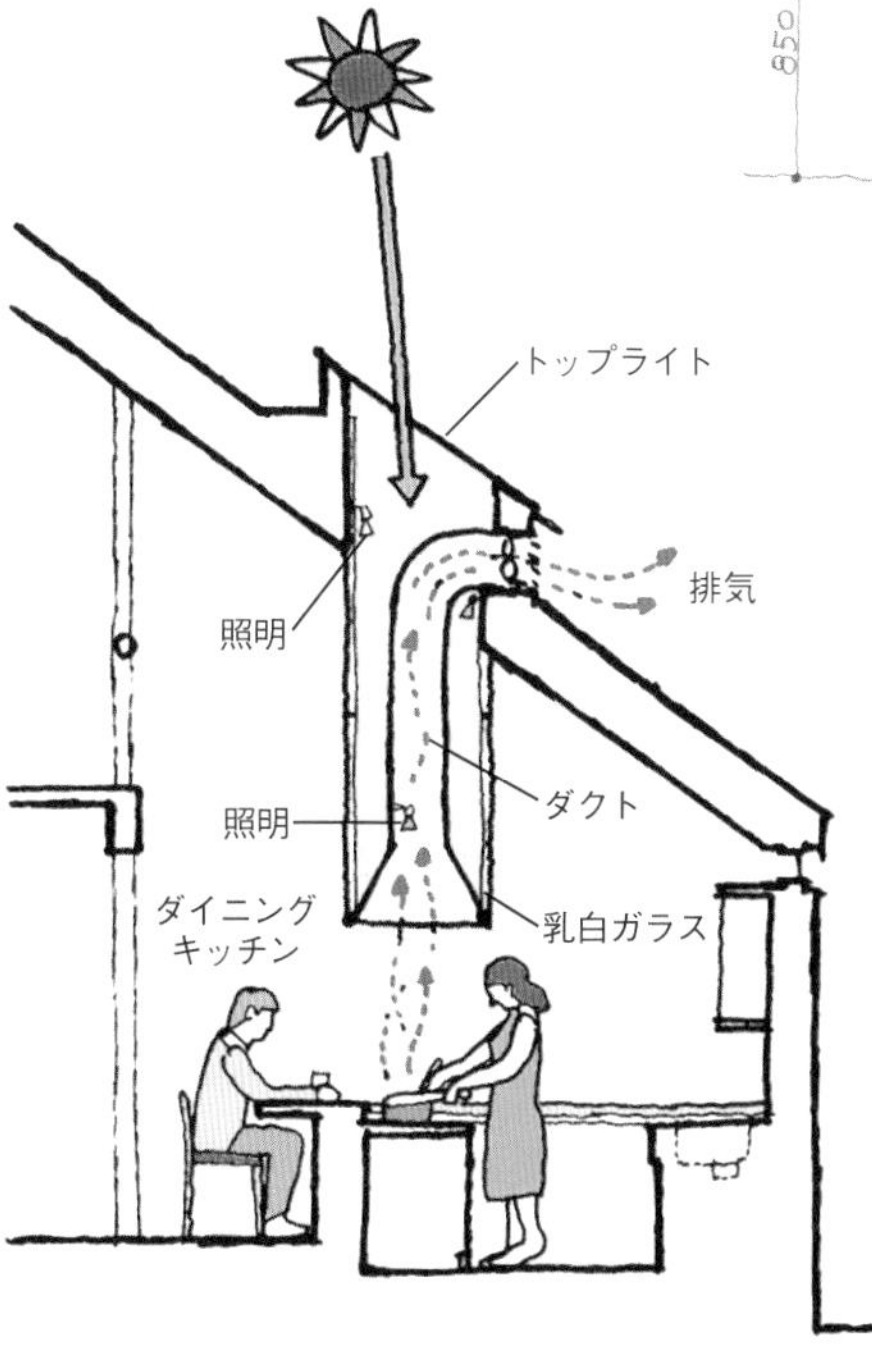

ダイニングキッチンの採光・照明を兼ねる
レンジフード

29 キッチンへの2段階採光

キッチンとダイニング

光をおすそわけ／前田邸（シリンダーボックス）

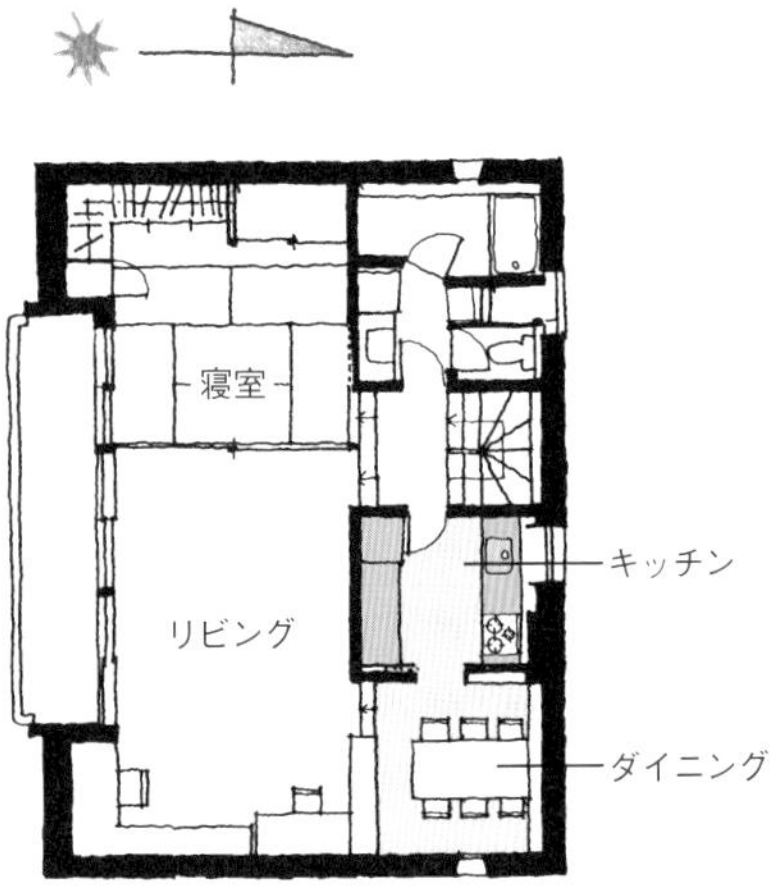

2階平面図　S＝1:200

リビングから2段ほど下がったところがDKの床レベル。DとKは引戸によって分離され、DとLは段差によって分けられている

キッチン　写真左上は室内トップライト。北側のハイサイドライトから入った光がリビングとキッチンに分けられている

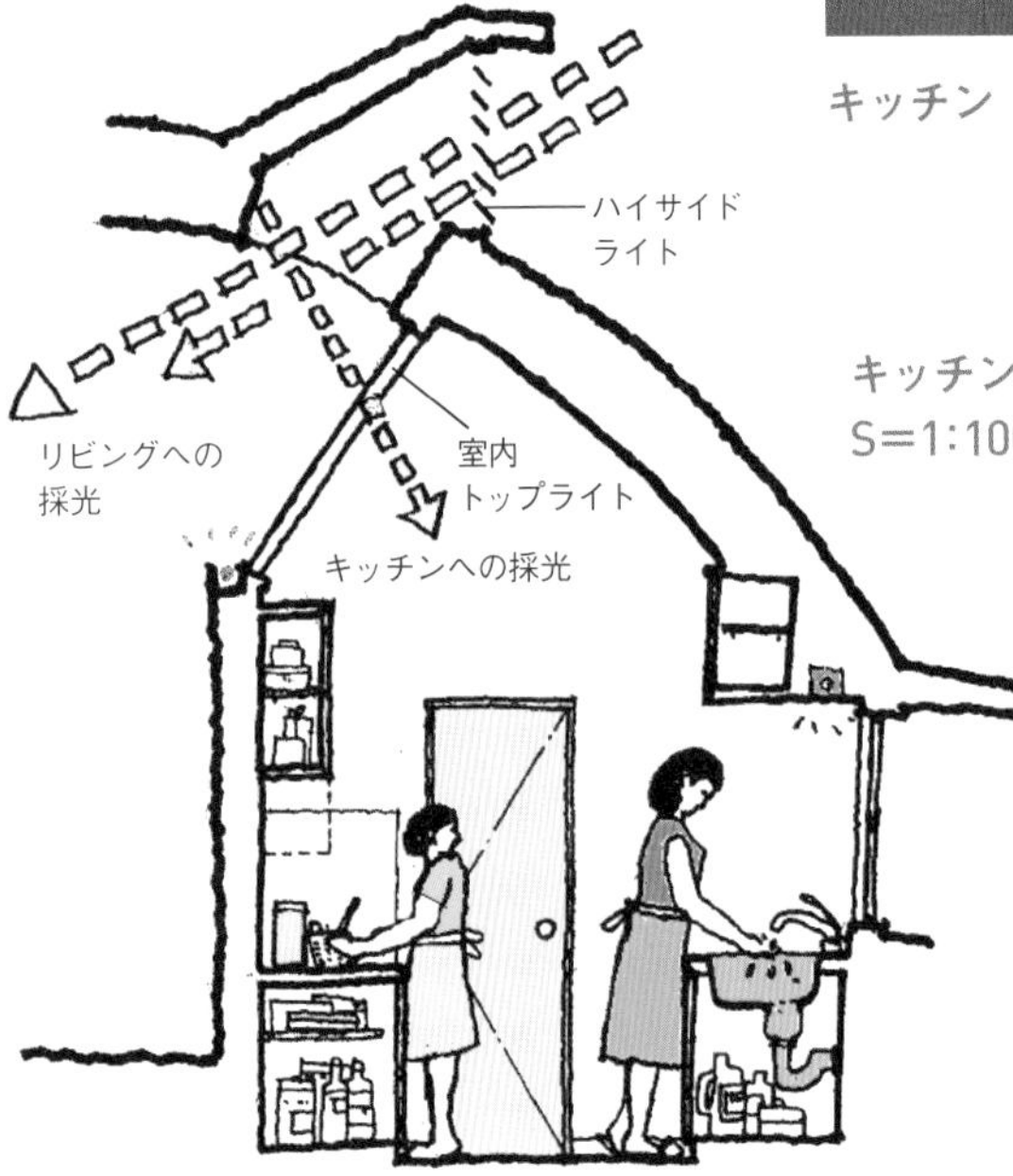

キッチン断面図
S＝1:100

このシリンダーボックスといわれる住宅には、その名のとおり、円筒形の屋根が掛けられている。その屋根の北側にはハイサイドライトが設けられているのだが、ここからの光がさらに2分割されて、リビングとキッチンに取り入れられる。キッチンは北側にある通常の窓からの光と、円形の天井を乱反射してくる光によって、十分な明るさを保っている。

1 キーワード
2 敷地
3 プランニング
4 空間
5 内部の設え
6 街並み

30

キッチンとダイニング

ダイニングテーブルと調理台の段差の処理

ダイニングとキッチンの段差の取り方

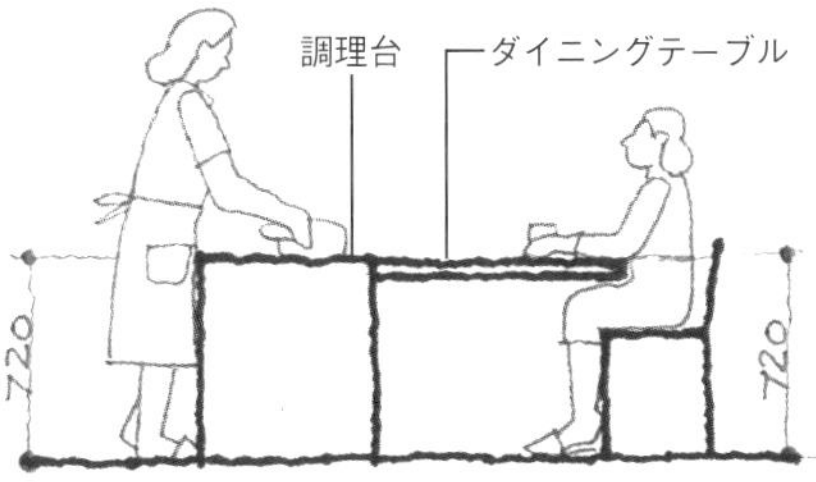

床も、テーブルと調理台のレベルも同一とするため、調理台を低くする

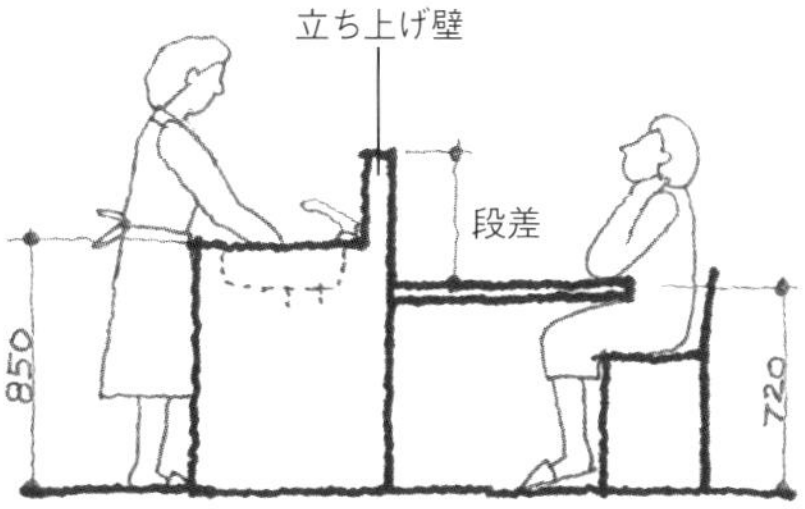

床レベルは同一で、調理台の立ち上げ壁とテーブルに段差を取る

床レベルは同一で、調理台とテーブルに段差を取る

床レベルに段差を取り、調理台とテーブルは同一

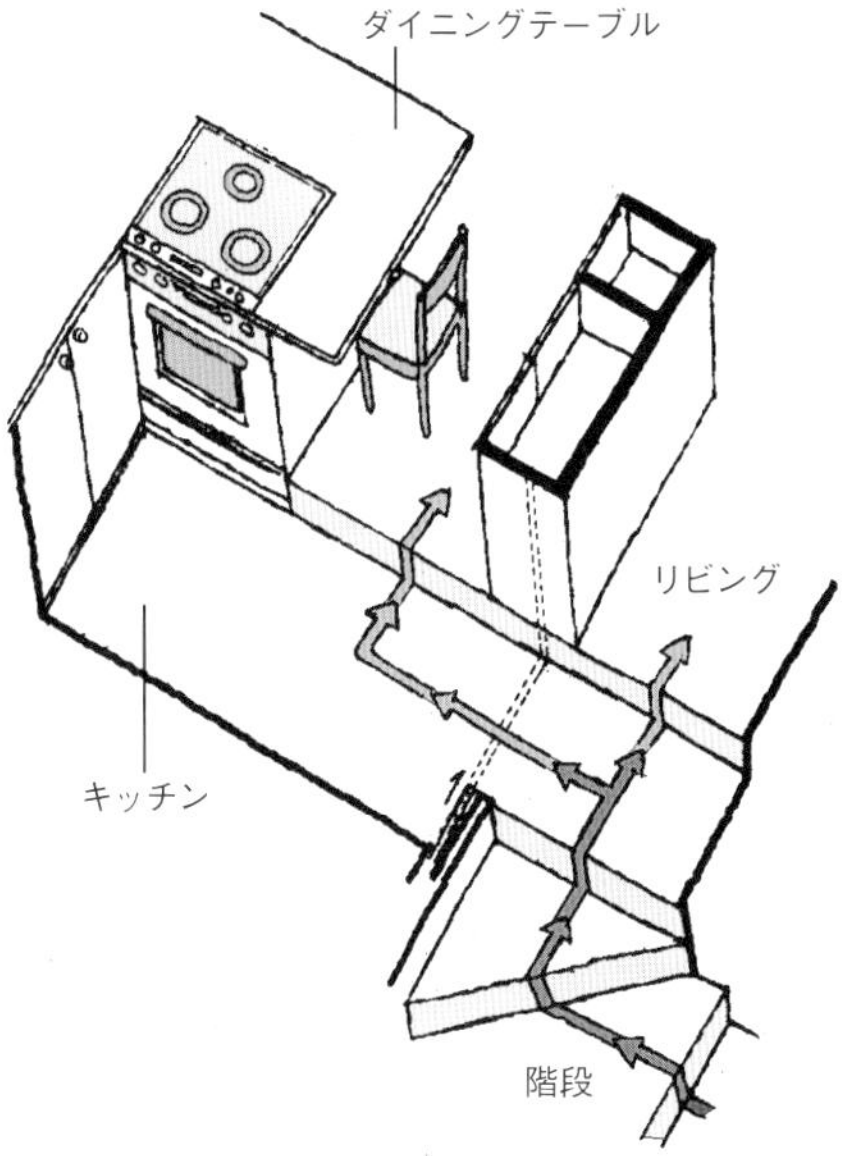

渡辺邸のダイニングとキッチンの段差の処理

通常、調理台と食卓の高さは約15㎝ほどである。この段差を階段の蹴上げ分としてプランニングした

ダイニングテーブルと調理台は高さが違い、並べると段差（約150㎜）ができる。その段差の解消のために、階段を上手に利用する方法を紹介しよう。

左図の渡辺邸は、階段の1段分を調理台とテーブルの段差処理に使った例である。階段を上った所にダイニングキッチンがあるプランならば、このテクニックを応用できるだろう。設計時に階段の蹴上《けあげ》高さを150㎜に定めておく必要があるが、図のように階段から続くキッチンの床が、2階フロアから1段分下がっているという点がアイデアである。

31

キッチンとダイニング

見晴らしも気晴らしにも良いキッチン

洗いものが楽しくなる 伊藤明邸

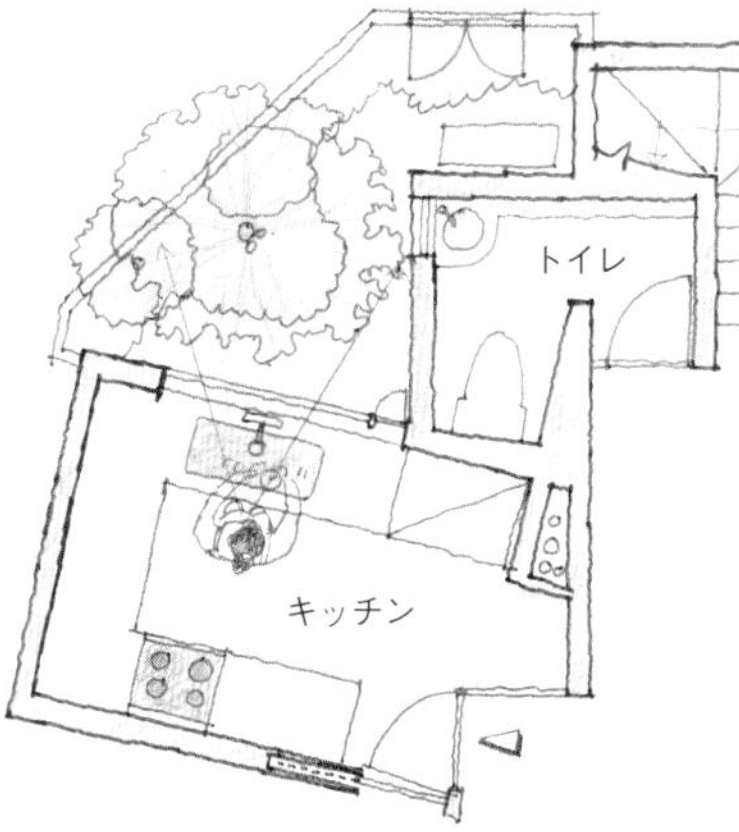

キッチン平面図　S＝1:100
庭に向けて大きな窓を設ければ、家事をしながらでも植生の様子や、季節の移り変わりを感じとることができる

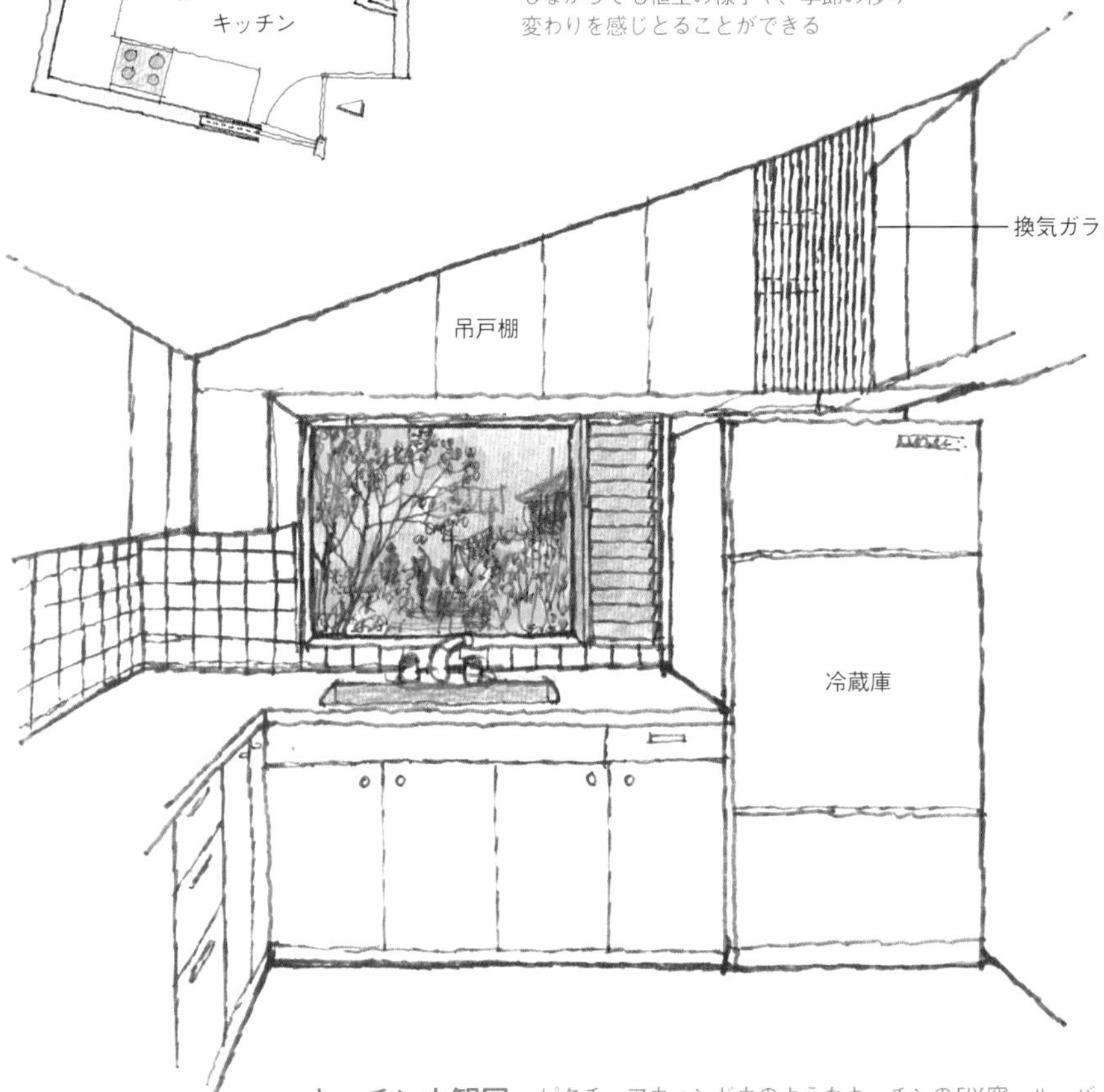

キッチン内観図　ピクチュアウィンドウのようなキッチンのFIX窓。ルーバー窓も設けることで、採光と通風の確保に役立っている

キッチンは息苦しい空間になりやすい。さまざまな調理機器や食器などの収納に囲まれているうえ、作業効率を重視しそれを追求していくと、どうしても閉鎖的な雰囲気が顔を出してしまうのだ。

だがキッチンの窓と言えば、吊戸棚の下の小さな格子がはめられた無粋な窓が定番になっている。これは女性の仕事場である台所が、うす暗い場所に追いやられていた旧時代の名残のように思えてしまう。収納スペースを削り、シンクの前を大きく開け、視界を広げることができれば、調理や厄介な洗い物も楽しくなるのではないだろうか。

キッチンやダイニングを重視する近ごろの家庭では、むしろ窓を東南に設ける場合も少なくない。朝日を浴びながらの調理や朝食は、すがすがしい気持ちで1日のスタートを迎えさせてくれること請け合いである。

住まいのなかのダイニングキッチンを、調理や食事という行為を超えた主婦（主夫）の居住空間と位置付け、重要な場所としてとらえるべき時代が来ていると思う。睡眠同様、食事は人間が生きてゆくためには欠かせないし、

家族を見守りつつ家事を行う船橋邸

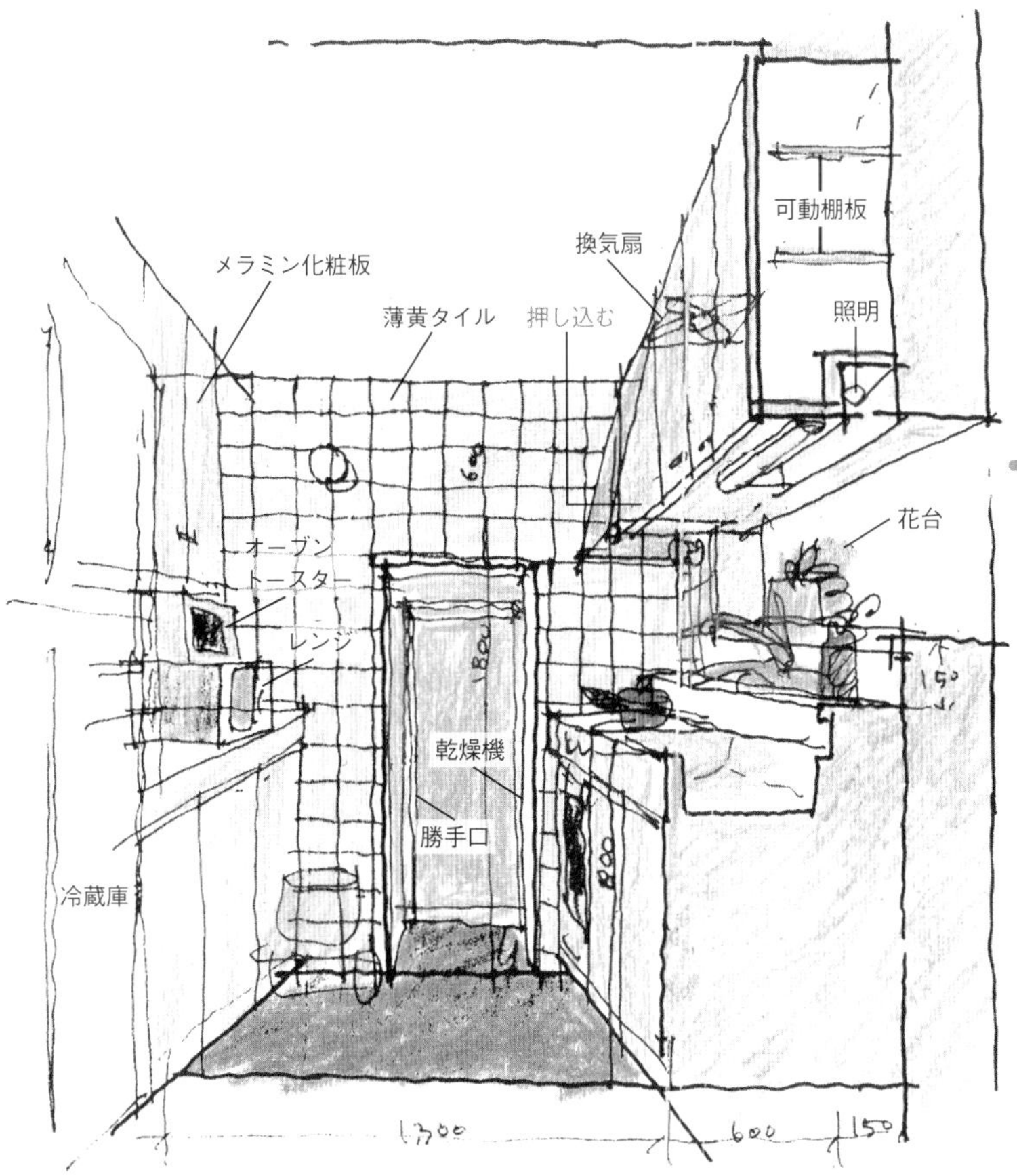

→ トップライトのある階段室、和室、リビング

キッチン断面図

調理台前の開口から見える内部空間は、階段室のトップライトからの採光によって外部のような雰囲気。和室とリビングを望む見晴らしが良い

キッチンからの眺め

シンク上に設けられた横長の窓からリビングや和室が見渡せ、調理をしながら家族と会話することができる

心地良い環境であればこそ、おいしい料理もできようというものだ。

右上図の伊藤明邸では、シンク前にあたかもピクチュアウィンドウのような大きな開口を設け、庭に向かって視界を開いている。こうした窓はビスタ（眺望）ばかりでなく、手元の採光にも役立つし、庭の季節感を味わいながら植生の状況を随時確認できる利点がある。

上図の船橋邸のキッチンでは、ビスタの取り方が異色である。密集地に建てられているため、現在、将来とも外の景色には期待できない。あえて開口部を設けても、かえってプライバシーを侵される状況に陥りかねない。そこで住まいの内部を景色に見立て、開口を設けた。トップライトのある階段室越しに望む和室やリビングは、太陽の動きに合わせて光と影が交錯し、1日のうちに表情が移り変わる。キッチンから眺めやる和室はあたかも東屋のごとき佇まいを見せ、リビングにくつろぐ人さえ景色の一部のようだ。また、このキッチンは住まいの中心に位置しているため、家族全体を見渡せるという意味でも、理想的な見晴らしだと言える。

32

キッチンとダイニング

和室とコラボしたダイニング

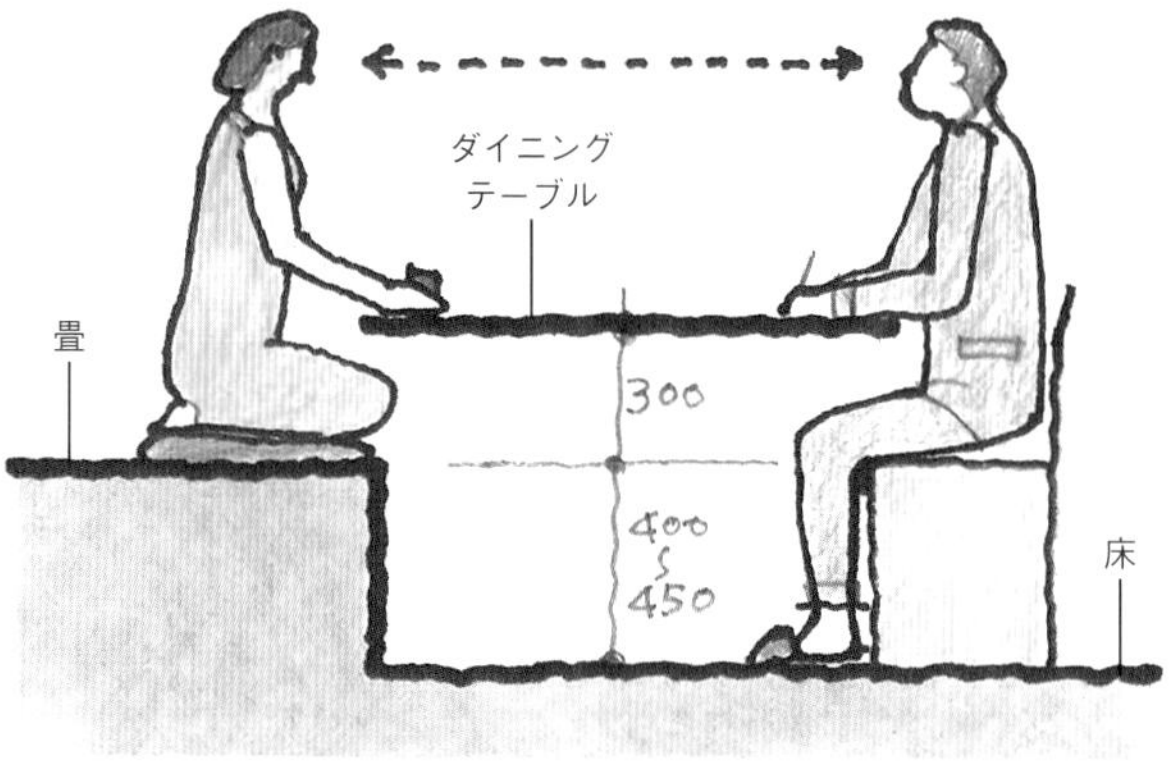

畳と椅子のテーブルの高さ

正座した時のテーブルの高さと椅子に座った時のテーブルの高さはほぼ同じ

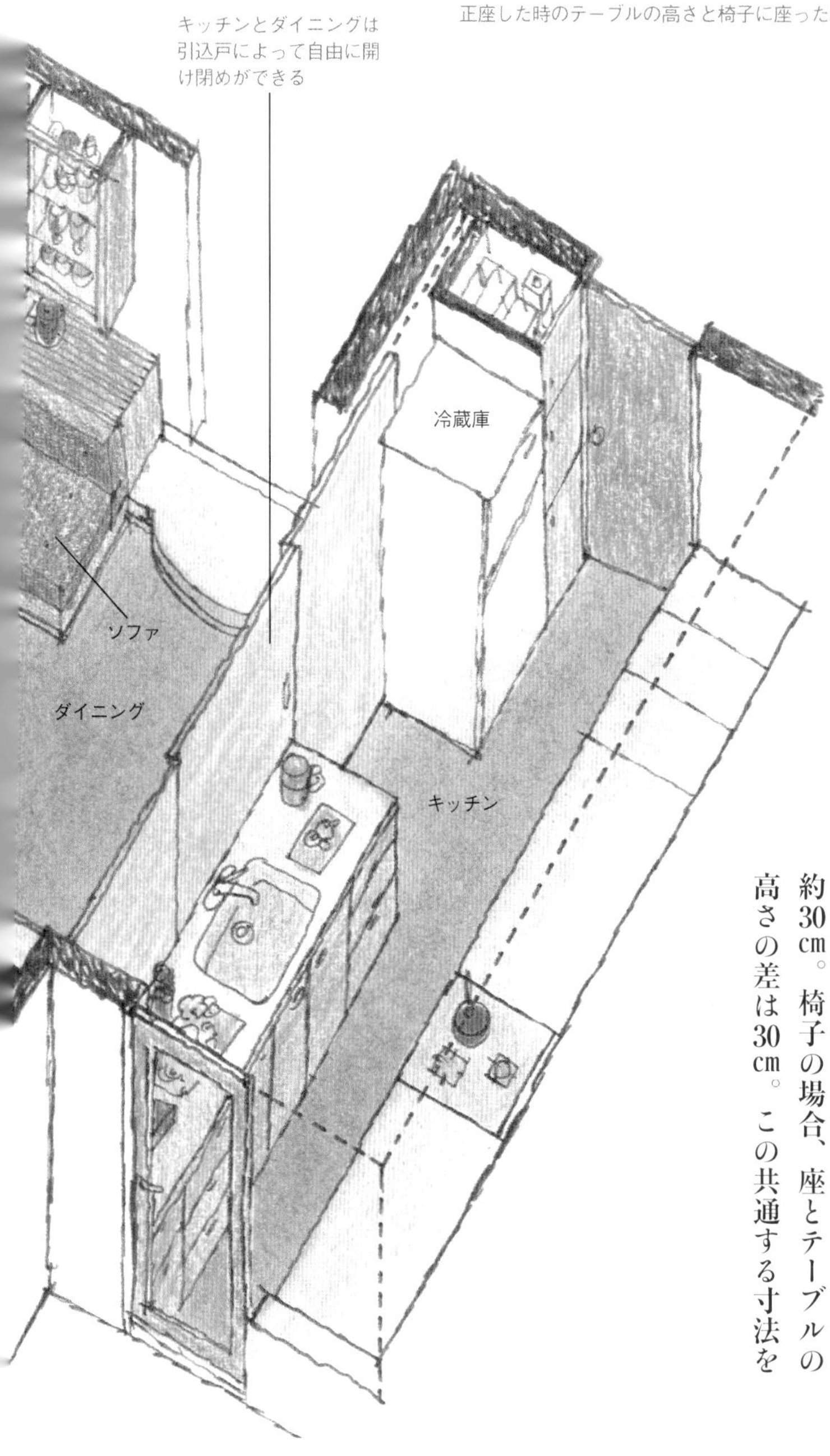

畳を敷いた和室は、日本人がつくり上げてきた優れた居室である。家具の置き方によって応接や食事など、その用途に適応できるという特徴をもっている。それゆえ、和室をリビングやダイニングの隣に設けることで、生活にさまざまな変化が与えられるのだ。

ここで紹介する林邸のダイニングは、和室と上手に調和したダイニングである。和室で正座した時、座卓の高さは約30cm。椅子の場合、座とテーブルの高さの差は30cm。この共通する寸法を

あえて段差をつくる／林邸

和室の縁近くに座って、ダイニングテーブルで食事ができるよう、和室の床レベルをダイニングの椅子座面高さにそろえている

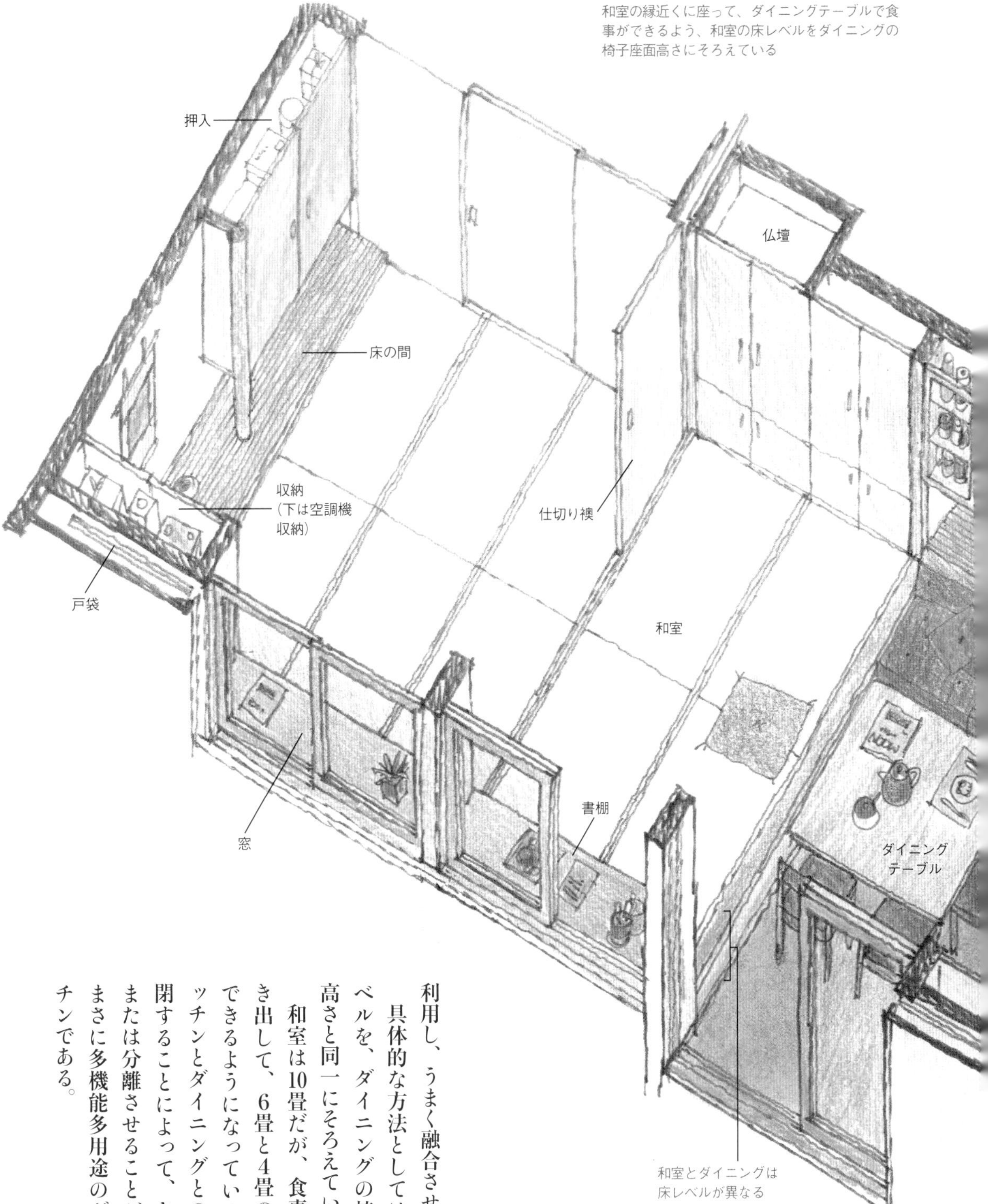

ダイニングキッチン俯瞰図

和室の床レベルとダイニングのソファの座面の高さを同一にして、ダイニングテーブルを共有できるようにしてある

利用し、うまく融合させているのだ。

具体的な方法としては、和室の床レベルを、ダイニングの椅子やソファの高さと同一にそろえている。

和室は10畳だが、食事時には襖を引き出して、6畳と4畳の2部屋に分割できるようになっている。さらに、キッチンとダイニングとの間の引戸を開閉することによって、キッチンを連結または分離させることが可能になる。まさに多機能多用途のダイニングキッチンである。

33 ベッドルーム 狭くてもこもれる書斎がほしいもの

書斎と納戸で雑音をカット 富士道邸

書斎からベッドルームを見る。ベッドルームの通路を書斎とすることで、1つの個室が生まれた例

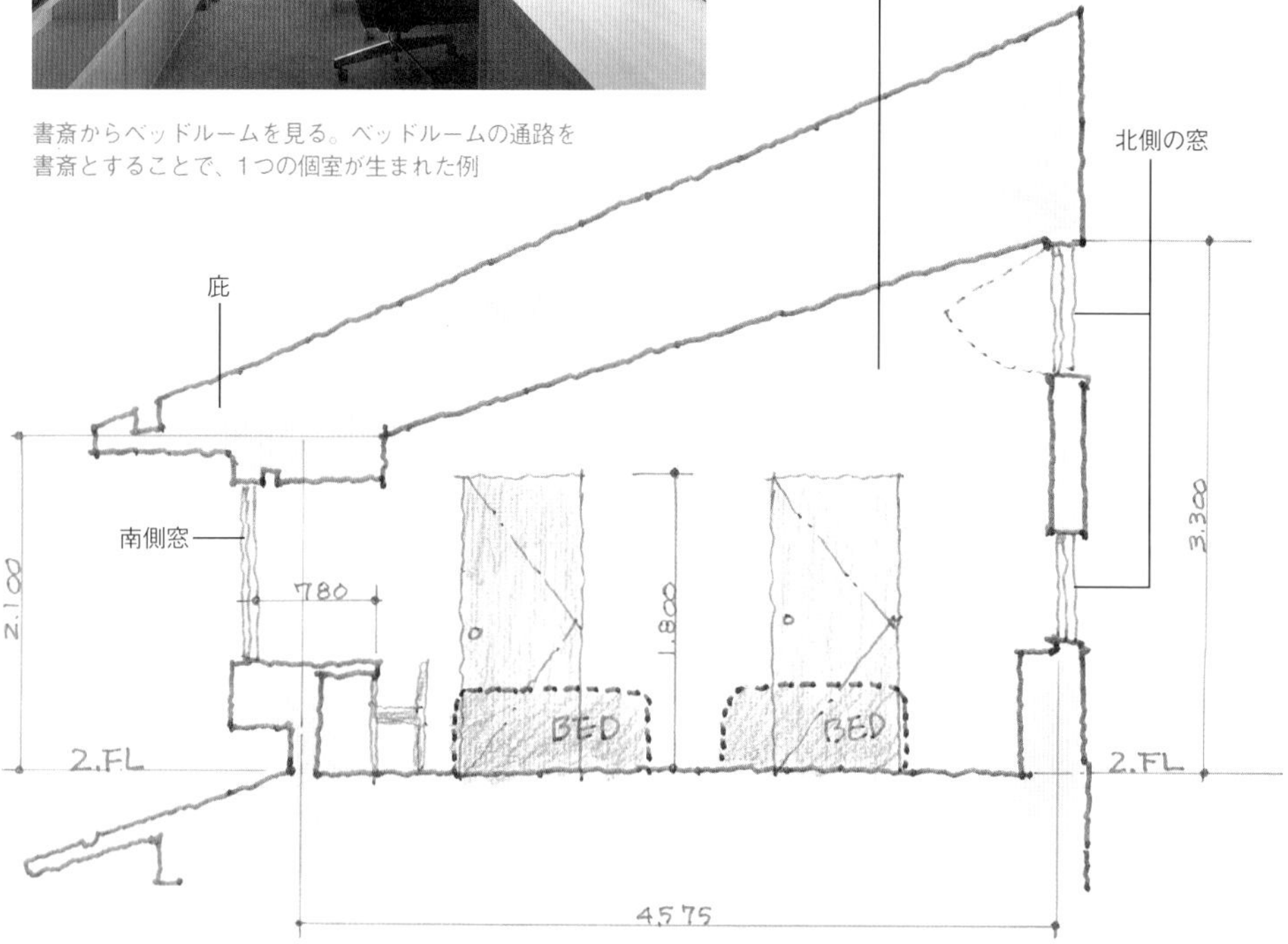
寝室では均一な北側からの光が心地良い

ベッドルーム断面図 北壁に設けられた高窓から柔らかい光が差し込む。南側の窓からは、深い庇によって直射日光が入らないようになっている

寝室は人生の3分の1の時間を過ごす大事な空間である。それゆえ、おろそかにしてはいけない。ベッドルームは、寝る以外に衣服を着替える場所であり、女性にとっては化粧をして身だしなみを整える場所でもある。それに付随して、クローゼットや寝具などの収納スペースも必要になる。富士道邸は1階がリビングなどのパブリックスペース、2階が寝室などのプライベートスペースという、一般的な住宅に見られるプラン。左図のように、プライベートスペースは書斎とベッドルームがL字形に配置されている。このプランのユニークなところは、ベッドルーム入口部分に書斎を個室的に設けた点である。

夫婦の間柄であっても、お互いのプライバシーは守られるに越したことはない。一般的な住宅では面積的な制約から、書斎をベッドルームの一角に設けることが多いが、入口部分に前室的な書斎を設ければ、ドアでベッドルームと間仕切れる。落ち着いた書斎になり、ベッドルームにも見晴らしの良い窓が大きく取れ、片流れの屋根によって、ほど良い通風と採光が確保される。

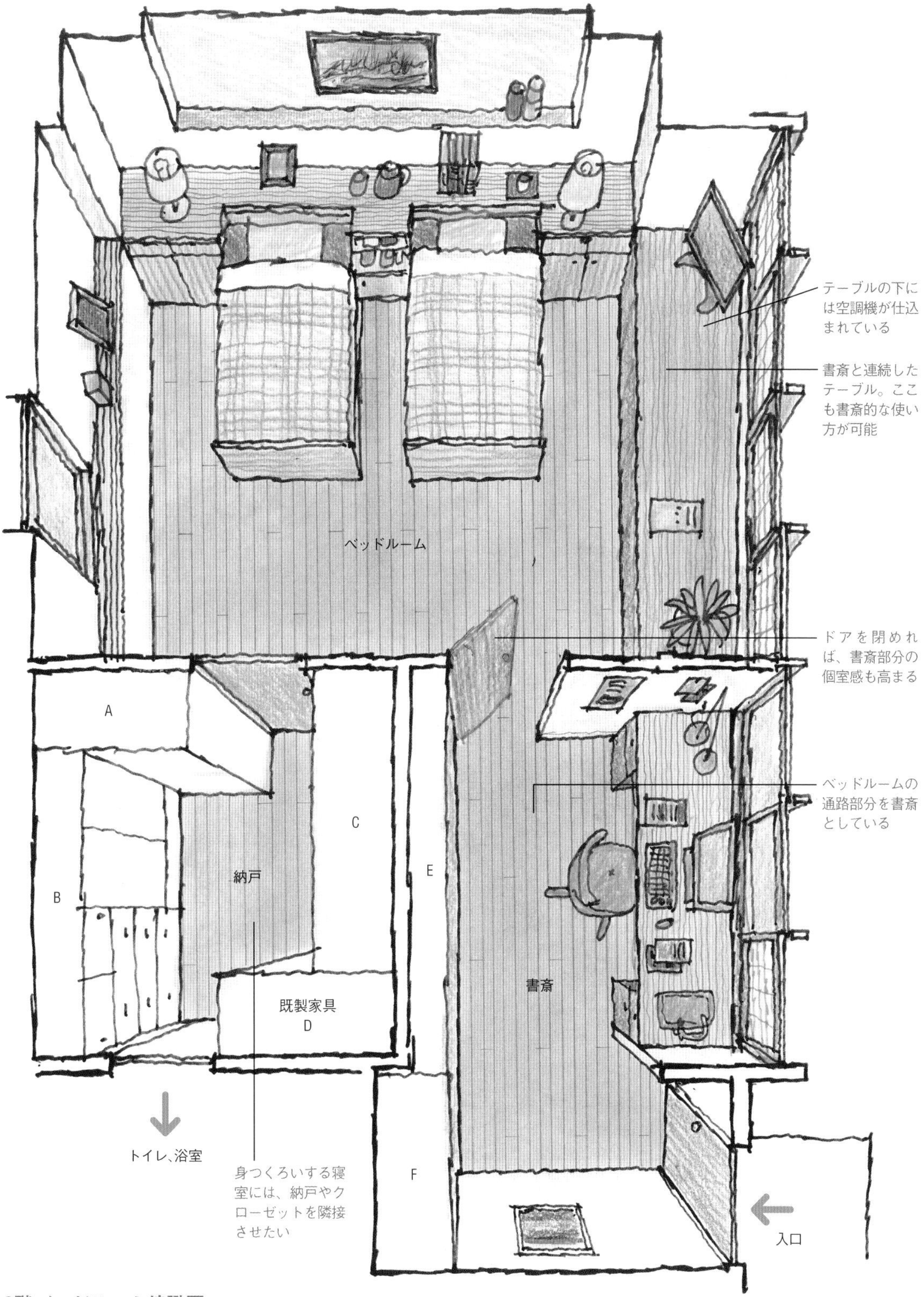

2階ベッドルーム俯瞰図

納戸と書斎に記したA～Fは、既存の棚やタンスなどの家具である。それらを活用できるように、あらかじめ置き場所を決めて設計した

34 ベッドルーム 空中ベッドルームの心地良い眠り

童心に帰る／石津別邸「もうびぃでぃっく」

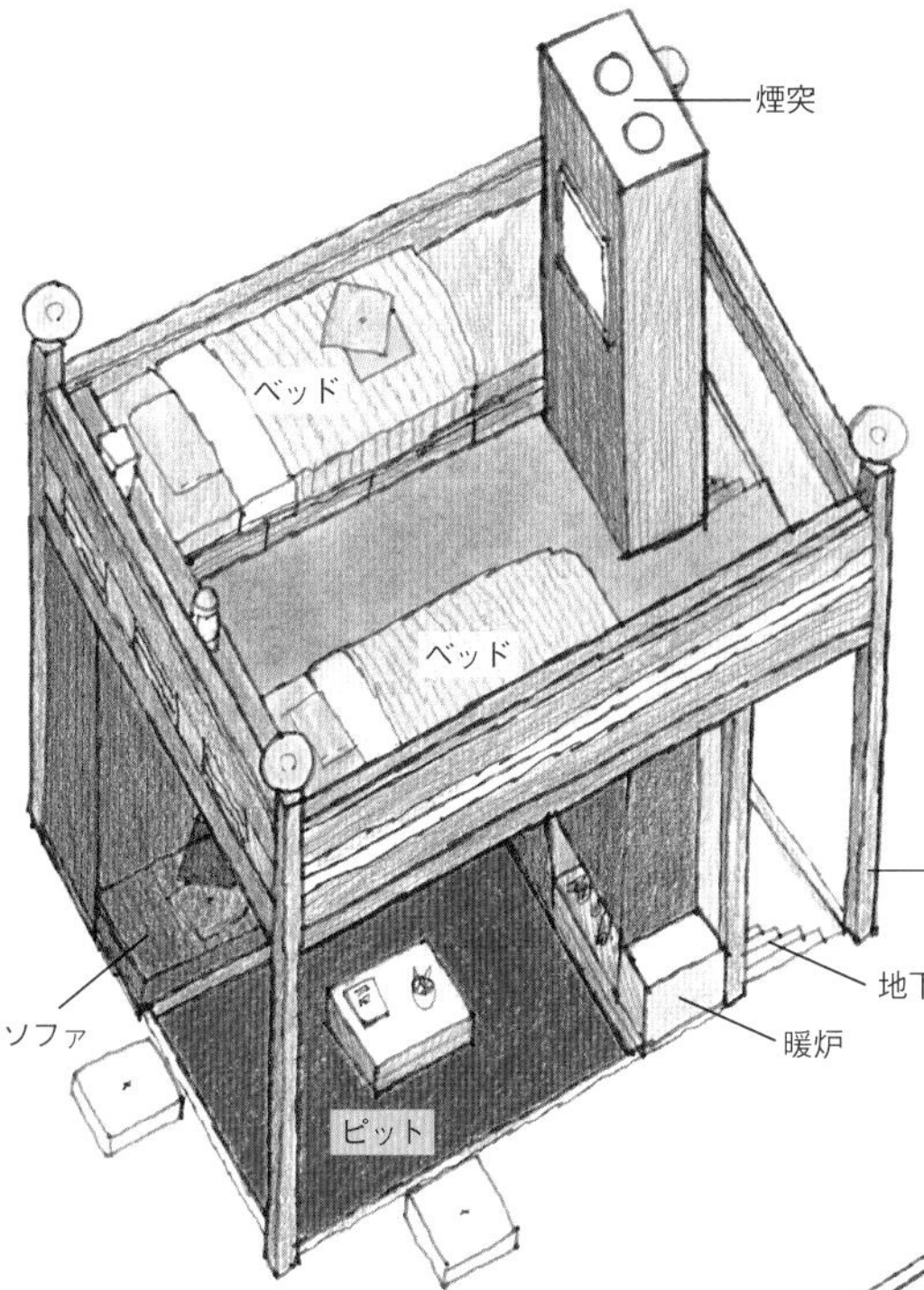

櫓アクソノ図
空中に浮いたベッドは浮遊感があって気持ちが良い

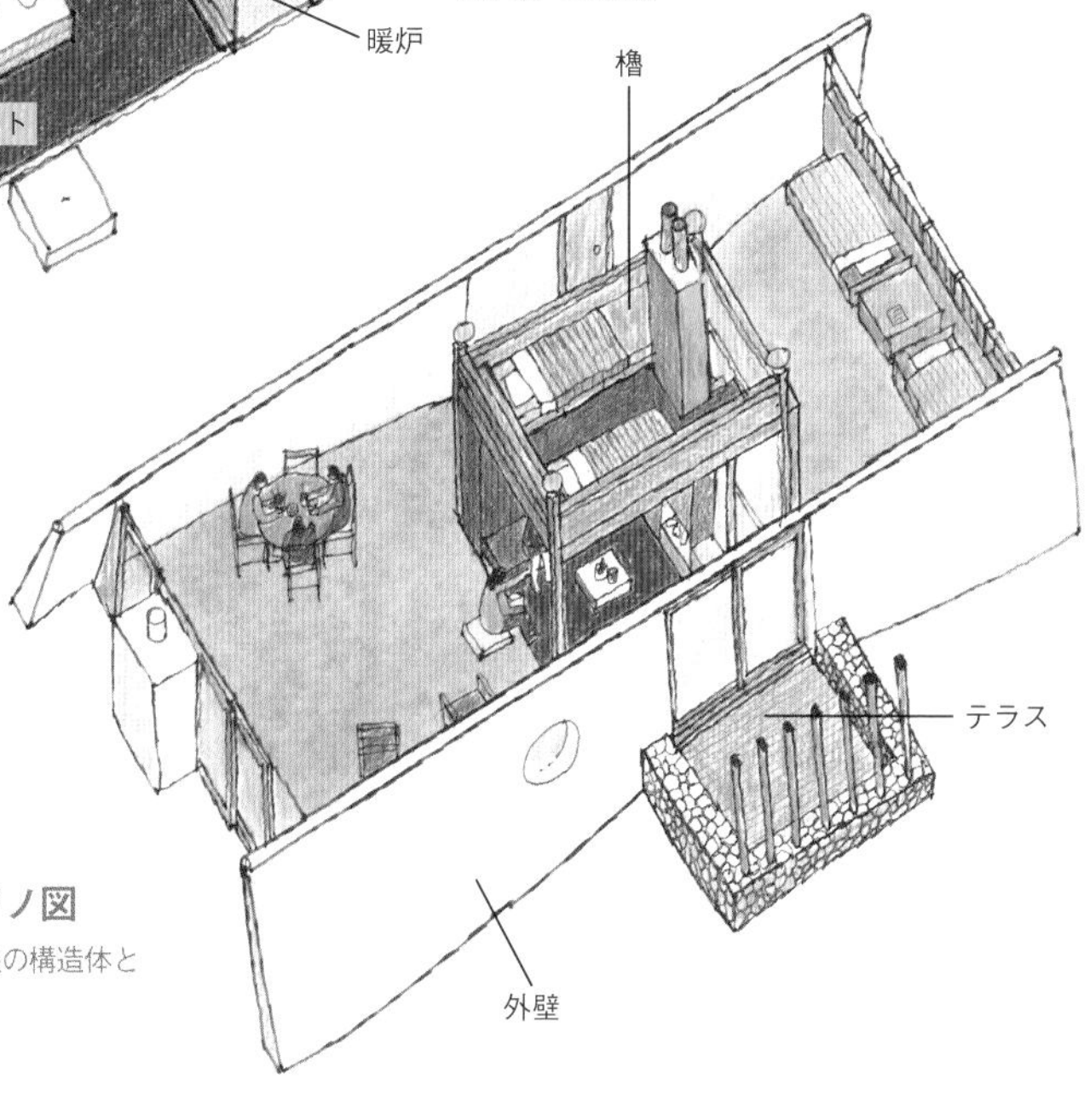

1階部分アクソノ図
中央の櫓は壁や屋根の構造体とつながっていない

石津別邸はセカンドハウスである。そのためベッドルームにも、非日常的な生活を楽しむための演出が必要になる。

このベッドルームは櫓《やぐら》に載っているので、ベッドは宙に浮いたような状態になる。さらに船底をさかさまにしてかぶせたような大きな屋根に包まれており、一見して非日常性にあふれた空間だと分かる。その驚きも寝てしまえば一緒と侮《あなど》ってはいけない。目覚めた時に味わえる浮遊感の心地良さと、異空間を感じさせる驚きが、何とも刺激的なのである。ベッドルームのよし悪しを決めるのは、寝心地だけでなく、寝起きの快適さも大切である。

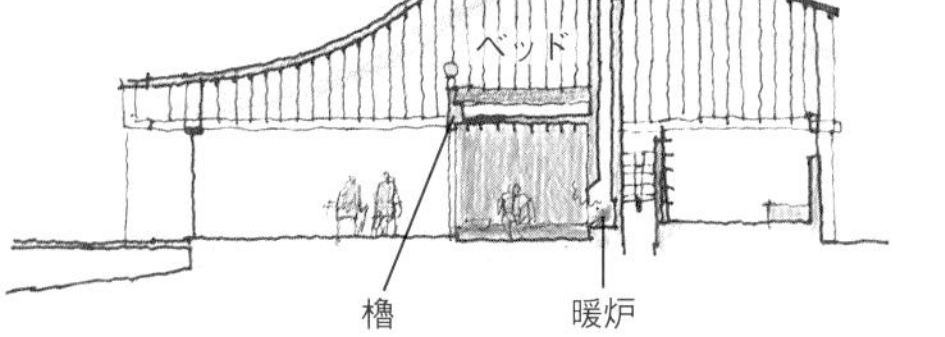

断面図
ベッドが載った櫓は、屋根にも壁にも接していないため、浮遊感のあるベッドルームになっている

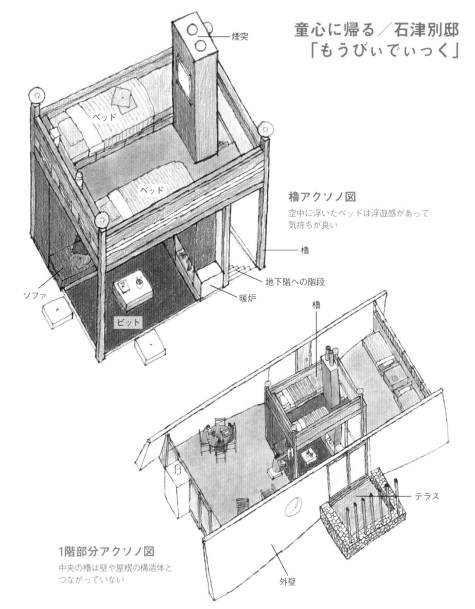

35 ベッドルーム クローゼットと洗面手洗いのあるベッドルーム

身仕度すべてをベッドルームで／崔邸

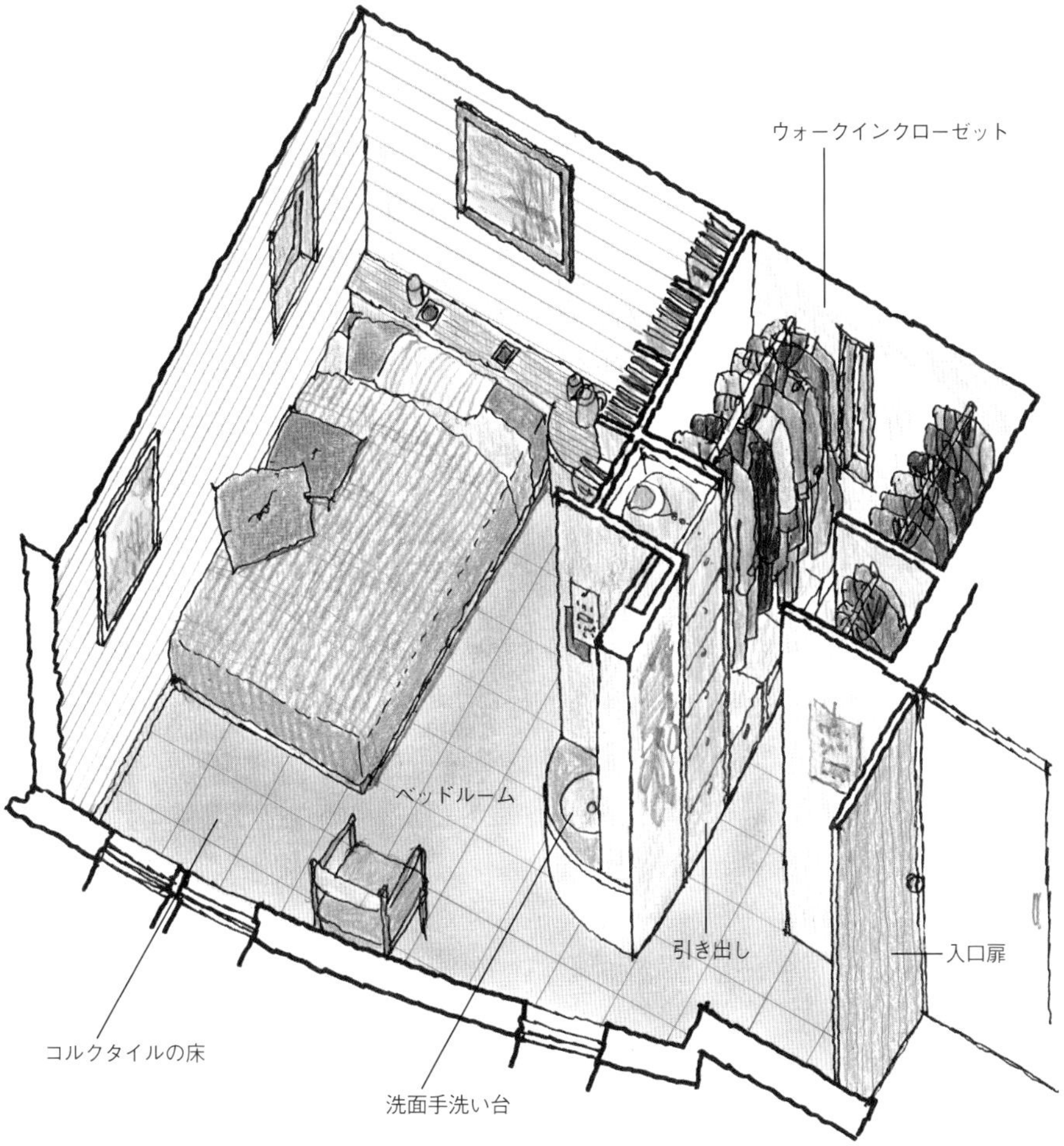

ベッドルーム俯瞰図

ベッドのある側の壁には書棚と洗面手洗い台が設けられており、ベッドルームが寝るだけの空間ではないことを示している

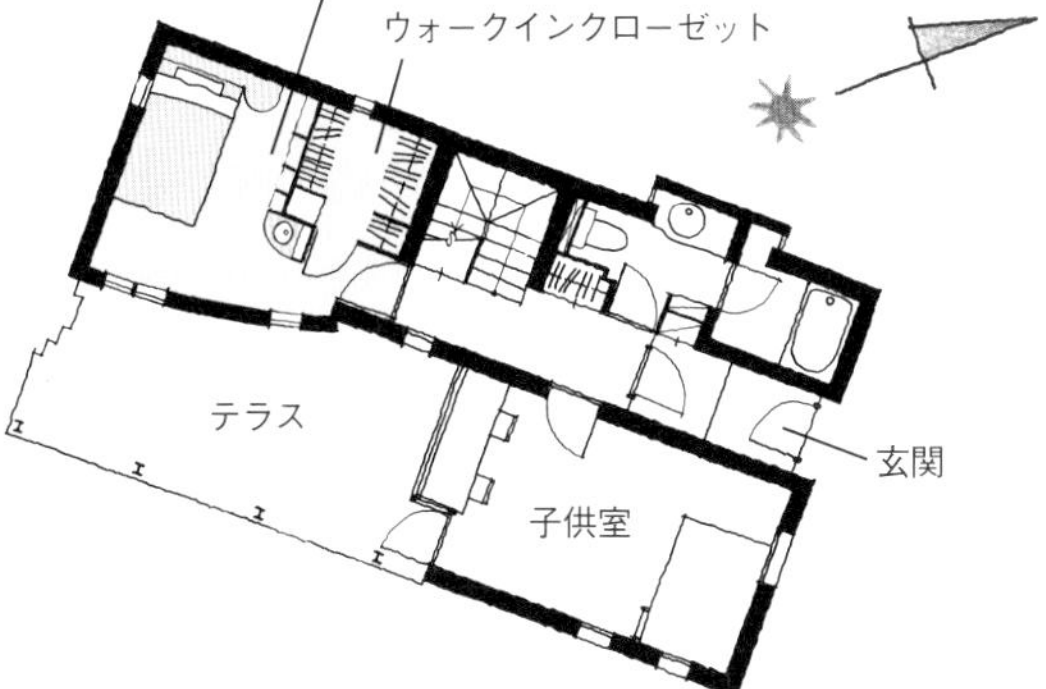

1階平面図　S＝1:200

1階にプライベートスペースを集めたプラン。テラスに対してはベッドルームを比較的閉鎖的にし、子ども専用の外部空間にしている

このベッドルームは女医さんのためのプライベートスペースである。ベッドルームのなかに洗面手洗い台が付いているのは、職業柄手洗いの習慣化している女医さんらしいアイデアである。これなら朝の洗面時に子どもたちと鉢合わせしなくて済むし、ちょっとしたお茶の準備や洗い物にも利用できて便利だ。そのほか寝際の読書のための書棚や、使いやすいクローゼットが用意され、さらに機能的になっている。

36

ベッドルーム

狭小ベッドルームもゆとりを忘れず

豊かな狭さ
横尾邸

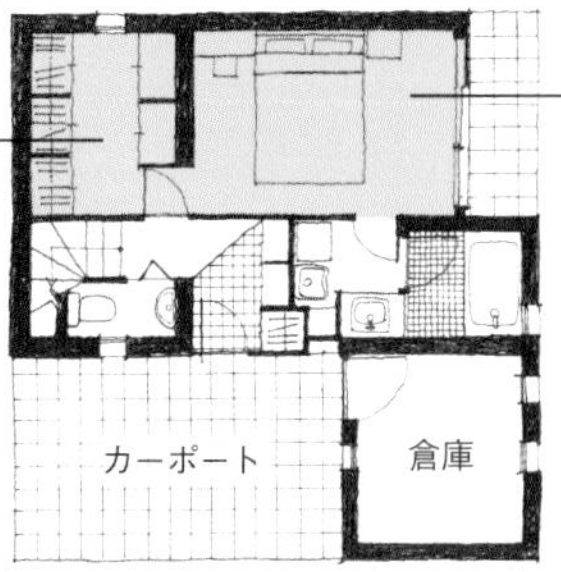

1階平面図　S＝1:200

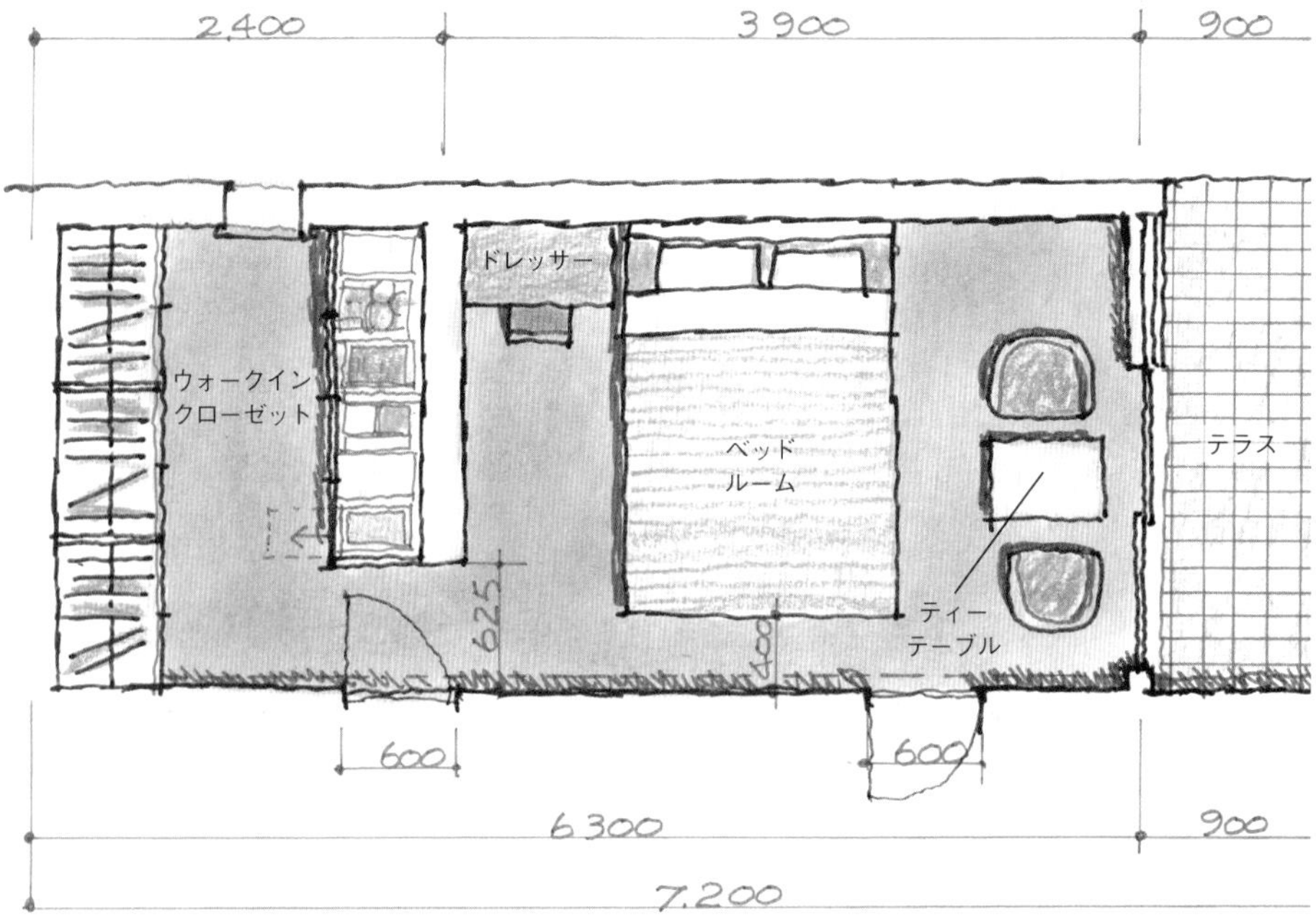

ベッドルーム平面図　狭いながらもテラス、ウォークインクローゼットが設けられている。出入口や扉などは最小限の幅で設計されている

近年、わが国は土地価格の高騰などで宅地が狭小化し、それに伴い住宅の狭小化も進んでいる。こうなるとどんなに無駄な空間を節約しても、それぞれの居室の広さに影響が出てくることは避けられない。住宅の快適性は広さだけで決まるものではないが、できるだけ余分な物を増やさず、工夫を凝らして省スペース生活を送らなければならない。

狭い住宅の場合は、部屋の使い方を限定せず、昼は茶の間、夜は布団を敷いて寝室に変身させる、というように、多用途に使える和室にするのが一般的な解決法である。洋室を採用した場合、ベッドを置くと狭い空間がより狭く感じられるし、壁に寄せられたベッドでは整えるのも難しい。時には空間に合わせてライフスタイルの変更が必要な場合もあるだろう。

図の横尾邸は典型的な狭小住宅だが、ベッドルームはテラスをもち、ウォークインクローゼットやドレッサー、さらには夫婦の語らいの場となるティーテーブルまである。狭くてもゆとりのあるベッドルームがつくれるという好例と言えよう。

37

ベッドルーム

クローゼットと書斎のあるこもれるベッドルーム

ぐっすり眠りたい
森井邸

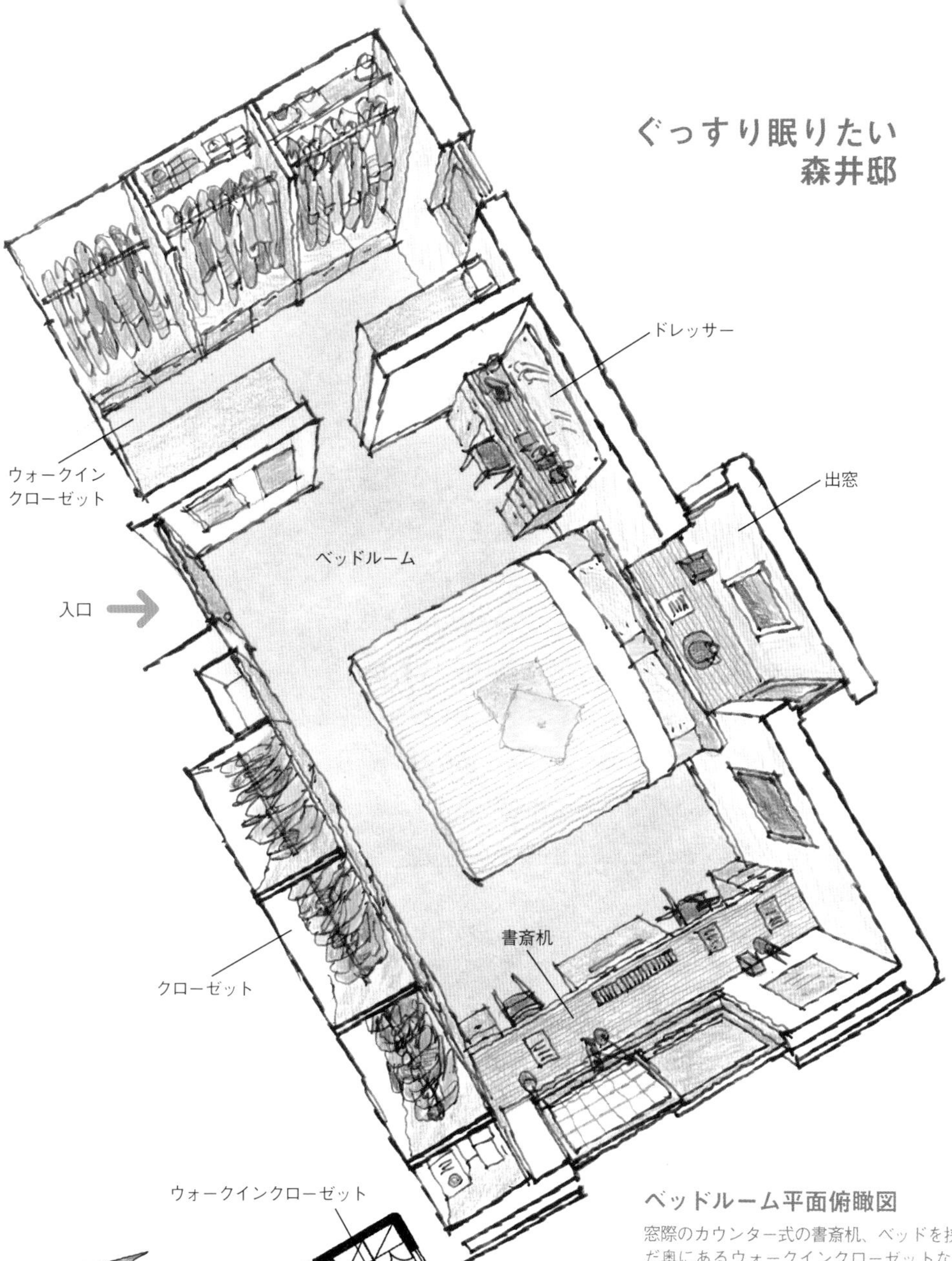

ベッドルーム平面俯瞰図

窓際のカウンター式の書斎机、ベッドを挟んだ奥にあるウォークインクローゼットなど、一般的なタイプのベッドルームである

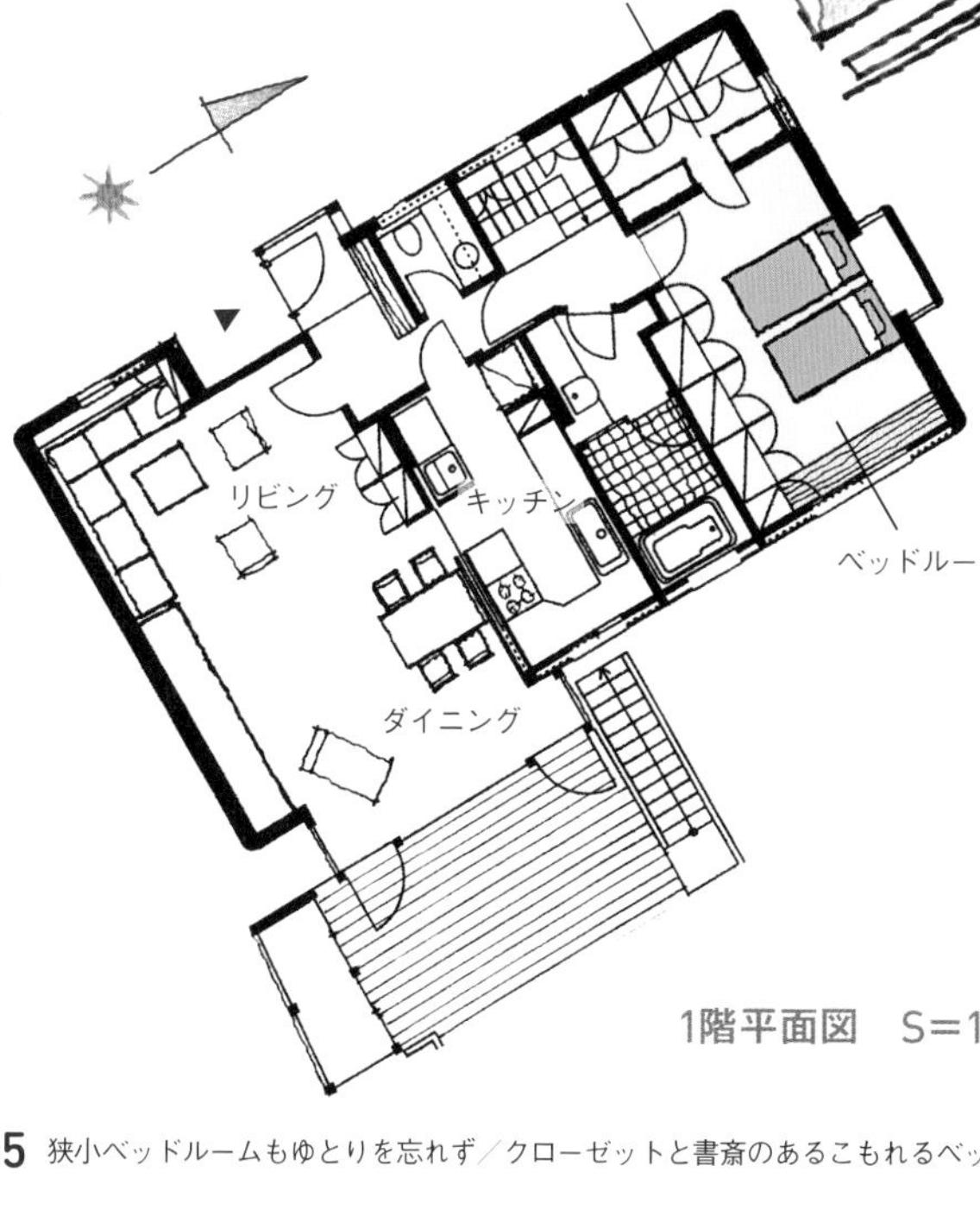

1階平面図　S=1:200

寝室は広すぎても落ち着かず、安らかな睡眠をとることができない。この森井邸のベッドルームは狭すぎず広すぎず、使いやすい標準タイプの寝室空間と言える。隣接するウォークインクローゼットとは別に、日常的な衣類のクローゼットを備え、窓側は主人のための書斎コーナーというプランニングだ。さらにベッドヘッド側には、プライバシーを損なわない出窓を設けてあり、寝室への採光と通風を助けている。

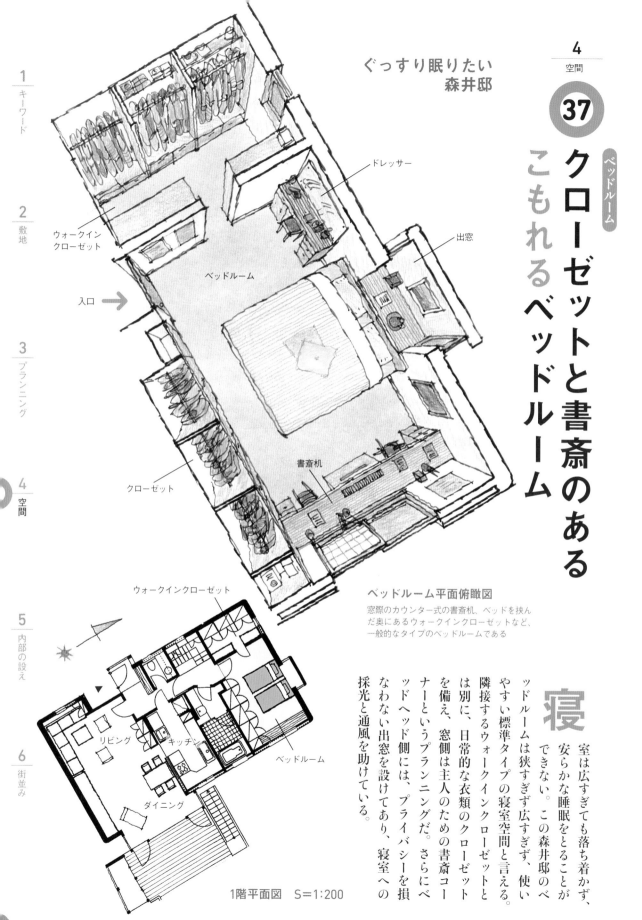

38

ベッドルーム

ゆったりベッドルームは書斎＋クローゼット＋水廻り

毎日がホテル生活 吉見邸

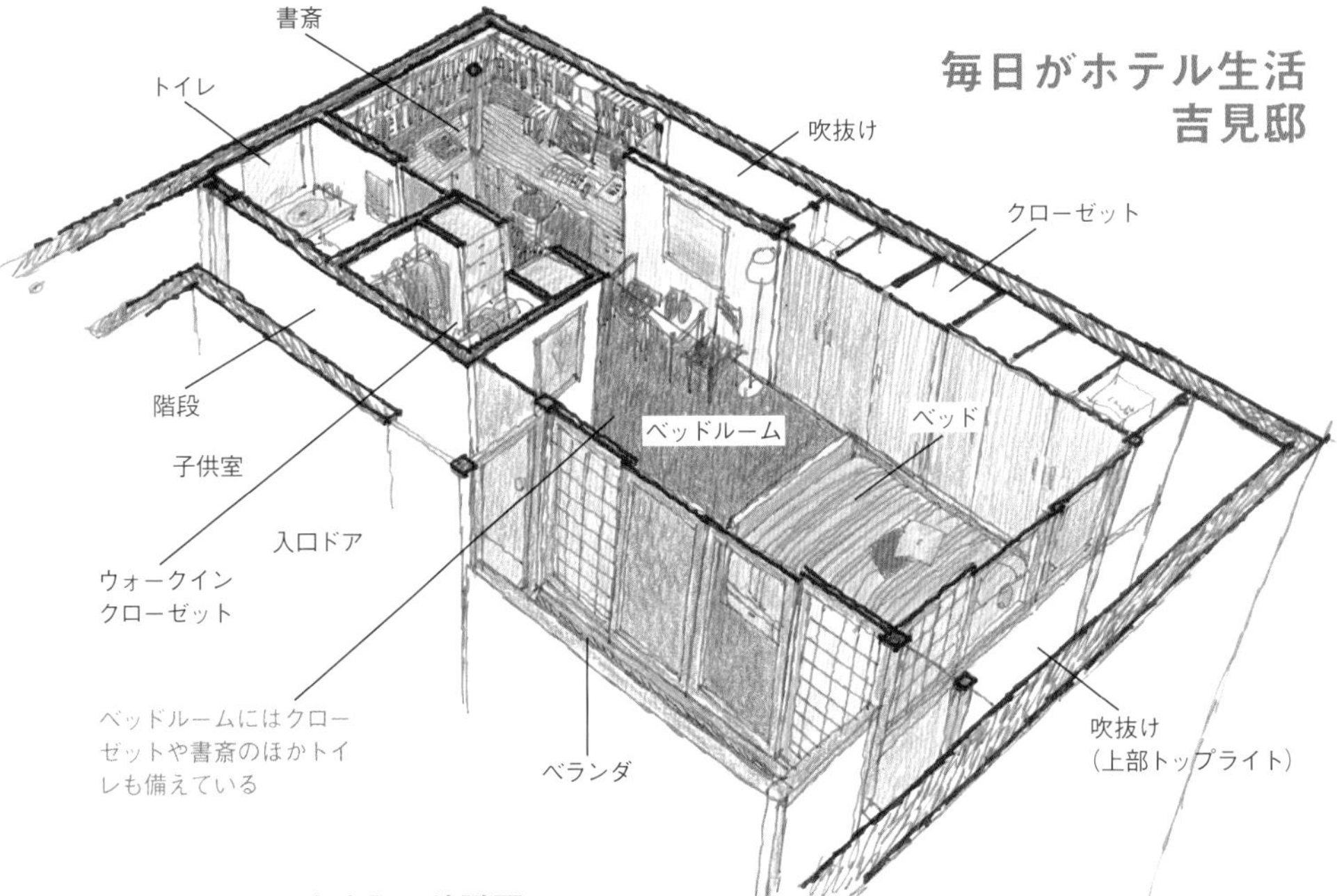

ベッドルーム、書斎廻り俯瞰図

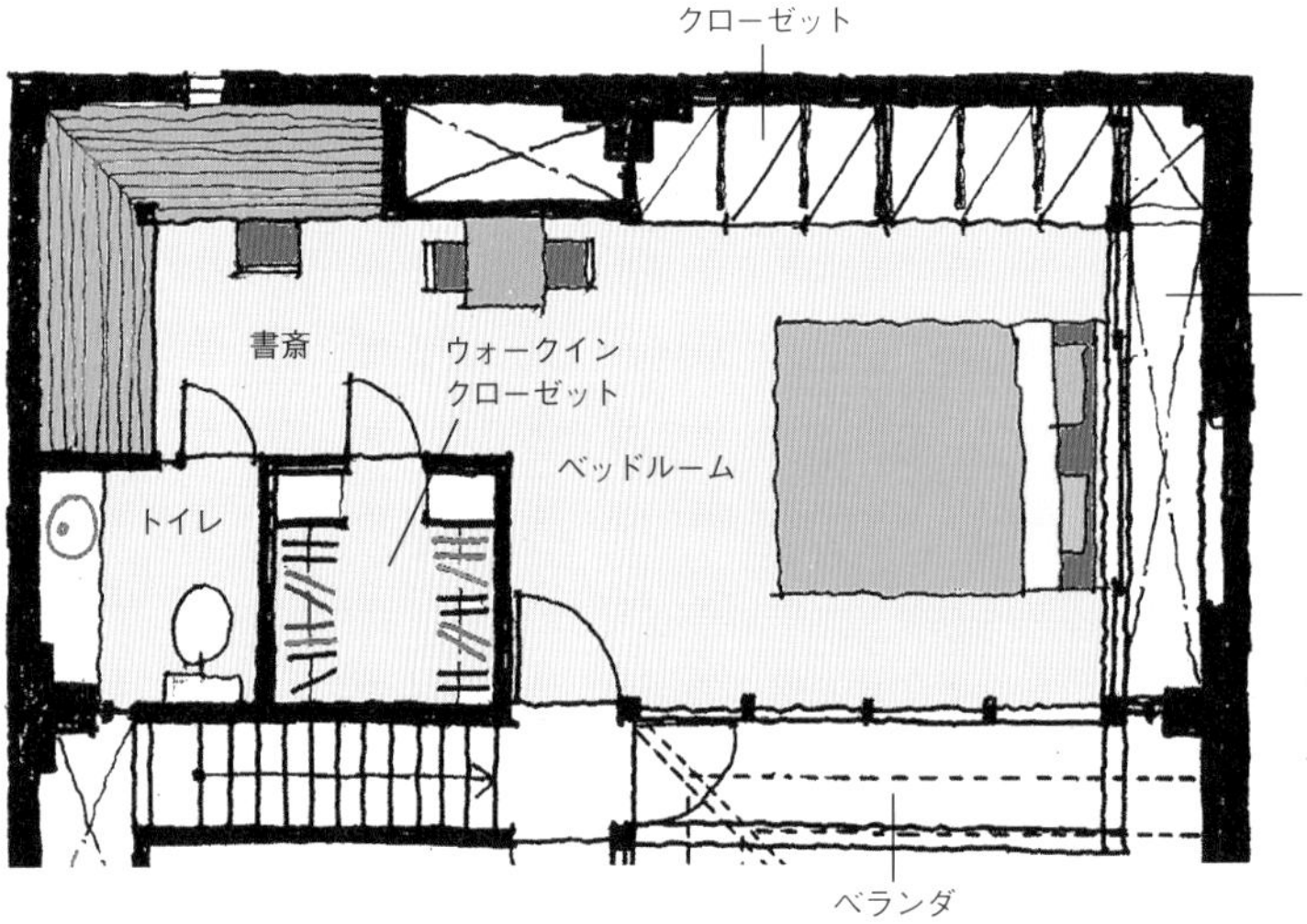

ベッドルーム、書斎廻り平面図
S＝1:100
3面が壁で囲われた部屋であるが、東の室内側に設けたトップライトのある吹抜けから採光と通風を確保している

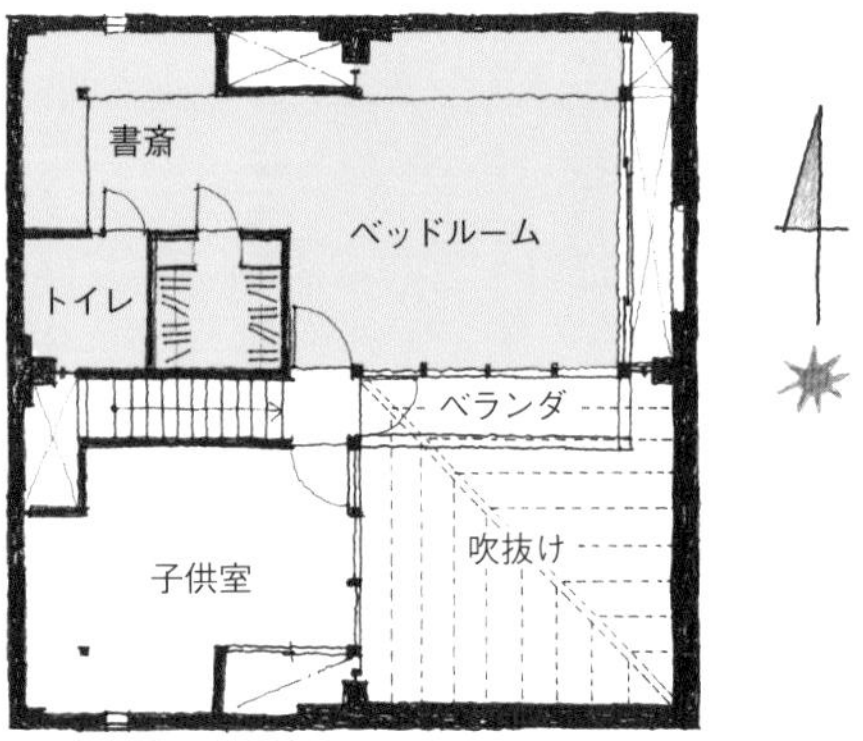

2階平面図　S＝1:200

吉見邸のプライベートスペースは、ある種の理想形と言える。L字形プランの一方は子供室、もう一方が夫婦のベッドルームである。いや、ベッドルームというよりも、夫婦だけの生活空間と呼んだほうが適切かもしれない。図にあるようにベランダをもち、十分なクローゼットスペースに書斎コーナー、さらにはトイレまでもが備えられているからだ。

採光と通風の面でも、トップライトと吹抜けをふんだんに取ることで両方を確保。同時にプライバシーも守られているという巧みな設計である。

39

ベッドルーム

老人室と水廻り空間は近くに配置

玄関も近くが良い 船橋邸

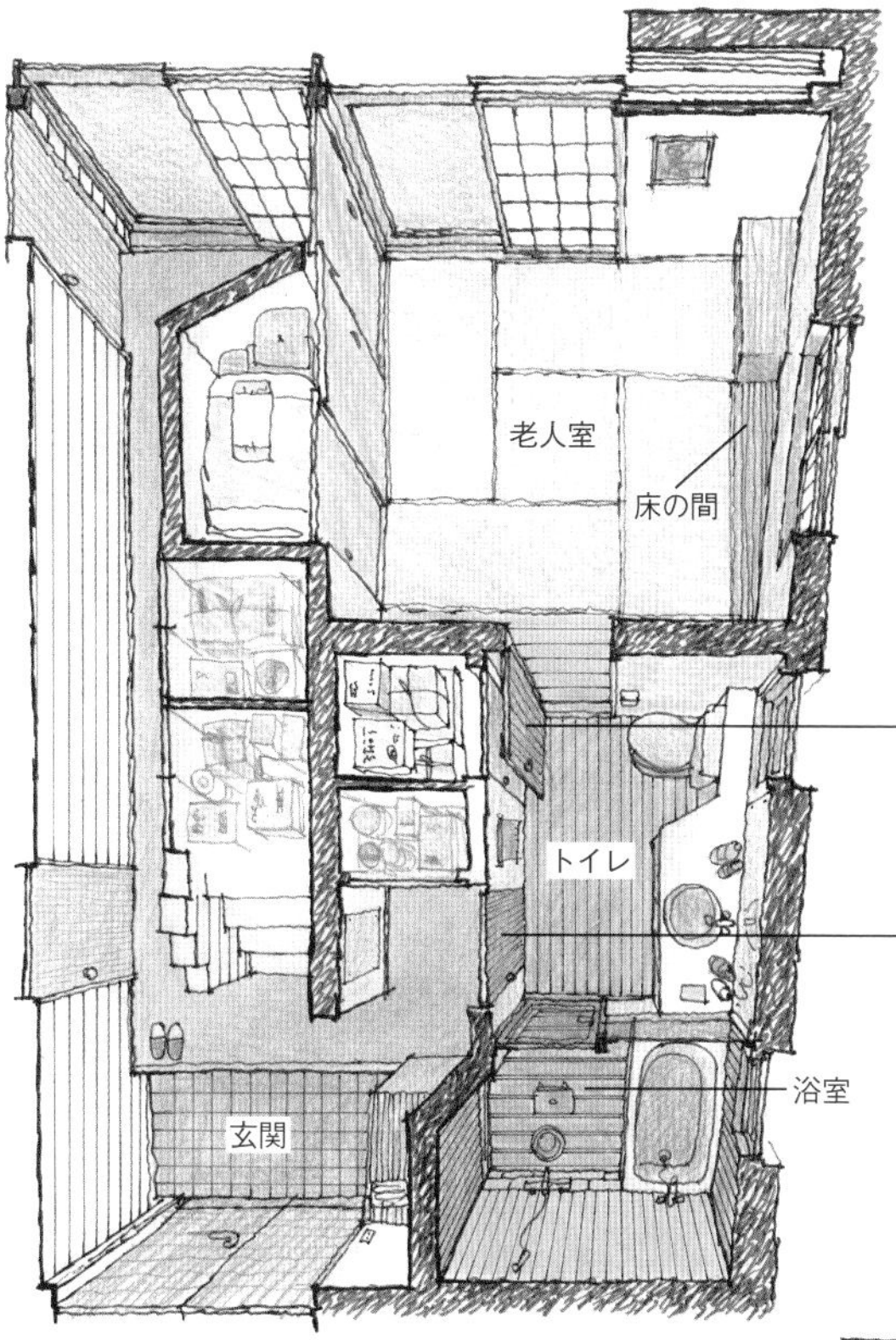
主寝室へ
納戸へ
水廻りへのアクセスは、廊下側からと老人室側の2つ用意する

老人室、浴室、トイレ平面俯瞰図

左側が主寝室、右側と階段下に老人室への入口がある

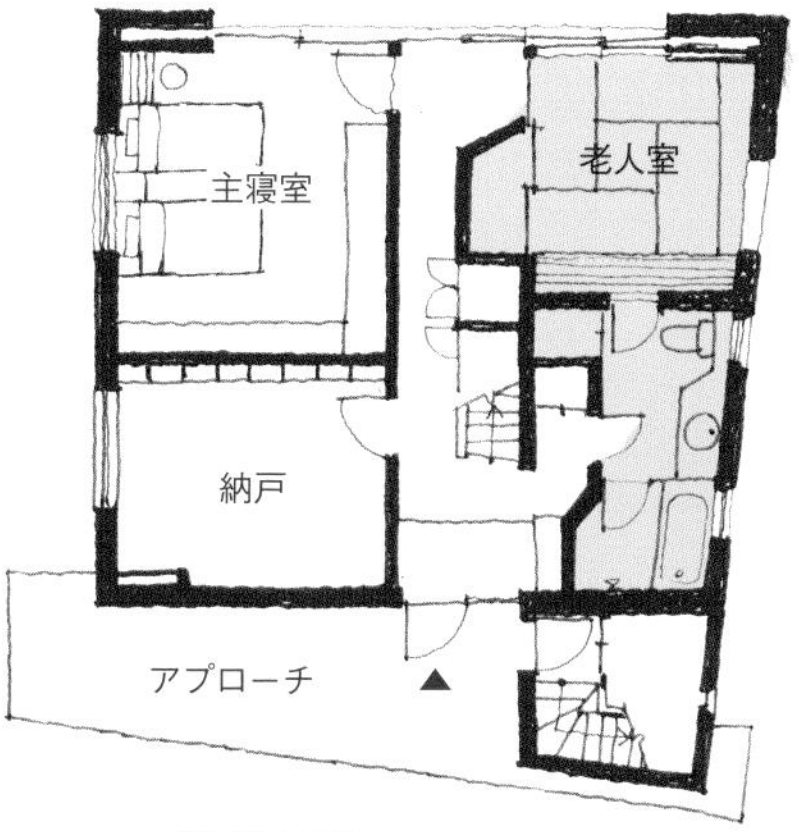

1階平面図　S＝1:200

誰でも歳をとる運命にあるが、老人の本当の気持ちは、自分が老いてみてようやく理解できるものなのかもしれない。しかしそれまで待っていられないという場合は、可能な限りその人の立場になって考えることになる。人によって弱ってくるところはまちまちなので、それを的確に見極めて部屋を設計しなければならない。

水廻りに関して考えてみよう。老齢化すればトイレが近くなり、動きも鈍くなるから部屋から近いほうが良い。バスルームも、湯冷めをして風邪をひいてしまうと困るから近いほうが良い。階段の上り下りがつらいようなら、水廻りと老人室をまとめて配置するなど、1階を生活の拠点にできるような配慮を盛り込んだほうが良い。

船橋邸の場合、老人室が1階の水廻りスペースに隣接して設けられている。通常、浴室や洗面トイレへは玄関横からアプローチするのだが、老人室側からも直接出入りできるようになっている。夜中に目を覚ますことが多い老人のためには、移動の危険性を考えた時に必須の配慮と言える。

40 子供室 子供室は広さよりも高さで立体的に活用する

高さで広さを確保した長井邸

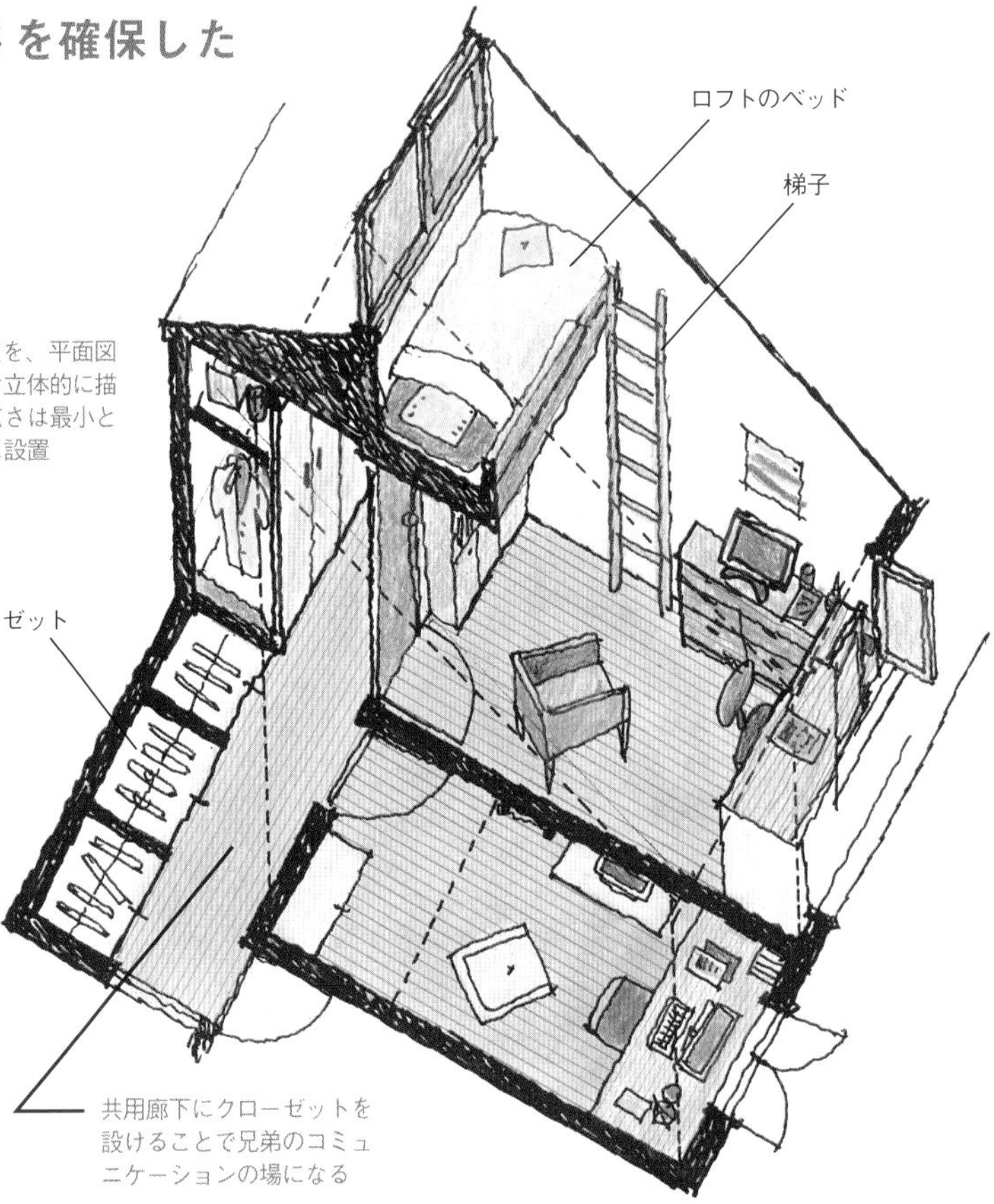

子供室アクソメ
長井邸の3つの子供室を、平面図と断面図を組み合わせ立体的に描いた図。各子供室の広さは最小とし、ベッドはロフトに設置

共用廊下にクローゼットを設けることで兄弟のコミュニケーションの場になる

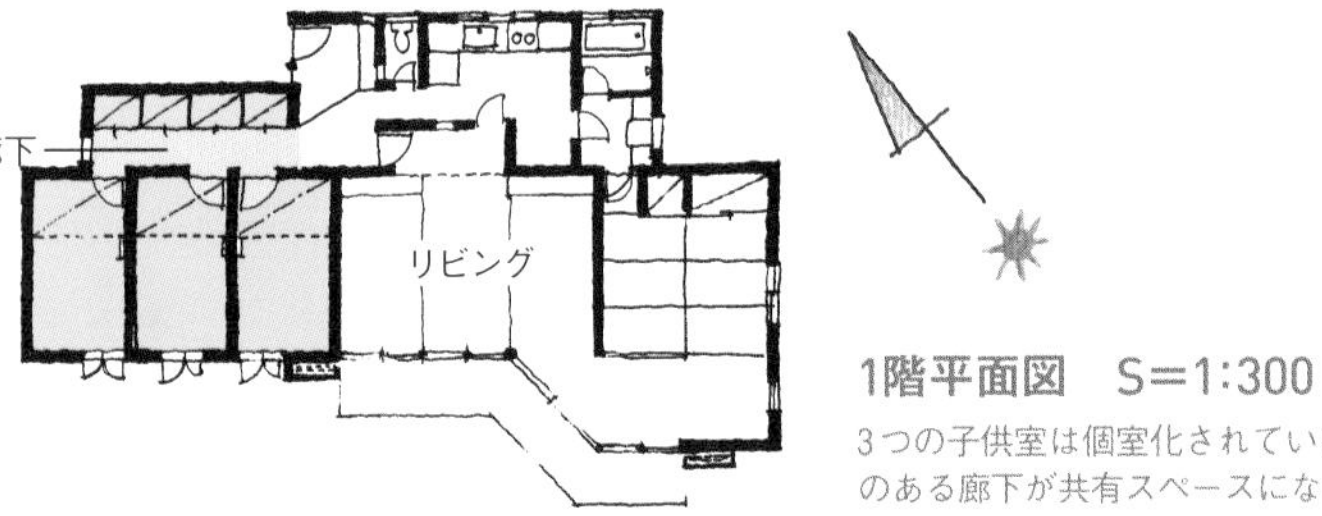

1階平面図　S＝1:300
3つの子供室は個室化されているが、クローゼットのある廊下が共有スペースになっている

子どもは誰でも遊び好きだ。好奇心や冒険心が子どもを成長させる。だから、子供室イコール勉強部屋と考えてはいけない。もちろん勉強をして悪いわけがないが、それよりも兄弟で暮らし、家族愛や協調性を養うことが大切なのである。立派な勉強部屋をつくって良い大学に入ってもらおうと思っても、他人を顧みないような人間に育ったのでは意味がない。日当たりも良く、鍵がかかる居心地の良い子供室をつくってあげたがために、その部屋に閉じこもり家族とのコミュニケーションに関心をもたない子どもになった、という話はまれではない。

子供室は狭いほうが良い。兄弟で共有するスペースを持つべきである、というのが宮脇流の考え方だ。長井邸では収納のある共有廊下が子どもたち共有のスペースである。島田邸の間仕切りの収納棚は未完成だが、成長に従ってつくっていく方針である。

平面上は狭くても、空間の高さは活用できる。屋根裏の狭いスペースも、子どもにとっては楽しい空間となるのである。

収納で仕切ると2つの子供室に 島田邸

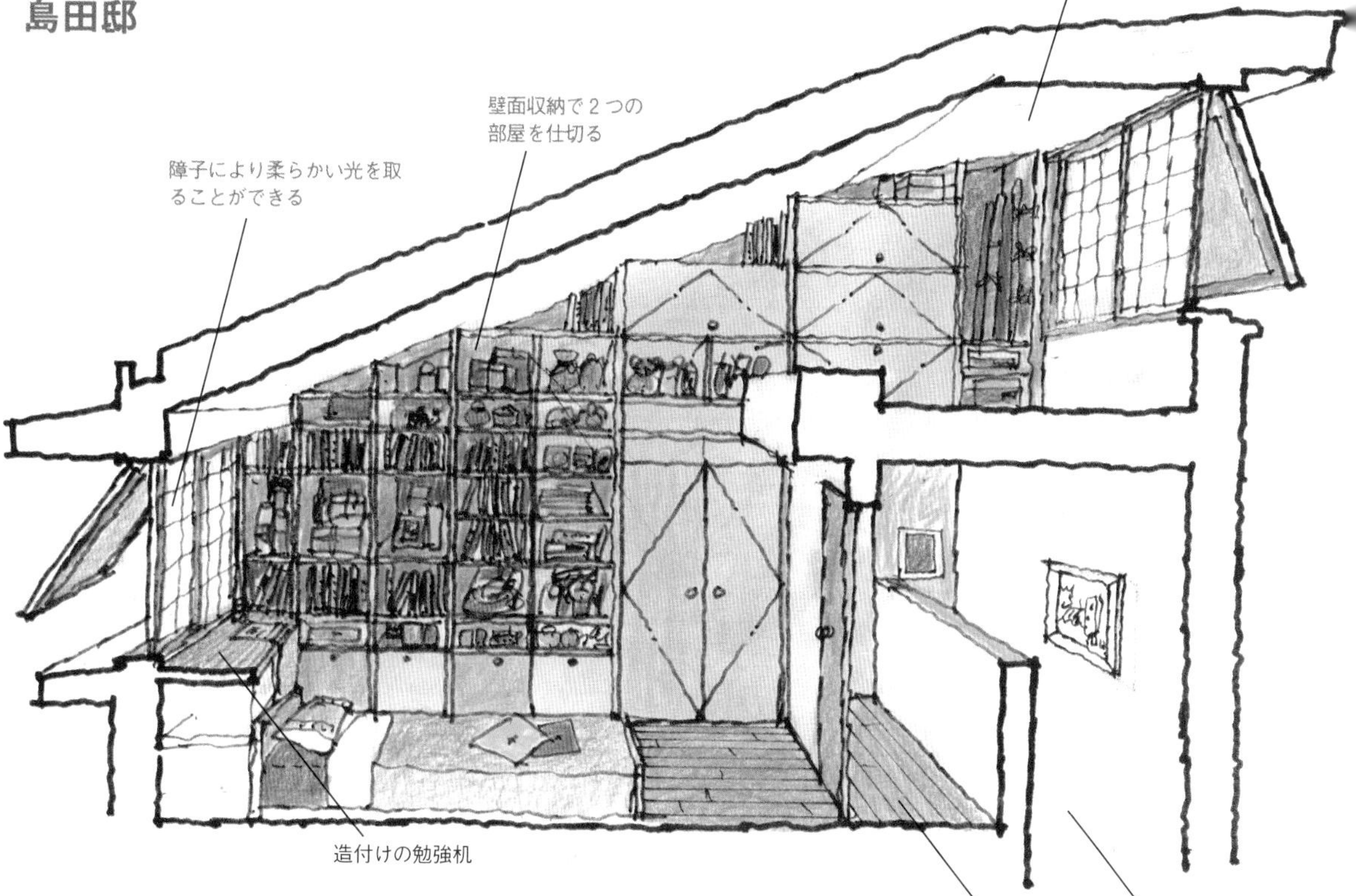

子供室A-A'断面パース 設計時、上図のように収納が計画されたが、実際はロフトの収納のみ施工され、ほかは未完成

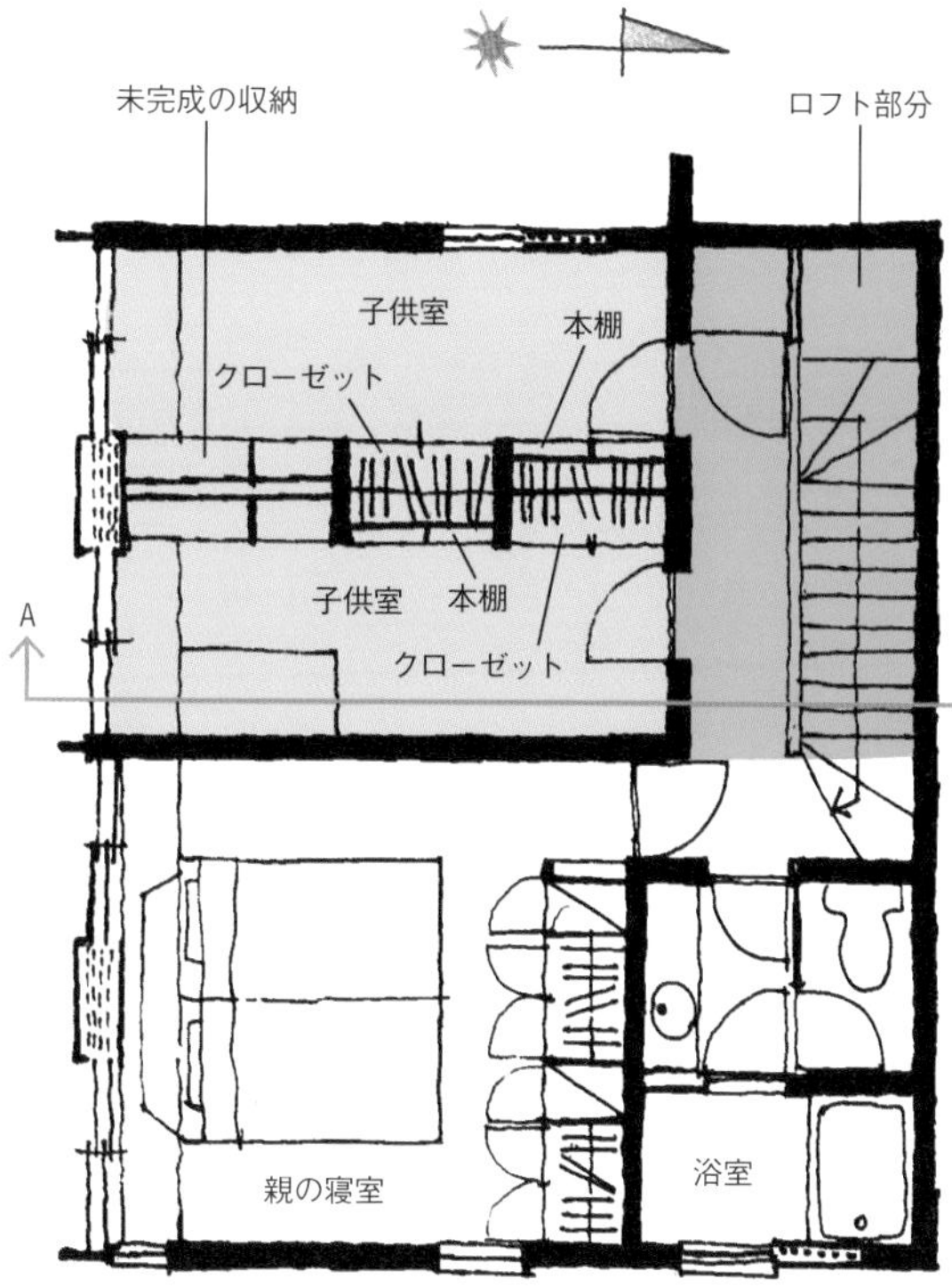

2階平面図　S＝1:100

中央の間仕切り収納は未完成。子供の成長とともに、徐々に個室化していく

1部屋を上手にシェアする
早崎邸

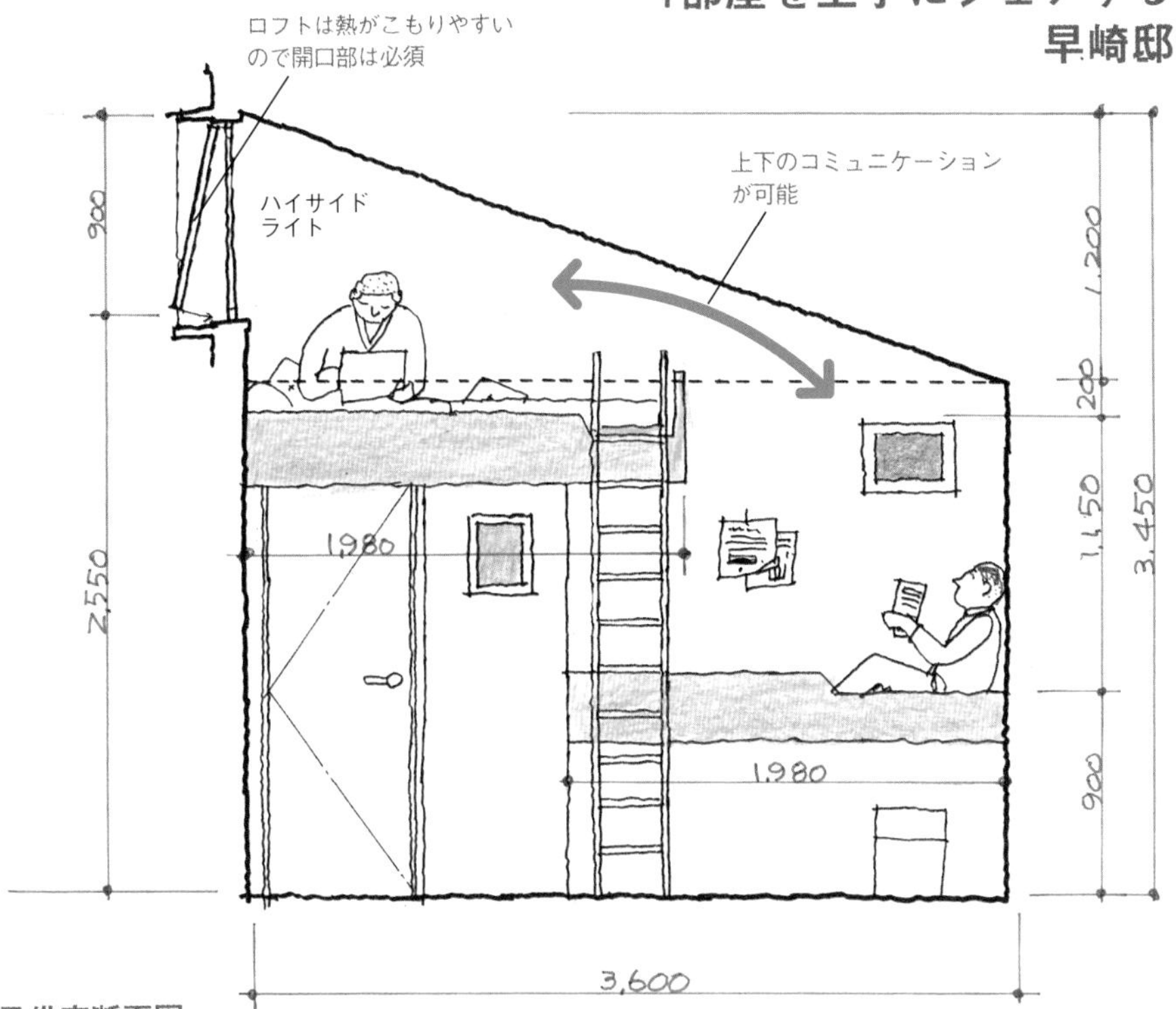

子供室断面図

ロフト部分をベッドにするのは典型的な宮脇流。2段ベッドを横にずらすことによって、上下の関係が生まれる

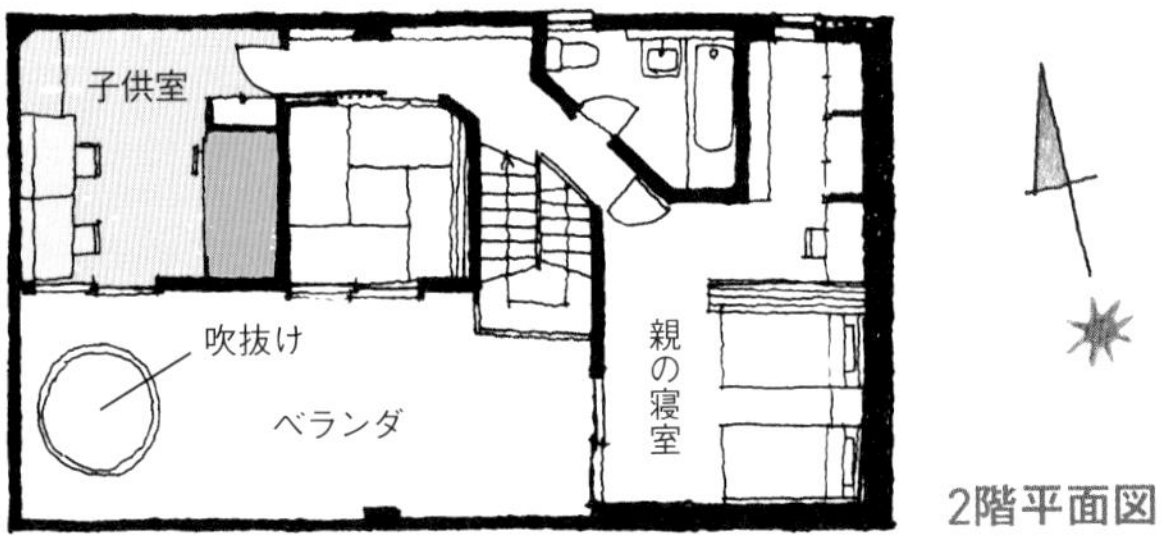

2階平面図　S＝1:200

41

子供室

兄弟愛を育む違い棚式の2段ベッド

この早崎邸の子供室は、小学校高学年の男の兄弟のために設計された。片流れの屋根の勾配にできる、天井懐の空間を活用した例である。狭いスペースの1部屋を2人が共有するならば、おのずとベッドは2段になる。しかし上下に垂直に重なった2段ベッドはコミュニケーションが取りにくいため、違い棚のようにずらすことで問題を解決している。断面図で分かるように、兄弟がベッドに入ってからも会話がはずみそうである。

片流れの天井は、高い部分に窓を設ければ効果的な通風が得られる。さらに北側のハイサイドライトとして、十分な採光が可能なのも良い。

子供室は成長に応じて、収納の量も、部屋の広さも変化する。また、同性と異性によっても完全に個室化するのが良いのか、あいまいにしておくのが良いのか迷うところである。それを決めるのは親の教育方針である。早崎邸の子供室も男2人とはいえ、子どもが成長すれば何らかの仕切りは必要だろうが、宮脇さんは完全に個室化するのを望んではいなかったと思われる。

北上がりの屋根裏に設けられたハイサイドライトからは、安定した採光が確保でき、上段のベッドへ上昇した熱気も排気しやすい

子供室俯瞰図

一部が重なり、ずれた配置になったベッドが兄弟のコミュニケーションを生む

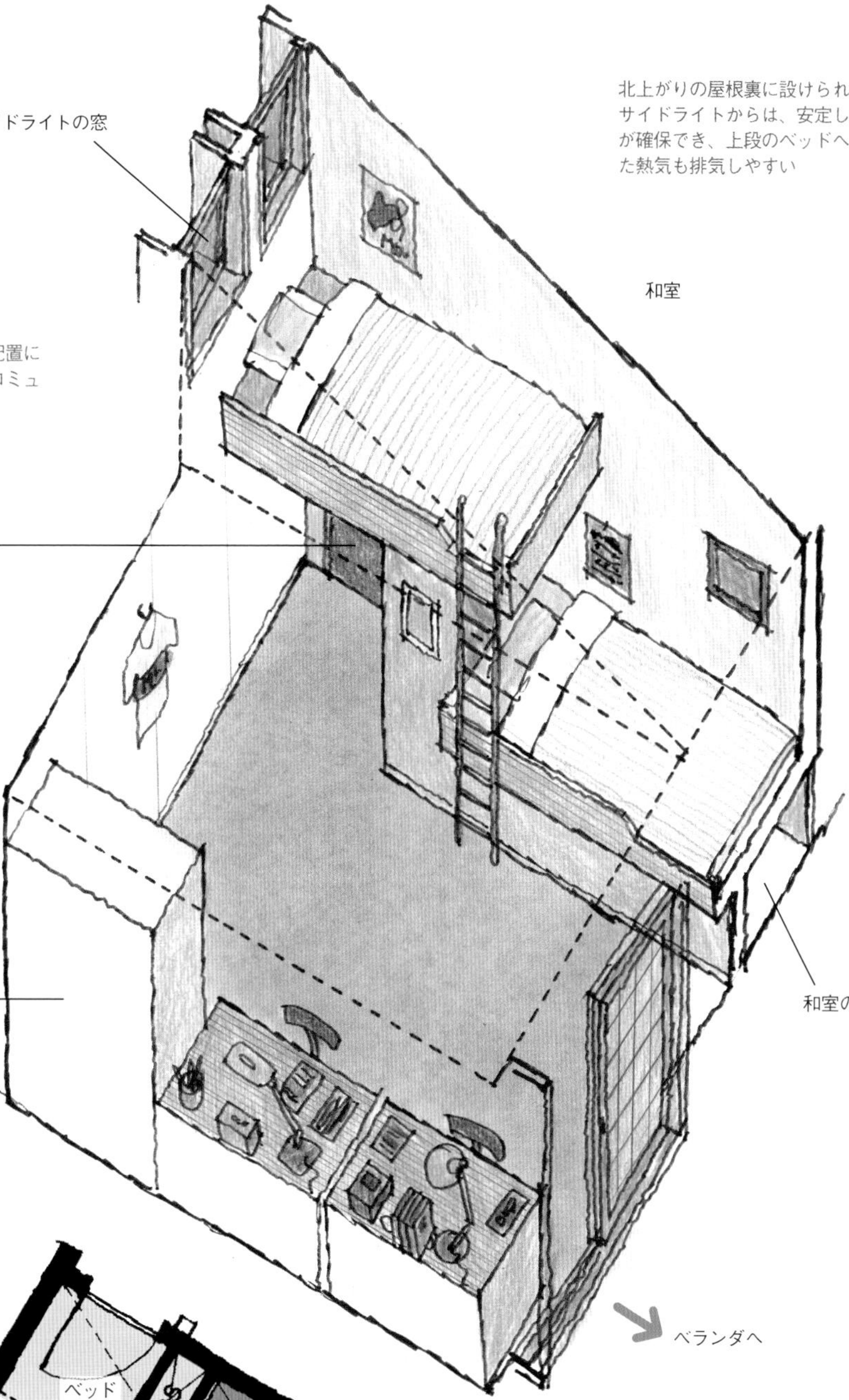

子供室平面図

S=1:50

違い棚式2段ベッド

1段目のベッドの下は隣の和室の押入

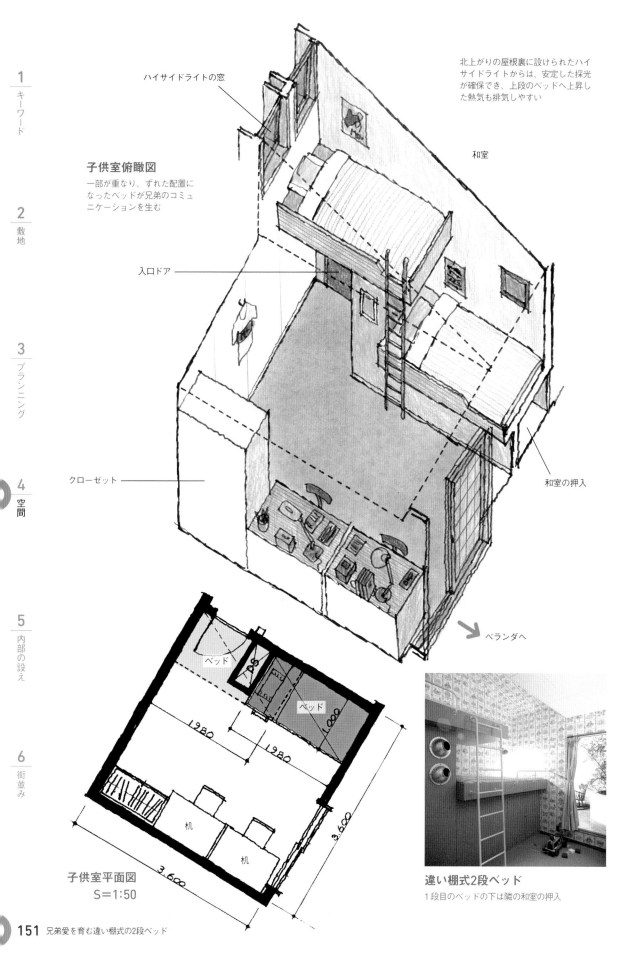

42 子供室 プレイコーナーは兄弟愛が芽生える共有スペース

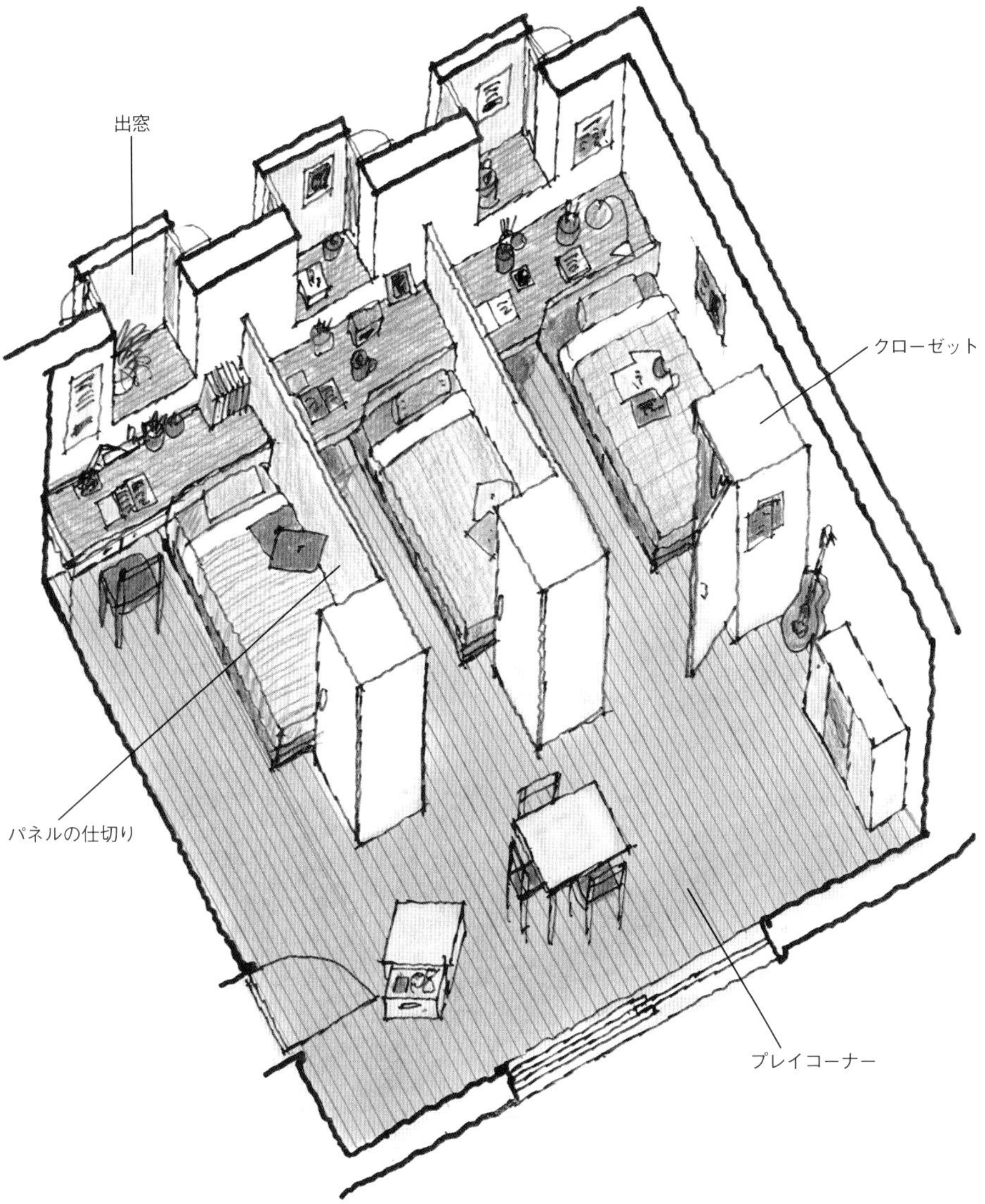

ゆるやかに仕切った子供室／三宅邸
3人で使用するワンルームの子供室。それぞれの私的領域は、収納と低いパネルによって仕切られている

ゆっくり勉強できるように、という思惑から、子供室を鍵のかかった個室にするのは好ましくない。兄弟のいる場合は、共に生活していくための協調性を育む場であり、さらに社会人として生きていくための人間形成の場でもある。

子どもが勉強する場所も、子供室より居間やダイニングテーブルが多いという。ダイニングに座った子どもが、キッチンで料理をする母親に宿題のヒントを聞いたり、また何を調べれば解けるのかを教わったりしながら学んでいくのである。

三宅邸と植村邸の子供室の共通している部分は、3人の子どもたちの共有スペースがあるところである。三宅邸ではワンルームを軽く仕切り、共有スペースを広めに取っている。ここが兄弟の遊び場となるわけだ。

子どもたちは成長し、やがては独立し家を去る。また、成長とともに部屋の仕切り方も変わるだろう。そうした変化に対応できるように、仕切りは軽くし、クローゼットを可動式にしておくのも良い。

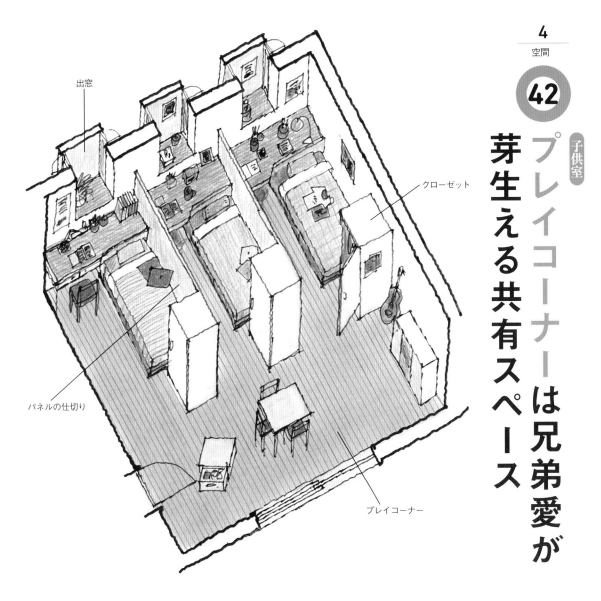

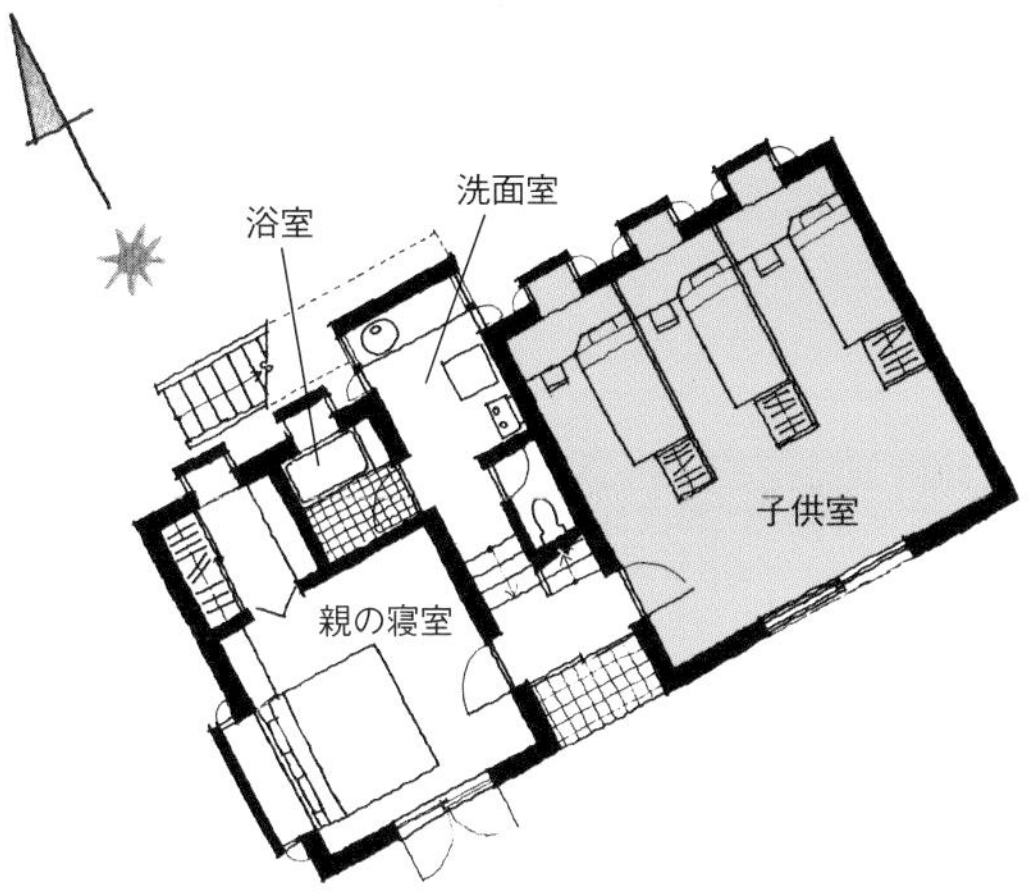

三宅邸　2階平面図　S=1:200

三宅邸北側外観。1階出窓部分が子供室にあたる

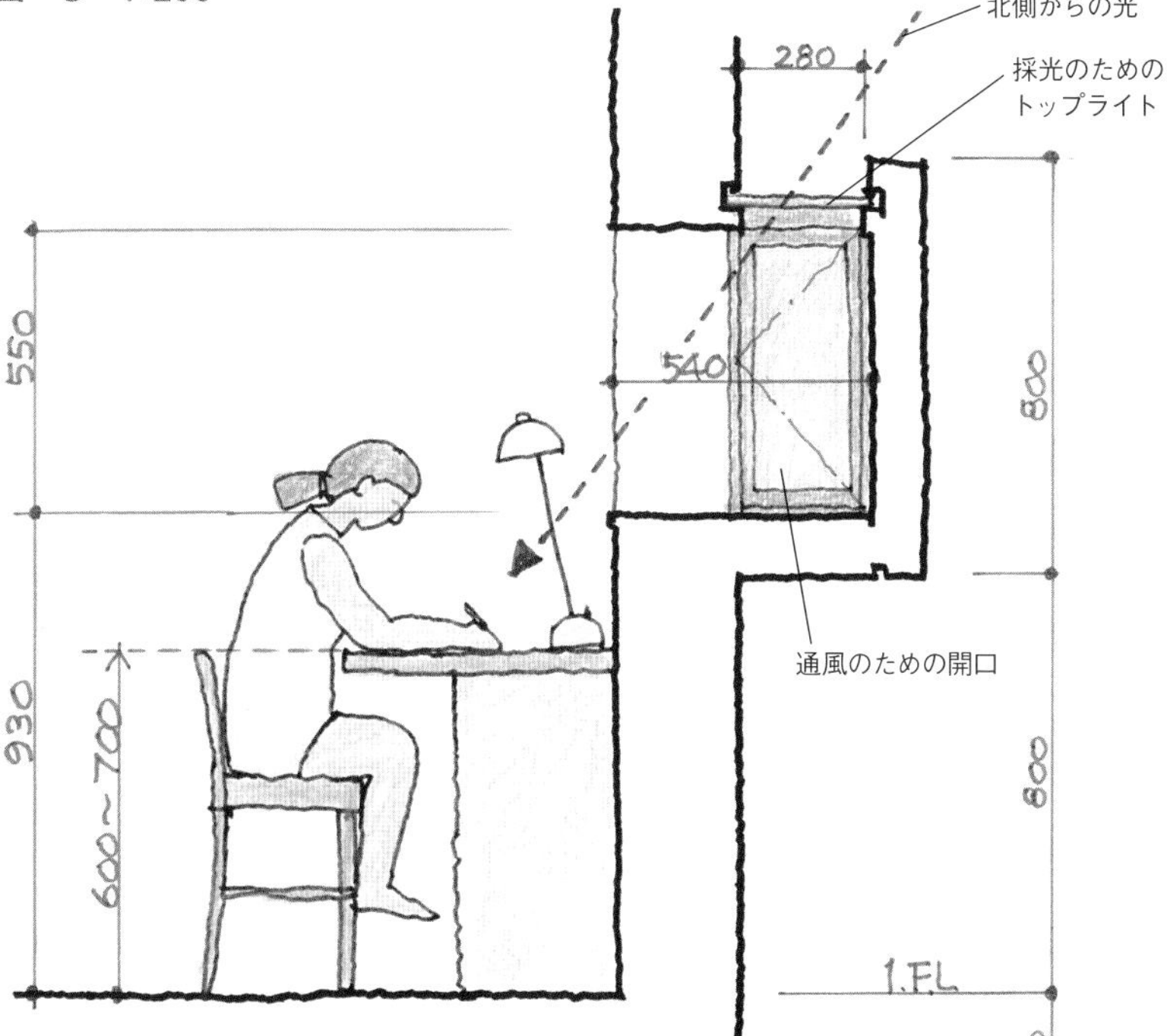

子どもの集中力を高める出窓／三宅邸

1階にある子供室の窓際の断面図。出窓は机への採光と両サイドの開口からの通風の確保、そしてプライバシーとセキュリティーを守る役割を兼ねている

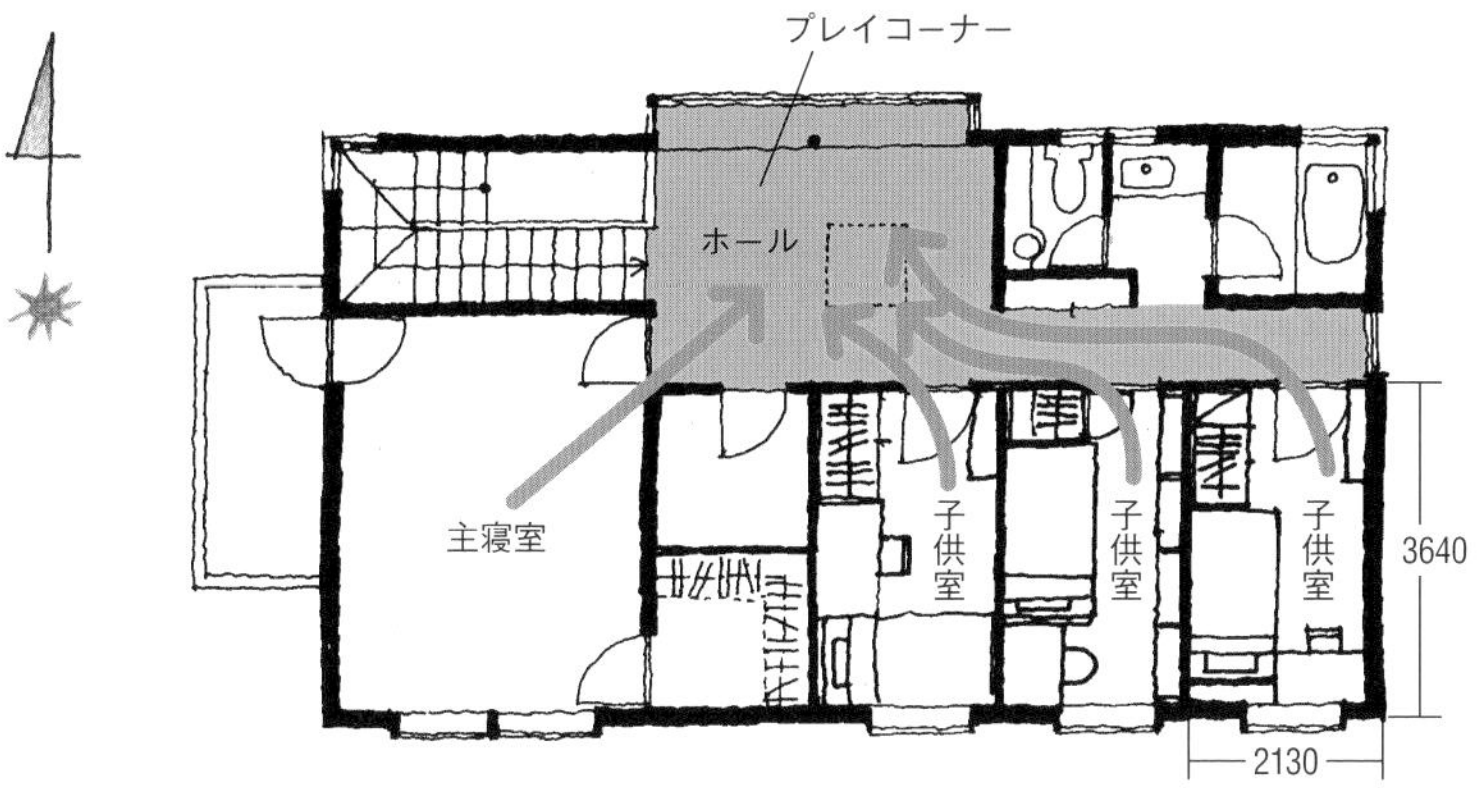

植村邸　2階平面図
S=1:200

各部屋からの動線が良いホールは、子どもたちだけではなく、両親も含めた家族全員の共有スペース

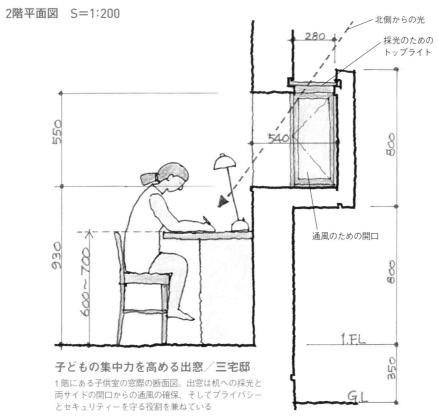

43

子供室

並んで勉強ができる2人の子供室

開放感の高い子供室　子供室よりテラスを見る。手前が子ども2人が並んで勉強ができる机

崔邸の子供室は1階だが、テラスに面しているため居住環境は良いと言える。時に身体を動かすことも、子どもにとっては必要である。健康ばかりでなく精神衛生的にも、運動は子どもの成長に欠かすことができない。テラスに面していれば、勉強に飽きた時も、気分転換にラケットの素振りや縄跳びといった運動が手軽にできる。さらに、花や植物を育てる、生き物を飼うといった経験も、子どもたちが命の大切さを学ぶために必要だろう。子供室に面したテラスは、採光や通風ばかりでなく、情操教育の面からも有効に機能する空間なのである。

また、この子供室は幅の広い机が1つ、窓に面して造付けられている。2人が同時に使えるだけの広さをもつこの机には、共に机を分け合っているという意識をもたせる意味もある。

何事も兄弟で助け合い、譲り合うという気持ちを育てるのも、子供室の役割であるように思う。この崔邸の場合は、机で兄が弟の宿題を見てやり、テラスでキャッチボールをする姿を想起させる子供室である。

美しい子供室／崔邸

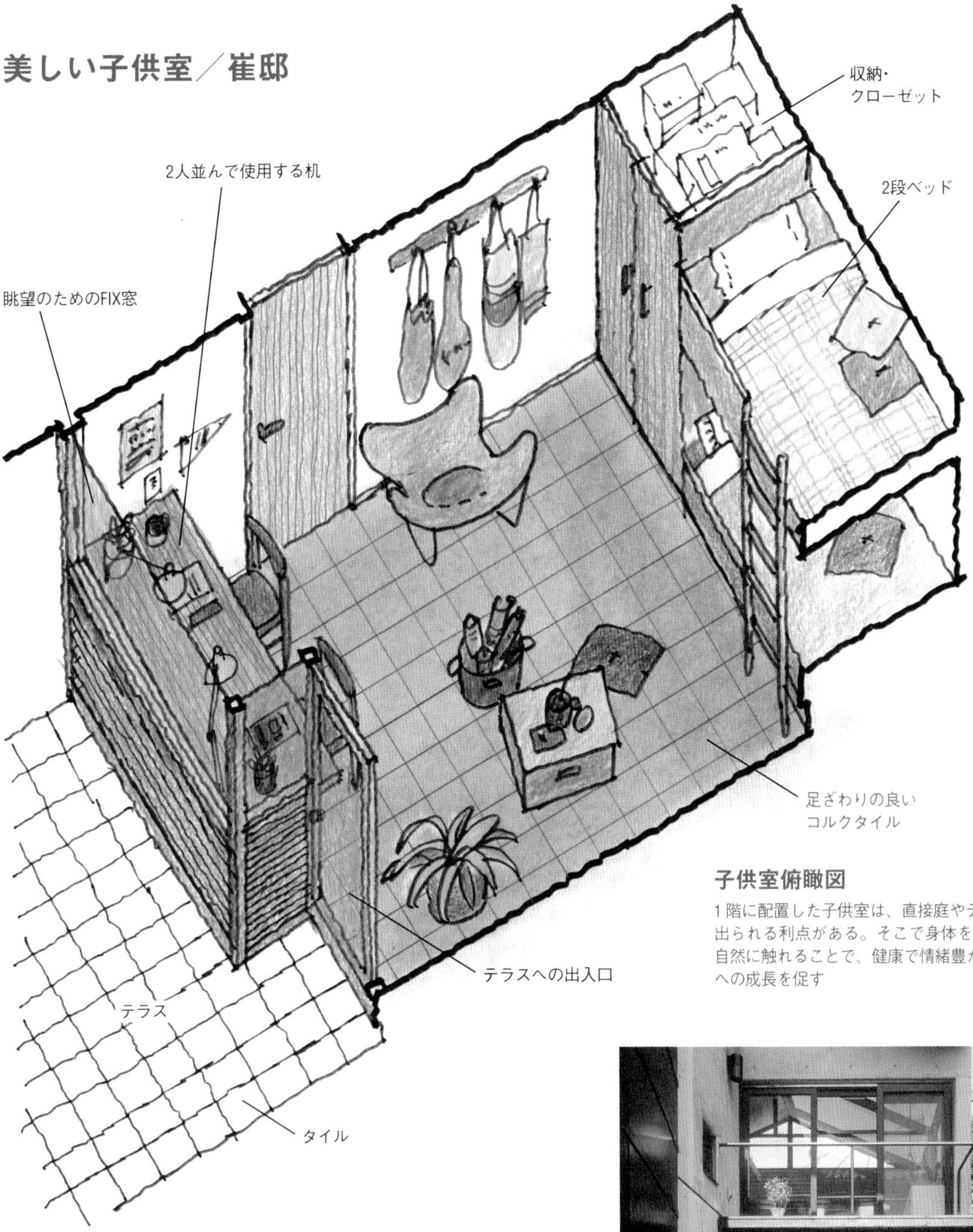

子供室俯瞰図

1階に配置した子供室は、直接庭やテラスに出られる利点がある。そこで身体を動かし、自然に触れることで、健康で情緒豊かな人間への成長を促す

1階平面図　S＝1:200

テラスより子供室を見る。テラスは子どもたちの気分転換の場として重要

44

書斎、主婦室

キッチンと同居した主婦の憩いの空間

家事の合間にひと休み
佐川邸

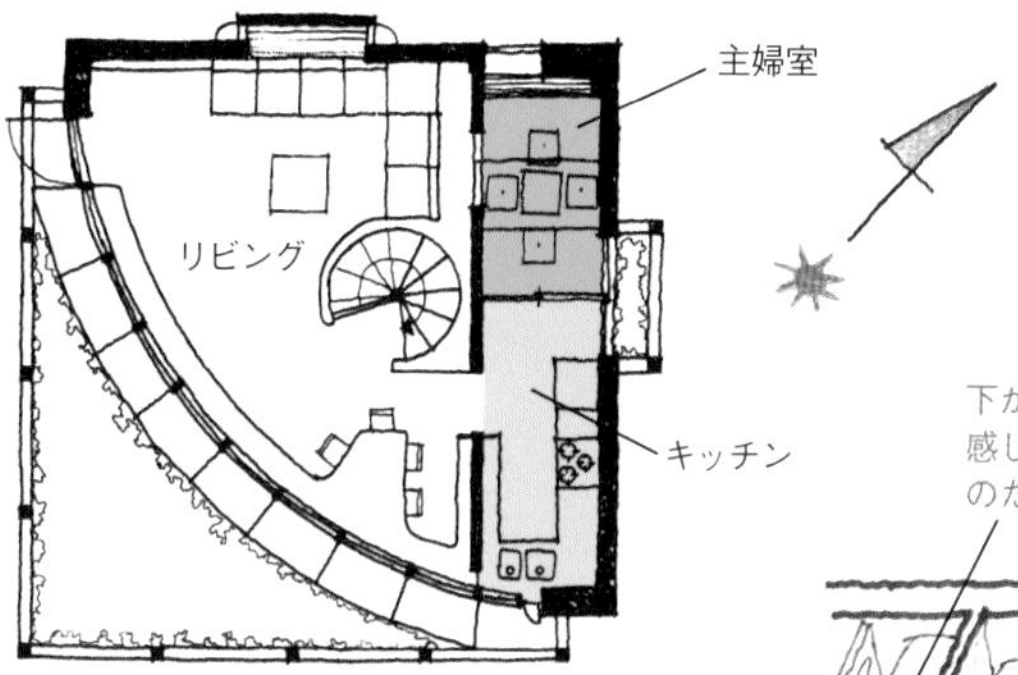

2階平面図　S＝1:200

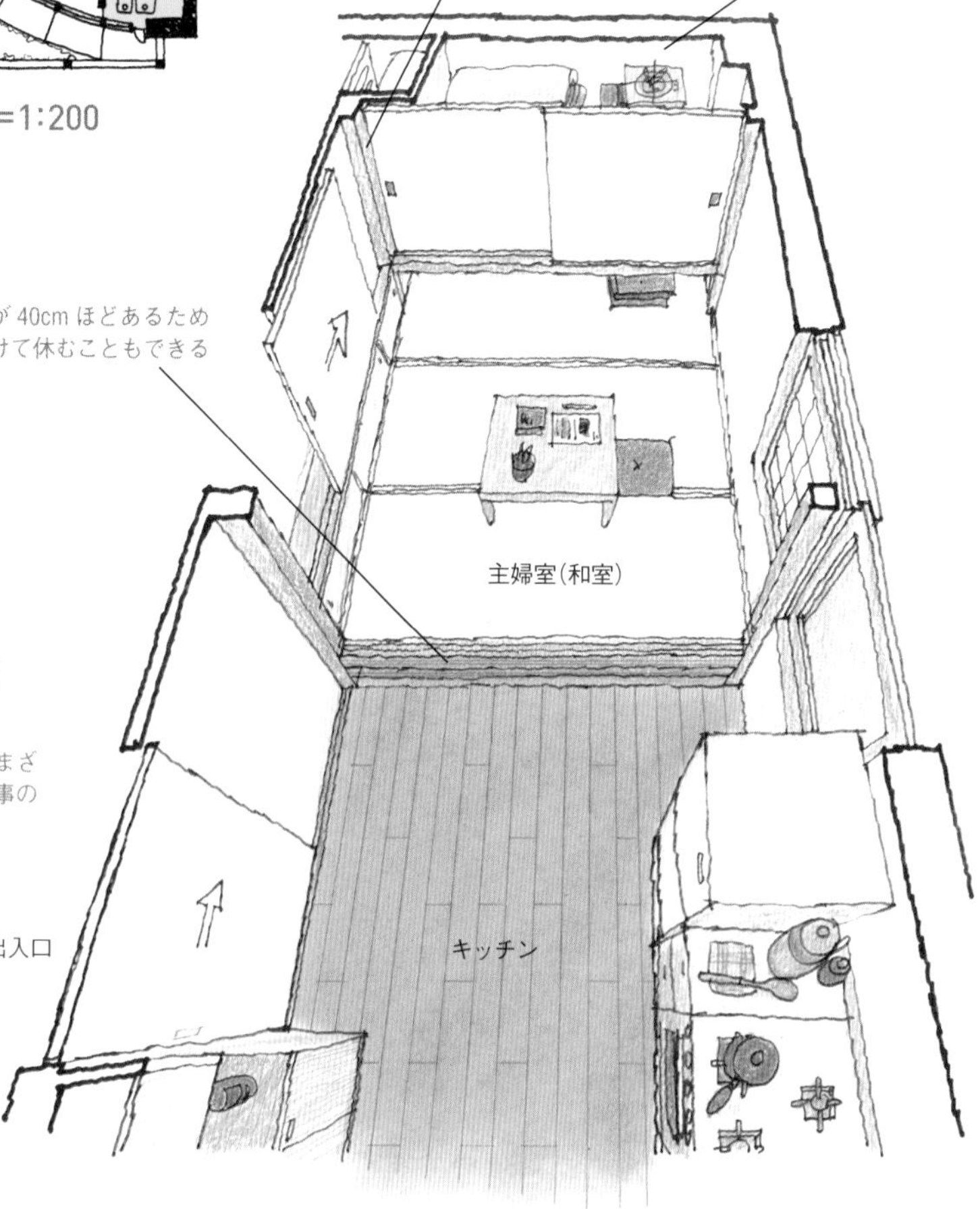
下があいているので狭さを感じさせない。奥には通風のための窓がある
押入
段差が40cmほどあるため腰かけて休むこともできる

キッチン、主婦室
俯瞰図

主婦室は和室なのでさまざまな用途に使える。家事の合間のお昼寝にも便利

主婦のための空間がキッチンだけでは、主婦がかわいそうすぎる、というのは何も主婦層からの好感度アップを狙って言っているわけではない。主人に書斎が必要なように、主婦にだってゆっくり自分の時間を過ごす空間が必要だ。

主婦の仕事は食事の支度に始まり、家事一般から家計の整理、子どもの送り迎えから養育に至るまで、手抜きのできないものばかりである。ダイニングテーブルで間に合う仕事もあるが、暇を見て少しずつ進めていく仕事の場合、食卓を占拠するわけにもいかないので、専用の場所が必要になってくる。

狭小住宅と言っても良い佐川邸には、キッチンに畳2枚半ほどの和室が設けられている。扉を引けばリビングとも視覚的につながるが、ここは基本的に主婦のための空間である。和室であるため多様な使い方ができるのが特徴で、家事だけでなく子どもや家族と鍋を囲むのにも使っても良いし、疲れた時には横になることもできる。こうした隠れ家的な空間に身を置くと、ほっと肩の荷が下りたように落ち着くのは人間の本能だろう。

45

書斎、主婦室

中庭＋吹抜けに面した ゆとりの書斎

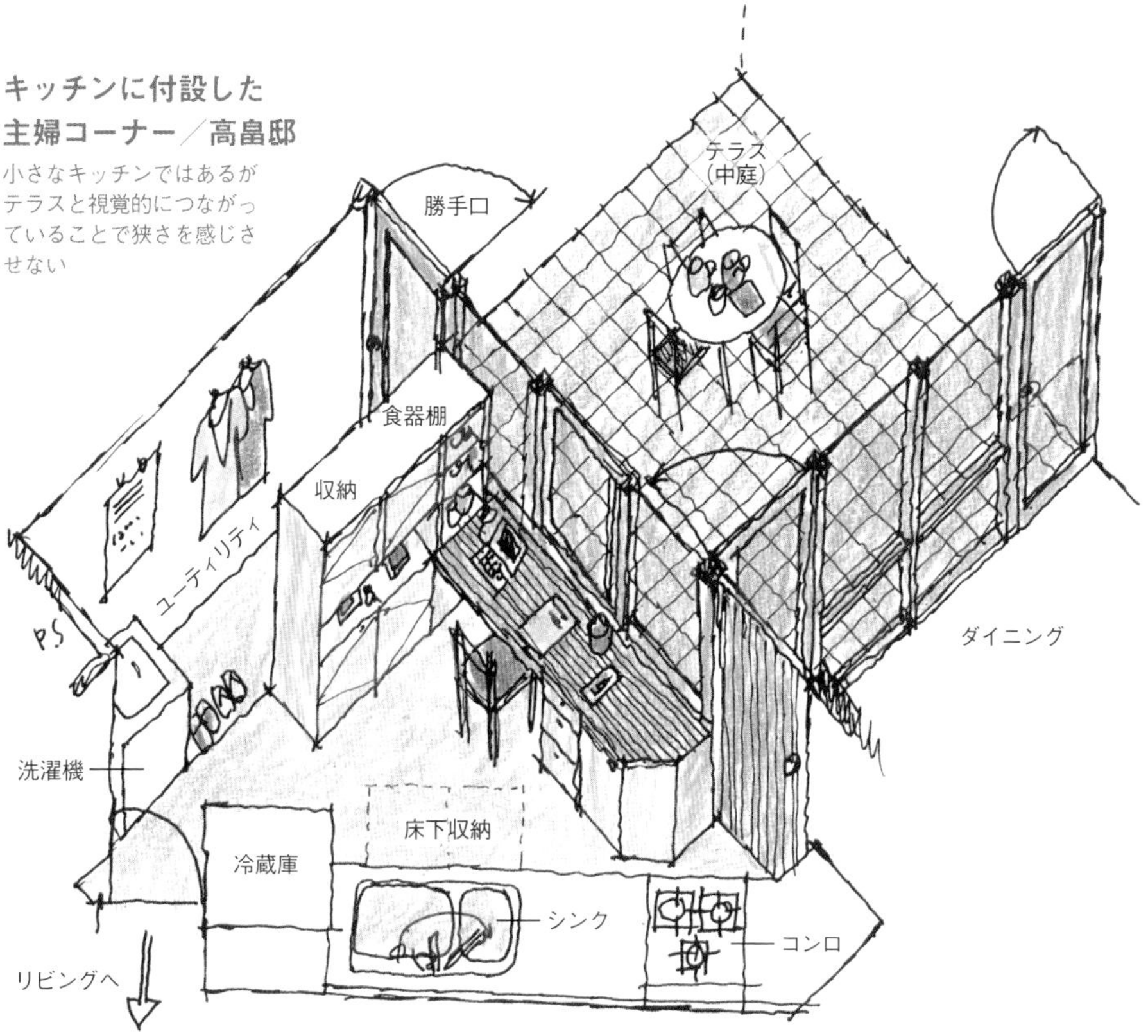

キッチンに付設した主婦コーナー／高畠邸

小さなキッチンではあるがテラスと視覚的につながっていることで狭さを感じさせない

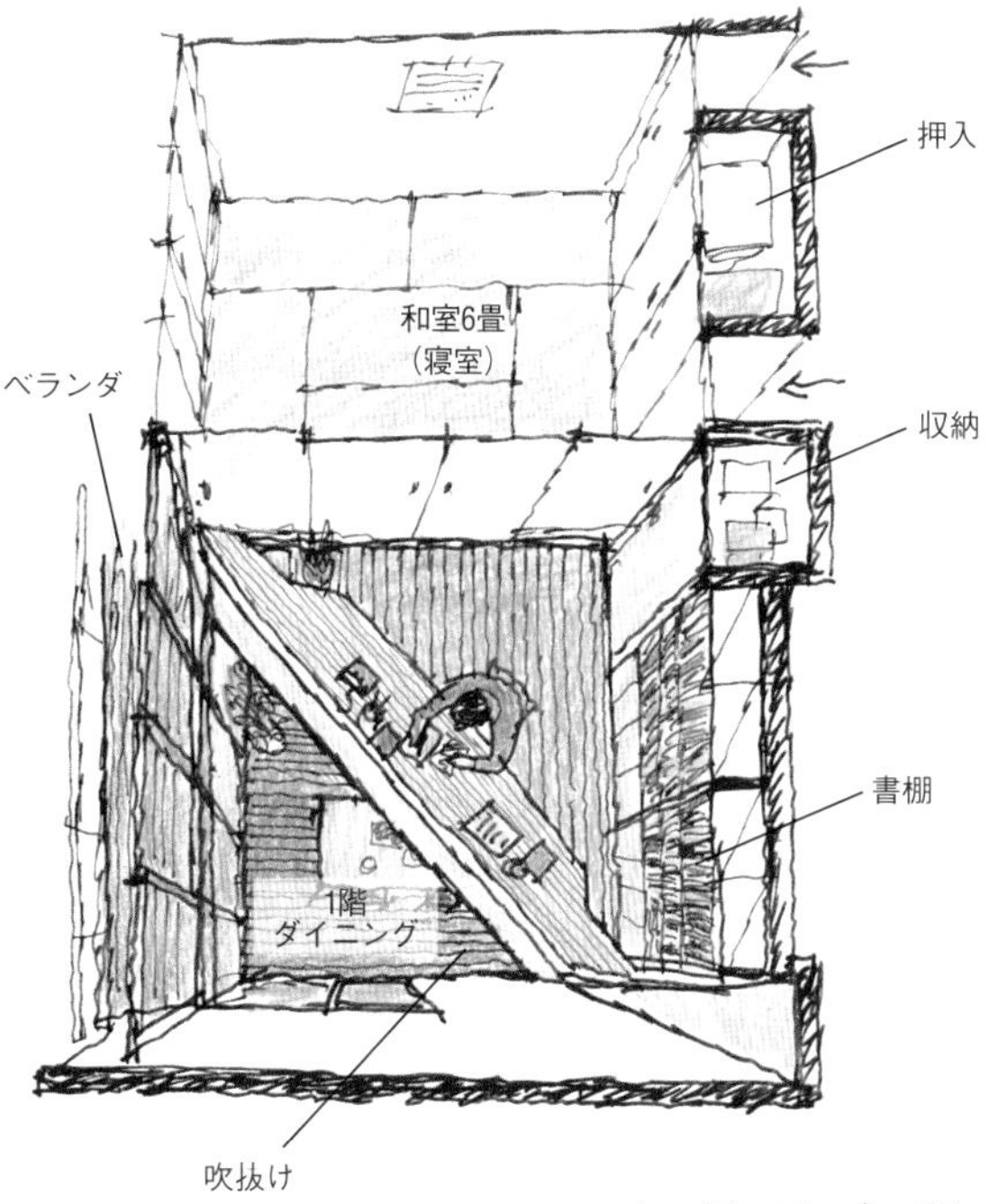

ダイニングを見下ろす指令塔型書斎／橋爪邸

2階の書斎が、吹抜けを通して1階のリビングやダイニングとつながっているため、孤立しがちな父親の存在を家庭のなかに溶け込ませることができる

高畠邸のキッチンは109頁でも述べたように、三角形の平面をもっている。その一辺の窓に設置されたカウンターと、ユーティリティを通って出る中庭が、主婦のための空間である。中庭は外での食事をする場や、サービスヤードとしての役割も担っている。

橋爪邸では、ダイニング上の吹抜けに面して書斎がある。この書斎は手すりがわりのカウンターを机とし、背後に書棚を設けてある。襖を隔てて和室の寝室があるため、閉じこもるのには向かないが、吹抜けを通して家族全員の様子が把握できるという点が、一家の主人のための空間らしくて良い。

1 キーワード
2 敷地
3 プランニング
4 空間
5 内部の設え
6 街並み

書斎、主婦室 ソファがベッドに変身する独立書斎

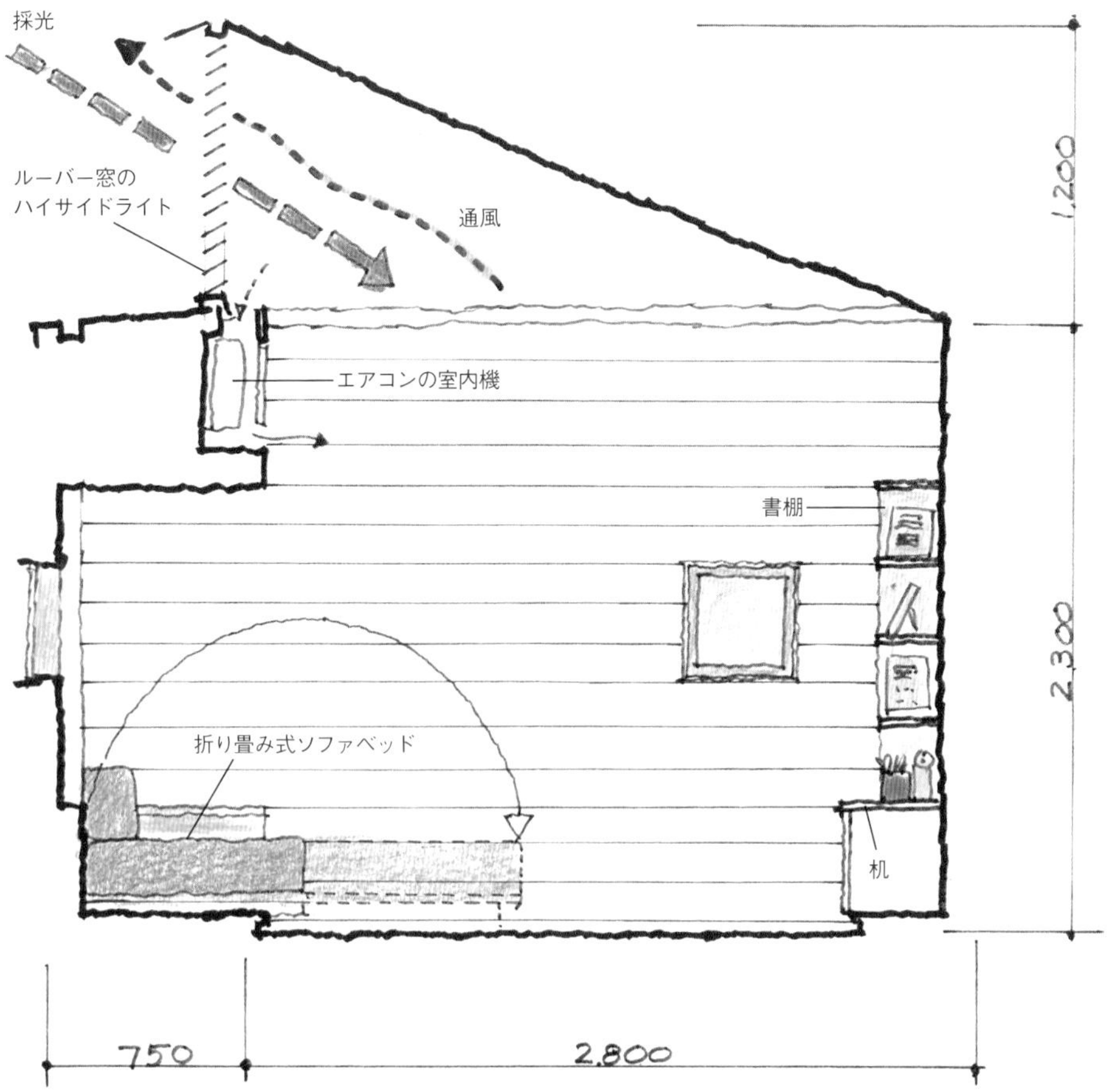

こもれる書斎の窓は小さく 上図のとおり、採光・通風は壁の小さな窓と、ハイサイドライトのルーバー窓のガラス戸で調整している

この崔邸のオーナーは女医さんである。仕事柄、新しい医療知識を常に学んでいかなければならないし、情報を収集したり発信する機会が多くなる。また、仕事に追われるばかりでは精神的に参ってしまうので、時には余暇を楽しむことも必要である。たとえ短い時間でも読書をしたり、好きな曲をピアノで弾き、ゆっくりとした時間を過ごすことは、人間にとって欠かせない。音楽に熱中し疲れを覚えた時には、ソファを反転させればベッドに早変わりする。

断面図のとおり壁の窓は小さいが、ハイサイドライトからの採光と通風排気で、室内環境は万全である。暖房設備としては床暖房が備え付けられている。床の仕上げに韓国の家で使われるオンドル紙を使用しているため、素足に触れる感触がとても良い。

この主婦室は、書斎としてだけではなく、趣味のための空間でもあり、ソファベッドで大の字になることも想定して設計されている。快適な空間づくりへの配慮がいき届いた、まさに身も心も癒せる、働く女性のための空間と言えるだろう。

趣味を楽しみ 仮眠もとれる書斎 崔邸

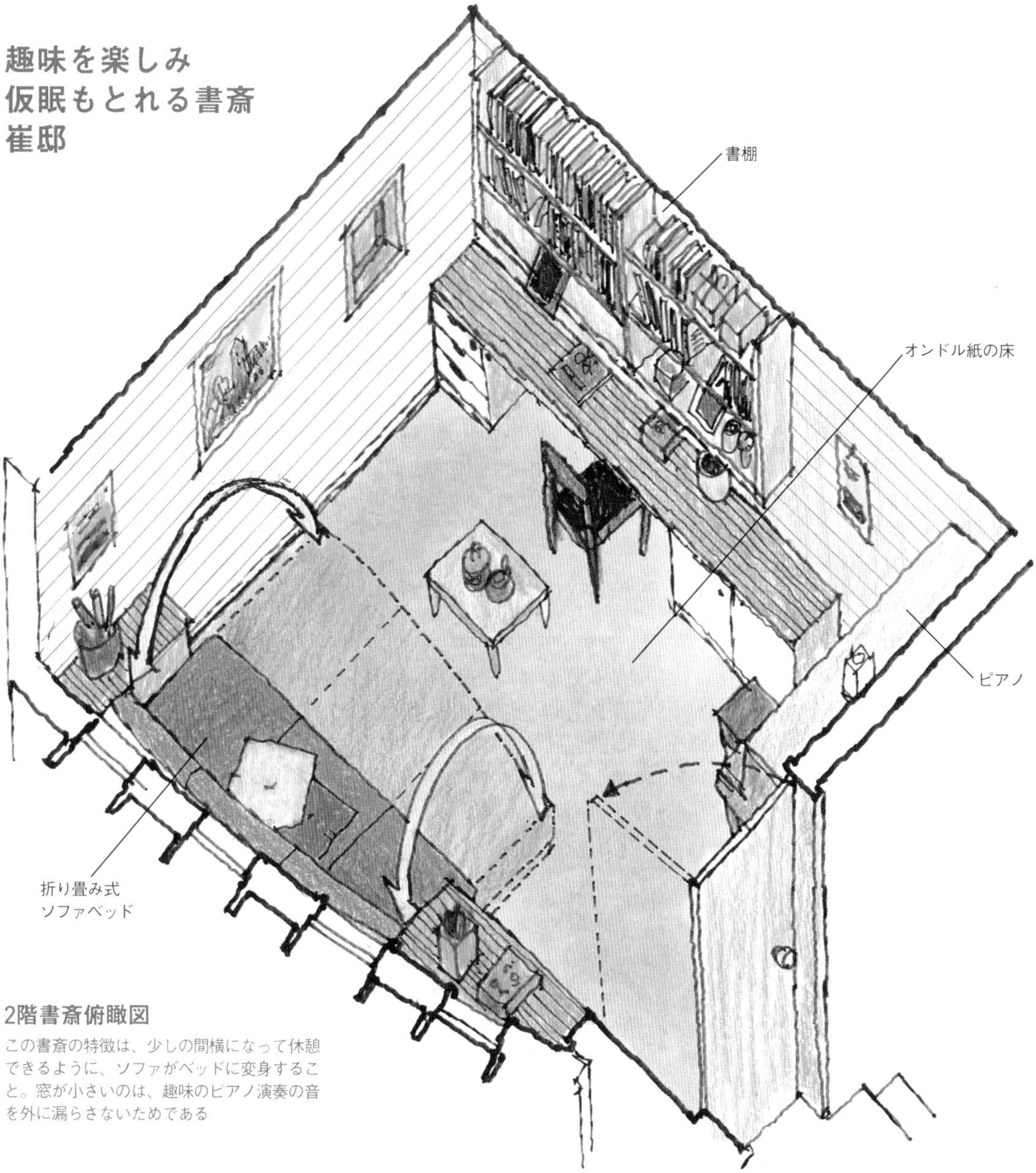

2階書斎俯瞰図

この書斎の特徴は、少しの間横になって休憩できるように、ソファがベッドに変身すること。窓が小さいのは、趣味のピアノ演奏の音を外に漏らさないためである

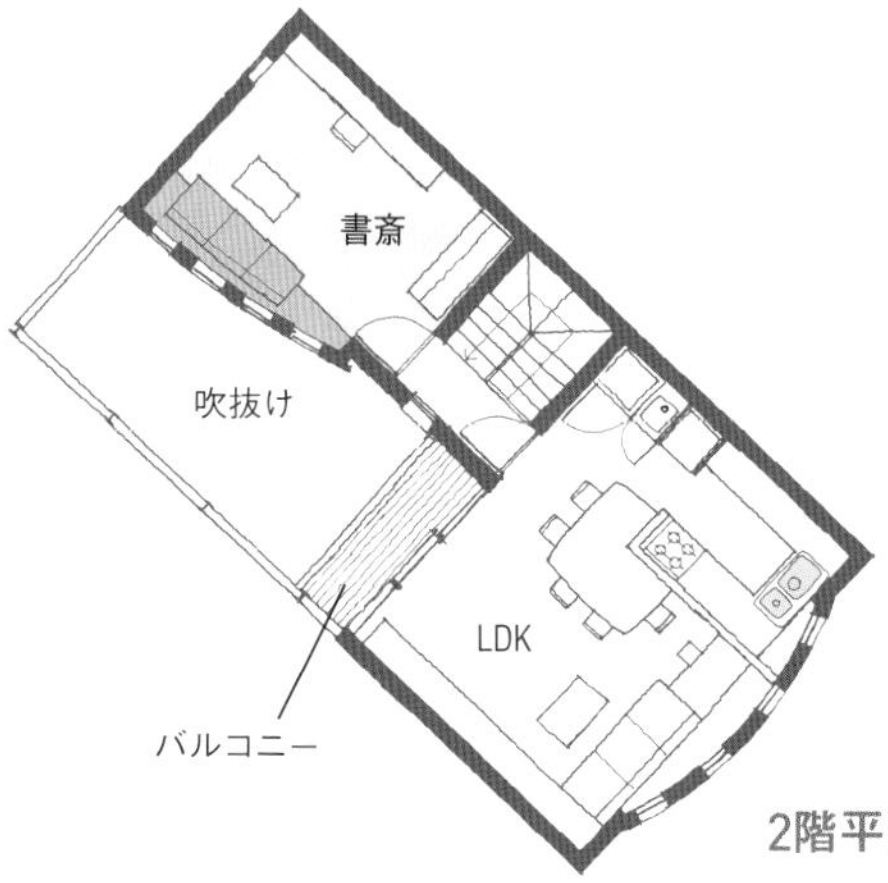

2階平面図　S=1:200

ドアの先に折り畳み式ソファベッドが見える。手前は階段室のトップライト

47 バス、トイレ 開放感を味わうリビングバス

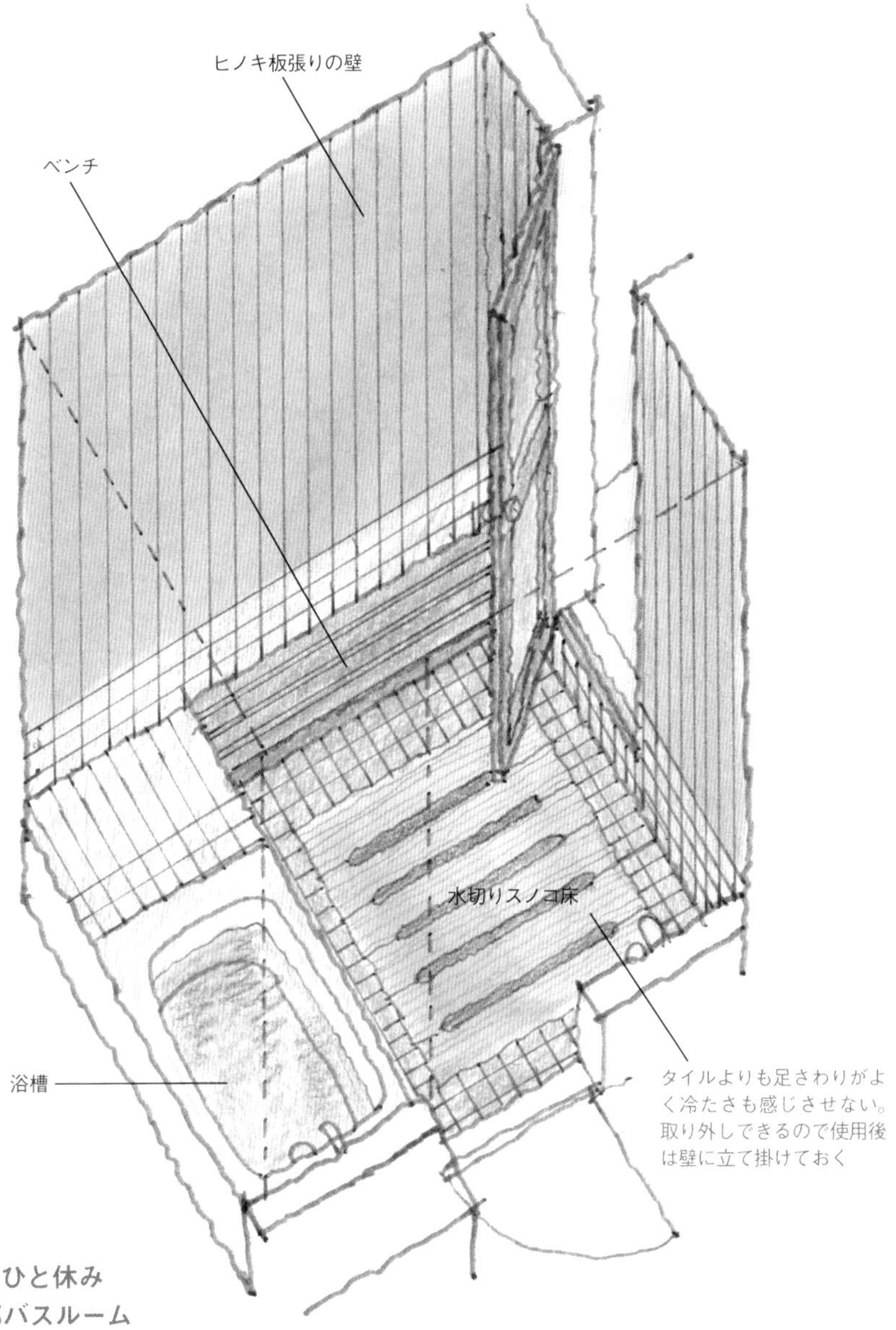
ヒノキ板張りの壁
ベンチ
水切りスノコ床
浴槽
タイルよりも足さわりがよく冷たさも感じさせない。取り外しできるので使用後は壁に立て掛けておく

ベンチでひと休み
富士道邸バスルーム

バスルームは身体にやさしい環境でなければならないから、壁はヒノキ板張りにし、床には板スノコを敷いている。木部を長もちさせるために通風を十分に取り、浴室内を十分に乾燥させておきたい

人間にとって入浴は身体を清潔に保ち、健康増進のために欠かすことができないばかりか、精神を癒してくれる効果をもっている。温暖で雨の多い国に住み、不快な湿気に悩まされることが多い私たちは、「世界一風呂好きな民族」と言われるまでに入浴の習慣を大事にし、文化として育んできた。シャワーで身体を洗い流せれば十分さっぱりする、という気候の国に住む人々とは違い、私たちの体には浴槽にどっぷり浸かる行為が染みついている。湯に浸かって血行を促進し、身も心も癒す効果を入浴に期待しているのだ。

だからこそバスルームの内装に、無機的なタイル張りよりも、心和む香りを放つヒノキが好まれるのだろう。もちろん、水に強いヒノキの性質も関係しているが、時間がたてば腐食することは避けられないし、メンテナンスにも手間がかかる。それでもあえて浴室をヒノキの板張りにするのは、それだけ入浴の時間を充実したものにしたいと思うがゆえである。バスルームは人が開放感を味わうためのもう1つのリビングと言っても過言ではないのだ。

富士道邸
ベンチのあるバスルーム断面図

風呂好きの人には、バスルーム内のベンチでの休憩はこのうえない楽しみであろう

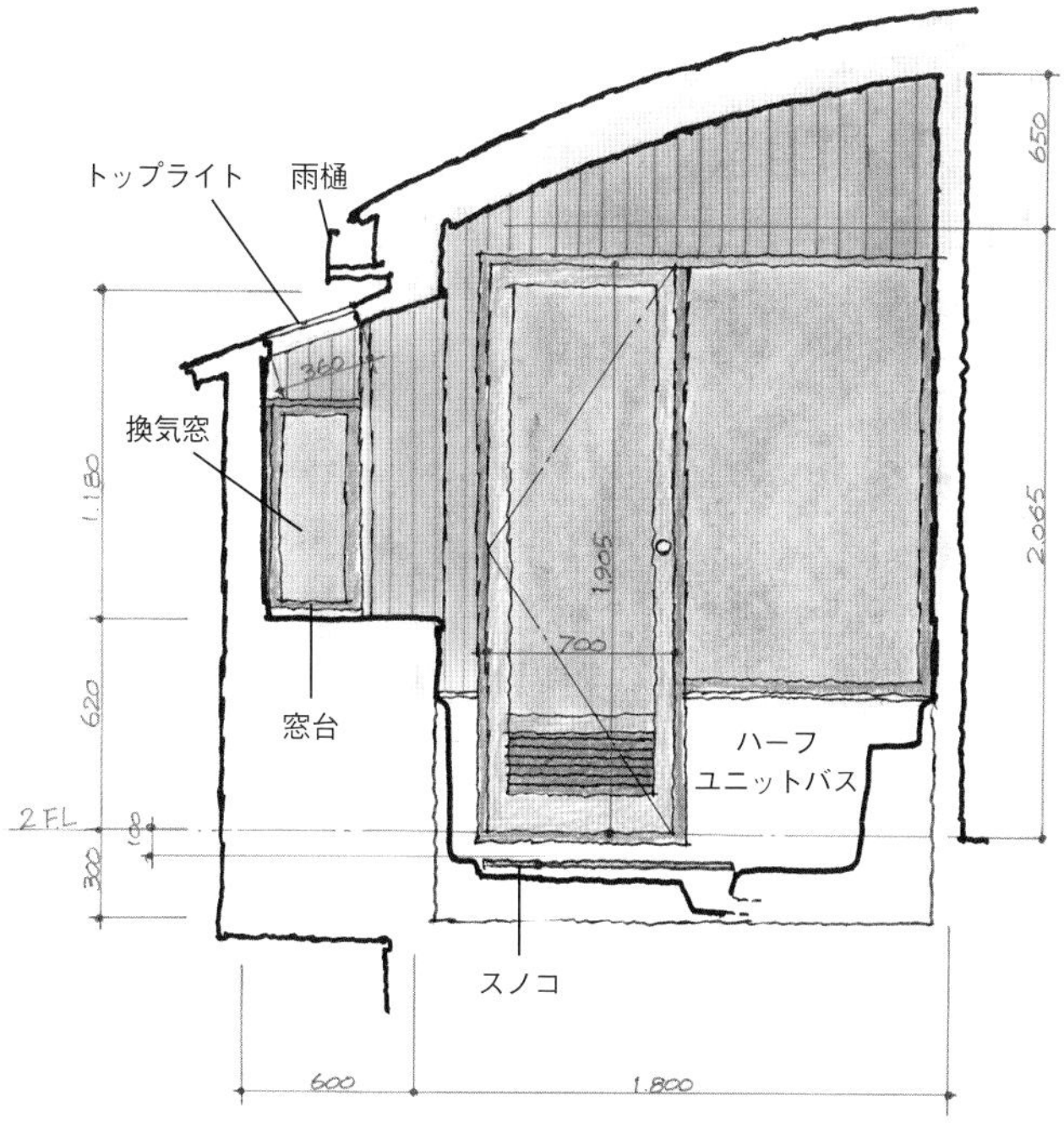

常に木部を乾燥させるための工夫
橋爪邸バスルーム

湿気対策のために採光・通風を十分考慮している

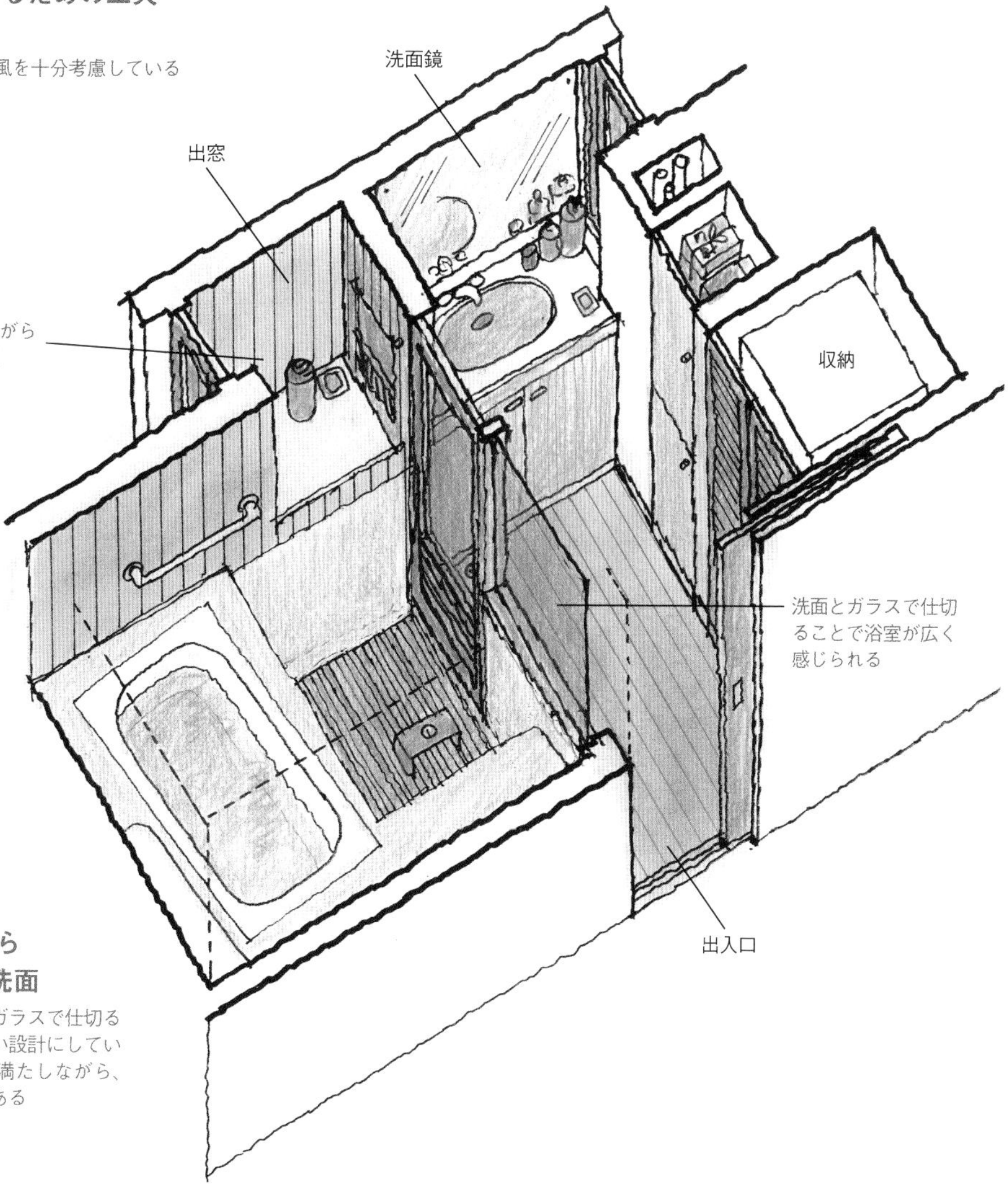
プライバシーを守りながら
通風・採光が取れる窓

くつろぎは広がりから
橋爪邸バスルーム・洗面

バスルームと洗面脱衣所をガラスで仕切ることで、狭さを感じさせない設計にしている。出窓には採光・通風を満たしながら、プライバシーも守る機能がある

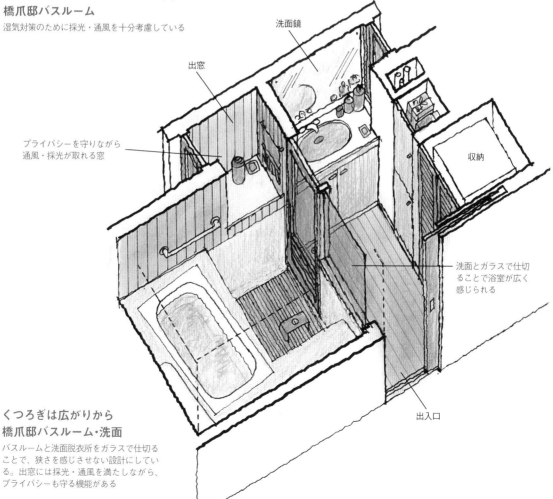

48 バス、トイレ ミニバスコートは光と風の通り道

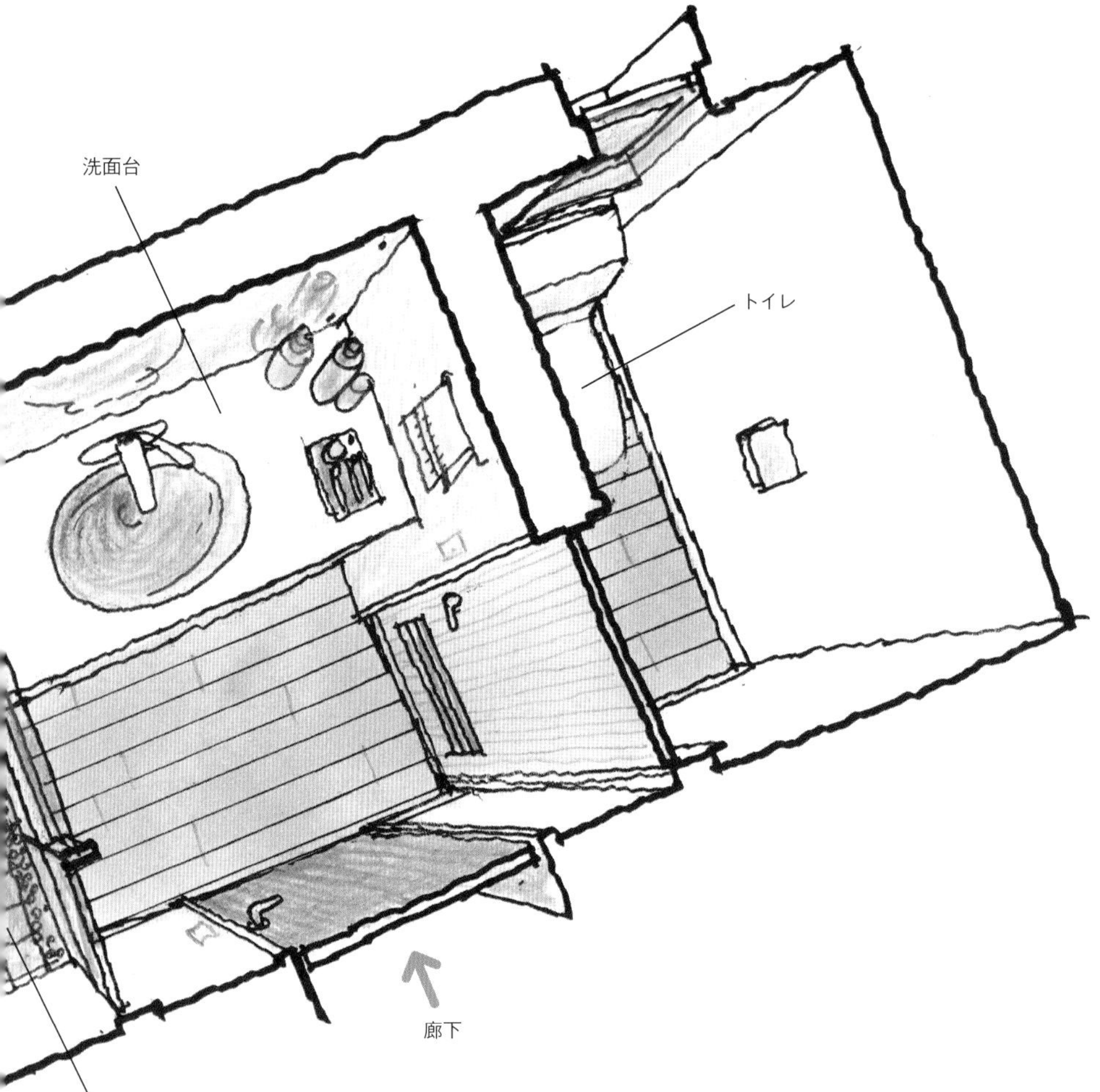

ミニバスコートがあることによって、プライバシーを確保しながら、採光・通風が可能となり、狭さを感じさせない浴室や洗面になる

「はなれ」の気分が味わえるバスルーム、洗面、トイレ俯瞰図

このプランでは洗面・トイレ空間と、バスルームが中庭で分離されているが、中庭の位置の取り方によっては、また違ったプランも考えられる

浴室や洗面・トイレは、高いプライバシーが必要とされる空間だ。したがって、住まいの一番奥の北側に置かれ、しかも窓は格子の入った小さなもの、というプランが定番である。そのせいで薄暗く、風通しも悪くなり、水を多量に使うためにカビやシロアリなどが発生しやすい場所として、住まう人にとっての悩みのタネにもなっている。

名越邸の浴室と洗面・トイレは、狭いながらも外部空間を取り入れることによって、そうした水廻りの弱点を克服している。図のように洗面・トイレ部分とバスルームとの間に、小さな中庭（ミニバスコート）を設けたのだ。できれば、ここに揺り椅子でも置いて、入浴後にビール片手に休めるような広さがほしいところだろう。

この中庭は壁面に開口をあけ、上部が抜けているため、十分な風と光が水廻り空間に入ってくる。肝心のプライバシーについては、開口部に簾を掛けたり、浴室の大きなガラス面にブラインドを下げることで簡単に守れるようになっている。

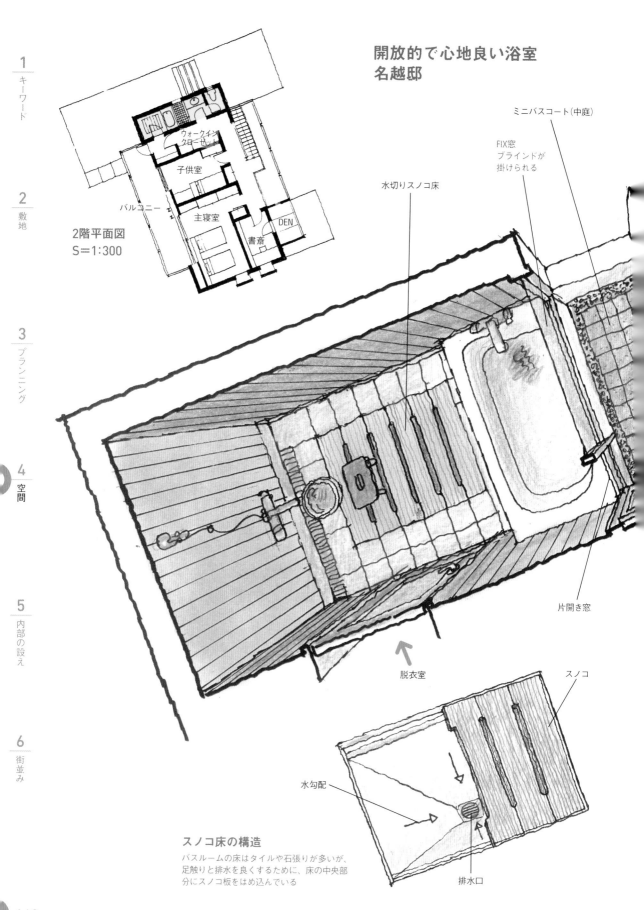

開放的で心地良い浴室
名越邸

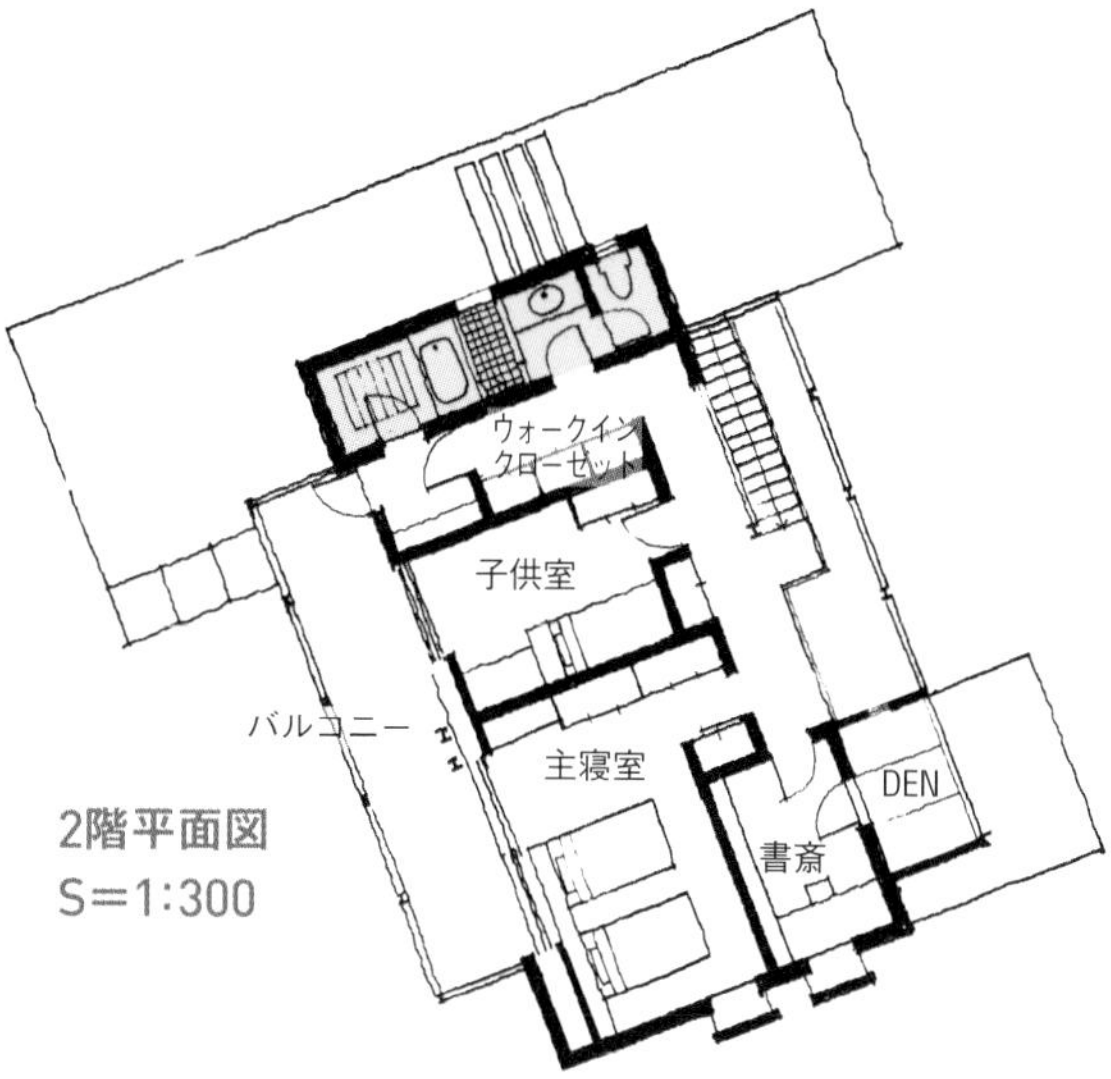

2階平面図
S＝1:300

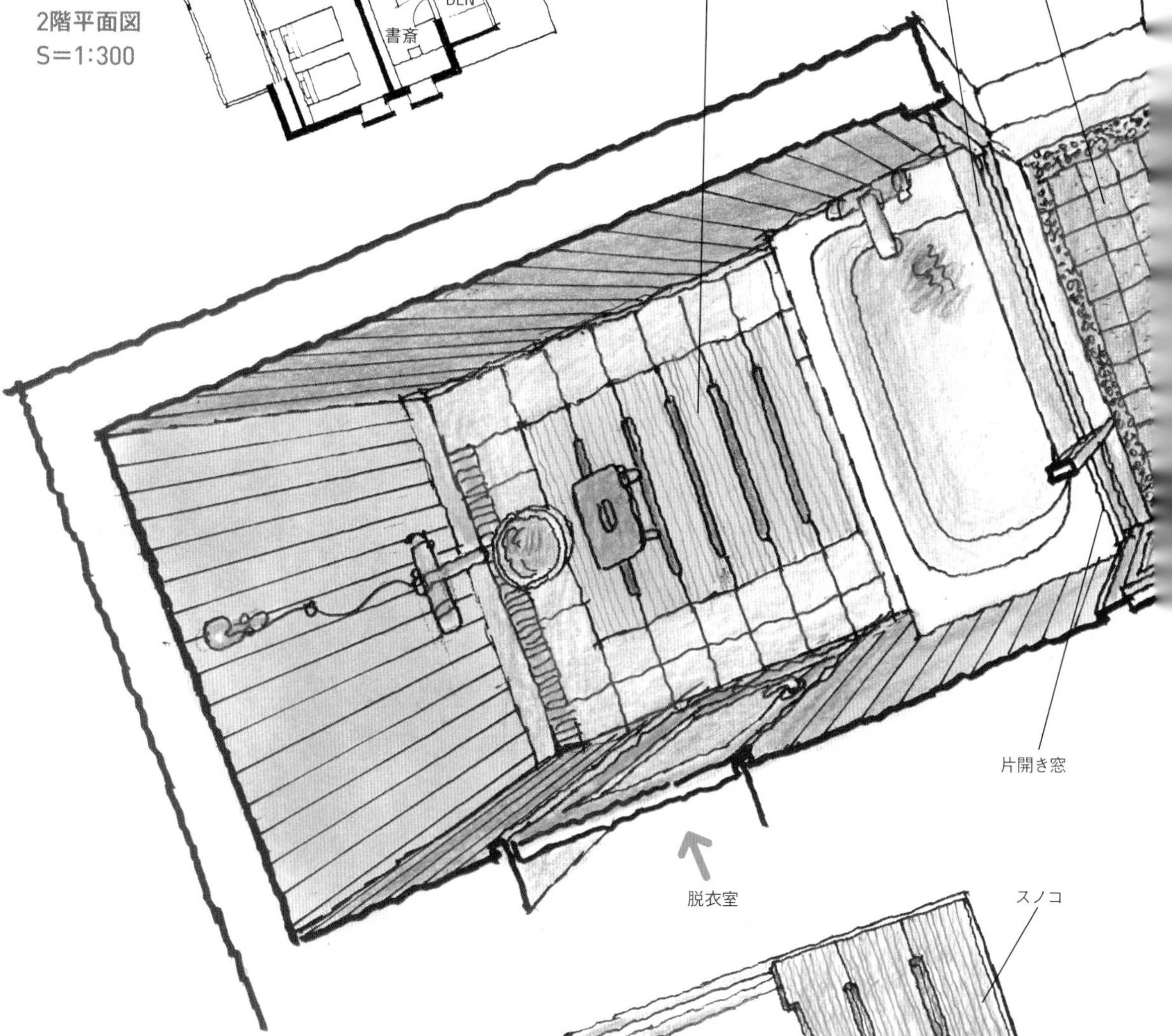

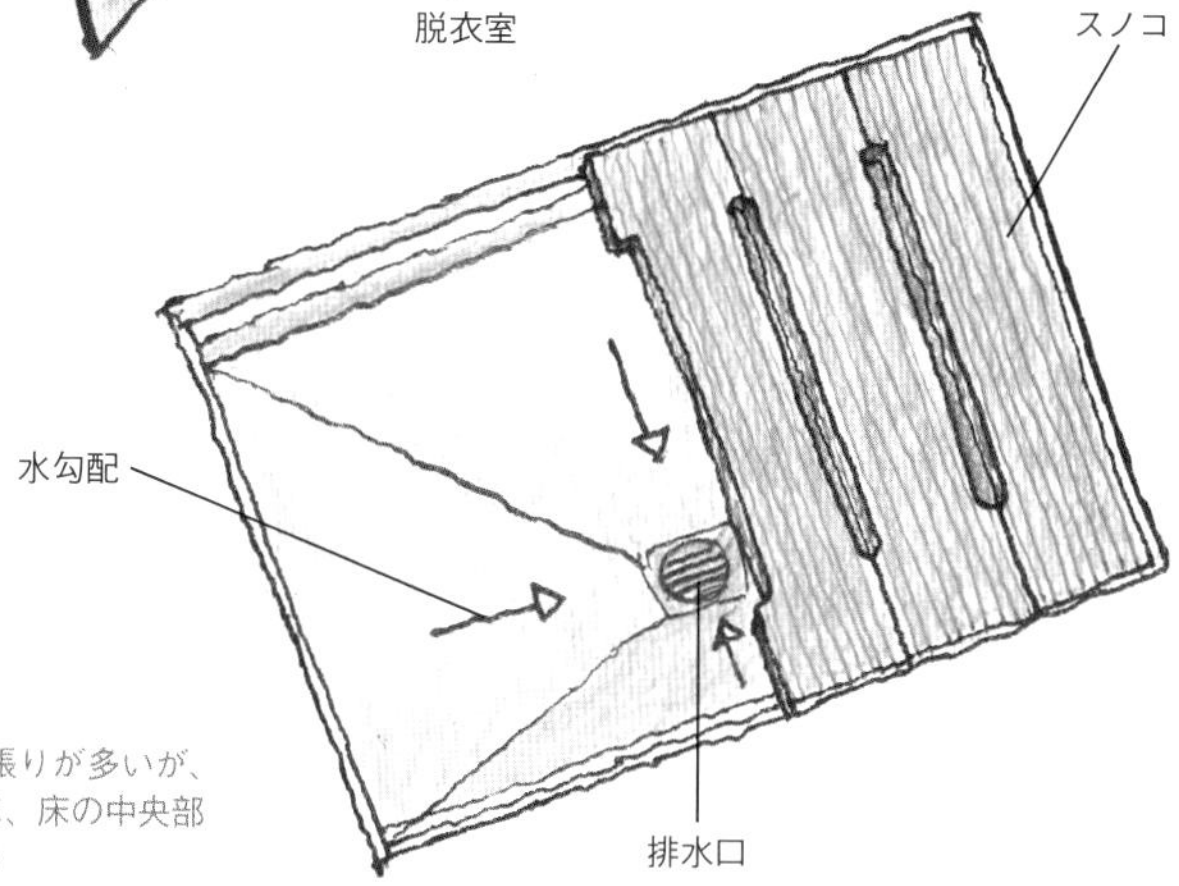

スノコ床の構造

バスルームの床はタイルや石張りが多いが、足触りと排水を良くするために、床の中央部分にスノコ板をはめ込んでいる

49

露天風呂感覚のバスルーム

バス、トイレ

バルコニーと浴室を一体化／木村邸

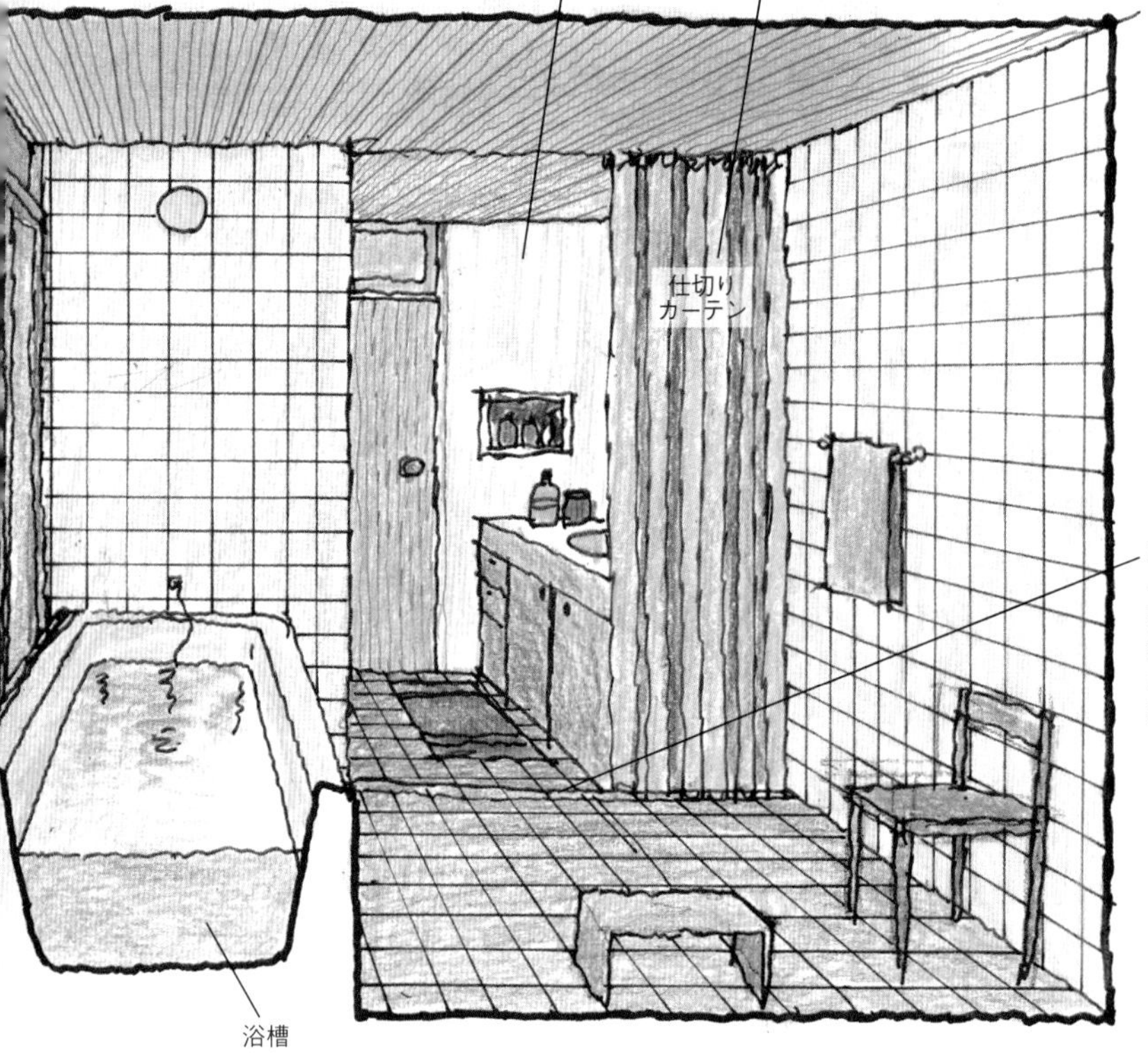
洗面・脱衣場
洗面ともカーテンでゆるやかに
仕切ることで奥行き感が出る
段差をつけない
バリアフリー仕
様。排水が洗面
側に流れ込まな
いよう工夫が必
要

バスルームはプライバシーが求められる空間だが、その一方で開放感が味わえるという理由から露天風呂を好む人も多い。面白い現象だが、裸で入る共同浴場や露天風呂も日本独自の入浴文化である。

堅苦しい衣服で仕事に追われていれば、人間本来の姿に戻って、のびのびと行動したいと思うのは当たり前のことかもしれない。そのような世相を反映してか、最近では露天風呂のようなバスルームが都市住宅のなかにも取り入れられるようになってきた。この木村邸のバスルームはそうした開放感を味わいながら、プライバシーも確保している良い例である。

木村邸の2階は、バススペースを中心とした回遊式のプランになっている。バスルームは2階ベランダに面しているが、同じくベランダに面している子供室と主寝室からは死角になっているのと、ベランダが高い塀で仕切られているため、外から浴室内は見えないつくりである。

外部からの視線を気にすることなく、空を眺めながらの入浴が可能な、まさに露天風呂感覚のバスルームである。

バスルーム、ベランダ断面図

壁で囲われたベランダに向けて窓が大きく開いているため、明るく開放的なバスルームになっている

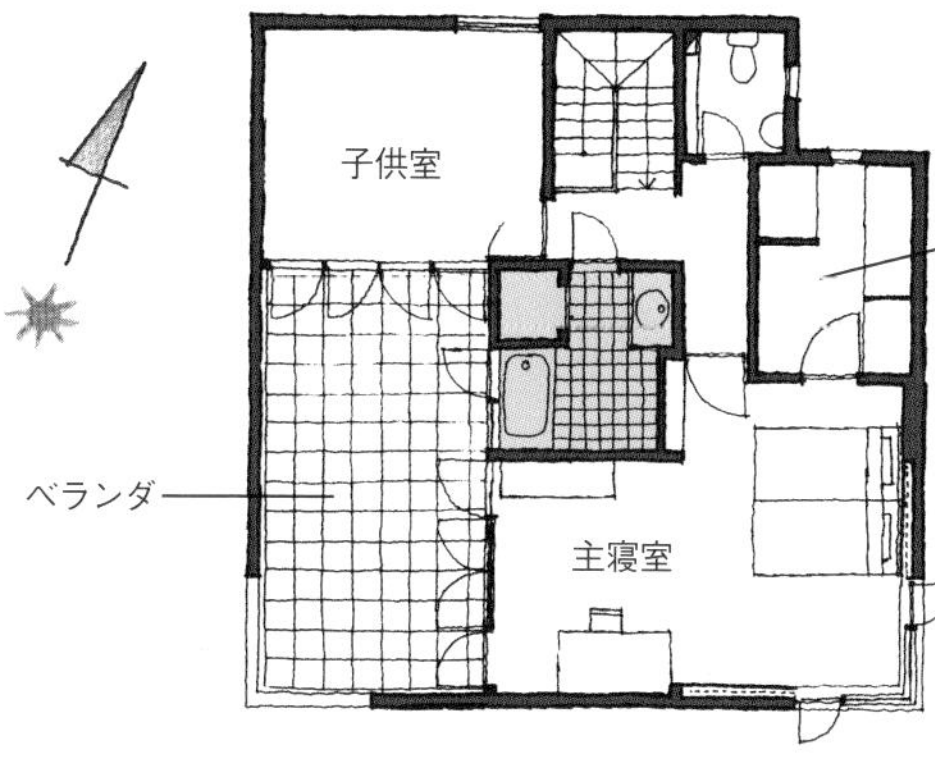

2階平面図　S＝1:200

子供室、寝室、浴室は、1つのベランダに面しながらも、それぞれ独立性を保っている

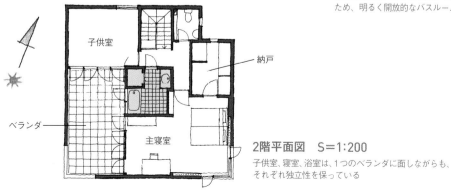

4
空間

50

エントランス

エントランスは適度に透かしながら遮る

明るい玄関　玄関とホールの間の引込戸が引き込まれた状態で、外の気配がほど良く感じられる

エントランス、すなわち玄関を単なる住まいの出入口と考えてはいけない。そこは大切な客を迎える場であり、仕事や学校へ出かける時の身だしなみを整える場でもある。特に来客にとっては最初に触れる住まいの空間であるから、悪い印象を抱かせるような空間であってはならない。だから玄関ドアは、来客を招き入れるかのように内に向かって開かれなければいけない、というのが宮脇流の玄関の考え方である。また宮脇さんは、人を拒むような閉鎖的な玄関も好まなかった。必ず外から内部の、あるいは内から外部の気配が見て取れるような工夫がなされていた。

この吉見邸の玄関がまさにそれで、住居であるボックスにガラス箱のような玄関ボックスが付随しているような形をしている。アプローチしていくと内部の気配がガラスのスリットを通してうかがえるが、住まいの内部までは見通せないようになっている。玄関ボックスの奥の壁にもガラスと扉が付けられており、ガラスの向こうに続く庭を楽しみながら住居へと出入りできるのが気持ち良い。

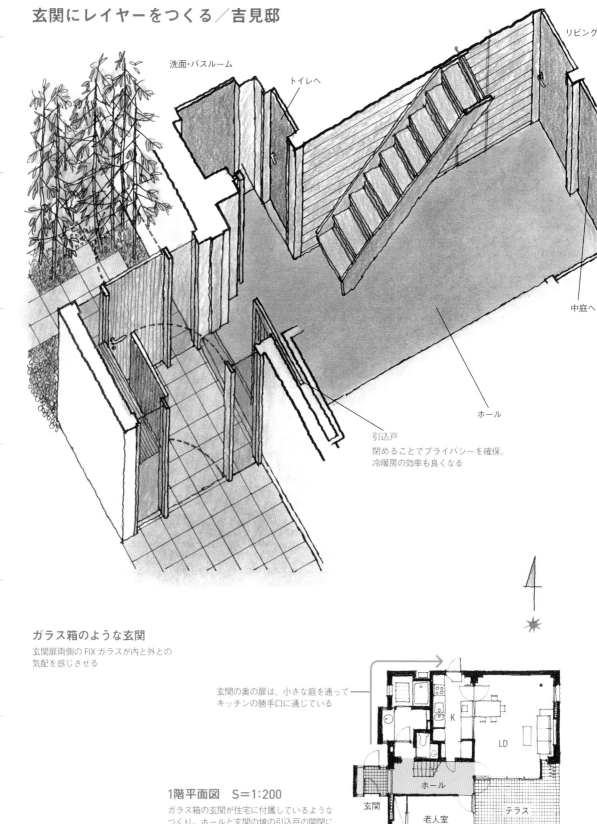

玄関にレイヤーをつくる／吉見邸

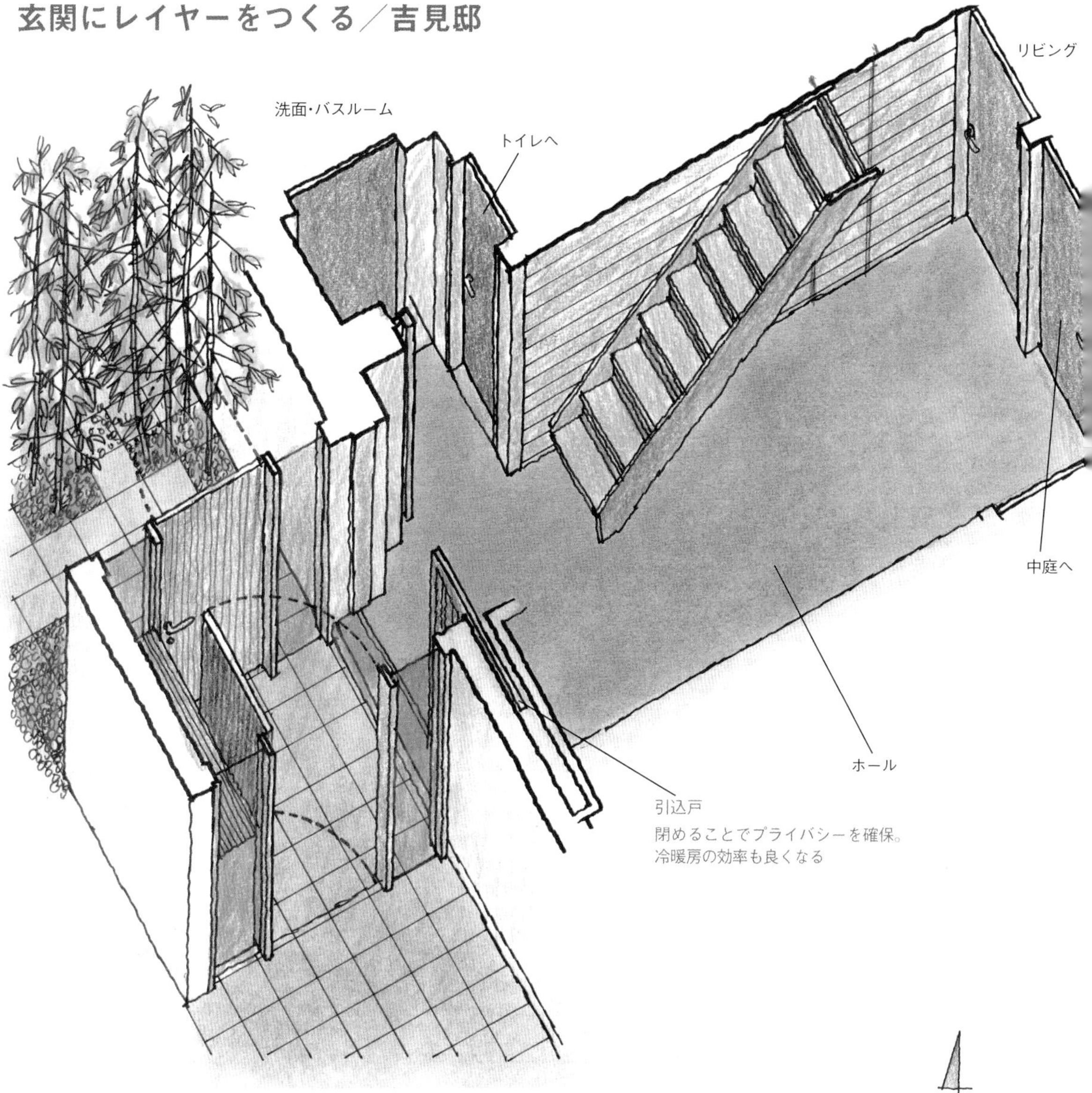

ガラス箱のような玄関

玄関扉両側の FIX ガラスが内と外との気配を感じさせる

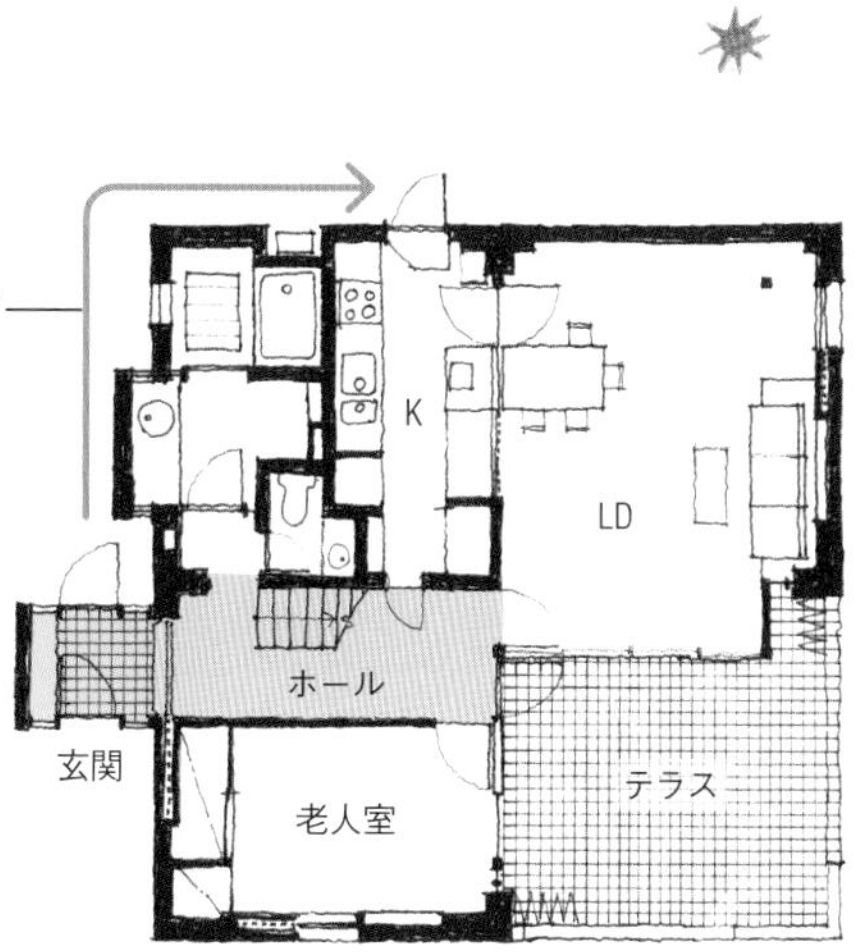

1階平面図　S=1:200

ガラス箱の玄関が住宅に付属しているようなつくり。ホールと玄関の境の引込戸の開閉によって、プライバシーの確保と、冷暖房の損失を防ぐことができる

4 空間

51

エントランス ピクチュアウィンドウは招き絵

玄関扉も透明性を強調するためにパンチング風に孔をあけている

玄関はFIX窓からダイニング、リビングへと空間が連続している

玄関を設計する際、注意しなければならない点がいくつかある。その1つが明るさである。電灯を使う建物内部と、太陽光あふれる外部とでは明るさの質が異なる。そのため、外部から玄関に入ると、どんなにこうこうと照明をつけていても、明るさの印象に大きな差が出てしまう。それを防ぐためにドアに小さな開口をあけ、さらにドアの両サイドにスリットを設け、自然光を取り込むのである。

玄関ができるだけ明るく、心地良い空間でなければならないと考える理由は、エントランスがその家の顔でもあるからだ。中山邸は古い名家である。広い敷地にのびのびと建てられており、中庭などの外部空間を住まいのなかに取り入れた、採光と風通しの良い快適な住宅である。特に玄関を入ると、正面に中庭を見通せる額縁のような窓が切られていて、あたかも自然の美しい絵で招かれたような印象を受ける。来客を迎える住まいの「顔」として、申し分ない雰囲気だと言えるだろう。

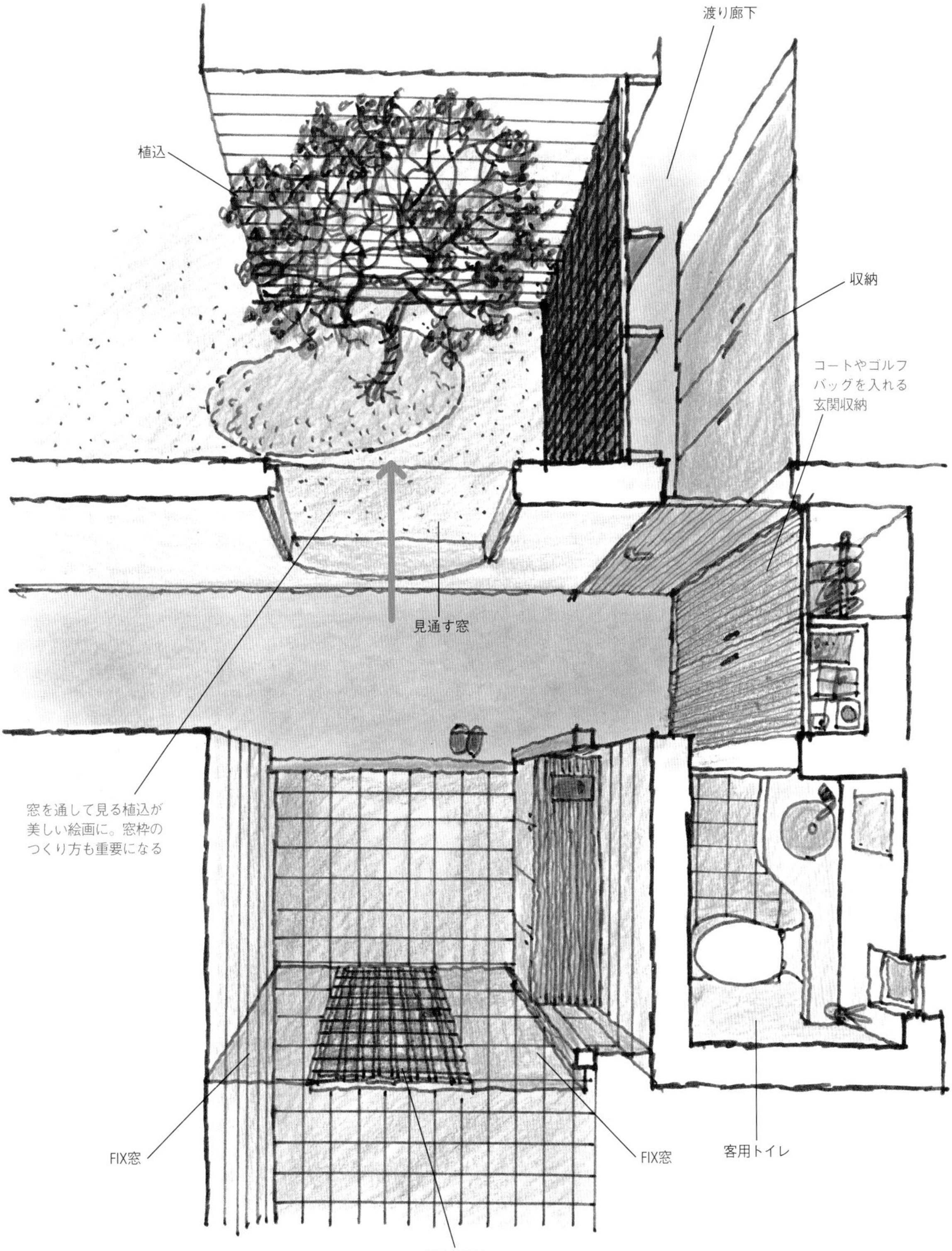

玄関の奥を明るくする／中山邸玄関廻り平面俯瞰図

両サイドがガラスで、中央が格子状の玄関扉を入ると、正面の窓越しに中庭の風景が見える。

玄関に絵や生け花を飾らなくても、美しい景色で客人をもてなすことができる

豪邸の玄関／有賀邸

52

エントランス

訪れる人も迎える人も美しく見えるエントランス

2階上部から入る光は、さまざまな壁に反射して軟質の光になる。特に、木製の壁は光に温もりをプラスする

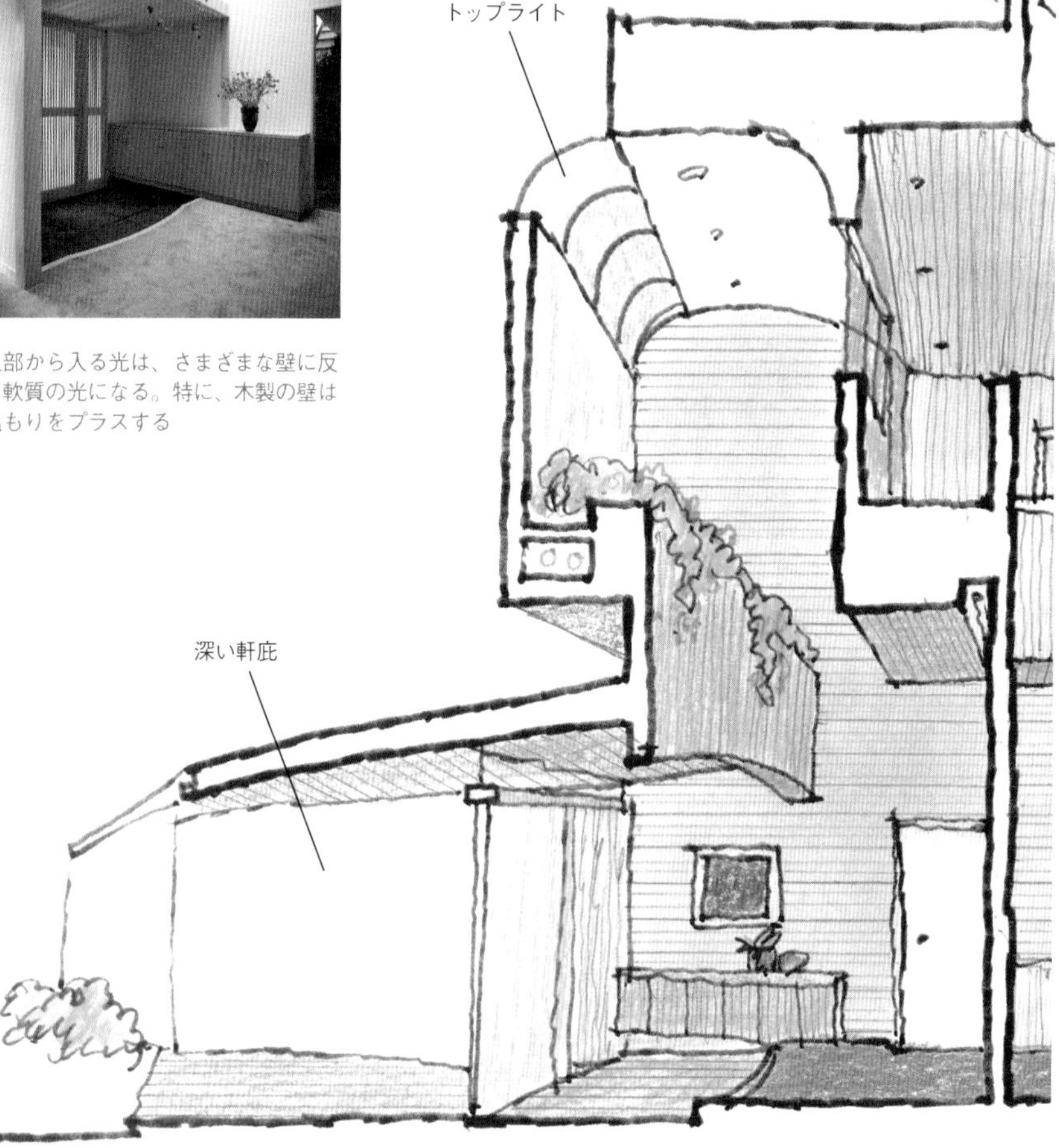

深い庇は家の格を表す
玄関、ホール断面図

2階吹抜けにあるトップライトからの採光によって、玄関に入った時のうす暗い印象は解消され、来客の姿が美しく見える

エントランスは家の顔だから、できるだけ明るいほうが良いと前の項で述べた。このほかの機能としては、下足入れ、傘立て、来客のためのコート掛け、スリッパ置き場といったものがあるが、家族によってはゴルフバッグやスキーといった運動具の収容場所も必要になるだろう。

下足から上履き、上履きから下足に履き替える場であるから、床の段差にも十分気を配る必要がある。腰掛けて靴が履ける造付けの椅子や、濡れたコートを一時的に掛けておく場所など、細やかな配慮が求められる。

有賀邸の玄関は美しい。和風モダンの落ち着いたデザインで、広さも十分である。特に、玄関奥に向かってトップライトから落ちてくる日差しが、のびやかな吹抜け空間をさらに劇的に見せている。まさに家の顔にふさわしい空間であり、招かれた客の第一印象を決定する場として十分だ。玄関を見ればその家の住み手の器量がわかるというのはそのためである。

この玄関は招かれる人も出迎える人も、柔らかい光によって美しく見える。その点が素晴らしい。

COLUMN

たびたびの旅で広げた知見

師・宮脇檀は旅が好きでした。建築に関する著述もさることながら、旅に関する著述はそれに劣らぬぐらい多いように思います。

旅は建築を生業にしている者にとって、さまざまな意味で大切な体験と言えます。身体と心を休めること、見識を広めることなど数え切れないほどたくさんの意味があるのです。

異国の建築や文化に触れ、新しいデザインのアイデアやヒントを得ることは少なくありません。心地良い空間があるとそれをスケッチし、メジャーがあるときはメジャーで測り、あいにく持っていない時は目測で寸法も記入していました。

もちろん写真も好きでカメラは必需品でしたが、スケッチブックも忘れずショルダーバックに入れていました。スケッチをすることによって建築の詳細や仕組みを理解できるのです。また、ホテルの平面を必ず実測するのは、スケール感覚を磨くためであったように思います。

宮脇さんが亡くなる数年前、共にネパールに旅行しました。カトマンズのホテルで同室でしたが、部屋に着いて疲れているにも関わらず、スケッチブックとメジャーを取り出して部屋を実測し始めたのには驚きました。そして、「このホテルはいいホテルだ」と言ったのです。照明器具の位置などや、子供が使いやすいように洗面台の高さが2段になっていることなどをメジャーを当てながら話していたのを思い出します。

旅先のホテルの実測図

旅の記録とスケール感を養うために、宮脇さんの教えで旅行では必ずホテルの部屋を実測した。スケールや間取りだけでなく、家具や照明などもよく観察すると良い

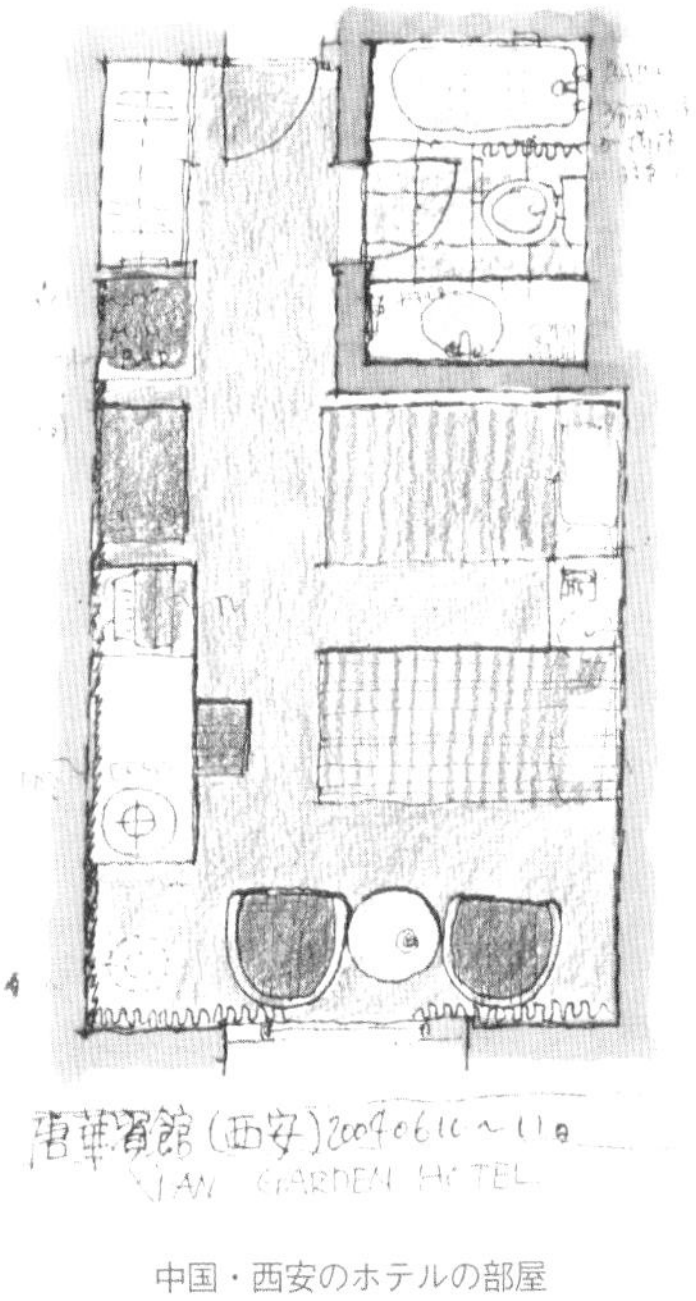

中国・西安のホテルの部屋

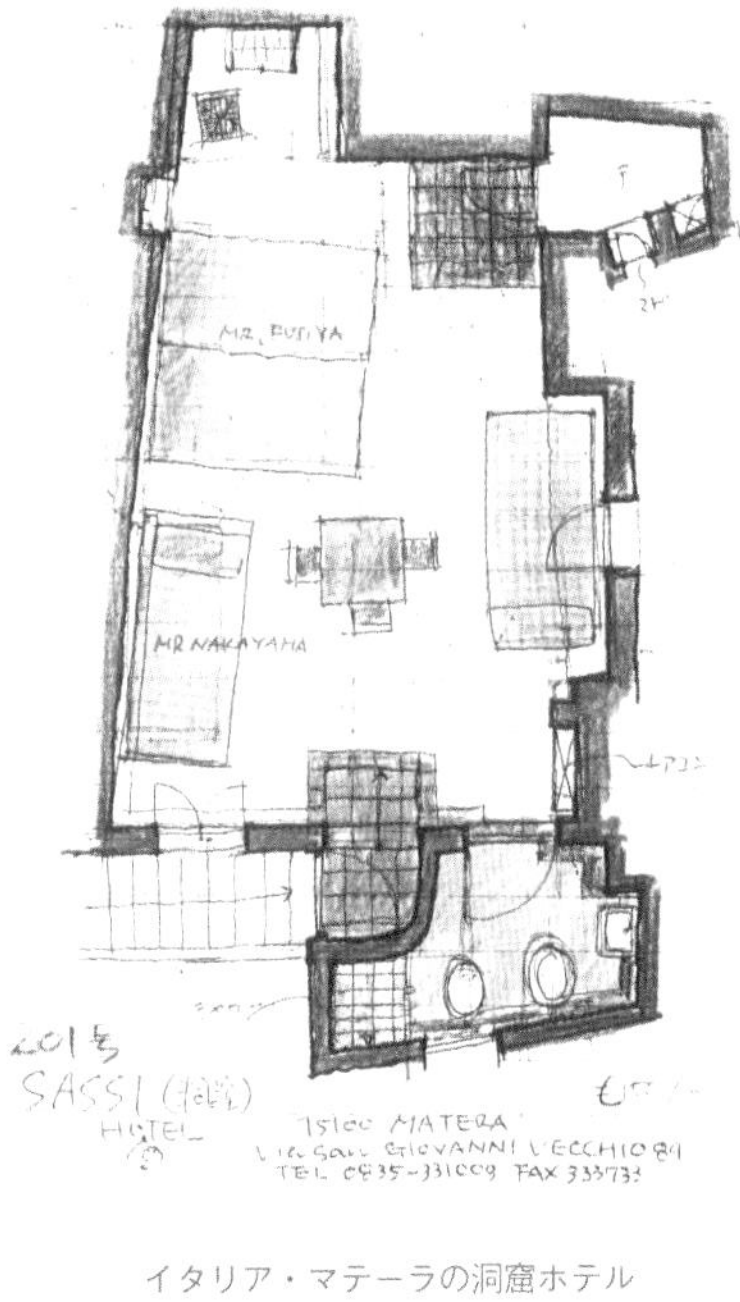

イタリア・マテーラの洞窟ホテル

COLUMN

虫観図という宮脇流透視図

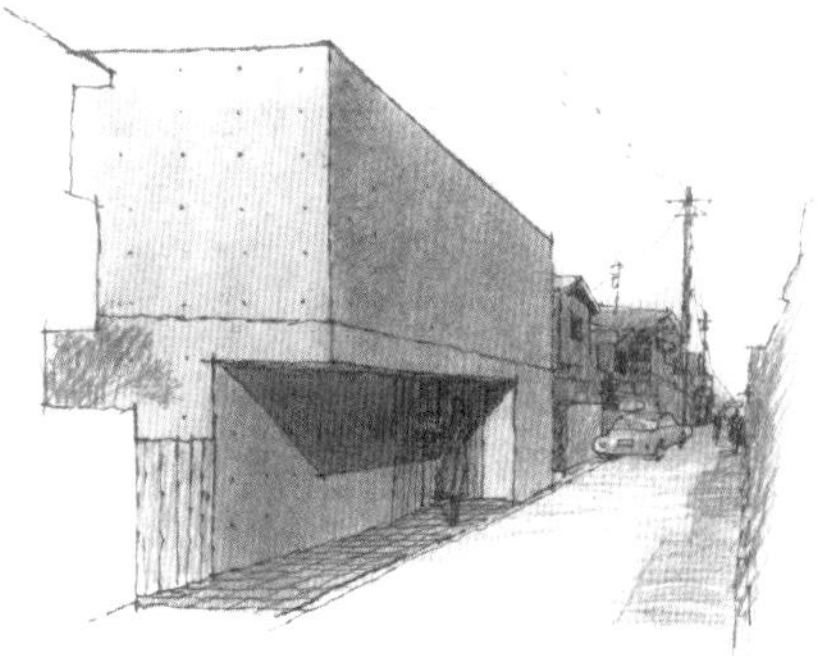

一般的な一点透視図

人の視線の高さに合わせると、地面やその奥の風景も画角に入る範囲が広がる

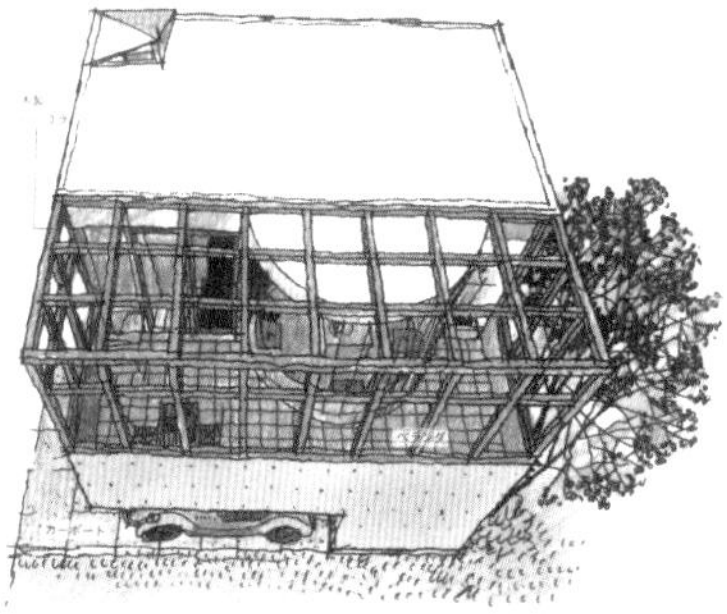

鳥瞰図

まさに鳥からの視点で描き、建物を俯瞰する

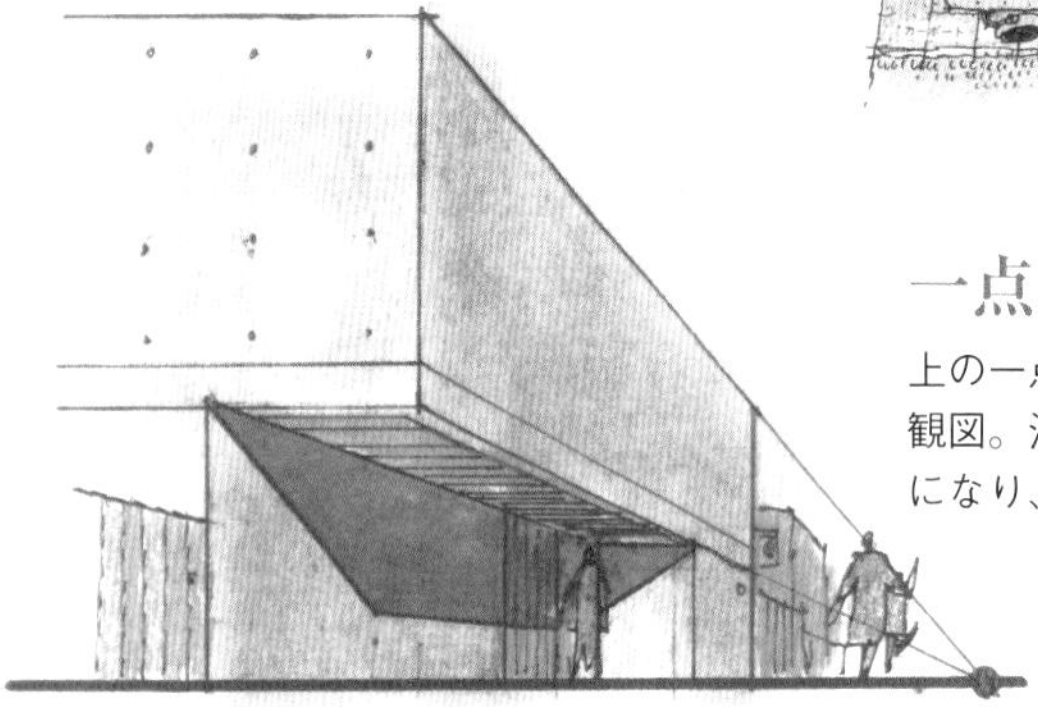

一点透視の虫観図

上の一点透視図と同じ船橋邸の虫観図。消失点が地面と同じレベルになり、描く範囲が狭まる

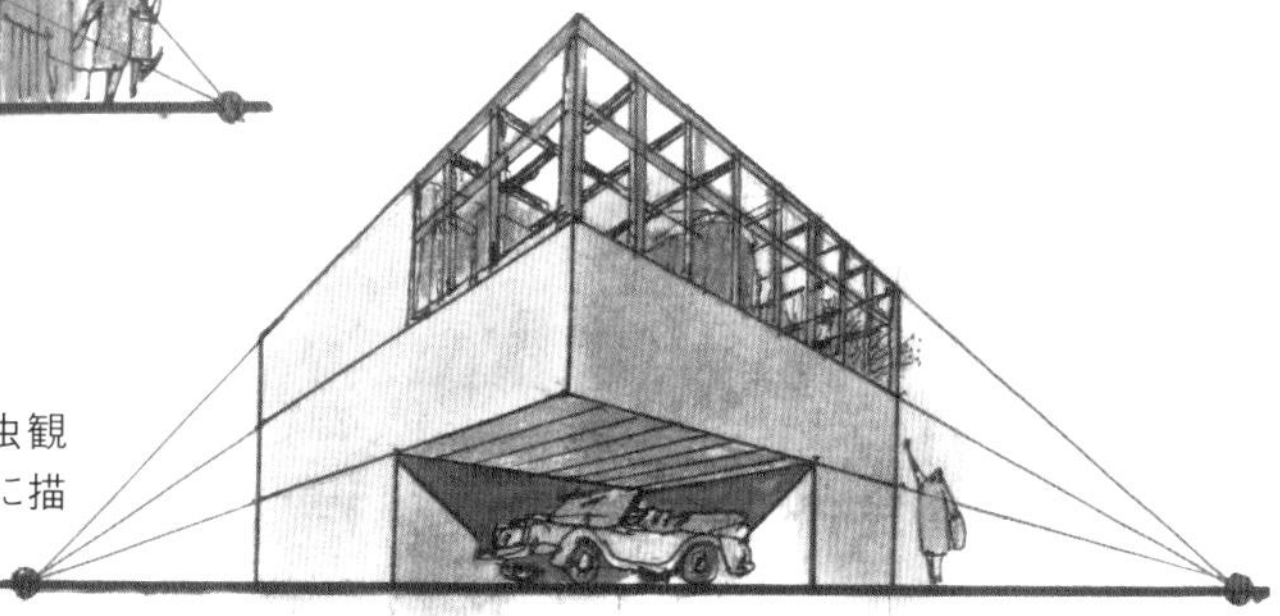

二点透視の虫観図

上の鳥瞰図と同じ横尾邸の虫観図。二点透視図でも同じように描く範囲が狭まり省エネ

透視図の中で上空から見たアングルを鳥瞰図《ちょうかん》（bird's eye view）と呼びます。まさに文字通り鳥が飛んでいるときに見る構図です。

虫観図《ちゅうかん》は虫が地面を歩いているときに見ている構図で、人間が道路のマンホールに入って地面と同じアイレベルで見た状態です。鳥瞰図の「瞰」は上から見下ろすという意味があるため虫観図では「観」という字を当てています。図法として正式な名称ではありませんが師・宮脇檀がそのように呼んでいたため私は宮脇流と思っています。

この構図はアイレベルを地面と同一にすることによって、見上げた構図になると同時に、地面の様子を描かなくて済むという省エネ透視図なのです。また人間や電柱などは大きく描けば近くに、小さく描けば遠くに見えるという簡便な透視図です。エスキースの時などに描くスケッチ透視図として覚えておいて損のない透視図です。

また、小さい建物でも低い位置から見上げた構図になるため、迫力のある透視図になるのも利点です。

5章 内部の設え

1 たくさんの建具が必要なワケ

敷居と縁側スノコを同じデザインに 木村邸

リビングの敷居と縁

縁の溝と建具の敷居を同一の間隔にすることで、全体を縁側のように見せている

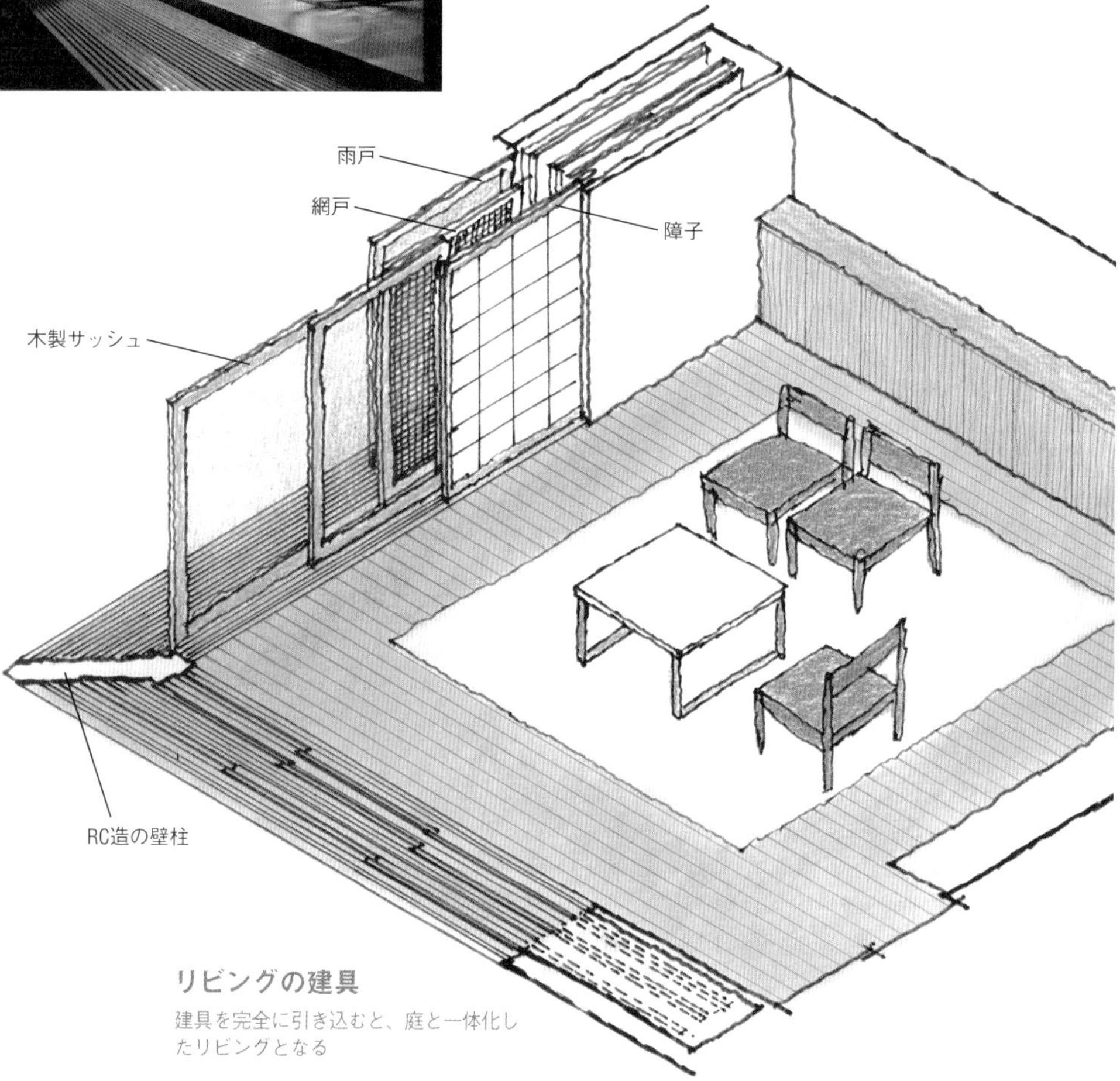

リビングの建具

建具を完全に引き込むと、庭と一体化したリビングとなる

アルミサッシュは高い気密性や耐腐食性をもった優秀な建具だ。だが宮脇さんはあまりこれを用いず、「建具は木製に限る」という信条を貫いていた。木独特の風合いや色、そしてぬくもりのある質感が、家の外観やインテリアを落ち着かせてくれるからである。

ここに挙げた木村邸の開口部の、レールの数と戸袋の大きさを見てほしい。いったいどれだけの建具が必要なのかと驚くのではないだろうか。だが注意深く見てみると、全部が建具のレールではないことがわかる。レールに見えたもののいくつかはスノコなのだ。スノコとレールの間隔をそろえることで、全体を1つの縁側のように見せているのである。

スノコの分を差し引いても、通常の家よりもレールの数は多いのだが、それは雨戸（ガラリ戸）で4本、ガラス戸で3本、網戸で1本、そして障子で3本と、計11本のレールを用意しているためだ。部屋のほぼ2方という大きな開口すべてをすっきりと開け放つためには、やはりこれだけの種類の建具とレールが必要なのである。

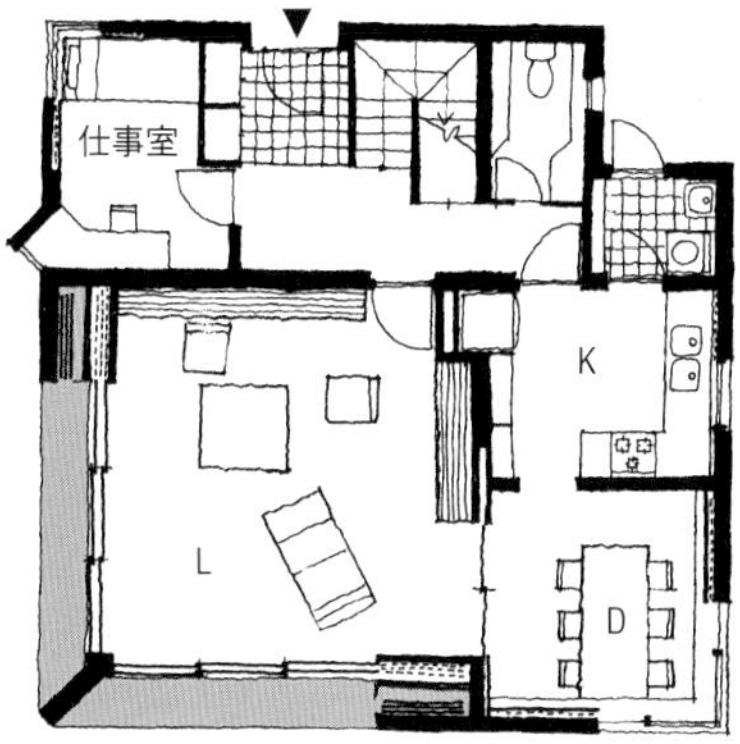

1階平面図　S＝1:200

美しい開口部をデザインする

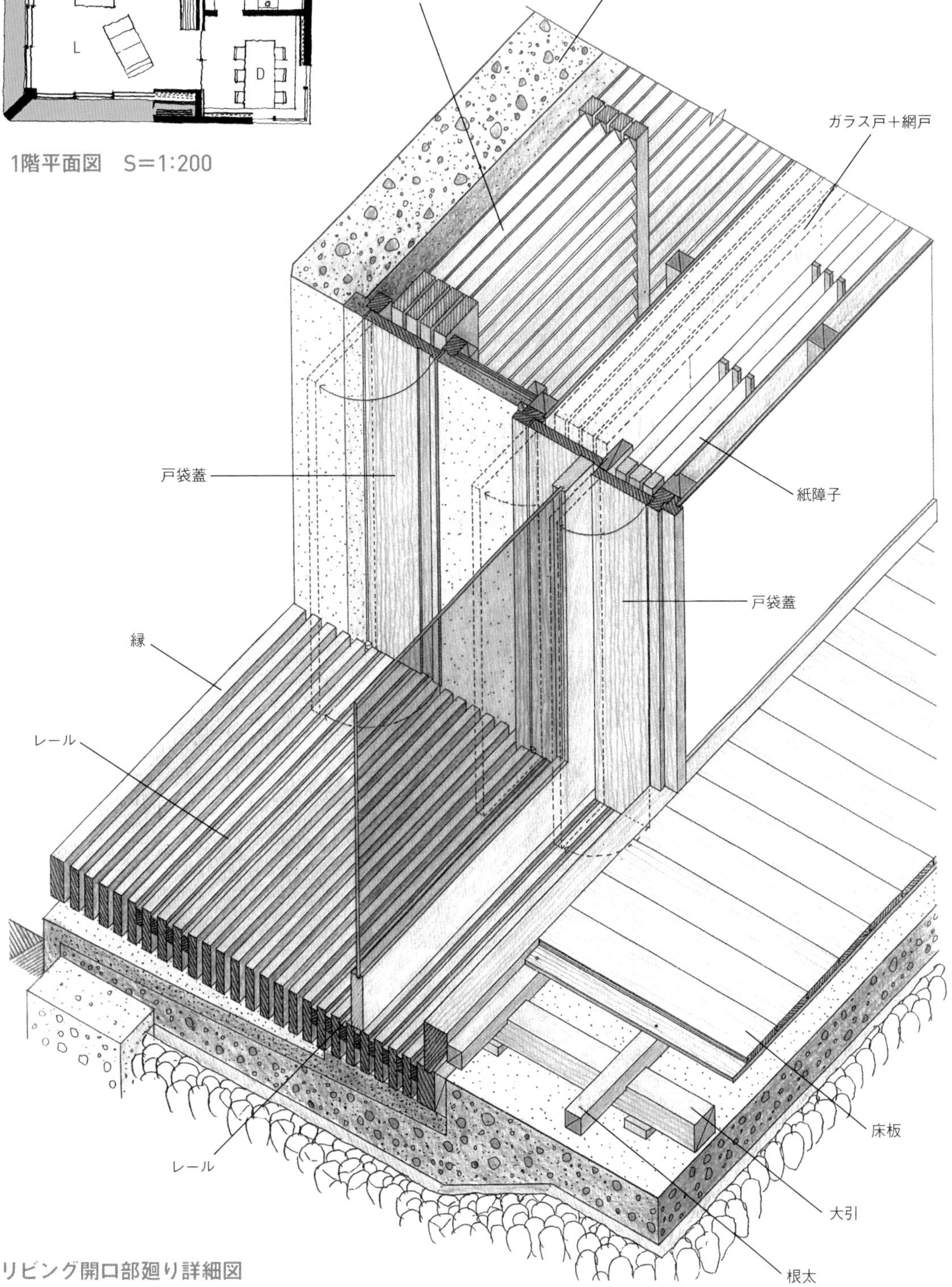

リビング開口部廻り詳細図

雨戸、ガラス戸、網戸、障子の4種類の建具を引き込むために、何本ものレールが必要になる

2 狭小住宅や密集地には出窓が似合う

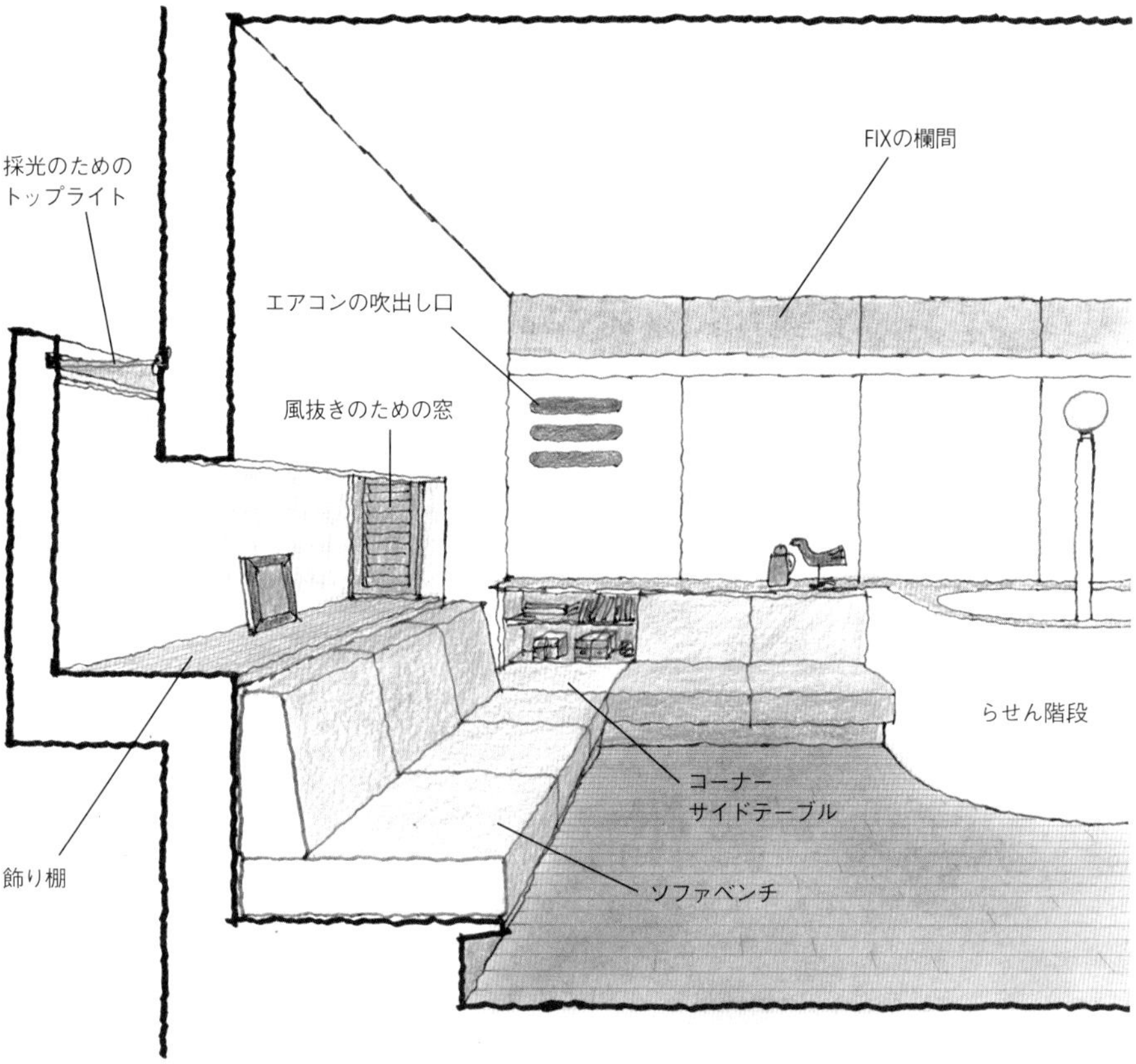

リビング出窓断面図／佐川邸　ソファ背後の出窓からの光と風が、居心地を良いものにしている

窓は採光、換気、眺望、防音などの機能が複合された、建築の重要なエレメントである。陽光がたくさん入ってきて良いときもあるが、季節によってはそれが逆効果にもなる。また、これは風についても同様のことが言えるが、視界を広く取るために大きな開口を開けると、それに比例して外からの視線にさらされるという、相反する現象が起きてしまう。それらの問題を解決した窓が、宮脇流の出窓である。

壁を外に押し出した形にすることで隣家からの視線を遮り、上部をトップライトにして十分に光を取り入れる。そして、両サイドを通気のための開口にするのである。これはプライバシーが求められるベッドルーム、子供室、トイレや浴室などの開口には最適である。トップライトはFIXガラスのシール止めだが、サイドの開口にはガラスの片開き戸と網戸、または、ガラス戸とガラリ戸に網が組み込まれたものなどが用いられている。

上部のガラスから光を入れ、サイドからは風を入れる。開口部においてみごとな役割分担がなされているのである。

ベッドルーム出窓／中山邸

出窓による柔らかい光がベッドルームに落ち着きを与えている

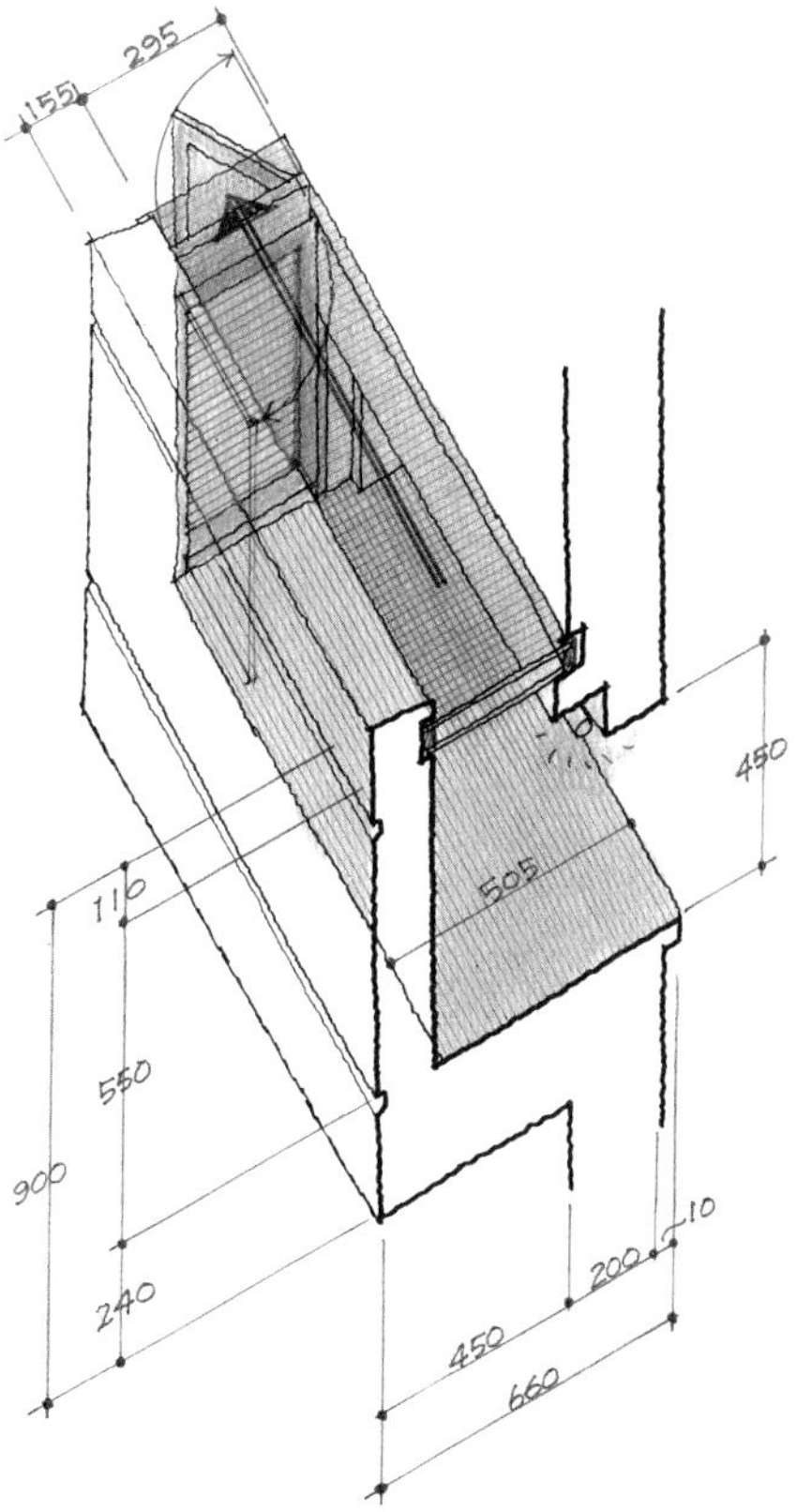

出窓断面図

通風は側面から、採光は上部から取り入れ、夜間の照明も仕込んでいる

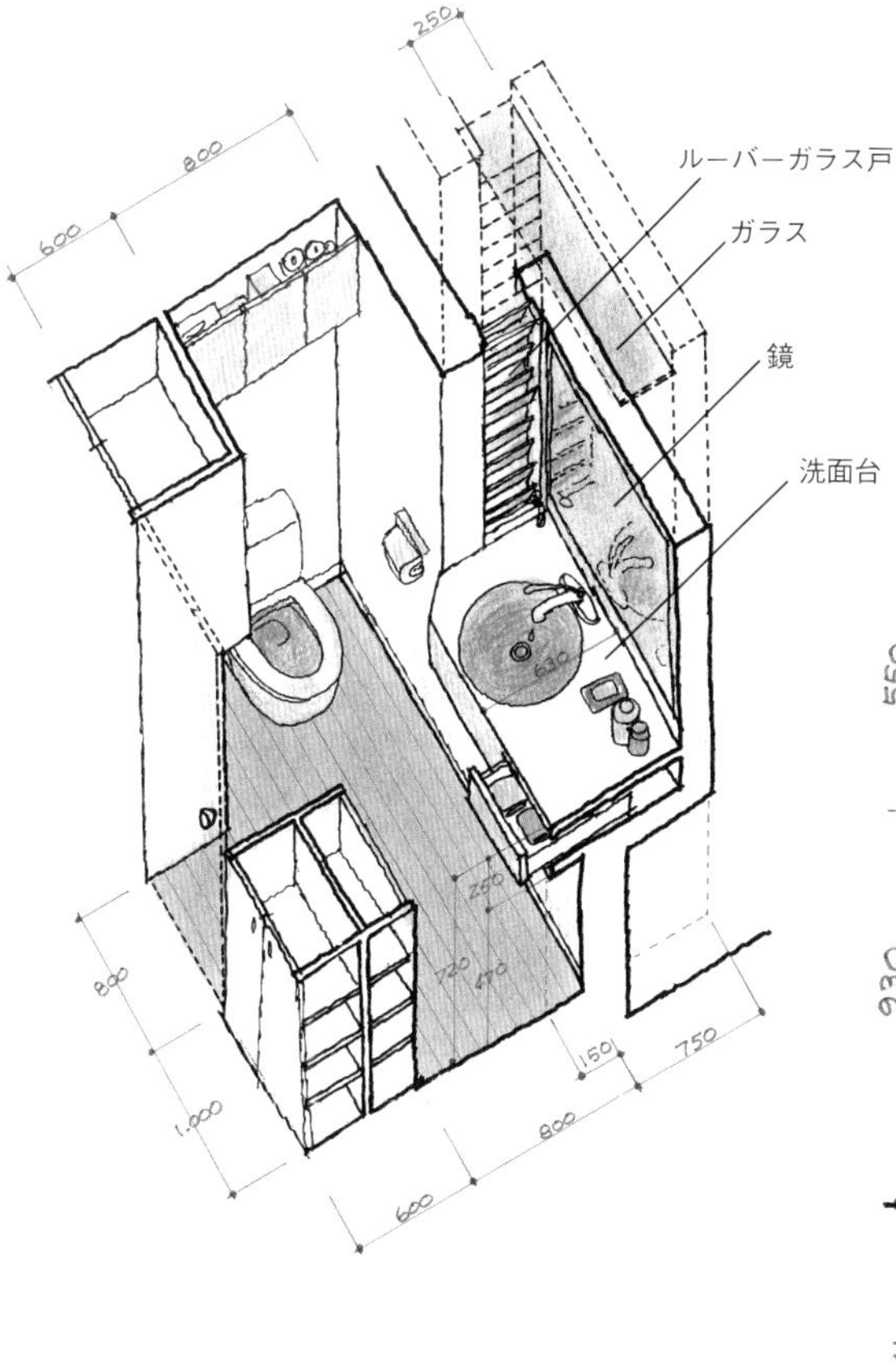

トイレ、洗面出窓断面図／崔邸

出窓の両側はルーバー戸で、採光と通風を兼ねている

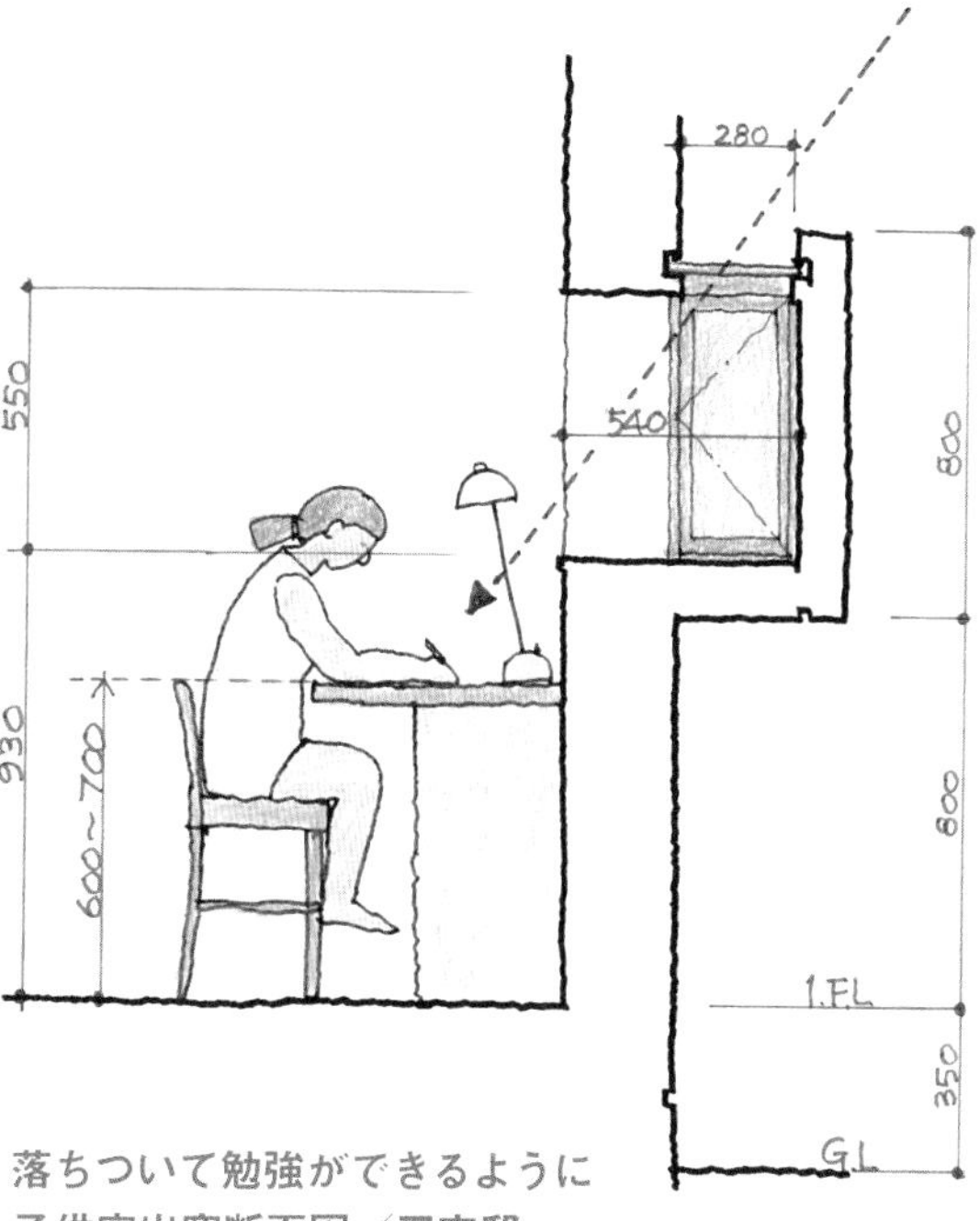

落ちついて勉強ができるように
子供室出窓断面図／三宅邸

プライバシーを保ちながら採光と通風を取っている

3 建具は木製に限る

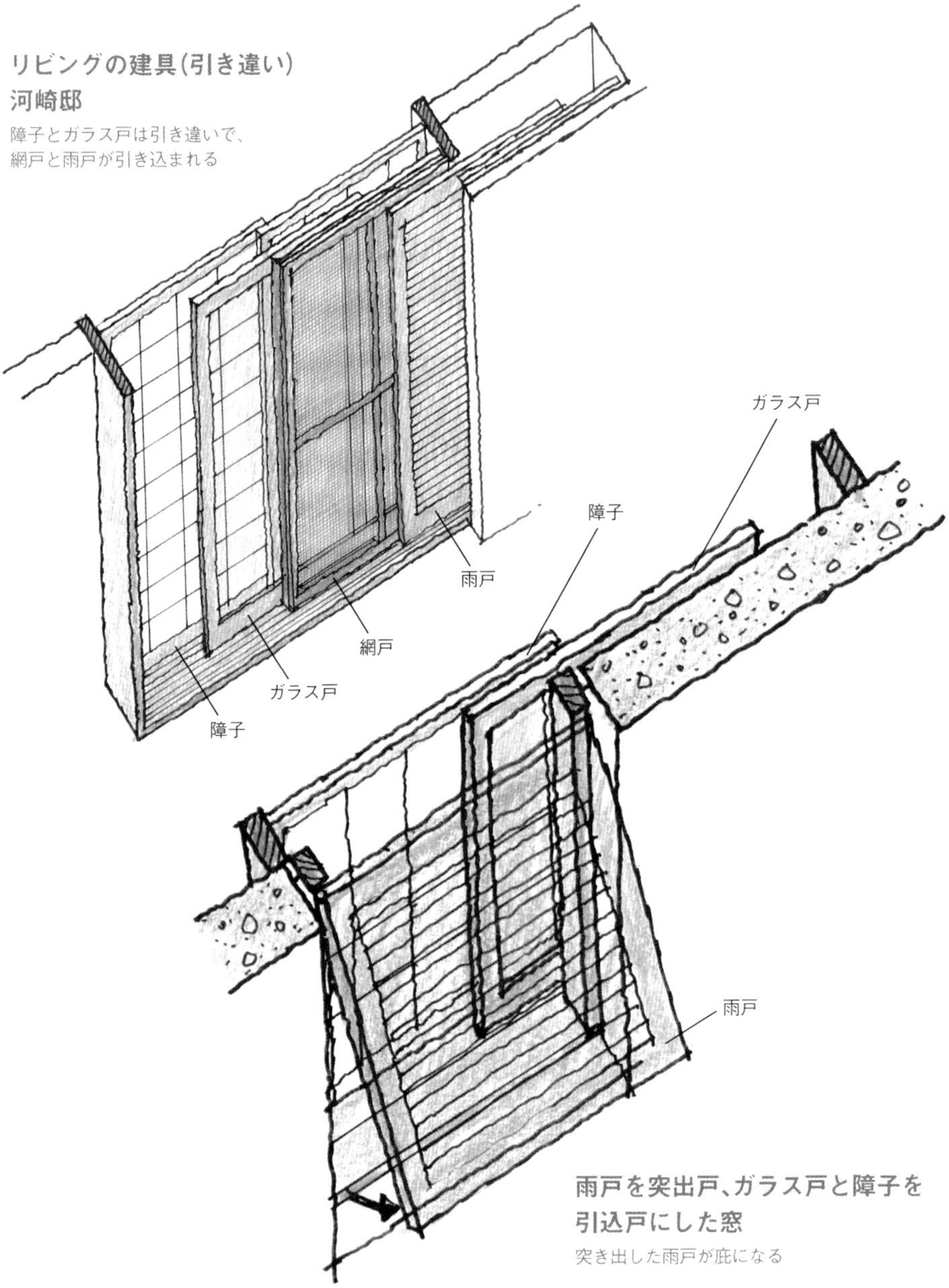

リビングの建具（引き違い）
河崎邸
障子とガラス戸は引き違いで、網戸と雨戸が引き込まれる

雨戸を突出戸、ガラス戸と障子を引込戸にした窓
突き出した雨戸が庇になる

宮脇さんが開口部に多用したデザインから、いくつかの傾向を読み取ることができる。ここではそれを挙げてみよう。

大きな開口をつくりたい

壁の開口部に引き違い戸を入れると、開放できるのは半分だけになってしまう。開口部を完全に開放したい宮脇さんは、戸を引き込むための戸袋をセットで考えていた。

障子が大好きである

紙障子の秩序ある格子のデザインと、紙を通して入ってくる光の美しさは、ほかの建具にない魅力がある。宮脇さんのつくる開口部には、洋室であったとしても障子が用意されていた（180頁）。

建具は木製が良い

住宅の全室空調が当たり前になるに伴い、建具には高い気密性が求められるようになった。少し前までの日本では、多少の隙間風は覚悟のうえであったし、練炭や炭で暖を取っていた時代には、それが換気の役割も果たしていた。し

リビングの建具(引込戸)／立松邸

開口部を全面開放するための引込戸。障子、ガラス戸、網戸、雨戸の4種類の建具を引き込むためには8本のレールが必要

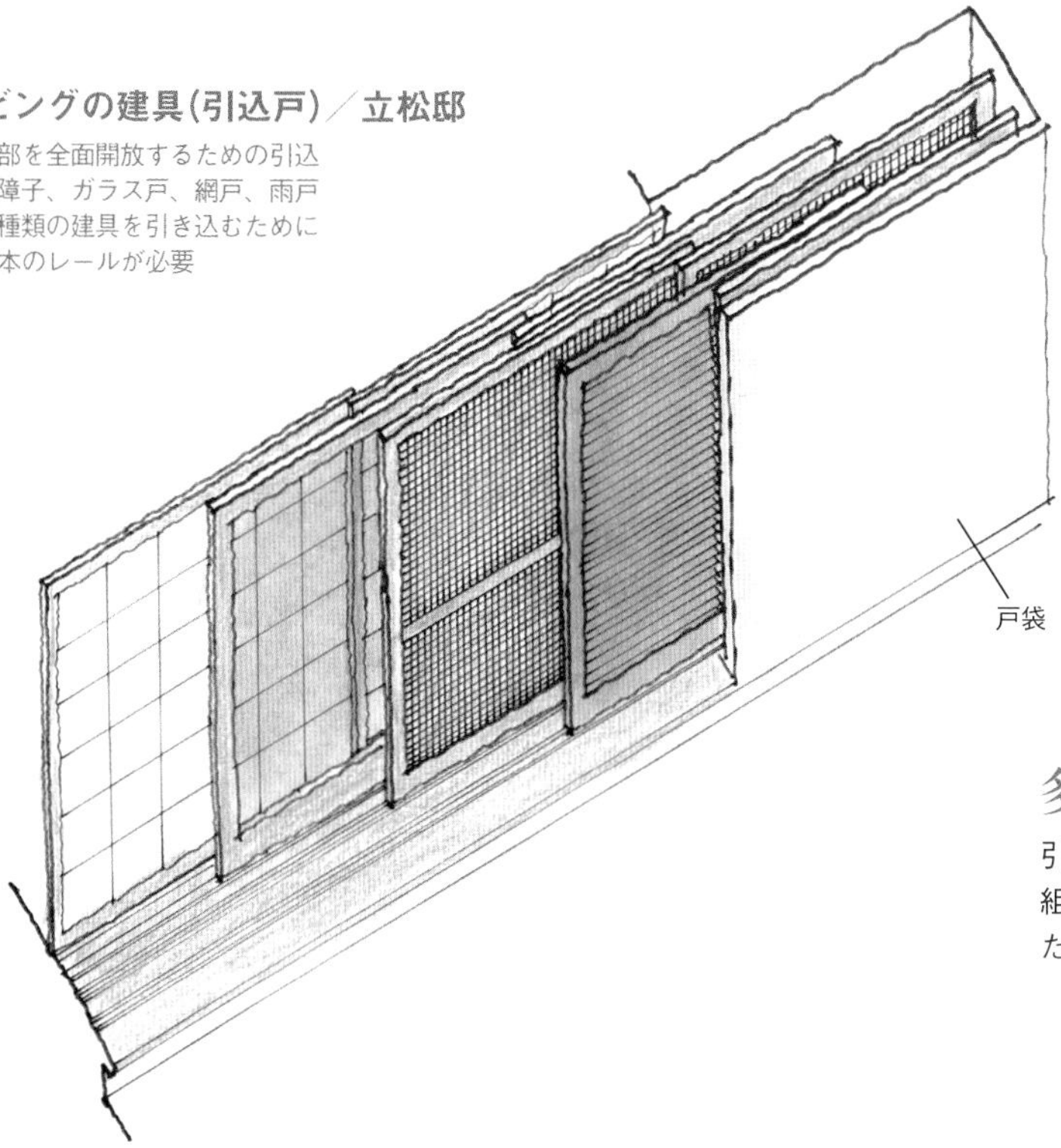

多彩な開口部のつくり

引き違い戸、引込戸、突出戸などを組み合わせ、広い開口部を確保するための工夫が見られる

リビングの建具の開閉パターンを知る／立松邸

全面開放の時

内部と外部の空間が一体化するため、空間を広く感じさせることができる。寒暖や虫の心配もない中間期の例

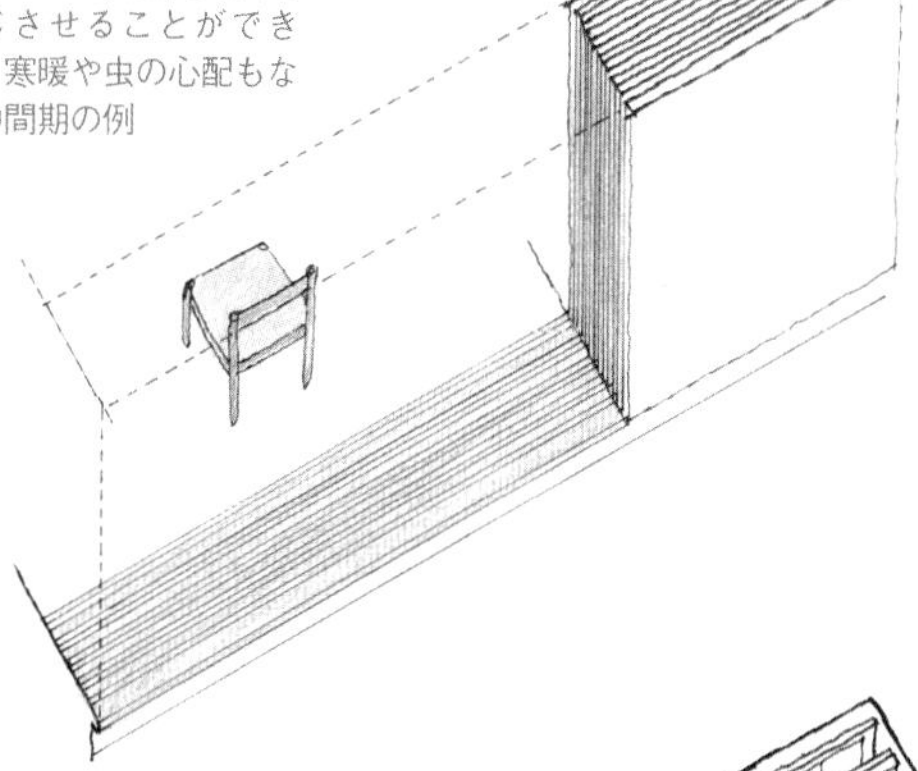

網戸と雨戸にした時

防虫しながら風を入れることができる。雨戸の開閉で風量を調節する。主に夏の夜間の使い方

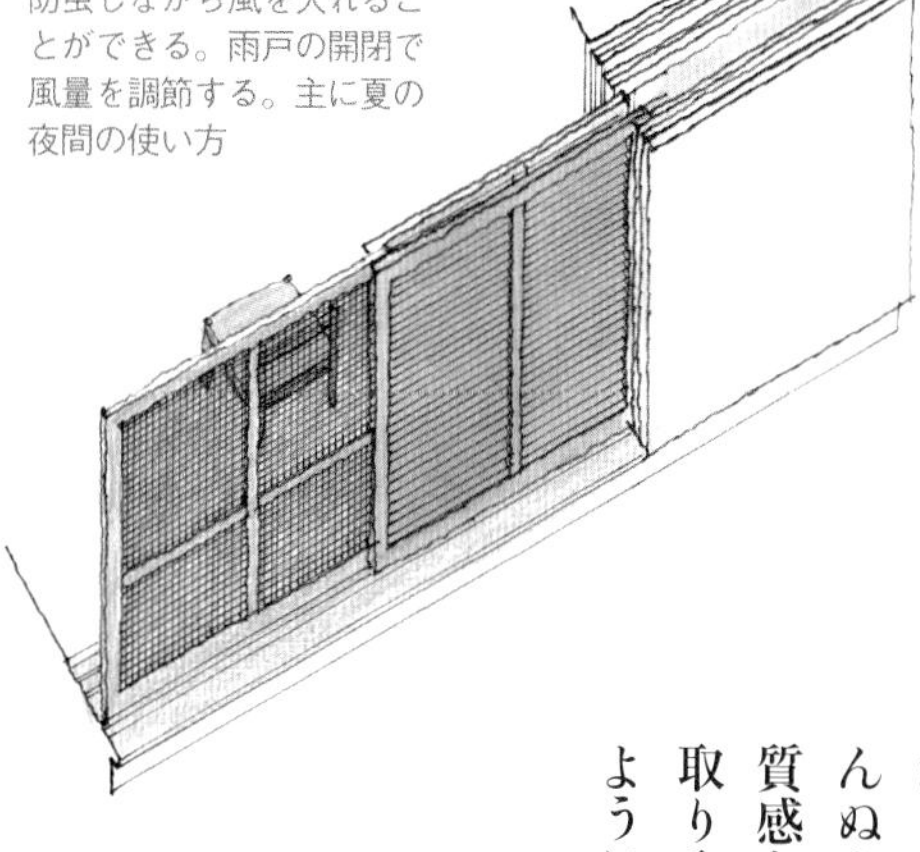

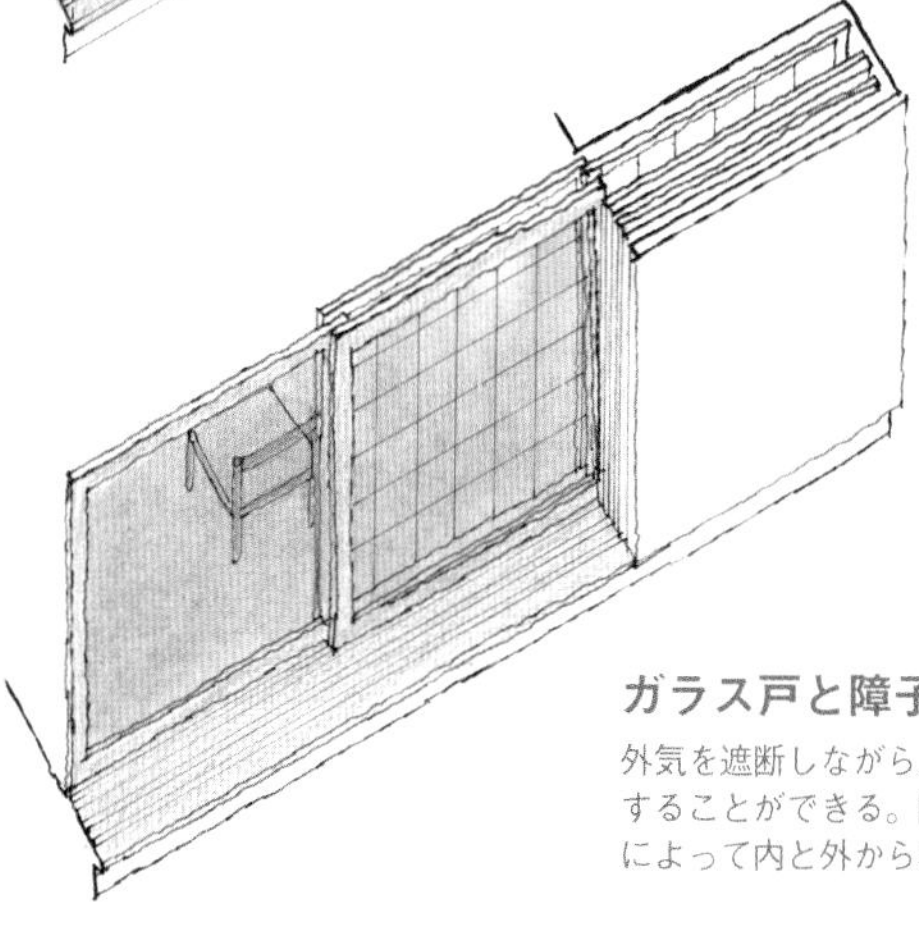

ガラス戸と障子にした時

外気を遮断しながら、外への視線を確保することができる。障子の開閉の度合いによって内と外からの視線を調整する

かし宮脇さんの場合、性能や隙間風うんぬんを問題にするというより、木の質感と風合いを愛し、それを住空間に取り入れることに情熱を燃やしていたように思う。

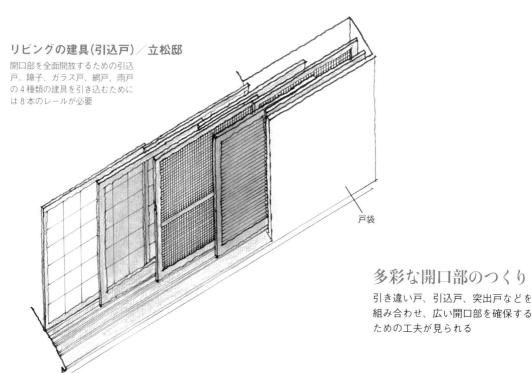

4

障子は和室だけのものではない

ガラスの欄間で仕切る
前田邸
右側の連続した障子。和室、洋室を問わず、空間に適応している。（左上）

リビングと和室は上部でつながる
立松邸
和室の高窓の障子から入る光はリビングの間接照明のようだ。（右上）

障子からもれる光
島田邸
障子は夜になると行灯のようにあたたかい雰囲気を醸し出す。（下）

私たちが「障子」と呼んでいる建具は、正確には明かり障子、または紙障子のことである。なお、一般的に建築の世界では、動く部分の戸や扉自体のことを指す。

障子は日本古来の優れた建具であるから、もちろん和風の建築には欠かせない。しかし宮脇流住宅では、和洋室にかかわらず、必ずと言って良いほどこの障子が用いられているのである。

宮脇さんが愛したのは、その格子状の秩序立った形態と、そこから漏れる柔らかい光が、何とも言えない雰囲気を室内に醸し出すところ。さらに、和室ばかりではなく洋室にも違和感なく溶け込んでしまう。それが如実に分かるのは、洋室の改装時に、カーテンに換えて新たに障子を入れた場合である。開口部を変更しただけにもかかわらず、空間自体がきりっと引き締まるのである。これこそが障子のもつ不思議な魅力であろう。

宮脇さんは、紙の張り替えが必要な障子を敬遠して、カーテンを好むクライアントを嫌った。きちんと手入れができなければ、美しい空間に住む資格はないというこだわりである。

6章 街並みを考える

1 住宅地にはコモンスペースが不可欠

緑豊かなカーポートを共有地につくった高須ボンエルフの街区
緑地が多いため、居住環境が良くなっている

宮脇さんは日本全国にいくつかの優れた住宅地を計画した。住みやすく美しい住環境をつくるためには、言うまでもなく1軒の敷地や住宅だけでなく、住宅地全体を俯瞰するかのように考えなくてはならない。また、宅地の面積を広く取ることだけを考え、碁盤の目のような宅地割にしたのでは、合理的ではあるかもしれないが、良い住環境とは言えない。

誰もが理想とする住環境は、近隣の人たちの間に友好的なコミュニティーが形成されていて、安全で健康的な生活ができ、緑地や美しい並木のある住宅地である。宮脇さんはそれを実現するために、個人の宅地を広くすることよりも、豊かなコモンスペースをつくることを重要視した。コモンスペースとは住宅地の人々が共有する、緑地や遊歩道である。

コモンスペースは住人どうしの出会いの場であると同時に、子どもたちが安全に遊べる場でもあるべきだ。彼らが植物や小動物と触れ合い、自然というものを学ぶ場となる、そんな空間を計画することが求められている。

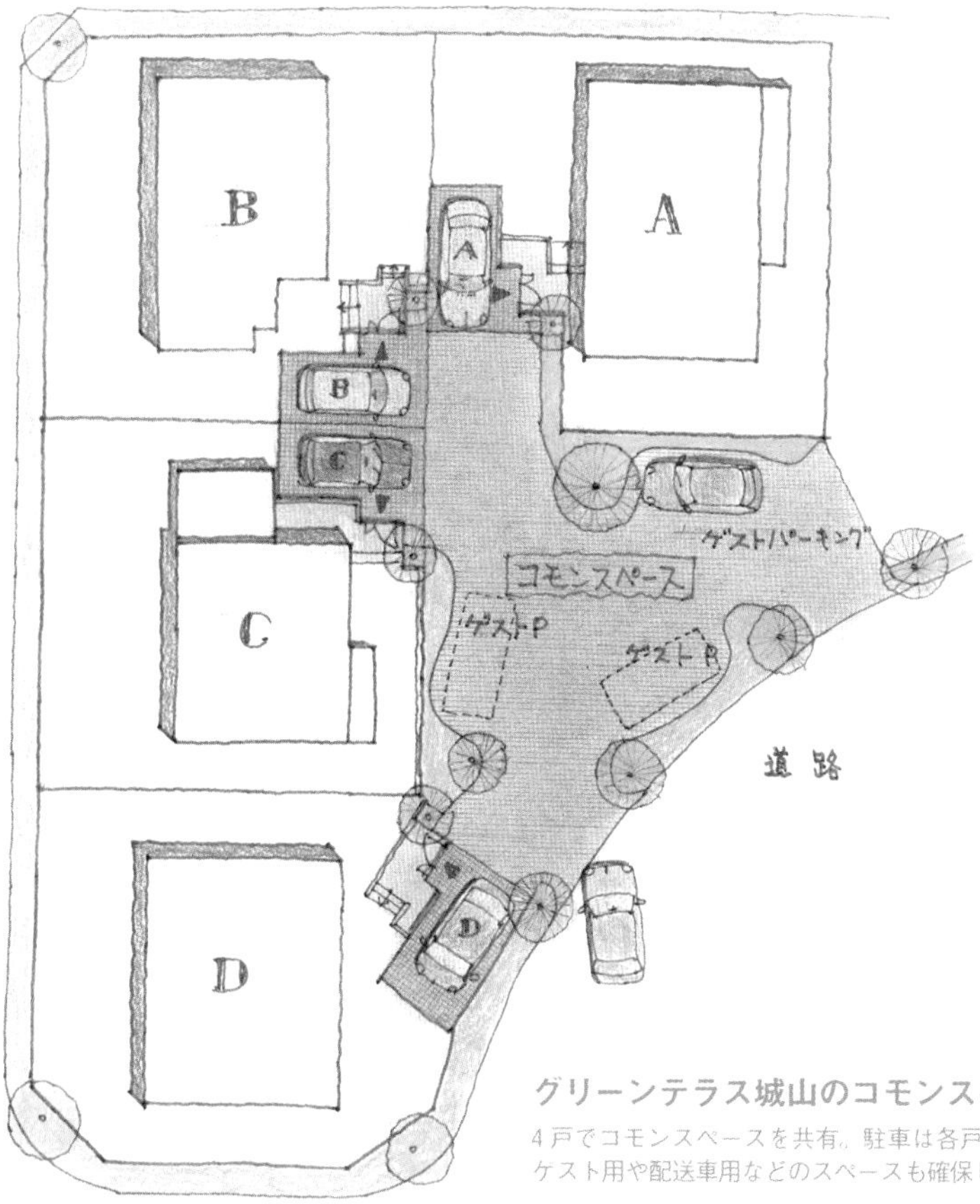

グリーンテラス城山のコモンスペース

4戸でコモンスペースを共有。駐車は各戸1台で、ゲスト用や配送車用などのスペースも確保している

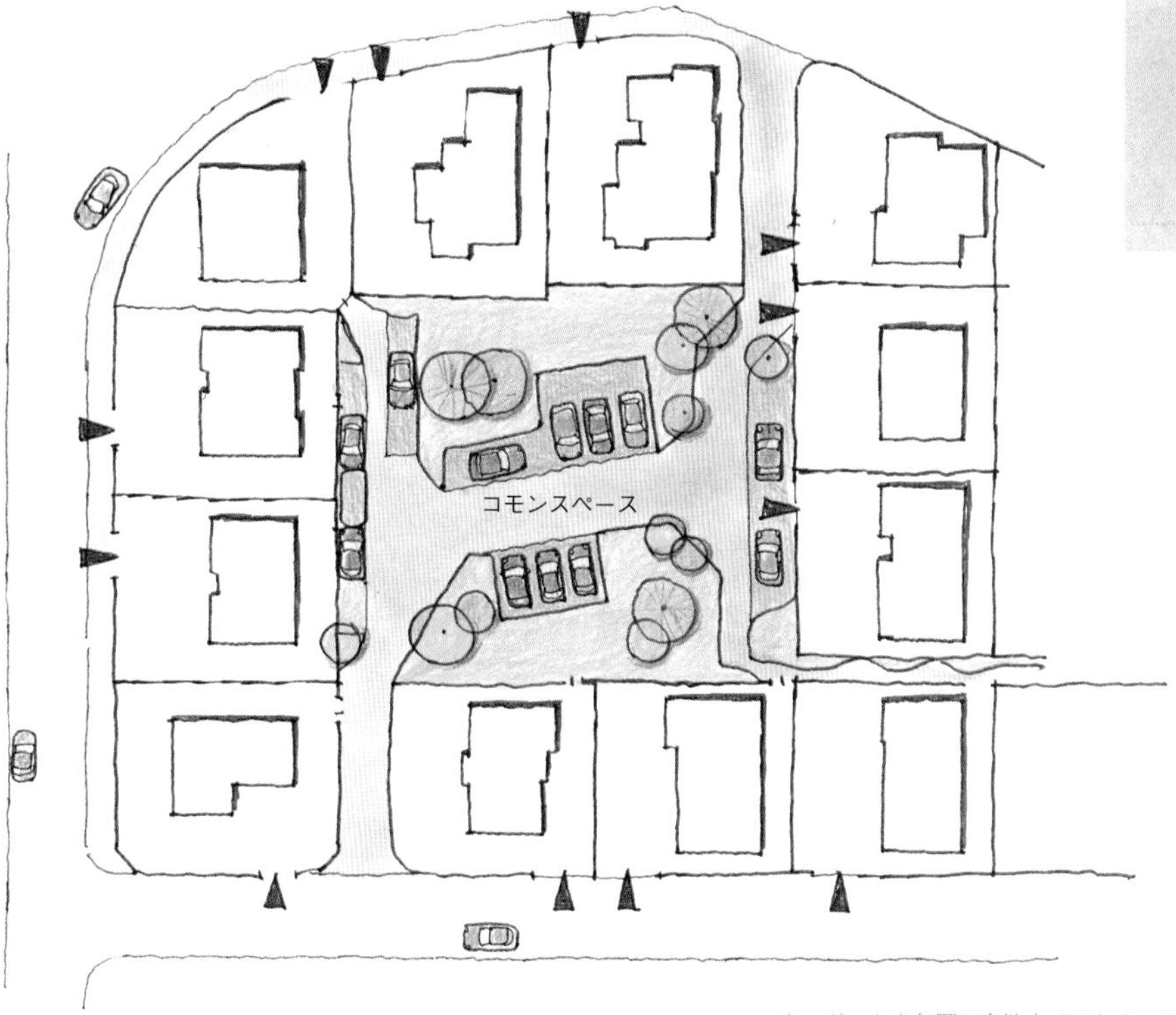

高須ボンエルフの宅地とコモンスペース

カーポートを各戸の宅地内ではなくコモンスペースに設置することにより、コミュニティー意識の形成を図る

2 カーポートは

の場

人と車が共生する住宅地のイメージ
宮脇さんがイメージしていた住宅地のスケッチ

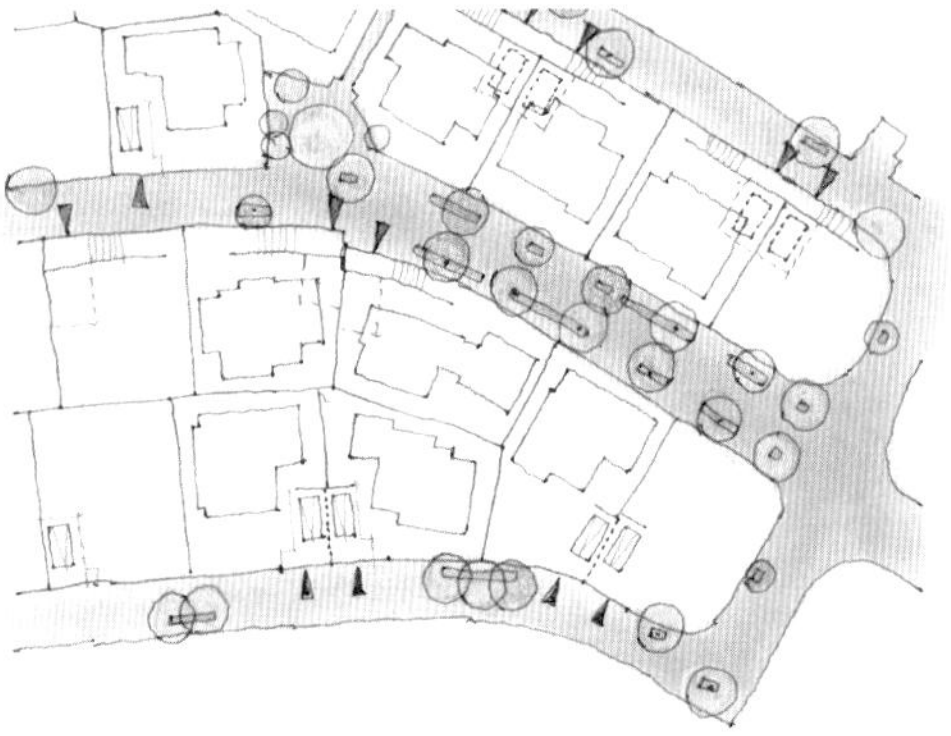

並木を住宅地に
高幡鹿島台ガーデン54
宅地割図
幅の広い並木道がコモンスペースになっている

適な宅地環境を設計するために、宮脇さんは海外の優れた住宅地を見て回った。

そこで見たものは、意外にも共同のカーポートがコミュニケーションの場となっている現実であった。この共同カーポートを、私有地意識の強いわが国に適合するようアレンジし、2〜4戸程度の住民が交流する機会を生むコミュニケーション駐車場として取り入れた。ご覧のとおり、高幡鹿島台ガーデン54のカーポートには、2戸の宅地の間の仕切りがない。

　自動車は、今や私たちの生活のなかで欠かすことのできない存在になっている。しかし人間の安全と憩いの空間を脅かしているのもまた、自動車の存在である。固く閉ざされたシャッター付きガレージが家ごとに並んでいる街は、はたして美しく住みやすいといえるだろうか。宮脇さんはカーポートを単なる自動車置き場にせず、そこに人のコミュニケーションを介在させることで、本当の自動車社会を見てみたかったのだと思う。

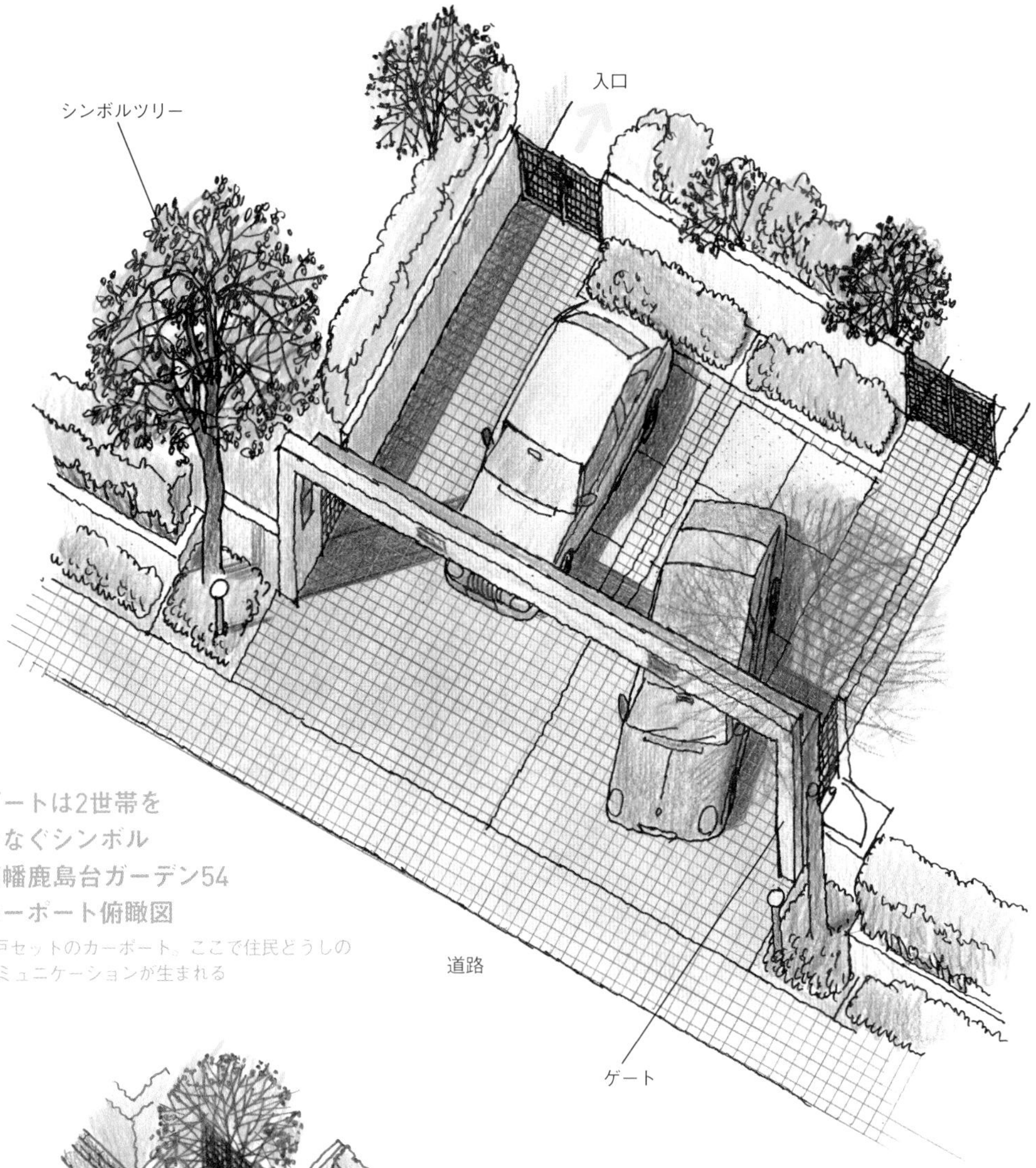

ゲートは2世帯をつなぐシンボル
高幡鹿島台ガーデン54カーポート俯瞰図

2戸セットのカーポート。ここで住民どうしのコミュニケーションが生まれる

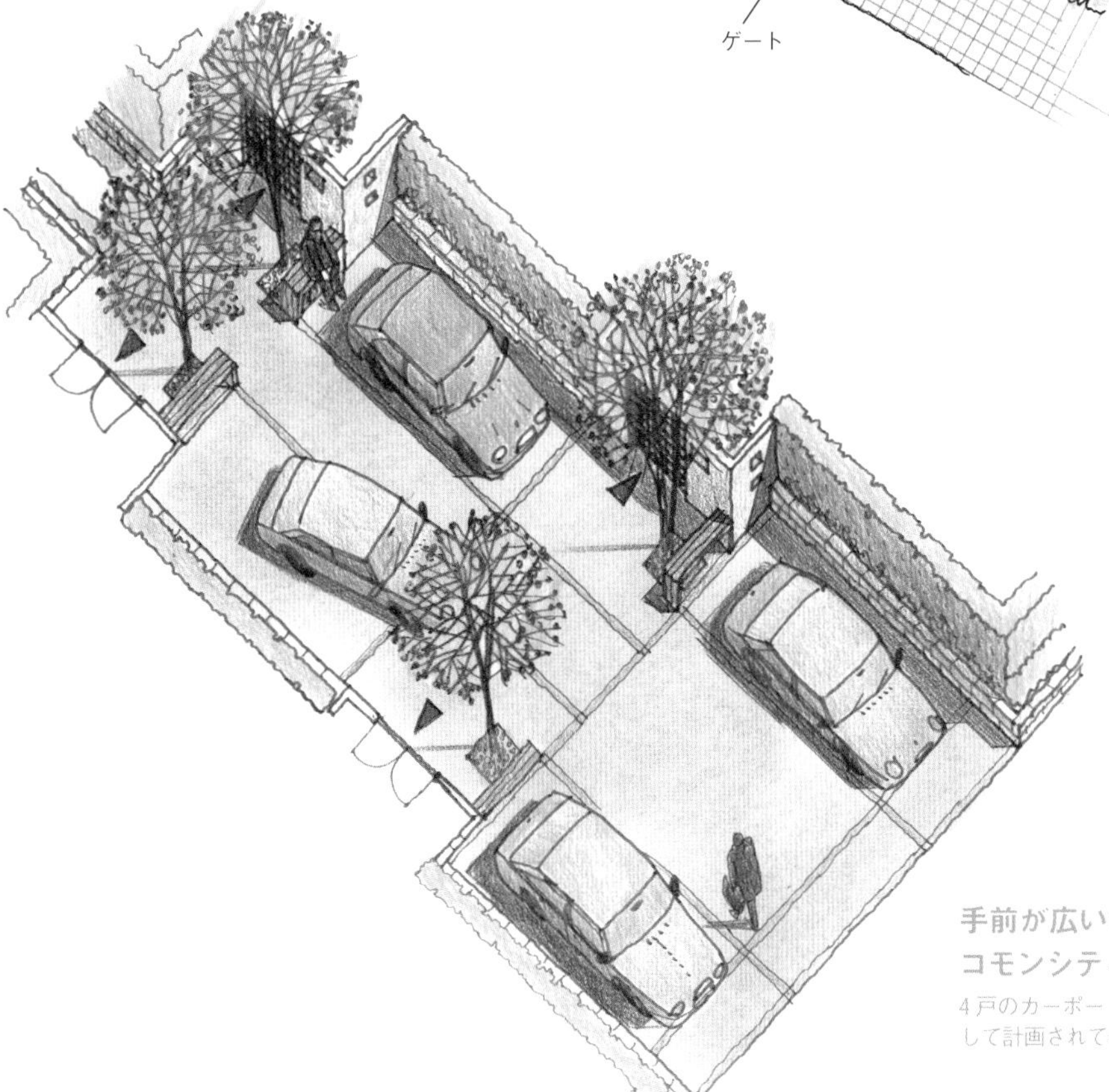

手前が広いのは奥の車のためにコモンシティ安行

4戸のカーポートがコミュニティの場として計画されている

3 カーポートは時にも

カーポートの外観

カーポートにはパーゴラが掛けられ、植物がはわせられるようになっている。これにより緑豊かなストリートスケープがつくられる

モンシティ星田Bは、2戸分のカーポートスペースを隣接させている点では他の住宅地計画と同じと言える。だがカーポートの入口フレームが独立していること、また境界の低い植え込みによって互いにカーポートを分離させている点が相違している。それは占有意識の強い、私たち日本人の感覚に合わせたと言える。しかし、家の出入りや車の手入れをする時などに、隣家の人々と顔を合わせる機会があるということには変わりはない。

カーポート上部にはパーゴラを架けてあるため、つる性の植物をはわせれば日除けになり、その下で野外バーベキューなどを楽しむこともできる。自動車のない時、または自動車を使わない家族でも、できるだけ住民の生活を外にもち出し、道沿いを活性化してコミュニケーションの機会を多くしようとする意図が見える。

街並みの景観の視点からも、カーポートは疎かにできない。パーゴラを覆う植物の緑陰も美しいが、花や実を付ける植物は美しい景観をつくるからである。

パーゴラが個性と街並みをつくる コモンシティ星田B

パーゴラ付きのカーポート

独立性を保ちながらも、美しい街並みを形成している。家の顔となる重要な存在である

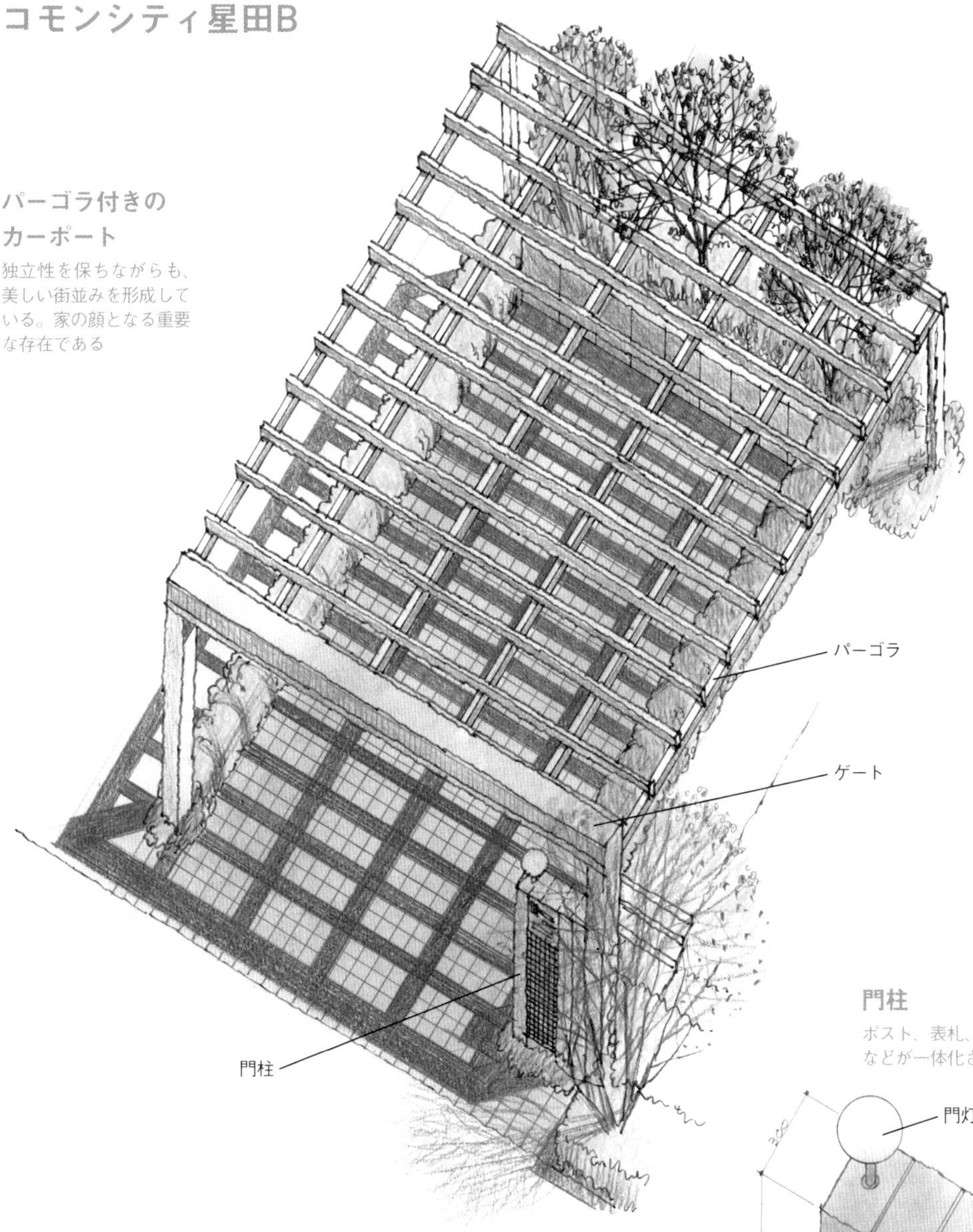

門柱

ポスト、表札、門灯、メーターなどが一体化されたデザイン

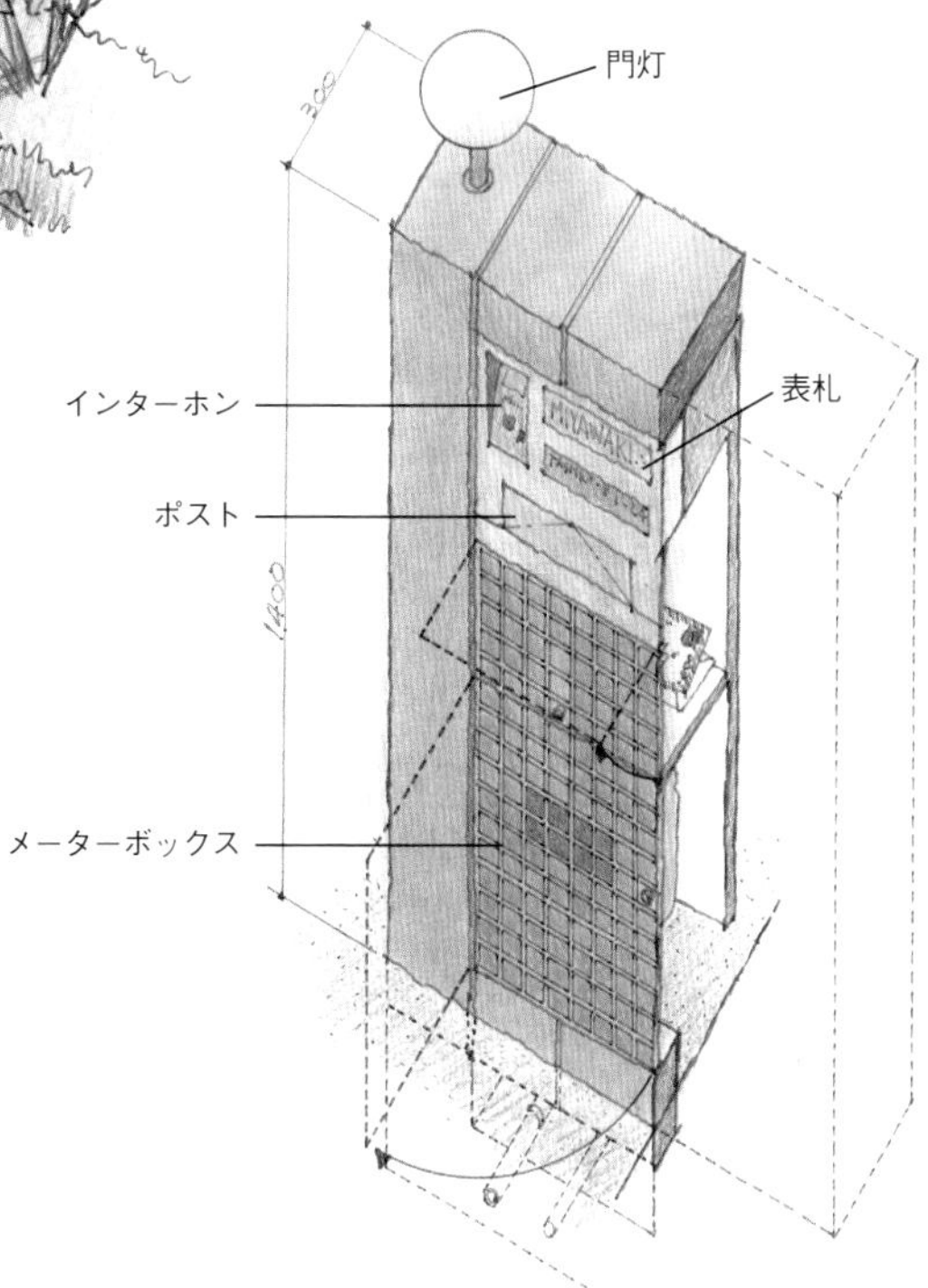

基本宅地割図　S＝1:400

2戸を1セットにした宅地割。カーポートは隣接させるが、間に設置されたパーゴラが独立性をもたらしている

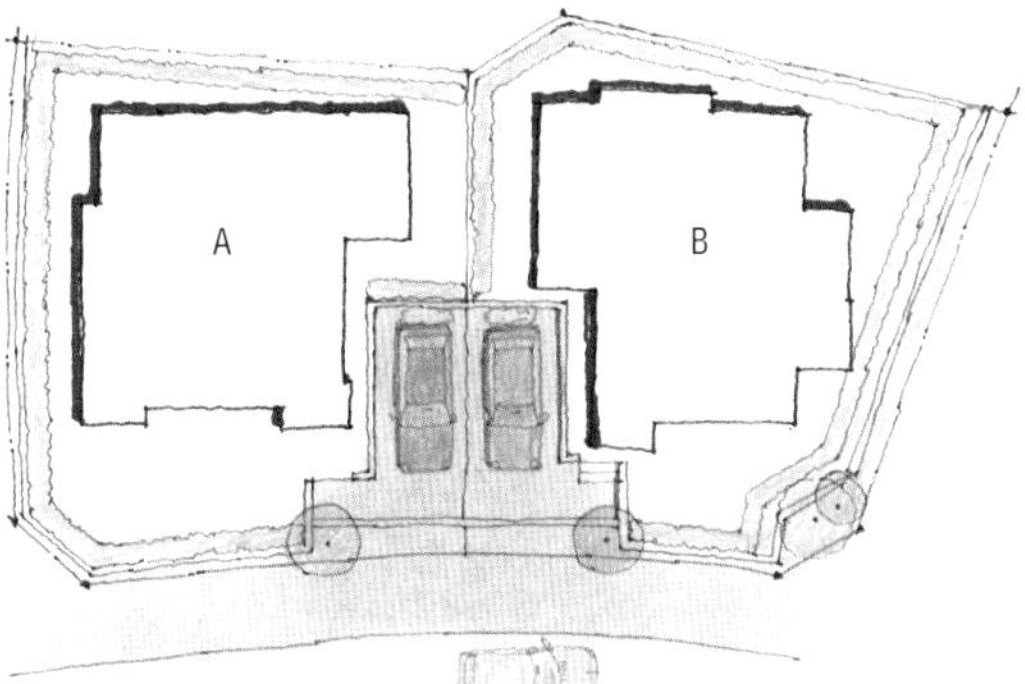

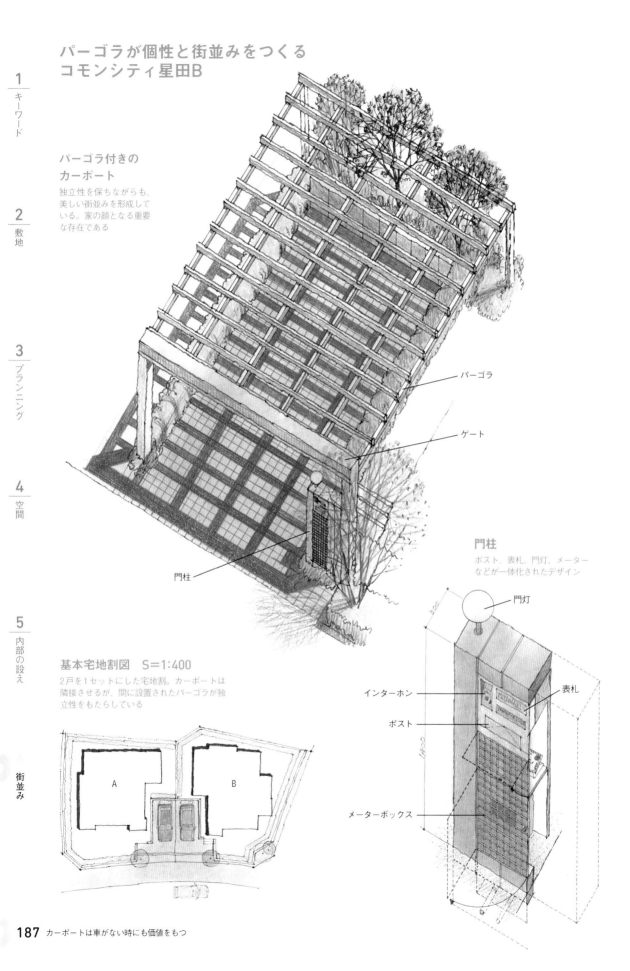

6

街並み

4 自動車はできなくてはならない

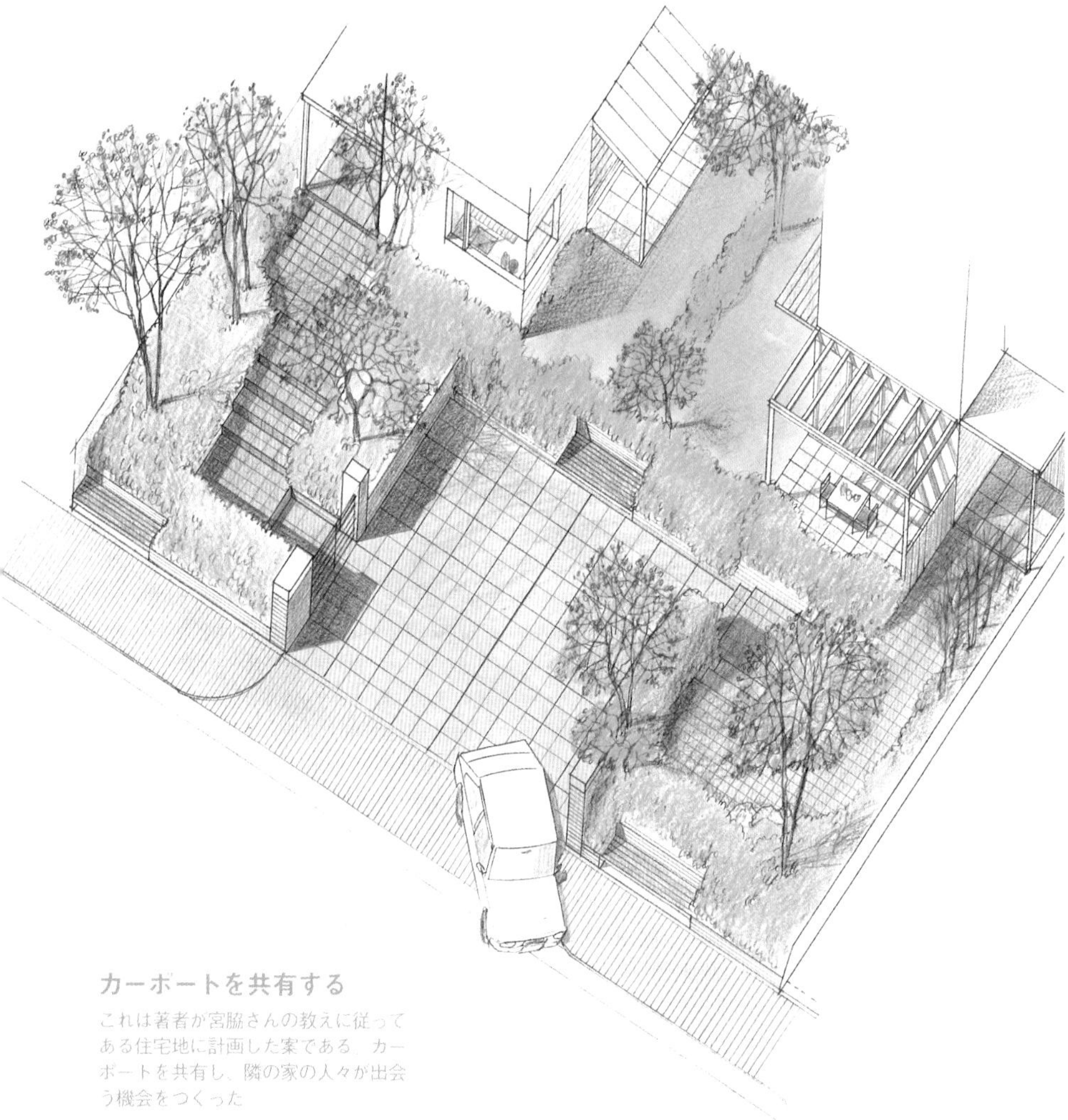

カーポートを共有する

これは著者が宮脇さんの教えに従ってある住宅地に計画した案である。カーポートを共有し、隣の家の人々が出会う機会をつくった

自動車は、私たち現代人の生活に欠かすことのできない移動ツールである。その置き場は、これまで家の前の道路に面してつくられてきた。私たちには「自動車は財産である」という意識があるため、シャッター付きのガレージに大切に保管するのが普通となっている。そのため、街並みはまるでシャッター通りのような景観になってしまった。カーポートでもガレージでも、街並みの美観を構成する重要な要素である以上、ないがしろにはできない。車が置かれていない時でも街並みの景観に寄与しなければならないし、誰もがそこで気安く立ち話ができるような、あたたかい空間であってほしい。機能的で心地良いカーポートは、家に住む人の人柄を表すものである。

また、カーポートの大きさは車体のサイズと深くかかわっているが、その幅については前面道路の幅員が影響する。車は入ったもののドアを開けられない、前面道路が狭くて、車を入れるのに何度も切り返しが必要などということにならないよう、設計時に注意しなければならない。

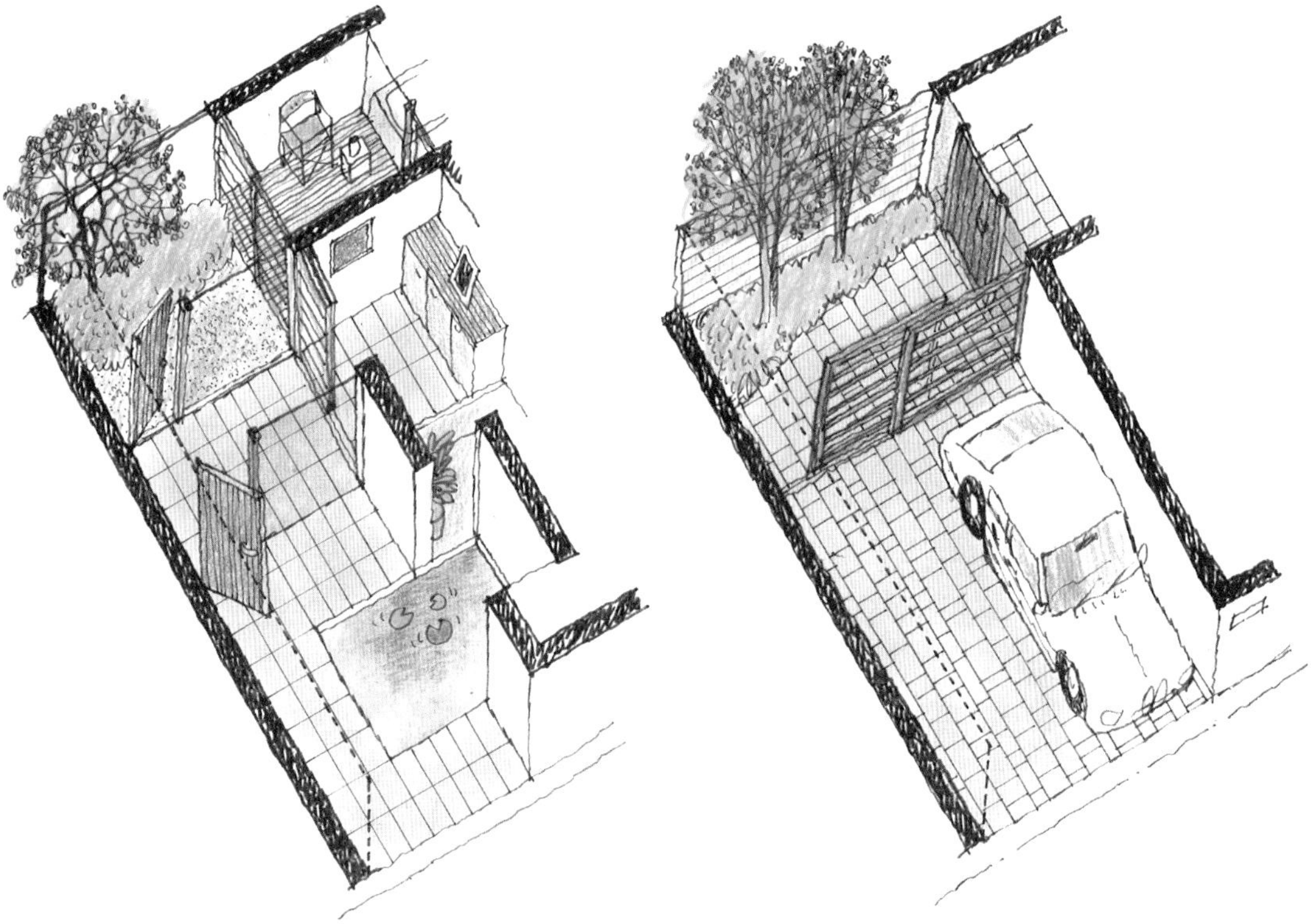

玄関アプローチのつくり方 左は池によって門がなくてもパブリックとプライベートをつくり出している例。右は広いカーポートが玄関アプローチを兼ねる例

カーポートのサイズ

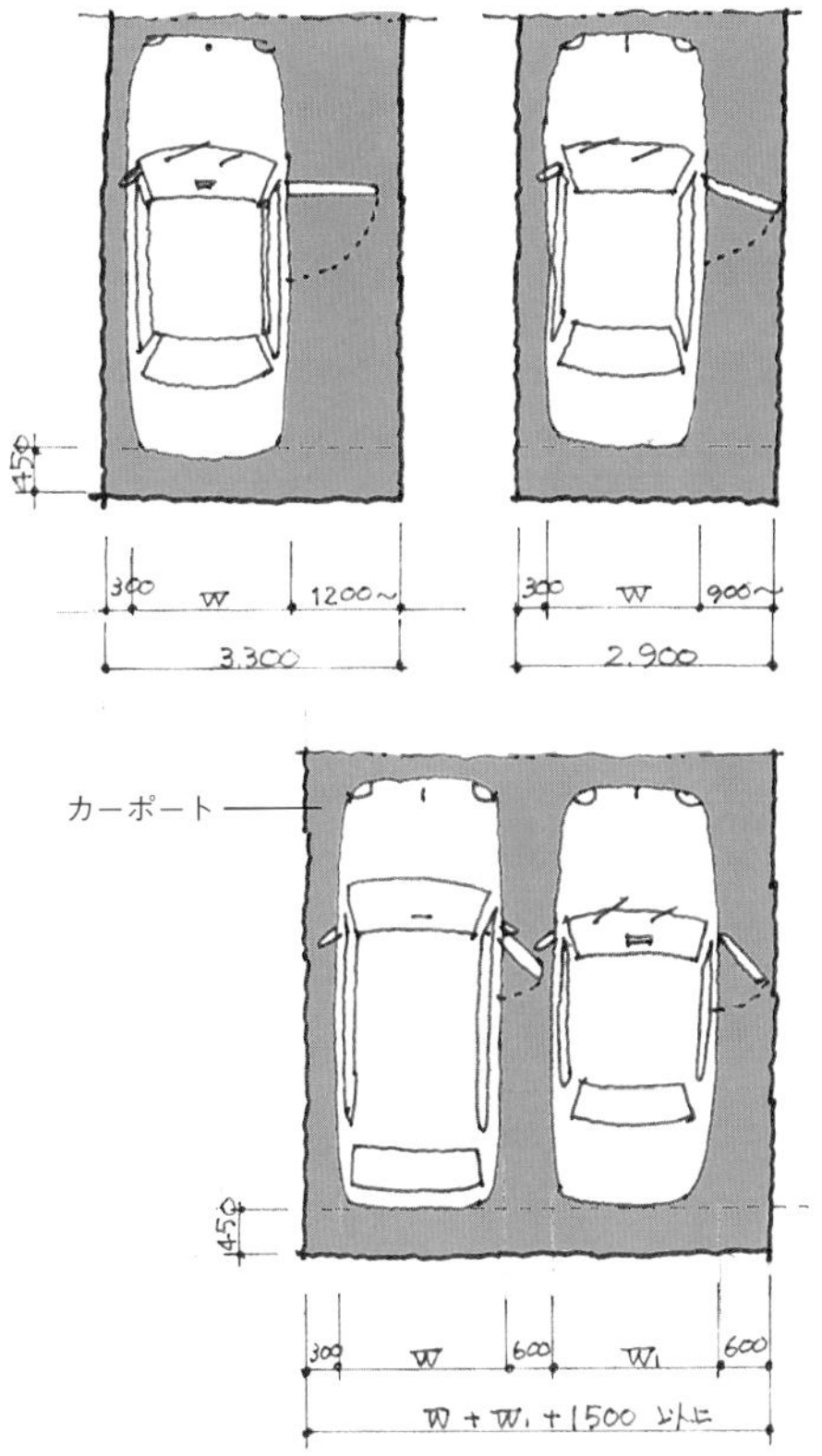

車体のサイズとの関係

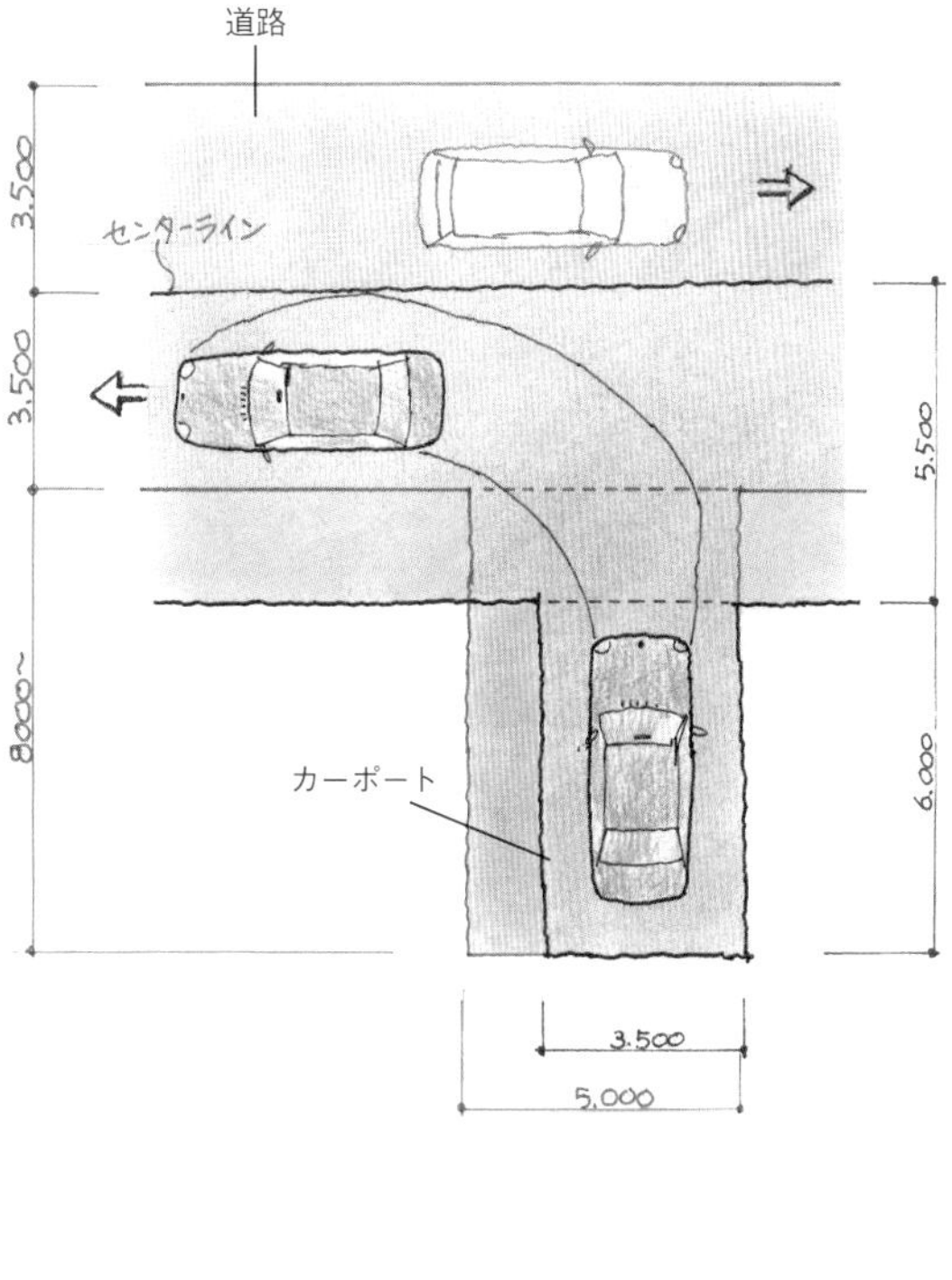

道路幅との関係
カーポートは自動車の大きさと、前面道路幅によって決まる

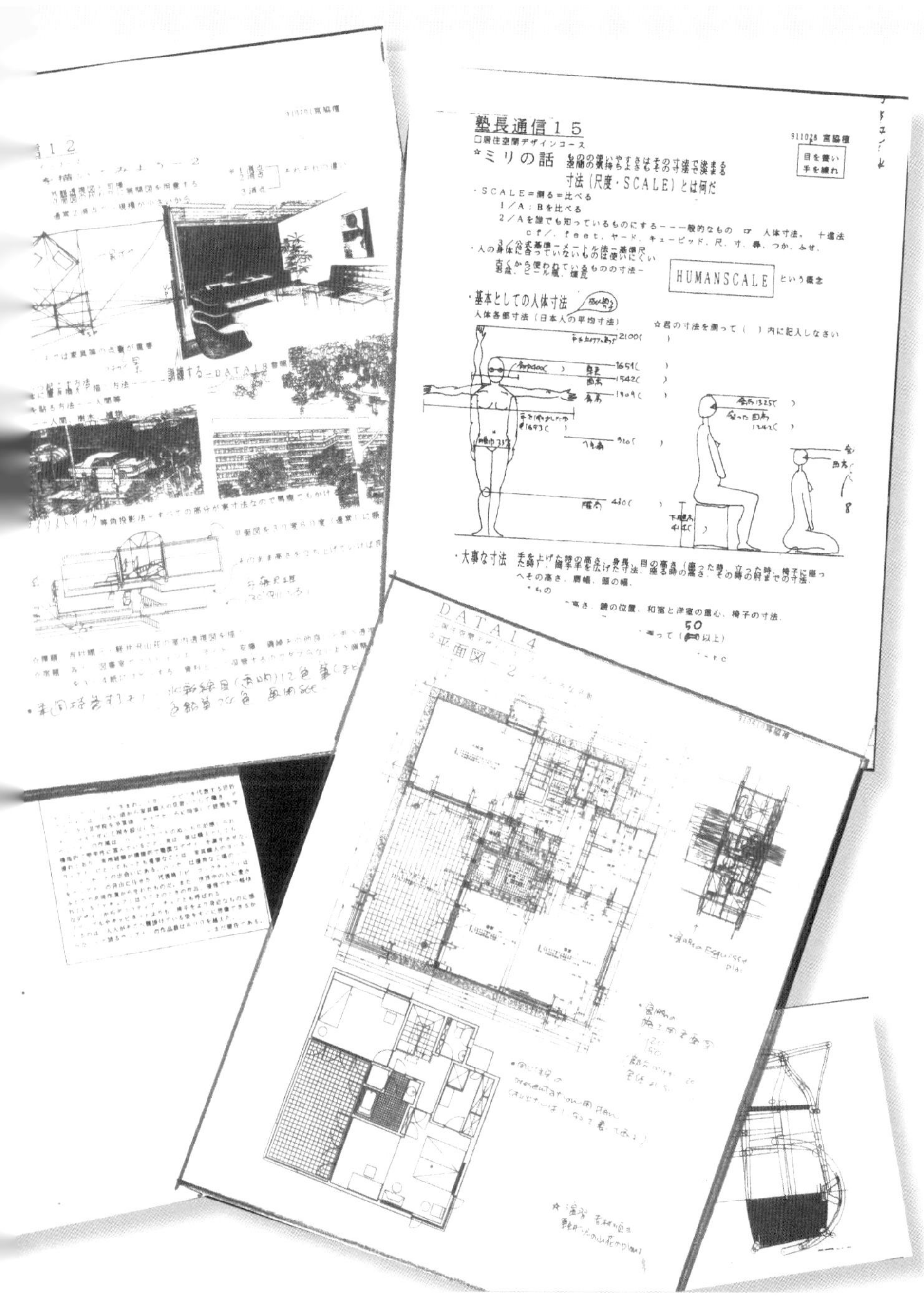

COLUMN

教育者・宮脇檀の残したもの

宮脇さんは若い時期からさまざまな大学で永い間、講師として教鞭をとってきましたが、晩年は特に、建築の設計と合わせて、若者たちへの建築教育に力を注ぎました。きっかけは日本大学生産工学部の建築学科の中に女子学生30人だけのクラスを設け、そこの教授として招聘されたことです。大学としては、当時女子の建築学科への入学希望者が増加する中で、女性としての特別な教育の在り方を宮脇さんに託したのです。そのクラスは「居住空間デザインコース」と名付けられ、建築学科の女子学生の中から希望者を募り、テストと面接を行って30人を選抜しました。設計の授業以外は一般の学生と同じ授業ですが、設計はオリジナルのカリキュラムに沿って、宮脇さんの集めた講師陣で授業を進めていくものでした。

宮脇さんは実際の建築の設計と、現在の学校教育の中で不足していると思われる科目を積極的に取り入れました。それは、ランドスケープ、照明、インテリア、家具のデザインなど女性が得意とし、活躍できる分野で役立つ科目

「居住空間デザインコース」の塾長通信

宮脇さんが毎回手作りした「塾長通信」。イラストなどを用いて図解し、設計術を生徒たちに伝えた

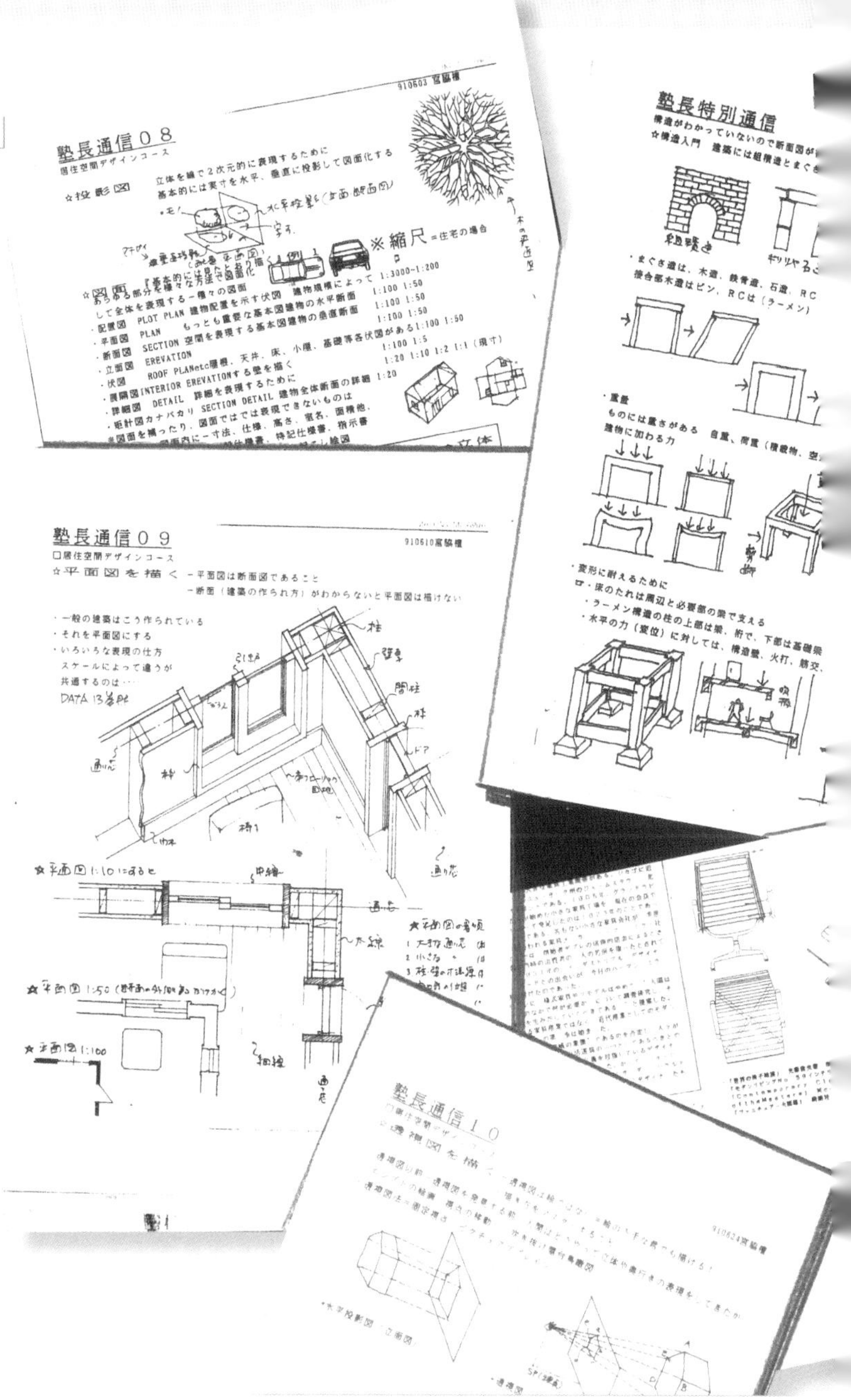

「居住空間デザインコース」の授業の様子。建築学科の中から選抜された30名が受けた

でした。ランドスケープにも力を注いでおり、周囲の庭や道路との接点を無機的に塀で仕切ってしまうのではなく、道路空間を豊かにすることによって住みやすく美しい街並みをつくるような教育を心掛けました。照明も家具も女性の繊細な感性が発揮できるインテリアの分野で能力を十分に発揮できるよう配慮したカリキュラムでした。

そして、宮脇さんは授業において、ありきたりの教科書を使うことをせず、毎回の授業は前日に自分で手作りの資料を「塾長通信」と、その資料「DATA」としてまとめ自分でコピーして学生に配布して授業を行っていました。若いころから建築家と同様に教師にもなりたかったという願いがかない、自分自身の教育理念を真剣に実践していたのです。

すでに宮脇さんがこの世を去って二十数年が過ぎ、教師陣も直接彼を知らない人が多くなり、宮脇さんの目指した教育理念は大きく変わってしまったように思います。身体を張って懸命に学生たちに講義をしていた宮脇さんの姿が懐かしく思い出されます。

宮脇住宅作品リスト

（誌面で取り上げたもの）

01 *1966*

石津別邸（もうびぃでぃっく）

所在地：静岡県富士吉田市
家族構成：夫婦＋子供3人
敷地面積：1694.00 m^2
建築面積：77.64 m^2
延床面積：121.06 m^2
掲載：17、20、70〜78、96、142頁

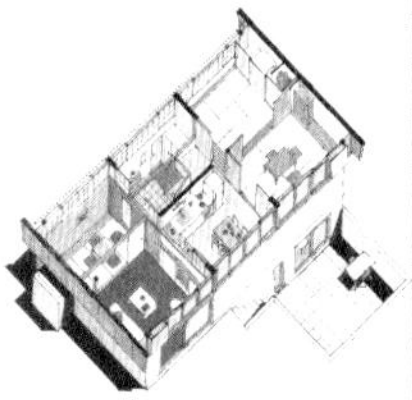

02 *1967*

立松邸（あかりのや）

所在地：東京都小金井市
家族構成：夫婦＋子供3人
敷地面積：254.86 m^2
建築面積：42.21 m^2
延床面積：103.77 m^2
掲載：12、82、102、110、178、180頁

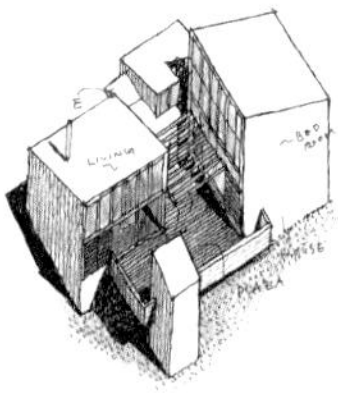

03 *1968*

プラザハウス

所在地：神奈川県足柄下郡箱根町
家族構成：なし（保養施設）
敷地面積：586.26 m^2
建築面積：80.33 m^2
延床面積：110.70 m^2
掲載：16、24、62〜65、98、102頁

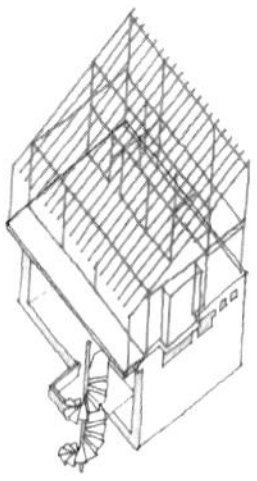

04 *1970*

今村邸（今村ボックス）

所在地：東京都品川区
家族構成：夫婦
敷地面積：138.91 m^2
建築面積：45.50 m^2
延床面積：99.94 m^2
掲載：15頁

05 *1971*

早崎邸（ブルーボックス）

所在地：東京都世田谷区
家族構成：夫婦＋子供2人
敷地面積：157.98 m^2
建築面積：58.73 m^2
延床面積：122.26 m^2
掲載：8、15、17、94、150頁

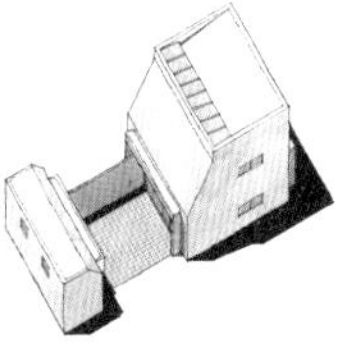

06 *1971*

松川邸（松川ボックス＃1）

所在地：東京都新宿区
家族構成：夫婦＋子供1人＋お手伝い
敷地面積：358.88 m^2
建築面積：75.42 m^2
延床面積：107.77 m^2
掲載：9、13、16、24、38頁

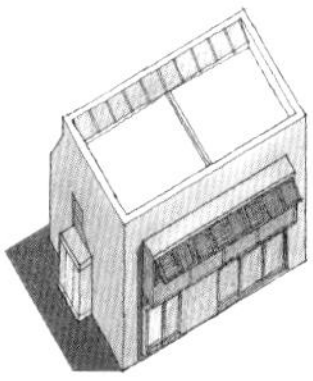

07 *1971*

菅野邸（菅野ボックス）

所在地：埼玉県大宮市
家族構成：夫婦＋子供3人
敷地面積：308.44 m^2
建築面積：55.68 m^2
延床面積：87.98 m^2
掲載：9、12、103、130〜132頁

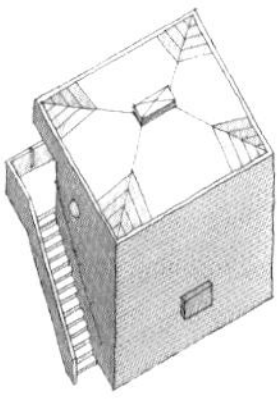

08 *1972*

奈良邸（グリーンボックス＃1）

所在地：東京都目黒区
家族構成：夫婦＋子供1人
敷地面積：132.30 m^2
建築面積：53.67 m^2
延床面積：96.87 m^2
掲載：9、17、89頁

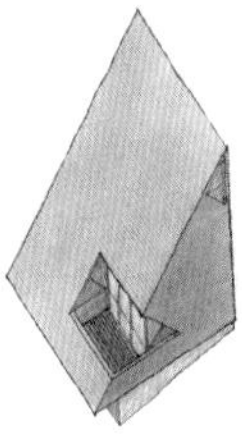

09 *1972*

柴永別邸（さんかくばこ）

所在地：群馬県桐生市
家族構成：ー
敷地面積：504.58 m^2
建築面積：43.56 m^2
延床面積：53.26 m^2
掲載：9頁

10 *1972*

安岡邸（グリーンボックス＃2）

所在地：神奈川県藤沢市
家族構成：夫婦＋姪
敷地面積：678.40 m^2
建築面積：33.64 m^2
延床面積：64.85 m^2
掲載：9、103頁

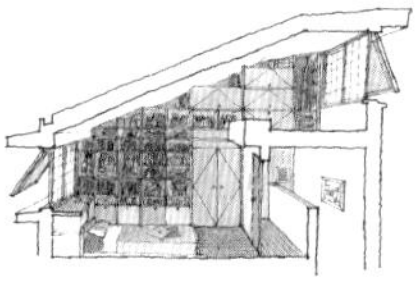

11 *1973*

島田邸（ブラックボックス）

所在地：神奈川県川崎市
家族構成：夫婦＋子供2人
敷地面積：210.72 m^2
建築面積：47.52 m^2
延床面積：89.64 m^2
掲載：148、180頁

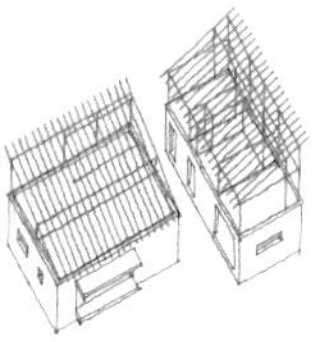

12 *1973*

稲垣邸（稲垣ボックス）

所在地：神奈川県川崎市
家族構成：夫婦＋子供2人
敷地面積：357.31 m^2
建築面積：95.61 m^2
延床面積：132.10 m^2
掲載：15、16頁

13 *1974*
藤江邸
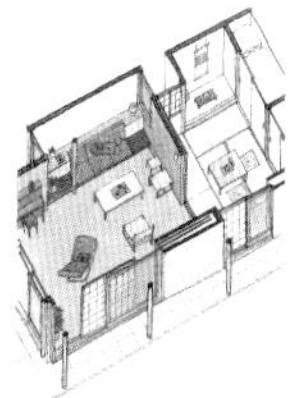

所在地：神奈川県横浜市
家族構成：夫婦＋子供2人
敷地面積：316.26㎡
建築面積：84.91㎡
延床面積：117.54㎡
掲載：84、100、102頁

14 *1974*
三宅邸（三宅ボックス）
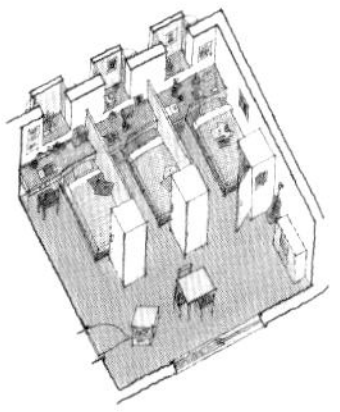

所在地：千葉県船橋市
家族構成：夫婦＋子供3人
敷地面積：213.07㎡
建築面積：64.25㎡
延床面積：119.93㎡
掲載：19、152、176頁

15 *1974*
佐藤別邸（さとうボックス）
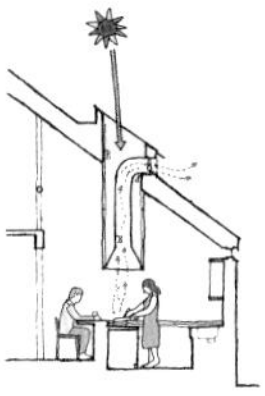

所在地：長野県茅野市
家族構成：夫婦＋子供1人
敷地面積：1306.60㎡
建築面積：82.70㎡
延床面積：130.80㎡
掲載：12、133頁

16 *1974*
船橋邸（船橋ボックス）

所在地：東京都文京区
家族構成：夫婦＋子供1人＋母親
敷地面積：242.68㎡
建築面積：76.85㎡
延床面積：140.22㎡
掲載：11、17、18、20、60、103、124、136、147頁

17 *1976*
佐川邸（BOX-A QUARTER CIRCLE）
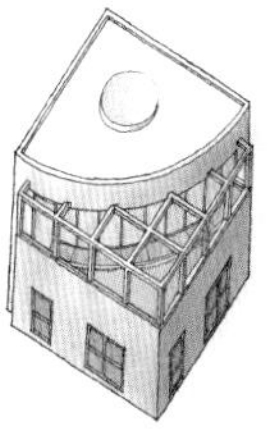

所在地：東京都新宿区
家族構成：夫婦＋子供2人
敷地面積：96.59㎡
建築面積：59.34㎡
延床面積：98.75㎡
掲載：9、11、13、17、58、90、103、156、176頁

18 *1976*
木村邸（木村ボックス）
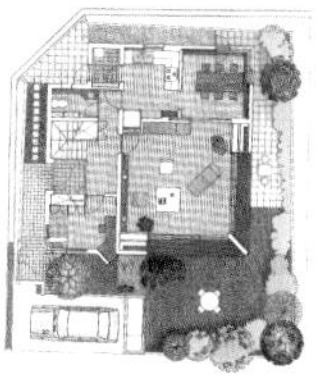

所在地：兵庫県神戸市
家族構成：夫婦＋子供1人
敷地面積：197.12㎡
建築面積：80.70㎡
延床面積：136.12㎡
掲載：21、32、54、68、108、164、174頁

19 *1977*
高畠邸（高畠ボックス）
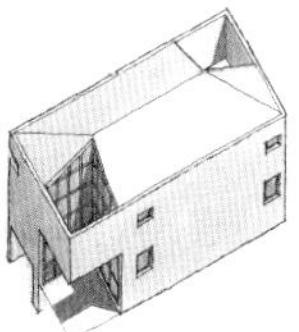

所在地：東京都目黒区
家族構成：夫婦＋子供3人＋母親
敷地面積：135.60㎡
建築面積：65.61㎡
延床面積：142.73㎡
掲載：10、17、21、92、102、108、157頁

20 *1977*
前田邸（シリンダーボックス）
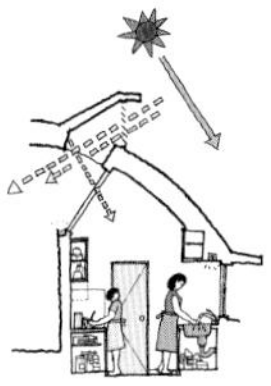

所在地：神奈川県横浜市
家族構成：夫婦＋子供3人＋母親
敷地面積：155.66㎡
建築面積：81.76㎡
延床面積：137.16㎡
掲載：12、103、134、180頁

21 *1977*
松川邸（松川ボックス#2）

所在地：東京都新宿区
家族構成：夫婦＋子供1人
敷地面積：358.88㎡
建築面積：88.53㎡
延床面積：157.53㎡
掲載：38、133頁

22 *1979*
吉見邸（吉見ボックス）

所在地：神奈川県横浜市
家族構成：夫婦＋子供1人＋母親
敷地面積：178.80㎡
建築面積：67.32㎡
延床面積：119.16㎡
掲載：15、66、146、166頁

23 *1979*
横尾邸（横尾ボックス）
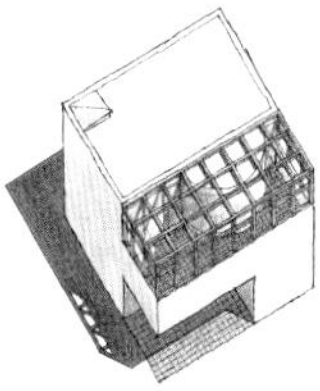

所在地：千葉県市川市
家族構成：夫婦
敷地面積：211.40㎡
建築面積：43.33㎡
延床面積：71.01㎡
掲載：11、17、44〜49、56、60、97、120、144頁

24 *1979*
富士道邸
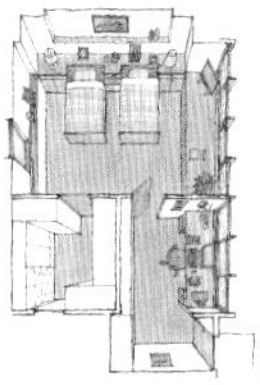

所在地：愛知県愛知郡日進町
家族構成：夫婦＋子供3人＋母親
敷地面積：1186.56㎡
建築面積：134.38㎡
延床面積：228.05㎡
掲載：10、42、140、160頁

25 *1979*
渡辺邸
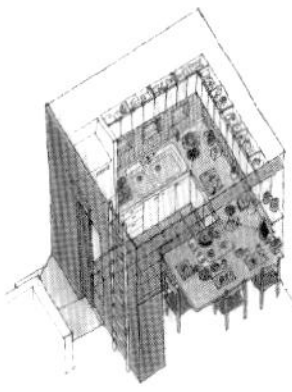

所在地：東京都豊島区
家族構成：夫婦
敷地面積：74.05㎡
建築面積：38.00㎡
延床面積：71.95㎡
掲載：21、104、118、135頁

26 *1980*
有賀邸

所在地：群馬県高崎市
家族構成：夫婦＋子供2人＋母親
敷地面積：1605.08㎡
建築面積：218.76㎡
延床面積：288.90㎡
掲載：13、26、170頁

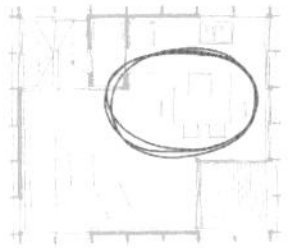

27 *1980*
森邸（森ボックス）
所在地：神奈川県横須賀市
家族構成：夫婦
敷地面積：165.00㎡
建築面積：37.96㎡
延床面積：60.50㎡
掲載：21、105頁

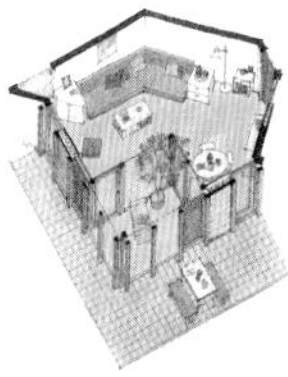

28 *1982*
田中邸（田中ボックス）
所在地：千葉県千葉市
家族構成：夫婦＋子供2人
敷地面積：291.11㎡
建築面積：81.99㎡
延床面積：139.55㎡
掲載：88頁

29 *1983*
内山邸
所在地：神奈川県小田原市
家族構成：夫婦＋子供2人
敷地面積：436.50㎡
建築面積：73.30㎡
延床面積：112.63㎡
掲載：17、18、21頁

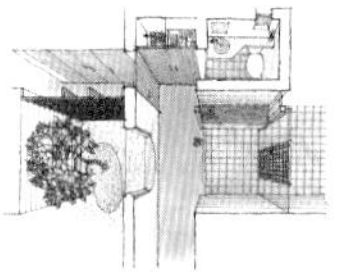

30 *1983*
中山邸
所在地：埼玉県川口市
家族構成：夫婦＋子供1人＋母親
敷地面積：2552.55㎡
建築面積：464.92㎡
延床面積：464.92㎡
掲載：28、168、176頁

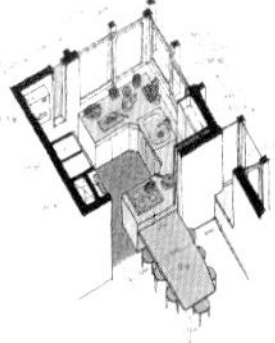

31 *1983*
花房邸
所在地：神奈川県横浜市
家族構成：夫婦＋子供3人
敷地面積：170.18㎡
建築面積：56.20㎡
延床面積：101.70㎡
掲載：105、114頁

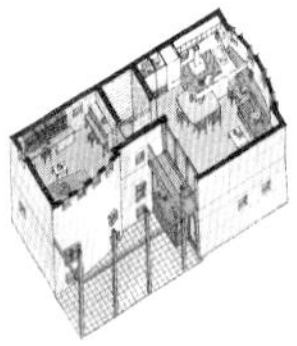

32 *1983*
崔邸（CHOI BOX）
所在地：東京都大田区
家族構成：本人＋子供2人
敷地面積：95.66㎡
建築面積：47.81㎡
延床面積：92.66㎡
掲載：17、19、50〜53、103、104、126〜129、143、154、158、176頁

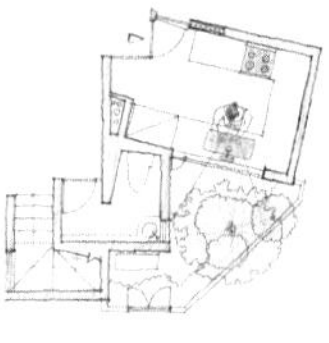

33 *1985*
伊藤明邸
所在地：神奈川県横浜市
家族構成：夫婦
敷地面積：186.70㎡
建築面積：72.14㎡
延床面積：102.20㎡
掲載：36、136頁

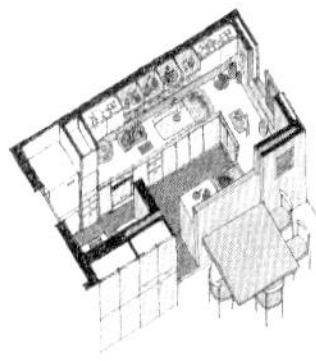

34 *1985*
森井邸
所在地：広島県廿日市市
家族構成：夫婦
敷地面積：294.46㎡
建築面積：88.56㎡
延床面積：155.62㎡
掲載：116、145頁

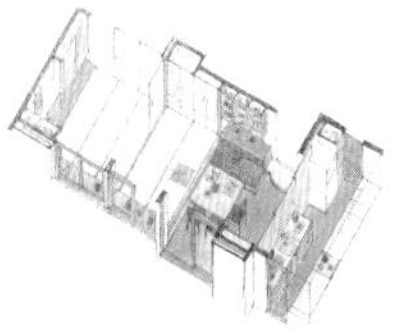

35 *1986*
林邸
所在地：群馬県前橋市
家族構成：夫婦＋子供2人
敷地面積：286.26㎡
建築面積：148.46㎡
延床面積：208.33㎡
掲載：138頁

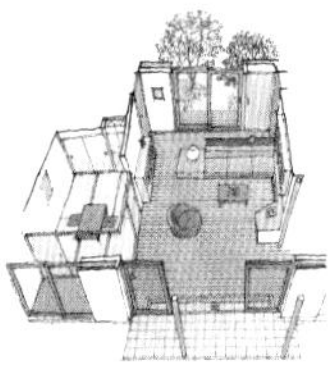

36 *1989*
植村邸
所在地：神奈川県茅ケ崎市
家族構成：夫婦＋子供3人
敷地面積：326.62㎡
建築面積：110.81㎡
延床面積：165.58㎡
掲載：34、86、152頁

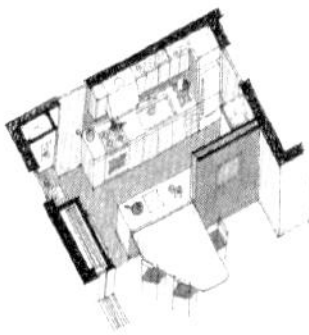

37 *1989*
名越邸
所在地：東京都新宿区
家族構成：夫婦＋子供1人＋お手伝い
敷地面積：324.88㎡
建築面積：179.67㎡
延床面積：282.61㎡
掲載：103、105、112、162頁

38 *1991*
松川邸（松川ボックス＃3）
所在地：東京都新宿区
家族構成：－
敷地面積：91.14㎡
建築面積：54.05㎡
延床面積：104.60㎡
掲載：38頁

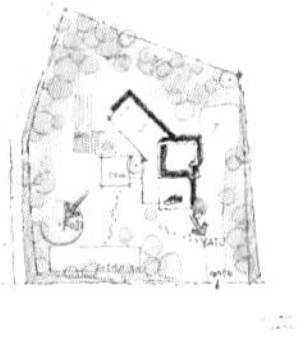

39 *1992*
大町別邸（白萩荘）
所在地：長野県諏訪郡富士見町
家族構成：夫婦＋子供2人＋母親
敷地面積：1291.43㎡
建築面積：106.14㎡
延床面積：113.64㎡
掲載：26頁

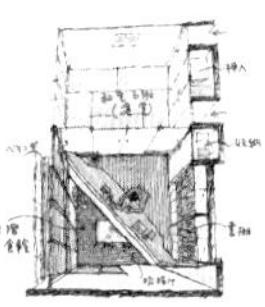

40 *1999*
橋爪邸
所在地：東京都杉並区
家族構成：夫婦
敷地面積：196.38㎡
建築面積：96.61㎡
延床面積：163.03㎡
掲載：157、160頁

あとがき

宮脇さんが世を去ってから二十年以上の年月が経つ。優れた住宅を設計した建築家として、今尚多くの人々の記憶のなかにある。

宮脇さんは、私にとってかけがえのない恩師である。多くのことを教えていただいた。宮脇さんなくして、現在の私はないと言っても過言ではない。

今回、師の作品を私なりに読み解いて、さまざまな人々に宮脇作品の素晴らしさを知ってもらおうとまとめたのがこの拙著である。読者の方々に少しでも役に立てば、師に喜んでいただけると思う。私もわずかだが恩返しができて幸せである。

今回、宮脇さんのご息女の宮脇彩さんに、多大なご理解とご協力いただいたことに感謝とお礼を申し上げる次第である。

また、旧宮脇檀建築研究室で設計を担当してきた諸先輩に対して、間違いや解釈のちがいがあることも併せてお許しいただきたい。

そして、この拙著を手に取っていただいた方々には、宮脇檀という建築家の偉大な業績をいつまでも記憶にとどめていただきたいと思う。

２０２１年２月　中山繁信

著者プロフィール

中山 繁信（なかやま・しげのぶ）

法政大学大学院工学研究科建設工学修士過程終了。宮脇檀建築研究室、工学院大学伊藤ていじ研究室、法政大学建築学科非常勤講師、日本大学生産工学部建築学科非常勤講師、工学院大学建築学科教授を歴任。現在、TESS計画研究所主宰。主な著書に『いちばんやさしいパースと背景画の描き方』小社刊、『美しく暮らす住宅デザイン○と×』小社刊、『図解 世界の名作住宅』共著、小社刊、『美しい風景の中の住まい学』オーム社、『建築のスケール感』共著、オーム社、『建築用語図鑑・日本篇』共著、オーム社、『スケッチ感覚でパースが描ける本』彰国社、『スケッチ感覚でインテリアパースが描ける本』彰国社などがある

世界で一番美しい住宅デザインの教科書

2021年3月 1 日　初版第1刷発行
2021年3月30日　　　第2刷発行

著者　中山繁信
発行者　澤井聖一
発行所　株式会社エクスナレッジ
〒106-0032
東京都港区六本木7-2-26
https://www.xknowledge.co.jp/

問合せ先
編集　Tel 03-3403-1381　Fax 03-3403-1345
info@xknowledge.co.jp
販売　Tel 03-3403-1321　Fax 03-3403-1829